〔美〕柯文（Paul A. Cohen）/著

杜继东/译

History in Three Keys : The Boxers As Event, Experience, and Myth

历史三调

作为事件、经历和神话的义和团

〔典藏版〕

社会科学文献出版社
SOCIAL SCIENCES ACADEMIC PRESS (CHINA)

献给史华慈先生和费正清先生
他们的教诲使我终生受益匪浅

目　录

第三部分　作为神话的义和团

图目录

史学家就是翻译家

雷　颐

　　时间倏忽，与柯文先生相识相交，转眼近三十年了。

　　与大多数"七七"、"七八"级同学一样，我也是上大学后、已经二十几岁才开始学英语的。不过，从上大学起一直到研究生，对英语兴趣浓厚，相当多的时间，花在学英语上。"一分耕耘一分收获"早是不耐人听的套话，但事情还真是这样，虽然从零开始，但功夫花到了，自己的英语水平自然突飞猛进，到研究生毕业时，已能大本大本读书了。来到近代史所工作后，所里英文中国近代史著作藏书之富令我吃惊。那时与现在不同，国家外汇紧张，甚至重点大学的图书馆，中国近代史专业的外文书也少得可怜，有限的外汇，要用在理工和"涉外"专业上；就是北京大学的中国近代史老师，也常常要到我所来读、借一些外文书。许多书，我都是久闻其名而未能"一睹芳容"，现在就在身旁，如同蜜蜂突然发现一大片一大片花丛，可以自由地飞来飞去，拼命吸吮花蜜，一时间英文阅读量甚至超过中文阅读量。读多了，不禁技痒，也尝试翻译。从 20 世纪 80 年代中到 90 年代初，一口气竟翻译出版了三部译著，其中一本就是柯文先生 1974 年出版的成名作《在传统与现代性之间——王韬与晚清改革》（*Between Tradition and Modernity：Wang Tao and Reform in Late Ching China*），1994 年由江苏人民出版社出版。由此，得与柯文先生相识。

现在说来令人难以置信，在 20 世纪 80 年代末 90 年代初，这个"modernity"学界知道的人还寥寥无几，我也是第一次碰到。查字典，是"现代性"。但当时耳熟能详的是"现代"、"现代化"。何谓"现代性"？与"现代"、"现代化"有何区别？不清楚，曾想将书名译为"在传统与现代之间"或"在传统与现代化之间"，又总感可能不妥。为何作者不用"modern"或"modernization"，偏偏要用个大家都不知道的"modernity"？当非偶然，肯定有他的道理。于是广查资料，向柯文先生请教，终于弄清了这个"modernity"。将译稿交到出版社后，社方对书名也提出疑问：什么是"现代性"？建议改为"在传统与现代之间"，一来大家都知道"现代"而不知道什么"现代性"；二来"传统"与"现代"非常对仗，读者印象深刻。但我知道"现代性"有自己的学术内涵，不能轻动，坚持译为"现代性"。真没想到，几年后"现代性"就成学界最热门的词汇、术语之一，且往往与"反思现代性"、"现代性质疑"、"现代性批判"、"现代性视域下的……"等紧密相联，有关论文论著数不胜数。对文、史、哲及社会学领域来说，时下几成"开谈不说'现代性'，读尽诗书亦枉然"之势。

1997 年，柯文先生出版了《历史三调：作为事件、经历和神话的义和团》（*History in Three Keys：The Boxers as*

Event，Experience，and Myth）一书。承柯文先生抬举，不久即捧获惠赐大作，并对几年前的拙译《在传统与现代性之间——王韬与晚清改革》颇多谬赞，同时希望如有可能，此书仍由我翻译。无奈此时琐事缠身，而且更多地做一些翻译组织工作，便推荐我所杜继东先生翻译此书。因为继东曾与我所几位同仁翻译周锡瑞（Joseph W. Esherick）先生的《义和团运动的起源》（*The Origins of the Boxer Uprising*）一书，我在校阅译稿的过程中，知道他中英文俱佳。已经译过周氏有关义和团著作，再译柯文先生此书当更有把握。中译本 2000 年由江苏人民出版社出版后，深受中国学界好评。此次社会科学文献出版社重出此书，恢复了"江苏版"少量删节的内容和全部图表，并且将全部外文注释（英、法文）悉数恢复，便于研究者查找。

柯文先生此书其实是一部史学理论、历史哲学著作，写的是义和团，但义和团其实只是他的一个解决问题的载体、视点；通过"义和团"处理的是个人记忆、集体记忆之间的复杂关系，是历史记忆与现实之间的复杂关系。本书第一部分是历史学家研究、叙述的义和团运动的史实，以叙事为主；第二部分考察直接、间接参与义和团运动及中外各类人物当时的想法、感受和行为，指出后来重塑历史的历史学家的看法与当时的"当事人"对正在发生之事的看法大为不同；第三部分评述在 20 世纪初中国产生的关于义和团的种种神话。这三部分，构成了"历史三调"。

历史三调的"调"在英文原文中的单词是"key"，作者本人对此的解释是"本书书名使用的 key 一词系从音乐领域借用而来，它的一个含义是指乐曲的音调，另一个含义是指能为某种东西提供导入的设备和手段。这两种含义对我在本书采用的研究方法而言都是非常重要的。事件、经历和神话是人们了解历史的意义、探寻并最终认识历史真相的不同途径。不过，它们也是人们根据不同的原则塑造历史的不同途径，反映出来的是完全不同的音调或'调子'。"在某种意义上说，翻译就是"损失"。英语的"key"除了音乐上的音调外，还含有"钥匙"、"关键"等义，以此为书名，自然又暗含了理解、破解"历史"和"神话"的钥匙、关键之意，即柯氏所谓"某种东西提供导入的设备和手段"。中文未能找到与"key"完全对等之词，只能以"调"译"key"，照顾音乐之"调"，却丧失了内含钥匙、关键的丰富性，无可奈何地舍去了作者认为"非常重要"的"提供导入的设备和手段"。译事之不易，此可为小小一例罢。

全书的重点，自然是"作为神话的义和团"。柯文认为，"历史"与"神话"的不同在于：（1）"就意图而言，把过去当作神话与把过去当作历史是截然不同的。当优秀的历史学家撰写史书时，他们的主要目标是在尽量占有第一手资料的基础上，尽可能准确和真实地再现过去。而在某种意义上说，历史神话制造者的所作所为恰好相反。他们的出发点诚然是要理解过去，在许多（虽然不是全部）事例中，他们也许真的相信他们的观点是'正确的'，然而，他们的目的不在于扩大或加深这种理解，而是要使之为政治、意识形态、自我修饰和情感等方面的现实需要服务。"（2）历史学家与神话制造者的另一个不同之处是，历史学家研究历史的复杂性、细微性和模糊性，而神话制造者往往以片面的观点看待历史，从历史中找出个别的一些特点、特性或模式，把它们当作历史的本质。柯文承认，"对过去的神话化有许多种形式，其中一种或许可被称为'普通型'形式，是指各个社会的普通老百姓头脑中贮存的大量历史形象的神话化。这种现象会在某些特别时刻出人意料地突然出现，并常常以令人瞠目的创造性（有时以颇具讽刺意味的方式）呈现在世人面前。"中国人最为熟悉的历史上"关公"形象的"形塑"过程，也是历史被"神话化"最典型也最易为人理解的例子。

虽然理论上说任何一个历史事件都可以被"神话化"，但越是重大的历史事件越容易被"神话化"，根据现实的需要将其"神圣化"或"妖魔化"。对中国历史影响重大的义和团，自然难逃被"神话化"的命运。柯文先生对新文化运动时期、反帝运动时期、"文革"时期、"文革"结束后对义和团的"神话"做了细致剖析。在不同时期，义和团"神话"的形象完全不同，甚至同一个"神话制造者"，在不同时期对义和团"神话"的正负形象的制造竟然完全不同。康有为、梁启超、孙中山、陈独秀、胡适、鲁迅、毛泽东、老舍……一直到刘心武的一次演讲和王朔的《千万别把我当人》。

《历史三调》代表着柯文先生学术方向的重大转变。循此进路，他在 2009 年出版了《与历史对话：20 世纪中国对越王勾践的叙述》（*Speaking to History*：*The Story of King Goujian in Twentieth-Century China*），对一代又一代中国人烂熟于心的越王勾践卧薪尝胆"被神话"的故事在 20 世纪中国的关键时刻——从辛亥革命、民族救亡直到 60 年代"反修斗争"、"三年困难时期"曹禺的话剧《胆剑篇》——所起作用做了层层剖析。

更重要的转变在于，作为三十年前出版《在中国发现历史》的作者和影响深远的"中国中心观"的重要推手，柯文先生现在对此做出某种调整。他承认："在西方学术界日益流行的关于中国的其他研究主题，也对中国中心观提出了挑战，在某些情况下，它被弃之不用，但在更多情况下，研究者把它与其他研究方法微妙地结合起来加以发挥"，"中国中心观是有局限的"。显然，"（古代的）故事与（当下的）历史之间的这种互动，是具有相当大的历史意义的一个现象。然而，这种互动极其复杂，深刻反映了个人、群体或者（某些情况下）全体人民把自己摆放进历史记忆空间的方式"。但这并非中国独有，而是"世界性"的。完成《与历史对话：20世纪中国对越王勾践的叙述》一书后，他突然想到，如果从世界各国的诸多事例中，选择与某些特殊问题相关的一定数量的例子，加以综合分析，可能会非常有意义。经过几年潜心研究，他出版了新作《历史与大众记忆：故事在危机时刻的力量》（*History and Popular Memory：The Power of Story in Moments of Crisis*）。"该书聚焦于6个国家——塞尔维亚、巴勒斯坦/以色列、苏联、英国、中国和法国，它们在20世纪都面临着严重的危机。每个事例中的危机都涉及战争或战争威胁，为了应对危机，受到影响的民众和国家都在利用那些与现实发生之事有类似主题的古老的历史故事。创作出来的戏剧、诗歌、电影、话剧和其他作品，往往发挥着复活这些故事的重要作用，而且，正如我们在20世纪看到的，民族主义在其中扮演了重要的角色。"虽未能全书拜读，但柯文先生向我详细介绍了新作各章各节的内容，精彩异常。这种跨国界、跨文化研究，确实超越了"中国中心"。但是，此书中译恐更加困难，因为不仅要中英文俱佳，而且要对塞尔维亚、巴勒斯坦/以色列、苏联、英国和法国的历史和文化有深入了解者，方能胜任。

《历史三调》、《与历史对话》和《历史与大众记忆》三部著作，一以贯之的主题其实是历史与现实对话，或者说，历史如何与现实对话。所以柯文先生写道："历史学家与翻译家一样，必须熟悉两种语言，就我们的情况而言，即现在与过去。历史学家需要以敏锐的感觉，尽可能多的诚实求真精神，坚持不懈地在这两个完全不同的领域间来回游走。这种需要正是我们工作中最终的紧张之源。"

2014 年 9 月

中文再版序

　　《历史三调：作为事件、经历和神话的义和团》（英文本出版于 1997 年）中文译本将由社会科学文献出版社再版，对此我深感荣幸，并想借此机会就当初的工作及其与我近年来的著述之间的关系向中国读者做一些说明。对于一名经常被人们与研究中国历史的中国中心观联系起来的学者而言，[1]《历史三调》代表着我学术方向的重大转变。毫无疑问，我在本书中用很大的篇幅努力探寻义和团及 1900 年居住在华北平原的其他中国人的内心世界，就此而言，研究方法也许可以被视为以中国为中心的。但是，我也对当时卷入事件中的外国人的思想、感情和行为感兴趣（尽管程度大为降低），且经常指出中外双方的共同点，展示了（至少在某些时刻）一种比中国中心观更具有普遍人性的研究方法。

　　更重要的是（正如我在本书中说明的），我的主要目的在于探讨与历史撰述有关的一系列问题，"义和团只是这项工作的'配角'"。[2]这与历史研究的惯常程序大不相同。在此类研究中（不仅是在中国问题研究领域，在其他研究领域也是一样），作者们往往把自己的情感置于一个广泛的参考框架中得出结论，希望以此加强其研究工作的意义和重要性。我在《历史三调》的开篇即提出一系列问题，但从未回答这些问题。虽然我把义和团当作延展的个案进行研究，但我在结论部分特别说明，在义和团与我感兴趣的重大问题之间，没有必然的或独一无二的联系。世界历史上发生的其他许多事件，也能被用来达到这个目的。[3]本书的主要目的不在于对中国历史有所说明，而在于对历史撰述有关的普遍性问题提出自己的看法。这与中国中心观没有特别的关联。[4]

在西方学术界日益流行的关于中国的其他研究主题，也对中国中心观提出了挑战，在某些情况下，它被弃之不用，但在更多情况下，研究者把它与其他研究方法微妙地结合起来加以发挥。大约30年前，当我初次描述中国中心观时，我明确地把它与中国历史研究联系起来。《在中国发现历史》一书中，我确实把介绍中国中心观的那一章题为"走向以中国为中心的中国史"。只要历史学家们选择研究的主题大致明确地集中在中国的某个领域（政治、社会、经济、思想、文化、宗教领域）——尽管近年来学术研究有了新的发展，但这还是关于中国历史的研究工作中一个非常重要的部分——那么，在我看来，中国中心观就仍然是非常有用的。不过，中国中心观是有局限的。当学者们探讨一些"去中国中心"的课题及研究方向，包括跨国的历史现象（如移民、现代全球经济的出现、亚洲区域体制的演变）或具有普遍意义的思想问题（如研究历史的多种方法、比较史学研究）时，或将中国从一个实体的空间"非地域化"，[5]又或将"中国"重新定义（中国国内少数民族、海外华人的自我认知）时，中国中心观就不适用了。[6]

这些研究方向虽然指出了狭义的中国中心观的局限性，

但对中国史研究却做出了超乎想象的重大贡献。其中一些贡献是通过下述途径实现的：它们消除了数世纪以来围绕"中国"而人为创设的种种壁垒（中国人与西方人创设的一样多）；它们颠覆了关于中国历史的狭隘论述（出自中国历史学家之手的不比出自西方历史学家之手的少）；它们丰富了我们在不同的地点和不同的时间对"中国"的了解和认知；它们使我们能够对中国与世界其他地区进行更客观公正（更少偏向）的比较研究；它们还通过打破武断的和误导性的关于"东方"和"西方"的区分，纠正了我们（西方人）长期以来作为典型的"他者"对中国的看法，使我们能够不把中国——中国人民和中国文化——视为典型的异类，而视为正常的同类。

我想对最后一点做详细解释，因为它已成为我研究工作中越来越重要的关注点。西方人关于中国文化与西方文化之间的差异的看法是夸大其词、不符合实际的，这些看法往往（虽然不全是）来源于西方中心观。我要特别指出，我对此持怀疑态度。我在所有论著中都是严肃地看待文化问题的，[7] 从未否认中国与西方的文化传统存在着重大的差异。但是，我同时也认为，过分强调这些差异的历史研究方法容易导致这样那样令人惋惜的扭曲甚至夸大。其中一种扭曲是以文化本质化——断然赋予一种文化一些特殊的、据信其他文化不可能具有的价值或特征——的形式出现的。例如，正如阿玛蒂亚·森极其雄辩地指出的，极权主义的东方和自由宽容的西方这类老套说法，容易遮蔽这样的可能性：印度或中国在历史上或许也具有宽容或自由的传统，极权主义或许也是西方历史上一个重要的特点。实际上，这些传统看法完全不符合历史事实。阿玛蒂亚·森指出，"说到自由和宽容",如果优先考虑思想的实质内容而非文化或地区的话,可能更有意义的是"把亚里士多德和阿育王归为一类,把柏拉图、奥古斯丁和考底利耶归为另一类"。[8]

当历史学家试图理解另外一种文化中生活的人民时,如果过分强调文化的差异性,不仅使人们更难以理解那个文化中那些复杂的、常常矛盾的因素,难以理解那个文化的前后变化,而且看不到这些人民的思想和行为中与世界上其他地方的人民的思想和行为重合或呼应的那些反映跨文化和人类内在特点的方面。我认为,如果我们想对中国人的过去进行更充分、更丰富、更公正的了解和认知,我们就必须同时重视这个普世特点和文化的差异性。[9]重视这个特点,也是我们超越西方和中国历史学家(尽管运用不同的方式,出于不同的原因)常常对中国和中国历史设定的壁垒和边界的最有效的方法之一。

虽然我在大约 50 年前发表的关于王韬的一篇论文中,[10]就初次探讨了中国与西方的文化融合或共鸣问题,及其所反映的人类基本心理倾向,但直到我研究义和团起义时,我才开始深入思考这个观点。在《历史三调》中,当我竭力对义和团的思想和行为给予"合理化"或"人性化"的解释时,我常常依靠跨文化的比较研究方法,且常常扩大中国的"他者"范围,除了西方以外,把非洲和世界上的其他地区也包括进来。当我讨论 1900 年春夏义和团危机高潮时期华北出现谣言和群体性歇斯底里时,我就使用了这样一个事例。当时流传最广的一个谣言是说洋人和中国教民往各村的井里投毒,污染水源。据时人记载,井中投毒的指控"随处可闻",是挑动中国老百姓"仇视"教民的"重要因素"。[11]

一个有趣的问题与这个事例中群体性歇斯底里有关。为什么向大众投毒？特别是，为什么向公共水源投毒？如果我们认可这样的说法，即谣言（一种形式的叙事或故事）传递了信息，谣言的大范围传播反映了与社会危机中民众的群体性忧虑相关的重要且具有象征意义的信息，那么，解答这些问题的方法就是努力确定谣言引起的恐慌与产生谣言的环境之间是否具有密切的关联性。[12]绑架引起恐慌的现象在中国和世界上的其他许多地区都有很长的历史。在这样的事例中，人们最关心的是孩子们的安全，正如"绑架"（kidnap）一词所表明的，孩子们往往是主要的受害者。另一方面，向民众投毒的谣言，是全体成员都处于潜在的危险中的人们对诸如战争、自然灾害或流行性疾病等重大危机最具有象征意义的反应。

对其他社会的经验加以考察，可以充分证实这个推论。投毒和其他类似的罪行，在罗马时期被栽赃给第一批基督徒，在中世纪黑死病流行时期（1348年）则被栽赃给犹太人。1832年巴黎流行霍乱期间，有谣言说毒粉已被广泛投布于该市的面包、蔬菜、牛奶和水中。第一次世界大战初期，参战的所有国家都流传着敌方特务正在向水源投毒的谣言。[13]1923年9月1日东京大地震发生后的几个小时内（地震引发了熊熊烈火），谣言即开始流传，指控朝鲜人和社会主义者不仅纵火烧城，而且密谋叛乱并向井中投毒。[14]1937年中日战争全面爆发之初，新闻报道即指责汉奸往上海的饮用水中投毒。[15]20世纪60年代末尼日利亚内战期间，比夫拉地区就盛传着向民众投毒的谣言。[16]

在许多此类事例中，谣言都指向外来者（或内奸），他们被或隐讳或明确地指控试图毁灭谣言流传的那个社会。这种现象与义和团起义时中国的情况非常相似。当时的人们指责教民挑战中国神祇的权威，应该对 1900 年春夏华北的干旱负全责。与此相同，指责洋人和他们的中国追随者向华北的水源投毒的谣言，把外来者描绘成剥夺中国人赖以生存的最重要物质的坏人。关于井中投毒的谣言的广泛流传，直接反映了当时老百姓最沉重的群体性忧虑：对死亡的忧虑。[17]

2001 年夏我做了一次关于义和团的演讲，我想引用其中的一个论点，对我关于过分重视文化差异而造成的这些问题的讨论做一个总结。那次演讲的题目是人们不大可能用的"对义和团的人性化解读"（听众主要是西方人，有一些挑战性）。我在演讲中所持的立场为：文化是各个族群在思想和行为方面展现自身特点的多棱镜。除此以外，文化还具有疏远族群之间关系的潜能，由此加快了模式化、夸张化和神话化的进程。鉴于整个 20 世纪义和团在中国和西方一直处在这一不同寻常的进程中，我在演讲中竭力说明义和团与生活在面临类似挑战的其他文化中的人民有哪些共同点。我没有否认义和团的文化独特性（当然也没有把他们描述为天使），我只是要纠正所谓的非人性化例外论，这种理论几乎从一开始就导致了对义和团历史的误解和扭曲。[18]

文化差异当然与内外之间的对立性及上述视角可以观察的许多不同的模式密切相关。这是一个我在研教生涯中一直感兴趣的问题。在为《在中国发现历史》平装本第二版所写的序言的结论部分，我开始涉及历史叙写中的"局外人视角"问题。我指出，虽然我在该书的最后一章讨论了局外特性，且认为其中一些模式比其他模式少一些破坏性，但我一直把它描述为"一个问题，对历史研究而言是一种负累而非正资产"。许多人反对这一立场，他们认为在某些情况下局外人（在此例中是研究中国的美国历史学家）或许比局内人（研究中国历史的中国学者）更有优势。在撰写《历史三调》的过程中，在长期努力思考差异性，特别是直接的历史经历（一个典型的局内人的视角）与后来由历史学家（毫无疑问是局外人）重建的历史之间的差异性的过程中，我接受了上述批评，开始认识到，虽然历史学家的局外特性确实是一个问题，但它也是不可或缺的一个因素：它使我们与历史的直接经历者区分开来，使作为历史学家的我们能够尽其所能，以历史的直接参与者不可能采取的方式，让历史变得更容易理解和更有意义。[19]

具有讽刺意味的是，我的下一部著作《与历史对话：20世纪中国对越王勾践的叙述》（*Speaking to History：The Story of King Goujian in Twentieth Century China*，University of California Press，2009）也许是对这个真理的终极展示。该书探讨了整个20世纪中国人讲述东周末期东南部地区越国国王勾践的故事的各种方式。同时，该书也讨论了一个更为广泛的历史问题：为什么人们（在集体或个体生存的某些时刻）特别容易被那些能与他们所处环境产生共鸣的故事（往往是远古的故事）所吸引。越王勾践的故事梗概是：一位年轻的国王被其主要竞争对手——强大的邻国吴国打得惨败，在吴国当了三年的囚徒和奴隶。在吴王最终相信他的忠诚和可靠之后，他被允许返回越国。他在越国卧薪尝胆20年，决心复仇。勾践耐心地增加了越国的人口数量，加强了越国的军事和经济力量。在获得大臣们的支持后，勾践最终率领军队向竞争对手发动一系列进攻，杀死吴王，消灭吴国，尽雪前耻。

20世纪中国学生对越王勾践的故事的熟悉程度，与美国青少年对《圣经》中亚当和夏娃或大卫和歌利亚的故事的熟悉程度一样。不过，尽管越王勾践的故事对中国文化圈产生了意义深远的影响，但研究中国近世史的美国学者（是指非华裔学者）似乎对此一无所知。这类故事无疑是每一个社会都有的文化元素，"局内人"（在这个社会中生活和受教育的人）往往从小就被灌输这些知识，作为文化培养的一部分，而"局外人"（他们主要是从书本中了解那种文化，或者通过成年以后在那个社会中短暂生活一段时间来了解那种文化）几乎从未接触这些知识（或者接触时未曾留意）。这种奇怪现象导致的结果是，美国历史学家（就我所知是所有西方历史学家）的著作，基本上（如果不是全部）都未探讨越王勾践的故事在 20 世纪中国历史上的地位。

与大部分研究中国史的美国历史学家不同，中国学者非常熟悉越王勾践的故事（有位中国同事曾经对我说，这个故事"印在我们心中"），深知这个故事在 20 世纪流传甚广，且被普遍引用。[20]但是，我没有发现任何迹象表明中国学者把这个故事与其自身的演变史之间的关系当作一个适合进行认真研究的课题。如果我的推论是正确的，那么造成这一现象的原因很可能是这样的：大多数中国人对故事与历史之间的密切关联是习以为常的。他们从小就被灌输了这样的观点：即使是源于古代的故事，也能以有意义的方式对现实问题提供借鉴。因此，他们本能地重视此类故事对现实问题的指导意义或激励作用，而不会沉下心来深入探寻故事—历史关系本身在中国或其他文化环境中的独特的重要性。

《与历史对话》一书的矛盾特点应该予以说明。该书探讨局外人几乎不知道但深深扎根于中国文化且为中国人民所熟知的一个故事对中国历史的影响。[21]可以说，没有什么比该书更具有中国中心主义的色彩了。这是中国中心观的报复性复归。但与此同时，对于像我这样不是出生在中国文化环境的外国人而言，一旦熟悉这个故事并了解其在风云激荡的20世纪中国的重大影响，似乎就会自然而然地更进一步，提出一个更大的——显然非中国中心的——问题：推动一个民族（任何民族）通过似乎具有预见性的故事透视其当下历史经验的动力是什么？

此类故事在中国的流传广度也许有些超乎寻常，但它们与历史对话的方式所起的作用，也不可避免地见之于其他许多社会。我们来看看马撒达神话（象征着个人宁愿牺牲生命也不承认失败[22]）在以色列建国（1948年）前后数十年间遭受威胁的犹太人中产生的共鸣，或者20世纪末的塞尔维亚人从其祖先600余年前（1389年）在科索沃战役中遭受的惨痛失败中得到的启示，或者巴拉克·奥巴马有意识地把自己摆放进以《圣经》内容构建的美国民权运动史的趣事，他认为，（正如他于2007年3月在亚拉巴马州塞尔马市的一次演讲中指出的）马丁·路德·金和其他一些人代表着"摩西一代"——"参与该运动的男男女女示威抗争，遭受了苦难，但在许多情况下，'他们没有跨越河流看到希望之乡'"；他自己这一代则是"约书亚一代"。[23]

（古代的）故事与（当下的）历史之间的这种互动，是具有相当大的历史意义的一个现象。然而，这种互动极其复杂，深刻反映了个人、群体或者（某些情况下）全体人民把自己摆放进历史记忆空间的方式。不同事例中的摆放方式是千差万别的。巴拉克·奥巴马对美国民权运动（及他在其中的位置）与摩西至约书亚时期《圣经》故事之间的共鸣的理解，肯定与 20 世纪中叶深受马撒达神话故事影响的犹太人的理解大不相同。不过，所有这些事例都有一个恒常不变的东西，即人们从目前可以追溯到远古的故事中吸取的、经常用于讲述那些仅有一星半点历史基础的事情的神秘力量。

这种力量普遍存在，但人们对其了解甚少。实际上，这种力量值得受到历史学家更多的重视。在探讨越王勾践的故事对近世中国历史的影响的过程中，我开始对过去的故事与现在的历史之间互动关系的总体模式产生兴趣。完成那本书以后，我突然想到，如果我从世界各国的诸多事例中，选择与某些特殊问题相关的一定数量的例子，加以综合分析，可能会非常有趣。这个想法导致我于最近完成了一本新作，名为《历史与大众记忆：故事在危机时刻的力量》（*History and Popular Memory: The Power of Story in Moments of Crisis*, Columbia University Press, 2014）。该书聚焦于 6 个国家——塞尔维亚、巴勒斯坦/以色列、苏联、英国、中国和法国，它们在 20 世纪都面临着严重的危机。每个事例中的危机都涉及战争或战争威胁，为了应对危机，受到影响的民众和国家都在利用那些与现实发生之事有类似主题的古老的历史故事。创作出来的戏剧、诗歌、电影、话剧和其他作品，往往发挥着复活这些故事的重要作用，而且，正如我们在 20 世纪看到的，民族主义在其中扮演了重要的角色。

由于老故事与正在发生的事情不可能完全匹配，人们就或多或少地对它们进行了修改，使之与现实更加吻合。在这种情况下，大众记忆变得重要了。大众记忆——人们普遍相信过去确实发生过的事——往往与严肃的历史学家在仔细研究各类史料证据后确定的过去真正发生的事是大相径庭。

记忆与历史之间的这个区别对历史学家非常重要，但在普通民众的头脑中常常是模糊不清的，他们更有可能被契合其先入之见的历史——他们感到适意和他们所认同的历史——所吸引，而对更客观的"真实"历史不感兴趣。在由于历史证据比较缺乏或留存下来的证据不可靠而使专业历史学家也没有绝对把握确定历史事实的情况下，这种模糊性自然就会得到强化。我在该书中探讨的每一个例子都是如此。即使在只有一丁点史实基础的情况下，例如，圣女贞德于1431年被烧死，罗马帝国的军队于公元70年围攻耶路撒冷并摧毁了犹太人的第二圣殿，历史学家笔下的"历史事实"的影响力往往也难以与历史故事的影响力相提并论，尽管历史故事掺杂着神话和传说（也许这正是其影响力大的原因）。《历史与大众记忆》的主要目的就是对这个现象进行深入探讨。

　　该书的核心主题（《与历史对话》也是如此）显然来源于《历史三调》播下的种子，首先是故事（或神话）与历史之间的区别。不过，我认为它具有更重要的意义。作为一个终生研究中国的历史学家，我的工作是围绕一个国家和一种文化展开的。当然，我也常常对中国与其他国家和文化进行比较研究，但比较研究的目的主要是加深和丰富我（以及我的读者）对中国历史的了解和认识。虽然《历史与大众记忆》中有一章来源于中国历史，但它只是全书的其中一章，与讨论法国、塞尔维亚、英国、巴勒斯坦/以色列和苏联的各章分量相同。该书没有讨论某一特定的国家或文化，而是讨论一种跨文化（或超文化）现象——故事在大众记忆中的作用，毫无疑问，这种现象在世界各个地方都出现过，无论居于这些地方的人民在语言、宗教、社会、文化和其他方面有多少差异。简而言之，我们看到的是一种完全不同的世界史，它不是以联系和影响力为基础的传统的世界史，而是见之于不断重现、明显类同、独立发展且极有可能植根于某些超越文化特殊性的人类种种习性——重要的一点是讲故事在人类的经历中具有普遍性[24]——的一种世界史。播撒如此理解全球史的种子，是我研究工作的另一项内容，也许可以说，这粒种子在《历史三调》中已经萌芽。

2014 年 2 月 28 日写于哈佛大学
费正清中国研究中心

英文版序

哲学家写了大量理论文章评论历史学家的工作。作为一个历史学家，我写本书的主旨在于通过一个真实的历史事件——1898～1900年发生于中国的义和团起义，来考察这个问题。关于历史学家的"所作所为"，我刚开始研究历史时的看法与现在的看法大不相同。我以前一直认为，历史在某种意义上说是一系列真实的史料。我还认为，历史学家的主要目的在于理解和解释历史。但是，关于解释历史的过程和牵涉的种种问题，我现在的看法比以前复杂得多。我现在认为，历史学家重塑历史的工作与另外两条"认知"历史的路径——经历和神话——是格格不入的。对普通人而言，这两条路径具有更大的说服力和影响力。

就抽象的层面而言，义和团起义是清朝（1644～1911）末年历史画卷中的重要篇章。它是19世纪中叶的大起义与1911年的辛亥革命之间发生的一场规模最大的武装冲突。义和团员多是因19世纪90年代初以来持续不断的自然灾害而变得赤贫的农村青少年。作为一场社会运动，义和团起义是对世纪之交中国农业秩序失衡状况的集中反映。这种失衡——在清帝国的许多地方表现为大规模的民众骚乱——也反映在义和团的宗教信仰特别是他们的降神附体仪式和法术活动中。义和团运动的排外性——最突出地表现在义和团对中国教民和外国传教士的进攻中——给中外关系带来了严重危机，并最终导致了外国的军事干涉和中国对列强的宣战。最后，使馆之围被解除，清廷逃至西安，洋人攻占北京，大获全胜的列强把不平等条约强加于中国，使清政府的政策发生了决定性的变化——在 20 世纪的最初几年里，清政府（小心谨慎地）采取了一系列具有深远意义的改革措施。芮玛丽在考察辛亥革命背景的一篇文章的开头明确指出："历史上没有哪一年能像 1900 年对于中国那样具有分水岭般的决定性意义。"[1]综合义和团运动的各个不同层面来看，芮玛丽之言不足为奇。

　　义和团运动是一个事件，是这一时期中国历史状况的一个组成部分。除此之外，它还在中国人和西方人的心目中形成了一系列颇有影响力的神话，尽管这些神话有时是互相矛盾的。在 20 世纪前半期的西方，人们普遍认为义和团是"黄祸的化身"，"义和团的言行使人联想到危险、排外、非理性和野蛮等"。[2]在 20 世纪 20 年代之前，中国的知识分子对义和团也抱有这种负面的看法，并增加了"迷信"和"落后"两条。但是，到了 20 年代中国的民族主义和排外主义的高潮阶段，虽然许多西方人试图以"义和团主义"的复活为说辞来诋毁中国的民族主义，但中国的革命者已开始正面评价甚至美化义和团，说义和团运动的实质是"爱国主义"和"反对帝国主义"。视义和团为反对外来侵略的勇敢战士的这种正面看法在"文化大革命"时期（1966～1976）大陆地区的中国人（和美国的一些华人）中达到了顶峰，而同一时期，台湾地区的中国人（和许多西方人）

则旧事重提，说义和团是狂热、野蛮的排外分子。他们还把这种标签贴在了红卫兵身上。在"文化大革命"时期，人们对义和团的同盟军红灯照也大加赞扬，尤其是称赞她们向旧社会妇女的从属地位发起了挑战。

作为事件的义和团代表的是对过去的一种特殊的解读，而作为神话的义和团代表的是以过去为载体而对现在进行的一种特殊的解读。两条路径都在过去与现在之间建立了一种互动关系，在此过程中，现在的人们经常按照自己不断变化的多样化的见解有意识或无意识地重新塑造着过去。当我们重新塑造时，过去——更确切些说，是人们经历的过去——会发生什么样的变化？当历史学家为了说明和解释而把过去整理成"事件"叙述时，或者当神话制造者出于不同的原因而从过去提取某些具有特殊象征意义的信息时，直接创造过去的人的经验世界会发生什么样的变化？保罗·维恩认为，事件本身与事件的参与者和目击者的观察不会完全一致，是历史学家发掘和梳理了他要叙述的事件的有关证据和文献。[3]如果真是如此，那么这种情况对理解历史有什么样的意义呢？历史学家也是神话制造者吗？如果我们要分析和解释一个事件，要把它分解成若干个小事件和个人的经历——如战壕里乏味的生活和恶劣的生存环境而不是雄伟壮观的战斗队形，那么我们会得到些什么呢？只是一堆杂乱无章、毫无意义的资料吗？或者更乐观些说，当历史学家试图解释过去或神话制造者利用过去的某些具有象征意义的信息时，我们得到的是更接近于"真正的过去"的史著吗？

这些问题没有涵盖我在本书中关注的所有方面。本书的第一部分讲述了历史学家后来写的关于义和团起义的"故事"，他们知道事情的结果，对整个事件有全方位的了解，他们的目标不仅是要解释义和团运动本身，而且是要解释它与之前和之后的历史进程的联系。第二部分考察义和团运动的直接参与者——为了生存而加入义和团的中国农村青少年，在该运动的高潮阶段散处华北平原各地的忧心忡忡的外国传教士，1900 年夏初天津之战期间被困在天津的中国人和洋人——的想法、感受和行为。（简言之，他们不知道自己能否活下来，对整个"事件"没有全方位的了解，因而，他们对正在发生的事情的看法与事后重塑历史的历史学家的看法根本不同。）第三部分考察在 20 世纪的中国产生的关于义和团和"义和团主义"的种种神话——这些具有象征意义的神话的主旨不在于解释义和团的历史，而在于从义和团的历史中汲取能量，在后义和团时代获得政治或宣传方面的好处。[4]

我对意识的这些不同方面进行考察（和比较）的目的，在于说明历史研究工作是难以尽善尽美的，在于解释人们创造的历史（在某种意义上说，它是确定的，不变的）与后来的人们撰述并利用的历史（它似乎一直在变）之间的差异。这与广为人知的"罗生门"效应大为不同。[5] 至少在被吸收进英语以后，"罗生门"指的是不同的人对同一事件的不同看法，即对"真相"的不同看法，这取决于他们与这件事的关系。本书考察的了解过去的不同途径当然包含了观点和视角的不同。但是，这些途径的内涵超出了这一范围，触及更具有实质性意义的不同。过去的经历者不可能知道历史学家知道的过去。神话制造者虽然与历史学家一样知道事情的结果，但他们无意于了解历史的创造者经历的历史。换言之，了解历史的这三条途径之间的界限并不总是泾渭分明的（正如我们所知，历史学家也制造神话，历史事件的参

xiv

与者在事情结束以后也完全能够把个人的经历写入历史），虽然如此，它们的分析方法是截然不同的，而且，更如我们将在本书中看到的，事件、经历和神话所依据的历史资料是大不相同的。

虽然本书的主要目的在于考察与历史撰述有关的一系列问题——义和团只是这项工作的配角，但我也希望本书能够引起那些关注义和团运动本身及中国人在 20 世纪纪念该运动的方式的中国研究专家的兴趣。这方面的内容主要在第二和第三部分。在第二部分（本书最长的一个部分）中，我探究了 1900 年华北民众经历之事——干旱、降神附体、法术与妇女污秽败法、谣言、死亡等——的若干方面，我的探究比描写义和团的许多一般性著作要深入得多。在此过程中，我常把自己当作"人种志专家"，试着以同情的态度去了解普通人（如义和团、非义和团的中国人及传教士）是"怎样理解世界"[6]的。我还经常从这个世界回过头去观察和解释过去发生之事，我采用的方法是我正在描述的那些历史事件的直接参与者所不知道的。

第三部分是针对与上面有关的另外一种问题而展开的。在这个部分中，我叙述了中国人对义和团加以神话化的情况。就本书的广泛目标而言，此项叙述的目的在于从总体上说明神话化的过程。但是，每一个历史事件在该国后来的历史上都有不同的意义。正如我们将要看到的，在 20 世纪中国人追求既接受又排斥西方文化的现代认同的痛苦历程中，义和团扮演了具有独一无二的象征意义的角色。

现在谈一谈我在撰写本书的过程中所做的选择，有些是自己做出的，有些是环境造成的。其中一个选择与我使用的"历史"一词的双重含义有关。正如某些读者已经明白的那

xv

样，我有时候从技术的层面使用这个词，用以特指历史学家重塑过去的正式过程。虽然没有人限制历史学家考察和重塑人们经历的过去或被人们神话化的过去（正如我在第二和第三部分所做的），但从第一种意义上说，历史显然有别于经历和神话。而在另外一些场合，如本书的书名中，我使用的"历史"一词含义广泛，较少技术层面的考虑，涵盖了认知历史的各种途径，包括经历和神话在内。我希望读者能通过上下文了解这个词在不同的地方究竟是第一种含义还是第二种含义。

虽然按照年代顺序来看，本书中关于经历的部分也许应该放在前面，因为过去是先被人们经历，后来才被重塑或神话化的，但是，我却把作为事件的历史放在了前面。我这么做的原因有二。其一，我希望本书能引起普通读者（非中国研究专家）的兴趣，对他们而言，从关于义和团事件的故事性叙述读起，可能更容易产生兴趣。其二，我认为，本书所探讨的了解过去的三条途径，在逻辑上或认识论上没有哪一条的地位一定比另外两条高。重塑历史、直接经历和神话化是我们每个人日常生活中常有的事。虽然专业历史学家花费大量时间与神话化的过去进行斗争，或者以直接经历者不知道的方式使过去之事变得清楚易懂并富有意义，但对大多数人而言，经历和神话具有不容历史学家忽视的重要性和情感引力——我们也许该称之为一种主观的真实。从这个角度来说，我恳请对义和团事件有所了解的读者不要按照本书各部分的排列顺序来阅读，而是按照你们喜欢的任何顺序来阅读。

我的另外一个选择与本书关于经历的这一部分有关。在这个部分，我特别注重的是义和团运动的高潮阶段（1900

xvi

年春夏，该运动波及华北的大部分地区，甚至蔓延到了满洲和内蒙古），而对 1900 年之前该运动的情况关注甚少——1900 年之前主要集中在山东省，尚处在起始阶段。我做此选择的原因有三。第一，这个部分——共有五章，如干旱、降神附体等——所述的主要现象在 1900 年春夏都达到了登峰造极的地步。第二，正因为如此，相关的中外文档案和文献比 1900 年以前更为丰富多样。[7] 第三，关于义和团运动在山东初起时的情况，我们已有一部极为出色的英文专著，即周锡瑞的《义和团运动的起源》。虽然本书的主旨与周书的主旨根本不同，但是，我认为我还是应该在可能的情况下把注意力集中到义和团运动的其他阶段，避免不必要的重复。

鸣　谢

在撰写本书的过程中，我得到了许多人的帮助，在此，谨向他们表示衷心的感谢。我首先要感谢易社强（John Esrael）、欧文·沙伊纳（Irwin Scheiner）、华志坚（Jeffrey Wasserstrom）和曾小萍（Madeleine Zelin），他们都仔细通读了书稿，发现了存在的一些问题，并为解决这些问题提出了极富建设性的建议。我要感谢杜赞奇（Prasenjit Duara）、洪长泰（Chang-tai Hung）、韩德（Michael Hunt）、马若德（Roderick MacFarquhar）、劳拉·麦克丹尼尔（Laura McDaniel）、韩书瑞（Susan Naquin）、詹姆斯·沃森（James Watson）和鲁比·沃森（Ruby Watson），他们分别对本书的部分内容提出了很好的修改建议。我在科尔盖特、哈佛和卫斯理大学演讲后听到的评论，以及参加1990年10月在济南召开的义和团运动研讨会的学者给我提出的建议，都使我获益匪浅。

在本项研究开始之初，邹明德（Mingteh Tsou）帮助我从中国获得了"文化大革命"时期报刊上发表的极有价值的文章。邹先生还介绍我认识了上海图书馆的祝均宙，祝为我搜集了不易见到的"文革"政治漫画。在我开始查阅有关义和团的史料时，贺萧（Gail Hershatter）就提醒我，天津存有未出版的义和团口述史资料。由于陈振江和南开大学其他学者的慷慨相助，1987 年我前往中国时复印了其中的许多资料。在此次访问过程中，我与山东大学路遥教授的谈话也使我获益匪浅，他是中国研究义和团运动史的权威历史学家之一。

在收集资料的过程中，我得到了许多档案管理工作者的帮助，在此谨向他们表示感谢。对我帮助最大的是耶鲁大学神学院图书馆的马撒·伦德·斯莫利（Martha Lund Smalley）和琼·R. 达菲（Joan R. Duffy）、华盛顿特区海军陆战队历史中心私人档案原管理员迈克尔·米勒（Michael Miller）。哈佛大学霍顿图书馆的管理员们为我查阅美部会档案提供了很大的便利，使我既感到愉快，又收获良多。胡佛总统图书馆的戴尔·C. 迈耶（Dale C. Mayer）总是耐心地回答我的问询，为我提供了赫伯特·胡佛和卢·胡佛撰写或收集的许多非常有用的资料——义和团运动期间，他们两位正好在天津。

本书中的许多插图资料是由利萨·科恩（Lisa Cohen）翻拍复制的，何伟亚（James Hevia）、瓦格纳（Rudolf Wagner）和叶凯蒂（Catherine Yeh）为插图资料提出了许多建议，罗伯特·福格特（Robert Forget）绘制了地图，范达人向我讲述了他对"文化大革命"的内幕活动的看法，赵文词（Richard Madsen）慷慨地让我参考了他在河北省天主教家庭中获得的口述史资料及研究成果，孔祥吉、马静恒和马惟一帮助我理解特别难懂的中文词汇和短语，在此，谨向上述各位表示衷心的感谢。

感谢内奥玛·厄珀姆·斯科特（Naoma Upham Scott）

xviii

允许我引用她父亲奥斯卡·厄珀姆（Oscar J. Upham）的日记，也感谢助我获得此项许可的海军陆战队历史中心管理员艾米·坎廷（Amy Cantin）。我还要感谢亚洲研究协会允许我引用发表于《亚洲研究杂志》（1992 年 2 月）上的一篇文章。

　　与我无数次共进晚餐的希拉·莱文（Sheila Levine）一直给予我热情支持，与我无数次共进午餐的丹尼尔·利特尔（Daniel Little）经常帮助我理清思路，特别是对一些哲学问题的看法。老朋友丹尼尔·斯特恩（Daniel Stern）多年来不时地和我聚谈，与我交换看法（他的研究领域同我的研究领域虽然不是毫无关系，但有着很大的不同）。在我的观点开始形成之际，另一位老朋友艾伦·莱伯维茨（Alan Lebowitz）就如何最终将书写成向我提出了许多建议。

　　哥伦比亚大学出版社的凯特·威顿伯格（Kate Wittenberg）是通读本书书稿的第一个人。阅读书稿后，她做出了热情的回应；当本书被出版社接受时，她又全权负责本书的出版工作，在此谨向她表示诚挚的感谢。在哥伦比亚，我还要感谢罗伊·托马斯（Roy Thomas），他以认真负责的态度和高超的技巧编校了书稿。

　　最后，谨向从一开始就对本书的写作表示信任并给予慷慨资助的卫斯理女子学院、国家人文学科基金会和约翰·西蒙·古根海姆纪念基金会表示感谢。

第一部分

作为事件的义和团

绪论　历史学家重塑的过去

1989 年 3 月，托妮奖管理委员会认定受到观众热烈欢　3
迎的音乐喜剧《杰罗姆·罗宾斯的百老汇》不是旧剧"重
演"，所以应该获得"最佳戏剧"奖。该委员会内部经过激
烈争吵后做出的这项决定有经济方面的重要含义，因为该剧
的票房收入虽然不俗，但排演成本太高，获得最佳戏剧奖可
使该剧多增加数百万美元的票房收入。委员会内部争论的焦
点（除经济方面的考虑外）在于，虽然该剧作为一个完整
的剧目从未在百老汇上演过，但其基本内容却似曾相识。[1]
因而，要解决的问题就是：该剧到底是新剧初演还是旧剧重
演？

托妮奖管理委员会解决的问题也许可以用来比附历史学
家重塑的过去：是旧剧重演还是新剧初演？历史学家的工作
是真实和完整地重现过去发生之事呢，还是舍弃一些确实存
在的史实并增添一些未曾发生的事情后形成新的历史呢？不
是历史学家的人们很可能会选择前一种，认为历史学家应该
做的就是准确地恢复过去的本来面目，如果他们不这么做，
其成果就不是历史。

本书所持的立场与此截然相反。无论与人们的直观感觉多么不相符合，我都认为（我相信多数正在从事历史研究的历史学家会赞同我的观点），历史学家重塑的历史实际上根本不同于人们经历的历史。不论历史学家能够选择和实际选择的史料多么接近真实，多么接近人们的实际经历，他们最终写出来的史书在某些方面肯定有别于真实的历史。而且，在我看来，即使历史学家叙事的程序（即对历史的叙事化处理）与历史的直接参与者的叙事程序没有本质的区别，结果依然如此。

在进一步考察历史学家如何使"过去"变成"历史"之前，我先简要地阐述一下刚才提出的叙事化问题。从根本上说，这个问题与我们怎样确定"历史"（就历史学家写出来的历史而言）同"真实"（就人们创造和直接经历的历史而言）之间的关系有关。此问题不仅在历史学家当中引起了争论，而且在哲学家和对历史问题感兴趣的文艺理论家中间引起了广泛的争议。某些人（声名最著者为海登·怀特和保罗·里克尔）的观点是，从本质上看，历史与真实之间毫无连续性可言。他们认为，从根本上说，历史是在叙事，是在讲故事，而"真实"却不同。因而，历史学家在写历史时，把一些构想或结构强加到了历史上。另外一些人（在他们当中，我发现戴维·卡尔的解释最清晰，也最有说服力）则认为，"叙事结构存在于我们社会生活的经历之中，与我们作为历史学家对过去的思考无关"。在卡尔看来，叙事法是历史学家阐释真实的过去的一个基本手段，历史与真实之间（他喻之为"叙事与日常生活"之间）不是没有连续性，而是具有很大的连续性。[2]

我个人的看法介乎这两种极端的观点之间，虽然离卡尔的观点稍微近一些。我同意卡尔的这一看法：叙事结构是日常生活的一个基本要素，对个人和群体而言，均是如此，因而，历史学家对历史的叙事化处理本身并不会把人们经历的历史与历史学家重塑的历史割裂开来。然而，历史学家在重塑历史的过程中的另外一些特点，的确使历史与人们的直接经历之间产生了差异。[3]至少，所有的历史著作（即使是其中最出色的那些）都是对过去的高度简化和浓缩；像义和团运动这样一个历时数年、波及华北大部分地区的历史事件可被转化为一本数百页长的史书，人们可以把它拿在手里，花 10 个小时就能从头到尾读一遍。

　　在朱利安·巴恩斯的小说《福楼拜的鹦鹉》中，有对这一问题的思考："按原样"恢复历史是不可能的。小说中的人物杰弗里·布雷思韦特说了这样一段话："书籍告诉人们：她为什么做这件事。生活告诉人们：她做了这件事。书籍是向你解释事情的前因后果的，生活就是事情本身。某些人偏爱书籍，我一点也不感到惊讶。"[4]佩内洛普·莱夫利的《月亮虎》中的主人公克劳迪娅·汉普顿若有所思地说："当你和我谈论历史的时候，我们指的并不是实际发生的事情，是吧？也不是时时处处都存在的宇宙乱象，是吧？我们指的是经过整理以后写进书中的历史，是历史学家对时空和人物的善意观察。历史是对过去的解释，而事实是错综复杂的。"[5]

　　这两段话实质上表述的是同一个意思：实际经历（布雷思韦特所说的"生活"，汉普顿所说的"事实"）是凌乱的、复杂的和不明晰的，而历史（或者"书籍"）则把杂乱无章的经历条理化和明晰化了。某人可能由于饥饿而参加义和团运动，第二个人可能因为憎恨、畏惧外国人和外国势力

5

而参加该运动，第三个人可能发现参加义和团是向宿敌复仇的良策，第四个人支持义和团可能是因为害怕这样的后果：不支持义和团会给自己和家人带来不幸。研究义和团运动的历史学家的任务就是在诸多的动机中找出一些有意义的范式，把特别复杂和混乱的事件清楚而完整地描述出来，且能言之成理。简言之，历史具有解释的功能；历史学家的首要目的是理解过去发生之事，然后向读者进行解释。

我基本同意上述关于历史学家的作用的说法，但是，我们需要处理好经历和历史之间的悬殊差别所反映出来的过分简单化问题。对历史学家来说，人们的实际经历也许是杂乱无章、头绪繁多的，但对经历者而言，情况并非如此。人们的生活中并非没有混乱和无序，但是，我们的生活对我们而言却不是杂乱无章的。就个人的亲身经历来说，叙事功能是非常重要的。在日常生活中，我们本能地把经历与叙事联系在一起。我们给自己"讲故事"，使我们的经历变得有意义：个人生平方面的意义而非历史方面的意义。因而，书籍解释生活中发生之事（杰弗里·布雷思韦特语）的说法并不完全正确。在生活中，我们也特别需要理解和解释我们每一天的经历。

就群体的层面而言，这种需要也是不可或缺的。人们谈论他们共有的经历，共同对他们经历之事做出解释。这些解释也许是缜密的分析，在这种情况下，经历者实际上就成了解释他们亲身经历的历史学家。这些解释也有可能是在非正式的谈话、谣言或闲言碎语中反映出来的。无论何种情况，历史事件的直接参与者的解释可能与意识和理念大为不同的历史学家的解释有很大差异。保罗·博耶和斯蒂芬·尼森鲍姆就意识到了这种差异。他们认为 17 世纪末新英格兰的社会秩序"被一种超人的力量所严重动摇，这种力量诱使许多人积极参与不理智的活动"。他们指出："我们把这种力量解释为新兴的商业资本主义，而［科顿·］马瑟牧师和塞勒姆村把它解释为巫术。"[6]

虽然过去的直接经历者对经历的整理和理解并非完全不同于历史学家的整理和理解，但从总体上看，二者的动机是大为不同的。直接经历者在以后的岁月中会不断地复述过去发生之事，会根据社会环境的变化不断地"改造"他们过去的亲身经历，以便保持个人经历的完整性和连贯性。有位经历过"文化大革命"的中国朋友告诉我，她每次回中国后都与亲朋好友交谈，她发现，同一个人对同一段经历的回忆每一次都不相同。普里莫·利瓦伊在去世前不久写道，随着时间的推移，"某些事实会被修饰得越来越完美"。[7]简言之，当人们为自己的人生经历制造一个又一个神话的时候，他们——我们——虽然希望以非常客观的态度披露"事实"，但同样希望自己对往事的"塑造"不超越人们的心理所能承受的范围。

另一方面，历史学家最重视的是根据知识层面的确当性而非感觉层面的确当性来勾勒历史画卷。作为人类的一分子，我们也有与其他人完全相同的情感需求，但是作为历史学家，我们在理解和解释历史时，必须有意识地遵奉（在实践中从未完全实现过）社会公认的关于准确性和真实性的强制性标准。这种责任和义务使我们成了历史学家。我们也承担其他责任和义务，但是，如果这些责任和义务——例如，女权主义历史学家希望代以前无话语权的妇女立言，并希望借此对目前和将来妇女的解放事业有所贡献——超越了按照公认的一系列职业准则理解和解释过去发生之事的目 7

标，我们就等于放弃了作为历史学家的职责，走向了神话化的路径。[8]如果过去的事实总是有解放人和激励人的效果，那么这也许不会成为一个问题。但是，如果有人像我一样相信，在个人层面也好，在群体层面也好，神话比真实具有更大的激励作用，那么这恐怕就成了一个真正的问题了。

历史学家是在已经知道结果的情况下从事研究工作的，这是历史学家的另外一个职业标志。历史事件的直接参与者不知道事态发展的最终结果是什么，而历史学家是知道的。实际上，重塑历史的过程普遍是以已知的结果为起始点的，接下来就是解释为什么会产生这一结果。因而，虽然历史学家的"作品"（他或她写的史学著作）通常始于过去的某一时刻，然后往下推，但历史学家的"意识"则始于其后的某一时刻，然后往上推。正如 G. R. 埃尔顿指出的，历史学家成功的秘密"在于事后认知和回推立论"。[9]

这里存在一个问题，所有称职的历史学家都心中有数，并且在尽最大努力减轻其负面影响。这个问题是：错误地推定已成事实的结果的必然性。换言之，正如埃尔顿所言："我们知道随后发生之事，但经常存在的一个相当大的危险是，历史学家有可能受到一个存在已久的错误的逻辑命题——发生于其后者必然是其结果——的误导。"[10]

许多历史学家都对这个问题做了评论。戴维·麦卡洛（他是颇受好评的杜鲁门传记的作者）告诫说："在撰写历史或人物传记时，你必须牢记，没有任何事情的结果是注定的。……事情有可能在任何时候向任何方向演变。只要你用'过去时'，那件事好像就被固定在过去了。但是，从来没有一个人生活在过去，人只生活在现在。……历史学家所面临的最大挑战是让读者不再认为发生于其后者必然是其结果，相反，事情的发展是有各种各样的可能性的。"[11] 博耶和尼森鲍姆以类似的笔调写道：

> 在 2 月，甚至于在 4 月或 5 月，没有任何人意识到，传统的祈祷和控告之法不会迅速终止［巫术的］蔓延。在 1692 年的塞勒姆村，形势有些微妙的不同，但没有人能事先预料到，也没有人能在当时解释其原因。……尽管如此，他们对于事态演变方向的推测……是我们了解事态的真实演变状况的意义的一条途径。如果我们一点一点地照原样复原历史事件而不是急于对它们进行定性和分类，我们会惊奇地发现，它们原本并不是以我们想象的那种清晰整齐的模式存在的。[12]

就拳民而言，他们是在何时变成青史留名的"义和团"的，仍是一个争议未决的问题。义和团事件是在何时引起全世界的关注而不再仅仅是局限于某一地区（甚至局限于中国）的区域性事件的？正如研究义和团运动的历史学家们一再指出的，直到 1899 年 12 月 31 日，义和团才杀死了第一个洋人（山东的传教士卜克斯）；在 1900 年 5 月 31 日（面对义和团对北京地区造成的日益严重的威胁，使馆卫队于这一天开始进驻京城）之前，卜克斯是死于义和团之手的唯一的洋人。[13] 不妨借用博耶和尼森鲍姆似乎很赞赏的反事实的（指在不同条件下有可能发生但违反现存事实的——译者注）思考方法进行假设：如果清廷在 5 月中旬之前采取断然措施镇压义和团运动，或者华北普降甘霖，结束干旱，使参与该运动的农民们返回家园，那么此后导致义和团卷入一场具有全球性意义的危机的许多历史事件也许不

8

会发生，20 世纪最初十年中国的历史很可能大不相同，对义和团的学术研究极有可能成果寥寥，我撰写此书的可能性几乎不存在。换言之，在考察义和团运动的起源及其历史的过程中，我们必须时时刻刻谨慎行事，不要想当然地认为我们知道的结果都是预先注定的。

简言之，历史学家知道结果，这使他们解释历史的过程在一些重要方面完全不同于历史事件的直接参与者（他们一般不花费许多时间和精力去了解他们亲自参与的事件的起源）解释历史的过程。但是，我们必须十分小心，以免在重塑历史时草率地得出这样的结论：事情的结果是前定的，不可改变的。这是前面几段文字强调的最关键的一点。

就我们知道历史事件的结果这件事而言，另外一个方面（与前文所强调者密切相关）也极其重要。知道结果，可使历史学家赋予在此之前的历史事件一些意义，一些在事件发生的当时并不存在因而也就不可能为事件的发起者和参与者所知（虽然在某些情况下他们能够猜测到）的意义。这种回过头来赋予某些事件以历史意义的现象在各个层面都存在。在比较具体的层面，每一个重大事件都是由较次要的一些事件组成的，这些事情在另外的情况下肯定会无声无息地消失在历史的长河中，但是，一旦历史学家把它们当作某一更重大的事件的起因，它们就有了重要的历史意义。1937年 7 月 7 日卢沟桥事变之前，华北的中日军队之间经常发生摩擦和冲突，但卢沟桥事变却没有像其他冲突那样被人遗忘，而是变成了抗日战争（对中国人而言）和第二次世界大战（对全世界而言）的起始点。1934 ~ 1935 年的长征没有成为中国共产主义运动终结（如果后来的历史发生另外一种转折的话，该运动是很有可能终结的）的标志，相反，它成了一个具有重大历史意义的事件，对中国共产党的最后胜利起了决定性的作用。换言之，卢沟桥事变和长征都成了更大的历史事件的组成部分，它们的历史价值也随之发生了重大变化。

在简单与复杂的历史事件（如卢沟桥事变与第二次世界大战，长征与中国共产党的最后胜利）之间存在局部—整体的关系，与此相似，在简单（如在广岛投放原子弹）或复杂（如第二次世界大战）的历史事件与更纷繁复杂的历史环境之间也存在局部—整体的关系。在这个层面上的局部—整体关系可用各种各样的方法来形容，这取决于作者对哪种结构感兴趣。例如，历史学家认为，17世纪末塞勒姆发生巫术事件的主要原因为："由来已久的神秘仪式，青少年青春期的精神机能障碍，清教主义的过分压抑，西方社会群体性歇斯底里和迫害行为的周期性发生。"[14]在广岛投放原子弹之事也许被视为——实际上一直被视为——第二次世界大战开始结束的标志，白种人对黄种人进行种族屠杀的一个极其恐怖的实例，或者核时代的开端。

义和团起义也是大的历史背景的一个组成部分，包括（但不仅仅限于）晚清时期此起彼伏的内部暴力冲突、农村局势的日益恶化[15]、19世纪中叶开始的民教冲突[16]、中国与外国的外交关系等。由于这些现象不但向后延伸，而且向前延伸，所以义和团起义的历史意义在当时是不明确的，只能由知道义和团运动结束后的事态发展的历史学家或其他人进行总结和阐释。[17]有时候，这种阐释会被提升到更高的层面，义和团起义被置于中国历史长河的大部分（如果不是全部的话）时段内进行评价。哈罗德·伊萨克斯指出，义和团是"传统主义对不可避免的历史变革的最后一次软弱

10

无力的挑战"。[18] G. G. H. 邓斯特海默认为义和团是"中国的中世纪……与近代两个历史时期之间的分水岭"。[19] 历史学家李世瑜认为，"1900 年爆发的义和团反帝爱国运动掀起了中国近代史上第二次革命高潮"。[20] 1955 年，周恩来称赞义和团反抗帝国主义侵略的英勇斗争是"50 年后中国人民伟大胜利的奠基石之一"。[21]

所有这些结论——其中一些结论具有对义和团的经历加以神话化的明显倾向——都是在知道后义和团时代的事态发展的情况下做出的。像魔术师默林或某小说中无所不知的讲述者一样，他们的结论中都（或间接或直接地）体现出了他们对后果的预知。正因为如此，他们的意识根本不同于历史事件的直接参与者的意识，后者在当时并不知道事件的结果，而是处在可能出现多种后果的环境中，随着事态的发展，其中的一些可能性被排除了。

另一方面，必须指出的是，知道结果的历史学家与不知道结果的直接参与者之间的区别不是绝对的。历史学家也受到不确定性的困扰，这影响到历史学家重塑历史的全过程的每一个阶段，包括在关于历史事件的结论中重点强调哪些问题或哪些方面。这样的结论可能是极不可靠的，其内涵越笼统就越不可靠。关于历史的概括性结论（我认为，首先是"转折点"或"分水岭"一类的结论）往往比具体结论具有更多的神话成分，能更多地体现出做结论的人的感情偏好、关注重点及其所处的时代的特征。问题在于，做结论的人的感情偏好和关注重点会突然发生变化，果真如此，则体现此类感情偏好和关注重点的那些概括性结论会很快停止流行。

舒衡哲对列文森的评论是对此点的最好注解。列文森对

1919 年五四运动时期中国知识分子和政治形态的解释引起 11
了舒衡哲的注意，她写道："在《孔子死亡日》一文中，列
文森试图赋予 1919 年的这场运动以决定性的、划时代的历
史意义，与毛泽东在区分'新''旧'民主时赋予该运动的
历史意义颇为相似。在列文森看来，五四运动是传统与现代
之间的分水岭，是西方思想影响下形成的解决中国问题的方
案与曾经被称为普遍真理的儒家学说之间的分水岭。"具有
讽刺意味的是，列文森写成此文（1961 年）后没有几年，
孔子的肖像被拿到处在"文化大革命"热潮当中的广州街
头游街示众，这清楚地表明孔子在中国的影响根本没有被消
除。舒衡哲认为，鉴于这个实例及其他一些实际情况，到
20 世纪 80 年代，关于五四运动的学术研究已不再使用早期
的那种言过其实的语言，不再有"像列文森那样极端的断
言"了。[22]

　　历史学家知道接下来会发生什么，而且可以从过去的
任何一个时刻开始研究历史，与此相对应的是，他们拥有
极宽的视角，可以自由地跨越时空，可以理清一些人的经
历是怎样与另外一些人的经历发生联系的，还可以理清在
空间（和时间）上没有关联的一系列事件是怎样形成范围
更广——范围过于广泛，往往使任何一个人的经历都难以
涵盖——的历史事件的。在重塑历史的过程中，历史学家
的宽泛视角使他们有别于历史事件的直接参与者。[23]但是，
这种优势也是有局限性的。历史学家在重塑历史的过程中
虽然比直接参与者拥有更多（和更全面）的证据，但还远
远不够，因为历史上"发生的许多事情都已不为人们所知
了"。[24]

　　历史学家的证据不仅数量不足，而且质量也往往成问

题，形不成包容过去全部经历的代表性范例。遗留下来的证据也不一定能够像许多人认为的那样反映过去发生的一些最重要的事情。丹尼尔·J. 布尔斯廷的观点虽然使人感到沮丧，但很有说服力。他写道："幸存是不确定的、带有偶然性的、不可预知的。"由于"奇妙的偶然性"，巴比伦人把字写在泥土制成的平板而非纸张上，"才使我们对公元前 3000 年巴比伦人日常生活的某些方面的了解远远多于对 100 年前欧洲或美洲某些地区人们的日常生活的了解"。[25]

布尔斯廷由此总结道，某些类型的证据比另外一些证据更有可能留存下来。除记录在耐久的材料（如巴比伦人书写楔形文字的泥板）上的证据以外，"容易留存下来的"证据包括当时的人"收集和保存"的资料（如官方档案），关于争议问题的记载，与成功和失败有关的信息，等等。[26]任何历史学家都可能在其著作中过多地使用容易留存下来的那类证据。就义和团而言，除义和团首领和支持义和团的人写的数百件揭帖及义和团起义结束半个世纪以后收集的口述史资料以外，[27]留存下来的其他所有资料——中国的官方档案文献（支持义和团的官员写的除外），中国文人的纪事、信函、日记及当时的洋人所记的材料——都是从反义和团的角度写成的。大部分拳民是文盲，是按照口耳相传的传统习俗生活的，他们在义和团运动史上起了重要作用，但没有留下显示这些作用的任何文字材料。因而，在梳理拳民自己的观念时，历史学家不得不主要依靠间接分析法，在讽刺挖苦义和团的材料中挖掘有用的信息。

这是历史学家经常遇到的难题之一，还应看到前文述及的其他难题。然而，不能由此得出如下结论（像某些人所做的那样）：由于历史学家面临着各种各样的重大难题，所以我们从事的工作没有价值，我们的努力只不过是一种比较老练的骗人把戏。持这种立场的人往往对历史学家的工作怀有错误的看法（我认为，这些错误看法有时候是由历史学家不严谨的结论促成的）。由于我们永远不可能达到他们心目中的标准，所以我们的努力在整体上被认为是没有多大价值的。

另一方面，如果我们不要求历史学家提供他们无法提供的东西——原原本本的历史，如果我们承认历史学家能够提供的对历史的理解和解释是有价值的——至少因为它们与历史的直接创造者的理解和解释是有所不同的，那么，一切努力都不是没有意义的。也许真是如此（正如作家约翰·弗农所写的）："历史最终的不可知性"欺骗着对历史特别有兴趣的那些人；"人们强烈地感受到历史既存在又不存在，既是真实的又是虚幻的——是跟在我们身后的一个幽灵，当我们回过身去，它就消失了"。[28] 然而，正是历史的这种不确定性、不完整性和短暂性对历史学家产生了强烈的吸引力。他们利用搜集到的证据和自己的所有想象力，努力去理解和解释历史。最终的结果是，历史学家的解释既非原原本本地复原历史，亦非对历史学家作为历史叙述者的价值观和愿望的简单体现。（当然，这种情况经常发生。但是，当这种情况出现时，我们面对的就不是历史而是神话了。）更确切地说，历史学在重塑历史时，必须在现在与过去之间找到某种平衡，撷取二者当中特别重要的内涵，在寻找平衡的过程中不断调整自己的观念。

历史学家重塑的过去还有许多特点可谈。此处所讨论的种种特点——对历史的理解和解释，对事情的结果的预知，

13

对于整个事态的全方面的了解——是我作为一个历史学家数十年来一直认为最突出和最重要的特点。下面的章节对义和团事件的叙述反映了（甚至完全基于）历史研究工作的这些特点。这种叙述是义和团运动的直接参与者或制造义和团神话的人不会（或不可能）做出的。

第一章 义和团起义：
叙事化的历史

我为大学生开设了晚清中国史课程。每当这门课程开始时，我都要求学生们用两三句话写下他们对"义和团"和"太平军"的所知所想。我明确告诉他们，我这么做的主要目的不在于让他们注意他们的知识有限（尽管这项测验往往会有这样的效果），而在于让他们了解，他们已有的知识是在一种怪异的因素的影响下形成的，他们心目中的中国形象是异化的、扭曲的。测验的结果基本上是一致的。年复一年，大多数学生至少对义和团略知一二，用"排外"、"叛乱"或"革命"等词形容义和团，而90%以上的学生从未听说过太平军。

向同学们宣布测验结果以后，我们总要花一点时间做些解释。我告诉我的学生，太平军发动了一场内战——可能是世界历史上最具破坏力的内战（至少就伤亡人数而言是如此），[1]对中国最后一个王朝（清朝）的生存形成了最严重的威胁；他们在十多年的时间（1853～1864）里控制着大清国最富庶的一些地区；在镇压太平军的过程中，西方人起了一定的作用（尽管很有限）；太平军的意识形态深受福音派基督教的影响；他们的创始人和最高领袖洪秀全做的梦使他相信他是耶稣基督的弟弟——这一点常使学生们感到惊讶。显然，太平军起义是帝制中国晚期的一个极其重要的事件，也是深受西方影响的一个令人非常感兴趣的事件。为什么不研究中国历史的美国人普遍没有听说过太平军而对义和团却略知一二呢？

15

听了学生们对这个问题的看法以后，我会讲出自己的答案，分为两个部分。我首先指出，当时的西方人（居住在中国的西方人除外）就不太关注太平军起义，也不认为此次起义与自己的生活有多大关系。而且，知道此次起义的人一般都不认为它是一场危险的运动。相反，在起义的开始阶段，太平军的基督教主张激发了美国和欧洲的新教传教人士的极大兴趣。[2] 义和团的情况与此不同。在世纪之交，义和团把矛头直接指向西方人和西方势力在中国的各种表现形式，对使馆区进行围攻，使西方外交界充满了危机感，并导致各国联合出兵侵华，这使得义和团在 1900 年夏成为世界各国报刊争相报道的热点。当时的西方人知道义和团是什么样的团体，许多人感到恐惧，因为关于义和团的言行的耸人听闻的报道在四处流传。[3]

由于义和团对西方人的生命和身体安全造成了严重危害，所以西方人对他们的关注远远超过了对太平军的关注。也正是由于这个原因，他们在欧洲人和美国人的心灵上留下了持久的印痕。在电影、小说和民间传说中，义和团多年来一直是我们最嫌恶和担心的中国陋习——仇视基督教、抵制先进技术、野蛮残忍、仇外排外和迷信——的典型象征。推而广之，义和团也是 20 世纪西方人对非西方人的负面看法的典型象征。太平军只在中国历史上占有重要地位，没有在西方人的头脑中留下深刻印象，与此相反，义和团却成了欧洲人和美洲人关于"第三世界"的认识体系的一个长久的组成部分。

义和团在西方是一个活生生的——有时是具有强烈感情色彩的——象征，但这种情况并不一定有利于重塑他们的历史。研究太平军，我们可以轻装上阵，而要研究义和团，我们必须首先面对多年以来西方人心目中保持的严重神话化的义和团形象。这些形象形成了一种知识上的杂音或者说干扰，历史学家必须经常面对这些杂音，并竭力弱化或消除干扰（正如我们将在第三章中看到的，这种情况在中国更为严重）。因而，这些形象对我们这些叙述义和团历史的人是一种额外的挑战。

义和团运动的起源

正如西方人和许多中国人所知，义和团现象[4]是1900年初开始引起人们的重视的。在此之前的数月间，义和团一直在其发源地鲁西北慢慢积蓄力量。1899年冬，义和团越过直隶和山东交界线，以令人难以置信的速度扩展到华北平原的大部分地区（主要是直隶和山西，河南次之），甚至蔓延到了东北和内蒙古。

义和团运动在高速发展阶段的一些鲜明特征，如名称和主要的口号、降神附体仪式、刀枪不入的信念和仪式、"拳术"和气功、以拳厂（农村地区）和坛（城市地区）为中心的松散组织形式，以及以青年农民（其中许多是孩童）、季节性雇农和无业游民为主的人员构成等，都是对山东原有的模式的继承和发扬。然而，就某些方面而言，义和团运动

16

在 1900 年上半年的飞速发展有其自身的内在动力，而这只能用造成该运动在 1900 年前渐进发展的一些因素来加以解释。

义和团运动有许多谜团，我们必须予以破解，其中之一与"Boxer"（西方人对义和团的称呼）有关。中文中的"拳"或"拳术"泛指武术活动，其中许多类目与西方人心目中的"拳击"毫无关系。由于"拳"是通称，所以关于义和团运动的中文著述很少单独使用这个字。当时敌视该运动的中国人往往使用"拳匪"一词，而不敌视该运动的中国人则使用"义和拳"一词，后者于 1898 年春初次出现于鲁西北，在该运动的高速发展阶段，它与更具官方色彩的称谓"义和团"一直被交替使用。[5] 义和拳是中国"拳术"的一个流派（或一种风格），有别于 19 世纪末在鲁西流传的其他拳种，如梅花拳、洪拳、猴拳、阴阳拳、神拳等等。换言之，1898 ~ 1900 年的义和团运动的独特性不存在于"Boxer"一词中。

17

义和拳将两种颇有影响的民间习俗合二为一：一种是与大刀会有关的刀枪不入理念（但不是具体的仪式），1895 年初，这种理念在鲁西南的曹县、单县和其他地方开始流行起来；二是自称为神拳的民间团体的集体性降神附体仪式，也于 1895 年初在鲁西北流传开来。

大刀会在鲁西南的根据地与河南和江苏交界。与中国的其他许多边区一样，这个地区的基层政权软弱无力，社会治安不尽如人意，与权力中心地带的情况难以相提并论。这个地区土匪横行无忌，鸦片种植和贩卖私盐等不法活动猖獗，而士绅阶层的力量相对较弱。驻守在这个地区的清军在 1894 年中日甲午战争时期被调走，更使这里的治安状况趋于恶化。在一个"不法之徒横行，并且尽可能摆脱官府的干扰的社会"，[6]人们为了保护财产，只有武装起来进行自卫，非官方的地方武装往往担负起保家卫乡的职责。[7]正是在这种形势下，大刀会于1895年成为这个地区的一支重要力量。口述史资料明确地把大刀会和"土匪"区分开来，并声称大刀会最初的目的只是保卫身家，成员包括地主、富裕中农和佃户（佃户学会大刀会的拳脚功夫，以保护地主的财产）。多数记载表明，最穷的人很少参加大刀会，一是他们没有财产需要保护，二是他们没有钱，买不起刀枪和每天必烧的香。[8]

　　大刀会的创始人和领导人是刘士端（刘死于1896年）。大刀会常举行集会，一般采取唱大戏的方式，目的之一是招募成员。[9]大刀会练的是金钟罩，这是一种硬气功，伴之以念咒吞符之类举动。大刀会成员都相信，这种功夫（可以追溯至清中叶）只要正确地使出来，人的身体就像罩了金钟，可以刀枪不入。[10]

　　1895年春，由于山东和江苏交界地区匪患越来越严重，清廷发布谕旨，严令大力剿匪。清政府对大刀会怀着矛盾的心理，对大刀会违背正统道德规范的宗教活动颇为不满。尽管如此，朝廷还是把大刀会与土匪明确区分开来，仅要求解散大刀会。事实上，大刀会没有被解散，相反，大刀会对地方政府的剿匪行动进行了大力配合，结果，加入大刀会的人越来越多，大刀会成了地方上的一支重要力量。只要大刀会恪守最初确定的保家保财产的宗旨，它与官府的合作关系就能得以维持。但是，当大刀会与当地教民发生冲突后，地方政府转变态度就只是一个时间问题了。

　　鲁西南（和苏北）的权力真空状态造成了盗匪的横行和

19

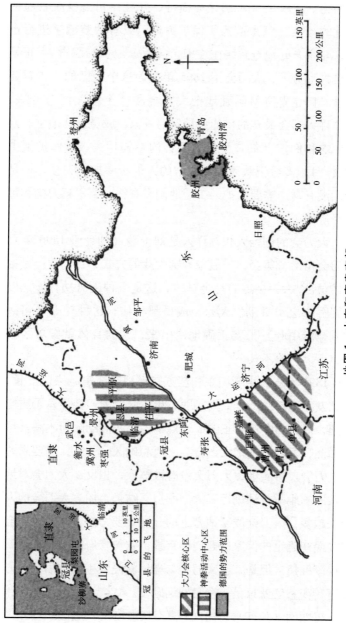

地图 1 山东和直隶南部

大刀会的兴盛。正如周锡瑞的研究所表明的，这种权力真空状态也为野心勃勃的天主教教派——安治泰领导的天主教圣言会提供了在该地区建立和稳固传教据点的机会（始于19世纪80年代末）。教民数量不断增加，部分原因是教会吸收了一些违法分子（自1860年基督教传教工作在中国取得合法地位以来，这种情况比较普遍[11]）。不法之徒被教会的保护伞所吸引，因为急于招收教徒的传教士是不受大清法律约束的。在这种情况下，教民与土匪的界限越来越模糊（例如，在1895年，大刀会打败了一大股土匪，其中一些匪徒因害怕被"富人"捉拿，就信了天主教[12]），天主教与大刀会之间的摩擦和冲突就不可避免了。

1896年春夏，大刀会在江苏和山东交界地区采取了一系列攻击教民及其财产的行动。这些行动是苏北某地的一场土地划界纠纷引发的，与天主教的教义无关。[13]虽然这些行动没有造成严重后果（教民和传教士无一伤亡），但在此过程中，大刀会的纪律严重败坏，当大刀会由（或多或少受到欢迎的）社会秩序的维护者变成（绝对不受欢迎的）骚乱制造者时，（由后来担任山东巡抚的毓贤领导的）当地政府就开始转而对付大刀会的首领了。刘士端和其他大刀会首领（共约30人）被逮捕处死，虽然大刀会组织没有彻底消亡，但它在鲁西南的高潮时期已经结束了。

如果不发生后来的一系列事件，如果不发生义和团起义（或者其规模没有那么大），上文所述的历史很可能不会受到历史学家们的重视。即使受重视，也会被赋予不同的含义。然而，大刀会失败以后所发生的事情使得该组织在1895～1896年的活动具有了值得回味的重要意义，也使该组织在历史上占据了重要的地位。如果后来的事情不发生，

20

该组织是不会如此引人注目的。

随后发生的事件之一是 1897 年 11 月 1 日的巨野教案。在此案中，前往巨野县张家庄拜会薛田资的圣言会传教士韩理和能方济在午夜前被一群手持刀枪的人残酷杀害。引发巨野教案的确切原因一直没有搞清。有一些证据（但并非确证）表明大刀会卷入了这次事件。当地人很仇视薛田资，他虽是唯一的幸存者，但他可能是人们真正的攻击目标。所有史料都称他是一个极端张狂的人，在华天主教长期以来受人指责的那些不法活动（如干涉词讼等）他都干过，所以他无疑是一个令当地民众十分厌恶的人。[14]但是，也有证据表明，这次事件是原来的一个土匪为报私仇而精心策划的，意在给本县县令制造麻烦。

巨野教案的缘由虽不清楚，但其后果却是极其严重的。在德国政府的强大压力下，中国方面答应自筹资金在传教士被害的村庄和其他两个地方修建教堂，并在教堂门口题刻"敕建天主堂"字样；数名地方官遭解职、弹劾或调任；作风保守但忠于朝廷的山东巡抚李秉衡被解除职务，并永不叙用。李秉衡任巡抚期间虽然坚决反对传教士胡作非为，但对巨野教案的发生不应负任何责任。除了循外交途径做出的这些正式安排外，巨野教案还为德国提供了长期以来求之不得的借口，即侵占胶州湾并以它为德国在山东半岛势力范围的中心据点的借口。[15]11 月 14 日，德国采取了行动，并迫使甲午战败以后更加软弱不堪的清政府签署协议，让出了胶州湾。德国的此项举措又为英国、日本和其他列强提供了向中国商借租借地的先例。如果巨野教案早发生 10 年，它可能仅仅是一件严重的"教案"，但在 19 世纪 90 年代末的现实环境中，它开启了列强在华加强帝国主义侵略活动的一个进程，用周锡瑞的话来说，它"引发了从根本上影响中国历史进程的一系列事件"。[16]

巨野教案的直接或间接的后果传达出了一个明确的讯息：在中国与列强正在进行的竞争中，列强已占据优势地位。唯一的问题是，中国各地的人、山东各地的人和具有程度不同的全局意识的各类社会团体如何看待这个讯息。我们知道，受教育程度较高、关心国家大事并关注中国的生死存亡（特别是在中日甲午战争失败以后）的那些人会以警觉的眼光看待这个讯息，无论他们是山东人还是中国其他地方的人。在鲁西南（特别是与巨野相邻的地区）或者山东半岛南岸与胶州湾毗连的内陆地区，直接面对巨野教案的严重后果的社会各阶层民众有可能越来越强烈地感受到天主教会的权力。另一方面，中国其他地方的老百姓，甚至山东其他地方的老百姓是否特别关心李秉衡去职前后的社会环境的变化呢？我个人认为这个问题的答案是不很明确的。[17]

就巨野教案这样的历史事件的后果与其缘由之间的关系而言，令人感兴趣的是后果的影响面远远超出了缘由，似乎成了独立的历史现象。我们面对的好像是两段互不关联的历史，虽然从历史表象上看，它们是有联系的，但其范围却完全不同。因而，巨野教案的直接发动者（不管他们出于何种动机）不可能预料到他们的行动会产生如此深远的影响，而谈判解决巨野教案的那些历史见证人既不了解也不关心教案的直接发动者的动机。

这种差别无疑（至少是部分地）是由历史学家的不良习惯——用简略的方式描述原本极其复杂的因果关系——造成的。因此，就巨野教案而言，如果它发生在平常的历史环境中，其结果和缘由所涉及的范围很可能是相同的。但是，

22

由于它发生在一个特殊的历史大环境中（巨野教案的发动者不了解或者不关心当时的一些情况，例如：德国一直在寻找强占胶州的借口；中日甲午战争中中国海军全军覆没，使得中国不可能抵抗德国的军事行动；等等），所以其最终的后果就超出了缘由所涉及的范围。正如我们将要在本章的末尾看到的，关于义和团起义也有同样的情况出现：人们为义和团起义做出了一个不太准确的结论，即它是晚清历史的分水岭或转折点。实际上，把 1901 年的《辛丑条约》（它不仅是义和团起义造成的，而且是包括欧洲列强的互相竞争在内的其他诸多因素造成的）当作真正的分水岭或转折点也许更准确一些。

回过头来看，令 19 世纪 90 年代中期大刀会在鲁西南的活动变得更富有历史意义的另外一些事件，是 19 世纪末叶山东省冠县民教冲突，原因在于这些冲突对义和团运动的兴起起了促进作用。以梨园屯为中心发生的这些事件虽然规模有限，本身并无太大的重要性，但是，由于当地的一个反教团体于 1898 年初自称为"义和拳"并于数月后喊出了"扶清灭洋"的口号，而这名称和口号与 1899～1900 年波及整个华北的义和团运动所用的名称和口号完全相同，所以引起了历史学家的高度重视。[18] 像巨野教案（以及早些时候的大刀会）一样，梨园屯也因此成了历史大潮中的重要环节。

虽然冠县隶属山东，但包括梨园屯在内的 24 个村镇却位于直隶南部（中国人称之为"飞地"，与属于山东另外两个县的飞地毗连）。这个地区的政治统治本来就极其薄弱，而官府对飞地的控制尤其松散无力，这就使得飞地成了盗匪、拳会、异端教派和天主教生存发展的理想场所。

梨园屯教民和非教民之间的摩擦始于 1869 年的一项协

议，协议规定：镇里的寺庙转归教民所有。由于该庙供奉的是中国人信仰的众神中地位最高之神，所以当教民要把该庙当成教堂时，遭到了居民们的强烈反对。在随后的数十年中，抵制活动（有时演化为暴力冲突）一直不断，初期由士绅领导，后来由被称为十八魁的贫苦农民领导。十八魁的首领是阎书勤，他是习练红拳的武术高手。为了加强力量，十八魁于某年（可能是1892年[19]）邀请人多势众的梅花拳前来帮忙。梅花拳活跃于威县（直隶）东部距梨园屯数英里的沙柳寨。赵三多领导的梅花拳在这一地区存在已久。与1895年鲁西南的大刀会不同，梅花拳较少进行具有宗教色彩的活动：没有刀枪不入、画符念咒那一套。另一方面，与大刀会相同，梅花拳的主要目的也在于保卫身家而非抢掠财物。事实上，梅花拳的一些首领（也许包括赵三多本人）不愿意（至少在开始时）介入梨园屯的反教活动，因为他们担心梅花拳的好名声会受损，并招致地方官府的镇压。[20]然而，以慷慨好义和喜欢打抱不平闻名的赵三多最终（尽管确切时间和具体情况不详）同意了阎书勤的请求，梅花 　24
拳介入了梨园屯的民教冲突。

　　然而，并不是所有的梅花拳练习者都介入了冲突，而且最后也没有用"梅花"之名。1897年4月，赵三多和梅花拳在梨园屯举行了为期三天的亮拳活动。尽管没有公开反教，但这次活动显然是为了炫耀实力。其结果是，群情激动的大批村民围攻了教民正在修建的教堂（在玉皇庙原址）。在此次暴力冲突中，教民被彻底打垮了。在官府的主持下，双方签订了一项显然有利于十八魁和梅花拳的新协议。该协议似乎最终解决了梨园屯的难题。然而，11月发生巨野教案以后，山东全省的民教均势发生变化，教民和洋人一方复占上风，教会借机提出重新审议该协议的要求。山东巡抚李秉衡被革职，朝廷并颁布谕旨，重申了速结教案以减少与洋人之间的冲突的政策。在这种情况下，该协议终被否决，梨园屯的寺庙又回到了教民手中。

1897～1898 年的事态发展产生了两个重要后果。一方面，它加重了不信教的中国人对教民及其靠山——洋人的愤怒和仇恨情绪；另一方面，它促使中国官府采取更严厉的政策对付所有试图把憎恨情绪转化为公开的反教行动的民间团体。所以，当 1898 年赵三多及其徒众在梨园屯周围地区越来越频繁地发起反教行动时，梅花拳内部持保守立场的首领们（他们担心官府的镇压）产生了脱离赵三多的想法。正是在这种背景下，或者是出于自愿，或者是出于梅花拳保守首领的坚持，赵三多（可能于 1898 年初）把组织的名称改成了义和拳，其意为：梅花拳、红拳和其他拳对洋人支持的教民的挑衅义愤填膺，遂结成联盟以对付之。[21]

在 1898 年初的冠县，不仅民教关系日趋紧张，而且拳民与官府的对立也越来越严重。为应付这种局面，官府采取各种措施维持秩序。阎书勤是个粗汉，立场激进，赵三多的社会地位比阎高，而且似乎不太愿意过多地介入阎的反教活动（即使在赵与梅花拳分裂以后，亦是如此），官府便试图挑拨他们之间的关系。在李秉衡的继任者张汝梅的主导下，官府还试图把赵的拳民收编为民团。[22] 由于各地驻军在甲午战争期间被调走，加上战后的赔款使政府陷入了财政危机，民团所起的作用越来越重要，使常发生骚乱的直隶、山东交界地区不至于完全脱离官府的控制。如果能把赵的徒众改编为民团，可收一石二鸟之效：既能缓和民教之间的紧张关系，又可加强两省交界地区维护社会秩序的力量。

　　这项策略存在的问题在于它是以如下的假设为基础的，即拳民（到 1898 年春已遍布这个地区）会像数年前鲁西南的大刀会那样，只要使他们失去首领（这一次是通过合作而不是杀头），他们就会自动消散。不幸的是，事实证明这个假设不成立。拳会与大刀会大不相同，是各色人等结成的一个松散的联盟，而不是结构严密的组织。赵三多对拳民的控制与刘士端和其他首领对大刀会的控制无法相提并论。因而，将拳民改编为民团的计划最终流产了。10 月底至 11 月初，狂暴的拳民攻击了梨园屯地区和南边直隶、山东交界地区的教民（赵三多本人也怀着矛盾心理参与了行动）。正是在这些行动中，拳民的旗帜上第一次出现了"扶（或助）清灭洋"的口号。清军此时尚无意接受拳民的"扶助"（像不到两年后的情况那样），他们举兵围攻，很快就将拳民镇压下去了。许多普通拳民受到了官府的赦免，赵三多向北逃到了直隶中部。

　　虽然赵三多作为不太情愿的反叛者的生涯并未就此结束（1900 年他返回冠县的飞地进行活动，两年后他因参与邻近的直隶广宗县的反政府暴动而被捕，死于狱中），但在 1898 年，他确实从拳民的历史舞台上隐身而退。此时，拳民的舞台已扩大，涉及鲁西北的大部分地区。拳民们自称神拳，在该地区存在已达数年，且不是初次参与反教活动。1899 年春，他们采用了"义和拳"之名以及"扶清灭洋"的口号。然而，名称和口号只表明新义和拳与冠县拳民有一定程度的关联，就内容而言，新义和拳的拳术具有更浓厚的宗教色彩，其中包括刀枪不入、降神附体和吞符念咒等。另外，虽然不能排除有一些冠县拳民前往新拳民活动的地区，但新义和拳有自己的首领和拳众。

26

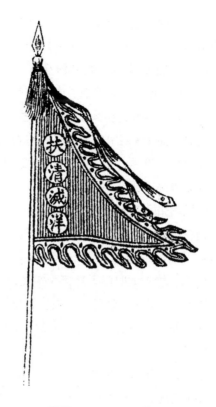

插图 1 – 1 义和团旗帜

旗帜上书写的是最常见的义和团标语"扶清灭
洋"。选自张海鹏编《简明中国近代史图集》。

27　　神拳采用"义和拳"之名的首要原因无疑与 1898 年底
冠县拳民在开始介入反教活动的鲁西北民众中赢得的声誉有
关。如果神拳采用的是另外一个名称，那么我们完全可以假
设，研究义和团起义的历史学家肯定不会对梨园屯民教冲突
的历史感兴趣，更不用说与这段历史有关的梅花拳与赵三多
了。另一方面，历史学家对神拳的兴趣很可能长久不衰，因
为神拳作为高潮阶段的义和团运动的先驱，具有实质上

的——而不仅仅是名义上的——重要性。

1898 年底至 1899 年底发生于鲁南的一系列民教冲突也存在同样的情况，尽管其方式有所不同。[23]这些冲突于 1898 年 12 月开始于东南沿海的日照县（在青岛的西边），随后向西蔓延到离巨野不远的济宁和嘉祥地区。虽然这些冲突的具体起因因地而异，但大部分是对巨野教案发生后德国帝国主义的侵略行动做出的回击——就地方的层面而言，这种侵略体现在德国传教士及追随他们的中国教民的跋扈行为中。如同在冠县一样，由于某些相同的原因（特别是甲午战争后鲁南许多地区陷入了不守法纪的混乱状态），拳民组织在鲁南再次出现了。虽然从总体上看他们扮演的是地方保护者的角色，主要任务是与地方上教民的不法行为做斗争，但是，他们也经常进行抢掠活动，对当时那种无法无天的混乱局面起了推波助澜的作用。

虽然有许多种不同的拳会（包括在鲁西南再度活跃起来的大刀会），但其中最著名的是红拳。与较少宗教性仪式的练拳团体梅花拳一样，红拳也于 1897 年吸收了大刀会的一些招数，包括吞符、刀枪不入，最重要的是红拳还建立了具有宗教约束力的等级组织体系。针对鲁南，

插图 1－2　毓贤

选自 Archibald E. Glover, *A Thousand Miles of Miracle in China* （London：Hodder and Stoughton, 1904）。

28 特别是鲁西南和济宁—嘉祥地区越来越严重的暴力冲突局面，1899年春接任山东巡抚的毓贤再次采取了处死首领、遣散会众的政策（1896年他任地方官时曾对鲁西南的大刀会采取过这种政策），他又获得了成功。

由于某些原因，毓贤于1899年秋成功地恢复了鲁南地区的安定（不到一年以后，在义和团运动的高潮阶段，作为山西巡抚的毓贤在山西采取的一些行动使他成了——至少在西方人眼中——该运动的仇外排外恶行的恒久象征）。正如前文指出的，毓贤处死首领、遣散会众的政策很适合他所选定的那些拳会的组织结构，也很适合鲁南地区的社会环境——鲁南农业比较发达，士绅力量强大，恢复稳定与和平能使鲁南社会大受其益。最后一点，正努力在鲁南建立势力范围的德国政府越来越认识到，在鲁南保持和平与稳定符合德国的利益。到1899年底，德国政府明确告诉圣言会的传教士，它将不再支持他们那些为民众所憎恶的飞扬跋扈的行为。

周锡瑞认为，1898年末始于鲁南的一系列反教事件"为与此同时正在鲁西北高涨起来的大规模的义和团运动提供了一个重要背景。当鲁南的骚乱被镇压下去后，鲁西北的义和团运动便转入了公开化"。[24]虽然他没有确切说明这个背景的具体内容，但从他的分析中可推知，毓贤是其中最重要的角色。在1896年的鲁西南和1899年的鲁南，常年在山东为官的毓贤成功地实施了处死首领、遣散会众的政策，这对他产生了激励作用，所以当他1899年下半年面临全新的社会环境时，仍试图在鲁西北采取同样的政策。结果，他遭到了完全的失败。毓贤面对的是什么样的新情况呢？为什么他的应对措施会遭到灾难性的失败呢？

神拳——其降神附体仪式成了义和团的第二大法宝

（第一大法宝是来自大刀会的刀枪不入观念）——在 19 世　**29**
纪 90 年代中期开始出现于鲁西北。虽然他们的主要力量集
中在茌平，但另外十多个县也散布着徒众，其中的大部分县
位于大运河（从东阿向北延伸）与黄河（经东阿向东北方
向流入大海）形成的交叉地带。由于这样的地理位置，鲁
西北地区特别容易发生自然灾害，尤其是水灾。与鲁西南不
同，鲁西北十分贫穷，几乎没有商业贸易，几乎不存在士绅
或地主阶层，大量贫困人口外出逃荒，秘密宗教（尤其是　**30**
白莲教）和巫术大行其道。

　　我们不十分清楚神拳的源流。虽然口述史资料的说法不
完全一致，但大多数口述历史的受访者都否认神拳与白莲教
有任何联系。降神附体（秘密教派无此仪式）是神拳采行
的一个重要仪式，而口述史资料和文献资料在谈到神拳时都
未提及无生老母（白莲教信奉的最高救护神），这似乎都证
明二者之间没有关联。另一方面，人们普遍认为，神拳与大
刀会是一码事（在 19 世纪的最后几年里，大刀会在鲁西北
很活跃），或者至少与大刀会有密切的关系。[25]

　　与鲁西南的大刀会和冠县的拳民不同，神拳的绝大多数
徒众都是贫苦农民（至少在开始阶段是如此）。鲁西北虽然
有新教（美国公理会）和天主教（意大利方济各会）的教
士和教民，但早期的神拳并未介入反教活动。他们最初的目
的似乎是维护正统的社会伦理和道德观念：孝敬父母、尊老
爱幼、和睦邻里、戒贪戒色等等。他们负有看家护院的职
责，其中一些人还行医治病。早期的神拳首领朱红灯之所以
广受欢迎，原因之一就是他常给人治病（他擅长医治皮肤
病），且不收患者的钱。

　　在初始阶段，神拳的发展比较平稳。官府不压制他们

（实际上也很少关注他们），他们公开练拳和举行宗教仪式，不避任何人。他们的仪式包括向东南方向叩头①、念咒、吞符（把焚烧后的纸灰放在水中搅拌后喝下）和请神（几乎所有的神都是小说和戏剧中的著名人物）等，这些正是不久以后进入扩张阶段的义和团普遍采行的仪式。虽然早期神拳举行降神附体仪式的目的在于使他们获得神助，替人治病（中国的巫师有此传统），但当他们于 1899 年春越来越多地卷入与教民的暴力冲突以后，降神的主要目的就由治病变成刀枪不入了（也许是受了大刀会的影响）。

1898 年底至 1899 年初，神拳发生了剧变。虽然我们还不了解促成这一变化的其他重要因素，但其中一个重要原因显然是黄河发大水：8 月 8 日，河堤首先在寿张决口，随后又在济南和东阿决口，鲁西北的许多地方遭受水灾，数百万人被迫背井离乡外出避灾。[26] 大批难民（主要是 1898 年的水灾造成的，但也有规模稍小的 1892 年的水灾造成的）使原本就已严峻的形势变得更为险恶，结果，神拳于 1898 年冬季乘势而起，由茌平迅速向北传播开来。

与此同时还发生了另外一些重要变化。1898 年末，神拳开始被人们当作大刀会，数月后，神拳采用了"义和拳"之名（这一点在茌平以北的平原表现得尤为明显，而在茌平，神拳之名似乎仍在使用）。大约在此时，朱红灯和本明（心诚）和尚成了茌平神拳公认的首领。从治病到刀枪不入的转变也发生于此时，这方面很可能是受了武术高强的本明和尚的影响。最后一点，颇令人迷惑不解的是，1898 年冬

---

① 又称磕头，中国人对尊者和长者表示尊敬的一种常见礼仪，双膝跪地，脑门触地。

季过后不久，神拳开始了反教活动，喊出了反洋口号。

关于最后一点变化，周锡瑞认为是由诸多因素促成的（他没有提出明确的、有说服力的史料证据），如甲午战争后列强侵略的加剧和教民的横行无忌，德国在胶州地区的势力范围的建立，鲁西北民众对冠县拳民、鲁西南大刀会、鲁南红拳和其他拳会的反教活动的了解和认识，自然灾害的严重影响，鲁西北的某些地方官对神拳反教活动的默许等。[27] 周的推论并非没有道理，而且可能是最接近于历史事实的分析。[28]但是，这些推论没有对邹平（隶属济南府）等地的情况做出合理的解释——邹平同样存在激发鲁西北其他地方的反教活动的那些因素，同样有许多教民，同样涌入了大量难民（因为它就在洪泛区的北边），但是，神拳新近开始的反教活动"确实没有波及"邹平。[29]

不论神拳是由于哪些具体原因越来越多地展开反教行动的，有一点是可以肯定的，即当这些行动于1899年春夏蔓延到直隶境内以后，洋人开始警觉起来，不断施加压力催促中国政府采取镇压措施。结果，当朱红灯于10月在平原县的两个地方发动进攻后，他的神拳与大清军队发生了第一次武装冲突。

他们与官军的第二次冲突是森罗殿之战，这是一场重要的战斗，对义和团运动的未来走向产生了重大影响。中国的一些历史学家认为，义和团起义不仅反对帝国主义，而且反对封建主义，这场战斗可以作为他们这种观点的佐证。周锡瑞认为，义和团运动自始至终是一场忠君运动。在他看来，义和团此次与清军对抗，不是受反清情绪驱动，而是因为他们相信政府"在驱除洋人的威胁方面做得很不够"，"义和团的所作所为是代表中国民众承担政府所不能完成的任

32

务"。[30]值得注意的是，在森罗殿之战中，拳民的主要口号是"兴清灭洋"[31]，此点可作为周锡瑞的观点的佐证。而且，正是在这次战斗中，拳民第一次自称为"义和团"。从此以后，这个称谓的使用频率越来越高。改换名称还有一个作用，可使神拳由原本被官府视为具有潜在反叛可能性的"拳会"（好一点的拳会也是在打法律的擦边球），变为正统秩序的坚定捍卫者。

毓贤在呈递给朝廷的奏折中声称，平原县的地方官没有及时解决危机，从而导致了森罗殿之战的发生，他建议给予他们惩罚。鉴于毓贤怀有无可置疑的排外情绪，且一直奉行同情和宽宥普通拳民的政策，所以拳民和教民普遍把他的建议错误地理解为对召请军队镇压拳民的那些官员的指责。洋人据此认定毓贤应对义和团运动的勃兴负责，其结果是，他于12月被解除了山东巡抚的职务。[32]

有一点是清楚的，即在处理森罗殿事件的善后问题和应付11月大量出现的民教暴力冲突的过程中，[33]毓贤奉行的还是他早先在鲁西南和鲁南获得成功的那种政策：朱红灯、本明和尚和该地区神拳的第三位重要首领于清水于11月底被逮捕下狱，12月被处死于济南，普通拳民则被允许——甚至被鼓励——返回家园，安安稳稳过日子。然而，在鲁西北的特殊社会环境中，毓贤的这种政策产生了适得其反的结果。在该地区的某些地方，义和团运动的确暂时停止了，但是，这种局面的产生似乎更多地缘于11月中旬神拳的内讧和森罗殿之战中拳民的惨重伤亡（此战中至少有20个拳民死亡，这使平原和恩县的许多拳民不再相信神拳的刀枪不入之术），而非毓贤的政策。在鲁西北的其他地方，毓贤的政策严重受挫，拳民的活动反而进一步加强了。入冬以后，拳民打教的次数越来越多。到 1900 年初，拳民开始以极快的速度向北扩散。

毓贤的政策在鲁西北遭到失败的主要原因，在于义和团运动有能力像希腊神话中被大力神赫拉克勒斯所杀的九头蛇那样（此处借用了周锡瑞的恰当比喻），轻而易举地获得再生（包括造就新首领）。其原因有：（1）该运动的排外行动颇受民众欢迎；（2）当局对义和团的态度宽严不一；（3）地瘠民贫的鲁西北具有平均主义的社会结构。周锡瑞认为，这种社会结构有利于产生那种使当局左右为难的社会运动。也正是由于这个原因，当局很难通过惩办首领来达到镇压此类运动的目的。

关于最后一点，需要特别注意的是，在蔓延到华北平原许多地区的过程中，义和团运动毫不费力的再生能力和难以产生总揽全局的强力领导人的鲜明特征在各种各样不同的社会环境里都表现了出来，其中一些地方的社会环境比鲁西北的社会环境要好得多。因而，在解释义和团运动的组织特点的形成原因时，过分夸大社会环境的重要性似乎是不妥当的。

34

义和团运动的高速发展阶段

导致义和团运动迅速蔓延并使该运动形成特殊的社会和政治特点的因素之一是降神附体仪式。正如我们所知，降神附体活动初现于鲁西北，后成为义和团运动的一个主要特征。义和团采用的简单易行的降神附体仪式（虽然可能是华北地区较普遍的文化和宗教现象[34]）与特殊的社会环境没有必然联系，这就使得义和团运动能够超越初起时的独特社会背景而四处流传开来。请神附体后，神会给予人力量，这对生活在中国社会最底层的民众（不分地域）具有极大的吸引力。同时，由于降神附体仪式能使个人与神直接沟通，能使他们（在神附体的情况下）变成神，这严重妨碍了义和团运动成为更集中、更有组织性和更持久的运动。魏乐博写道："不受任何管束的降神附体仪式（比其他宗教沟通方式都容易掌握），削弱了所有的权威。"[35]这个特点促成了1900年上半年义和团运动在华北的飞速发展，但它反过来又是造成该运动土崩瓦解和1900年夏季以后完全消失的重要因素之一。

我认为，1898年冬季以来殃及华北大部分地区的干旱是促成义和团运动飞速发展的第二个因素。这与19世纪90年代初使鲁西、直隶和其他地区的农民大受其苦的洪涝灾害截然相反。1899~1900年的旱灾在若干方面推动了义和团运动的飞速发展。干旱使许多年轻人无活可干，他们整天无所事事，心烦意乱，有许多空闲时间。干旱持续的时间越长，遭饥荒的人口越多，到1899年冬，当义和团运动开始急速蔓延时，干旱已在很多地区持续较长时间了。由于义和团拥有充足的粮食和食品（有些是从教民家里夺来的，有些是寻求保护的富家大户被迫献出来的，有些是支持义和团的民众主动捐献的），人们参加义和团可以填饱肚皮。

从心理学的角度看，人们对饥荒的担忧与饥荒本身具有同等的重要性。饥荒（正在发生的或预料要发生的）引起的普遍的忧虑情绪会使人们更愿意冒着生命危险采取极端行动，也使他们更易于相信某些人对现实问题的宗教性解释：不下雨是由于神发了怒，神发怒是由于基督教和其他洋物呈泛滥之势。正如我们将在第二章中看到的，此类解释明确地写在1899年冬开始在华北平原四处流传的义和团揭帖和传单中，也正是在此时，义和团运动从发源地鲁西北向其他地区迅速蔓延开来。

在讨论基于民间的天道观而形成的对基督教的仇视时，我并不怀疑许许多多的中国人对生活在周围的教民怀有具体的不满和抱怨，也不是要弱化由这些抱怨和不满而产生的愤怒和仇恨。我甚至接受这样一个前提（将在第二章中详述）：在中国，人们对洋人或洋人的追随者（如教民）固有的恐惧感和敌意是普遍存在的。但是，这种潜在的排外主义情绪可能在数年甚至数十年中隐而不发。在危机重重的环境里，这种情绪最容易爆发出来，失去控制，迅速蔓延开来。当然，如果碰巧可以用不受欢迎的外来势力来解释危机发生的原因，这种情绪尤其容易爆发。

导致义和团运动在 1899 年冬以后快速蔓延的另外一个重要原因是官府的立场。12 月，山东巡抚毓贤被坚决反对义和团的袁世凯接替。虽然由于清廷的约束，袁没有立即采取剿灭义和团的政策（实际上，义和团杀害洋人的第一个案例——12 月 31 日英国传教士卜克斯遇害——就是在袁到任后发生的），但在 1900 年上半年，袁利用上任时带去的训练有素的新式军队，牢牢地控制住了义和团。[36] 而直隶的情况则完全不同。直隶总督裕禄虽然不同情义和团，但他是个出了名的庸吏。直隶的军队严重不足，即使当局镇压义和团的意图很明确，也难以采取有效的镇压行动，而更重要的是，直隶当局的意图一直很不明确：在如何对待义和团的问题上，朝中出现了严重的意见分歧（义和团运动初起时也是如此），朝廷的犹豫不决以及民众的普遍支持使义和团得以发展壮大起来。

导致义和团运动在 1899 年冬以后快速蔓延的最后一个

重要因素就是义和团运动本身。事实上，一旦义和团的人数、所处的地域和采取的行动达到一定的数量级，义和团运动就更容易快速蔓延开来。原因如下：其一，当义和团运动的声势变大以后，那些同情义和团的事业但又担心直接卷入其中会遭受危险的骑墙派会改变态度，参加到运动中；其二，当义和团的影响力在一个地区变得越来越大时，不支持义和团可能会有更大的危险；其三，当义和团的人数越来越多，行动越来越频繁时，会在民众中形成赶风头、凑热闹的效应，人们都不愿错过行动的机会；其四，从众心理支配下的模仿行为也起了重要作用。

虽然就义和团运动的特点和它在华北快速蔓延的时机而言，上述因素发挥了相当重要的作用，但是我们也应该注意到，直隶的特殊环境使之成了排外和反教运动的中心。直隶最大的两个城市北京和天津有不少外国居民，在北京还有外交团。铁路和电报在直隶的出现[37]既是外国势力侵略渗透的明显标志，又使运输业和其他一些行业的人失了业。最重要的一点是，直隶是传教士在中国活动最多的省份之一，教民（大部分是天主教徒）数量远远超过了 10 万。[38]

38　　　虽然早在 1898 年与山东交界的直隶南部地区就已经出现了义和团，但直到 1899 年冬他们才开始向直隶的其他地区大规模扩展。有时候，当某镇或某村的人想设拳坛或拳厂时，他们不需要任何人监督指导就设起来了。但在更多的情况下，他们会从另外的地方（有时从山东）请来拳师帮忙。当直隶的义和团越来越多时，建坛设厂的拳师更多地出自本地区或邻近地区。统计资料显示，到 1900 年初，仅在直隶南部的武邑县就有将近 100 个拳厂。[39]在随后的 7 个月中，义和团的势力向直隶西南部和中部（与天津—北京—保定

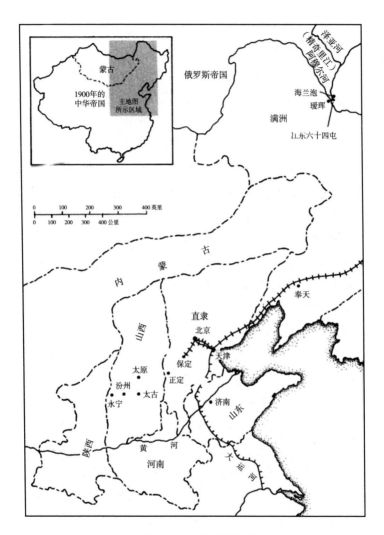

地图 2 华北及邻近地区

三角区大体重合）迅速扩张，拳厂的数量就更多了。[40]

在义和团运动的扩张阶段，出现的新动向之一是，新团体出现时，往往以中国的八卦命名，最常用的是"坎"和

"乾"。[41]由于八卦与白莲教的分支"八卦教"有关，所以有些学者以此为据，认为义和团来源于白莲教。这方面的证据在义和团的揭帖（尤其是在义和团运动的高潮时期流传的揭帖）中也能看到，这些揭帖经常使用白莲教的一些概念，如"劫"的来临、"真主"的出现等。[42]义和团与白莲教的关系问题（我们已在"义和团的神拳阶段"中讨论过）是一个复杂的问题，白莲教徒经常起事造清政府的反，更增加了这个问题的复杂性，白莲教的反政府特点对急于强调义和团运动的反封建色彩的共产党学人尤其具有吸引力。[43]

周锡瑞认为，从义和团的观念、仪式和组织形式来看，义和团起源于华北平原的民间文化（其中包含着白莲教的影响），而不是脱胎于白莲教的传统（像路遥、程啸、廖一中和其他中国历史学家所认为的那样）。我虽然基本上同意周锡瑞的观点，但我必须指出，鉴于在义和团运动的高潮阶段义和团未形成严密的权力结构和等级制度，鉴于各团受到的外来的控制比较松散，所以华北各地的义和团受白莲教的观念的影响程度极有可能是不同的。我甚至认为，义和团是否来源于白莲教这一问题过于机械和刻板，难以解释这个时期义和团组织结构松散凌乱的实际状况。

如同在拳术和降神仪式方面那样，义和团在衣着方面也模仿他们经常在乡村戏剧中看到的武术表演者的打扮。坎字团的成员一般都头裹红巾，腰束红带，打着裹腿，乾字团的成员偏爱黄色。[44]团的规模或大或小，人数从25人到100人不等，有些团的人数更多。一般而言，一个村只有一个团，在大一些的村、镇和城市里，团的数量比较多（在城市里一般被称为"坛"）。[45]据口述史资料记叙，有时候还进一步划分为文团和武团，文团一般由受过教育的人（主

39

要是士绅和商人）组成，他们或许不直接参加战斗。[46]义和团的首领常由拳术高的人充当，[47]被称为大师兄、二师兄，依次类推，普通团员互称师兄。

1900 年初，直隶还出现了自称为"红灯照"[48]的女子"义和团"，主要在天津及其周围地区。她们身着红衣，手持红巾和红灯，大多数是十来岁的女童和未婚的青年女子。红灯照有单独的坛口，在单独的拳厂练拳，与义和团较少往来。红灯照的领导层与义和团的领导层相仿，首领称大师姐，依次为二师姐、三师姐等。[49]虽然口述史资料中有时也提到红灯照直接参加了战斗（我个人认为这些都不大可信），但她们主要是利用自己超凡的法术向义和团提供间接的帮助（参阅第四章）。20世纪的中国历史学家对民间宗教和法术并不是特别感兴趣，这也是关于义和团起义的严肃历史著作很少提及红灯照的原因之一。[50]另一个原因（我认为更重要）是，尽管红灯照在义和团的宗教世界中扮演了重要角色，而且为"文化大革命"时期制造义

插图 1 - 3 红灯照

40

这是一张少见的红灯照图片，如实地描绘了一个站在摄影棚中的普通女孩。选自李杕《拳祸记》。

和团起义神话的人们提供了线索和素材（参阅第九章），但是就相关的事态发展来看（正如本章所示），红灯照事实上没有对义和团的历史做出任何贡献。在叙述义和团的历史时，几乎可以完全把红灯照排除在外而又不对这段历史的主要发展脉络做较大的变动。

41　　义和团员大多数都是本地人，在反教和排外活动中，他们不愿冒险远离家乡。1900年初，情况尤其如此，当时义和团的行动主要是在农村地区毁教堂（通常是放火）和抢
42 掠教民的家产。然而，从5月份开始，这种模式发生了变化，义和团运动在人口密集的城市大规模开展起来，义和团的行动由单纯的反教演变为广泛的排外。

　　有时候，当做出一项重大的行动计划后（如5月底义和团围攻新近建成的京保铁路上的繁华商业中心涿州），附近城乡地区的成千上万义和团会在统一的号令下聚合起来。[51]6月中旬至7月中旬的天津之战的情况也是如此，只不过规模更大一些，而且在义和团首领张德成和曹福田的号令下，天津地区的各支义和团进一步加强了军事协调和合作。在天津，虽然加入义和团的有地痞流氓、小偷、服务业从业人员、因京津铁路的开通（1896年开始运营）和漕粮海运（代替漕运）而失去生业的船工等，[52]但绝大多数义和团员是附近乡村的青年农民，他们因持续已久的干旱而无事可做，心里既惊且忧，还备受饥饿之苦，遂于1900年初的几个月里大量涌入天津（主要来自天津以北、以西和以南地区）。[53]

　　北京是清廷所在地，且居住着许多洋人，义和团在北京的活动也最为独特。从开春到入夏，直隶各地（主要是南部地区）的小股义和团不断涌入北京，在北京的许多拳坛落脚。在夏季，当北京实际上被义和团占领后，义和团员参

插图 1 – 4　义和团放火烧教堂

选自《拳匪纪略》。

加了一系列活动，如放火焚烧北京城的许多地方，监控普通居民，围攻西什库教堂，（6 月 21 日清廷宣战后与清军一起）围攻使馆区，等等。

义和团的经历的国际化：战争的爆发

只要义和团把活动范围局限于鲁西北，他们的活动就只是一个地方性的事件。然而，1900 年初义和团运动在直隶的大规模发展，使得神经紧张的外国人的反应日趋强烈。这种情况反过来又迫使态度一直游移不定的清廷最终对义和团和洋人采取了更明确的（尽管不一定是连续性的）政策。这样就形成了义和团、外国政府和中国当局三方互斗的局面，任何一方的行为变化都会影响到其他两方。

插图 1－5　义和团占领涿州

　　5 月底义和团包围并占领这个重要的商业中心，使他们充满自信。这种自信反映在城门两侧的对联中：日边冲要无双地，天下烦难第一州。选自《拳匪纪略》。

在较长时间内，大多数洋人对义和团事件一无所知。　44
1899 年 4～5 月间，山东西部和直隶南部的新教传教士初次报
告了拳民和当地教民之间的小规模冲突。但是，正如伦敦会
的瑞思义在直隶南部的冀州所说的，"此类事件在我们的传教
区已多有发生"。的确，在 1899 年春，人们尚未察觉到——即
使有，也只是极少数人——一场大规模的起义已为期不远。[54]

　　到 1899 年秋天，这种局面发生了巨大的变化。10 月初，
义和团的揭帖开始出现在外文报纸上。[55]10 月末，北京地区
的传教士在信中谈到了山东的骚乱。[56]12 月中旬，瑞思义说
"叛乱""已像燎原之火蔓延开来"。[57]12 月末英国传教士卜
克斯的被杀更使洋人提高了警惕。1900 年 1 月 5 日，英国驻
华公使窦纳乐爵士在致英国外交部的电文中谈到，"秘密会
社"在山东北部制造的混乱已愈演愈烈，他特别提到了"一
个名叫'义和拳'的组织"，说它已"臭名昭著"，其"破坏
活动近来已蔓延至直隶南部的大部分地区"。他进而指出，当
地教民和外国传教士面临的危险一直是外国公使特别是德国、
美国和英国公使对中国政府"再三强调"的大事。[58]

　　清廷虽然很重视卜克斯被杀案，并迅速采取措施解决了
此案，但又于 1 月 11 日发布上谕称，地方官不得把练习武
艺自卫身家和联络乡民互保闾里的良民当作匪徒；地方官办
理教案时，应"只问其为匪与否，肇衅与否，不论其会不
会、教不教也"。驻京各国公使对这道上谕感到忧虑和不
安，他们认为清廷此举在一定程度上是对拳民的保护甚至鼓
励。1 月 27 日，英国、美国、法国、德国和意大利联合照
会总理衙门——中国政府办理外交事务的部门，要求清廷发
布上谕，明令在山东和直隶立即采取措施镇压义和拳（及
大刀会）。[59]

45

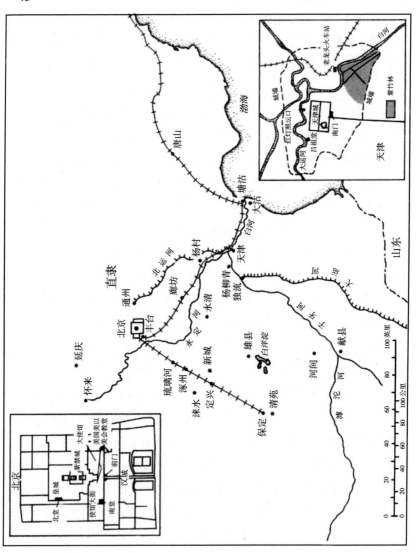

地图3 京津地区

在随后的几个月里，双方一直在进行激烈的争吵。驻京外交团一再向中国政府致送照会，抗议中国方面没有采取有效措施镇压起义，而清廷根本没有对义和团采取坚决镇压的政策，直到 4 月中旬，清廷仍在重申，良民设团自卫，保护闾里，是正当的行为。5 月初，清廷甚至考虑把这些地方自卫组织正式改成"民团"。[60]尽管与义和团有关的暴力行动在农村地区日益增多，但中国官府没有采取镇压措施，这使列强感到失望和不满。4 月，一些国家为向清廷施加更大的压力，在天津的门户——大沽口外集结军舰，张扬武力，再弹炮舰外交的老调。[61]

中国政府一方面受到列强的推动，另一方面受到义和团的推动，且后者的推力更大。当直隶的骚乱越来越频繁和严重时，官兵与义和团的直接冲突就不可避免了。冲突越多，支持义和团的官员们就越难坚持这样的说法：义和团是保家卫乡的良民，其主要目的是防范专事破坏的异教徒。5 月发生于涞水县（位于北京和保定之间）的义和团与清军间的一系列冲突就说明了此点。冲突的源头在涞水县的高洛村，长期以来，该村的教民和非教民一直互相敌视。1900 年春，义和团来到这个地区，并于 4 月在该村北部的一个庙里开设拳厂。5 月 12 日夜，拳民在附近村庄的同伴的帮助下，放火烧毁教堂，杀害了所有教民（共 30 余户），把尸体埋入一个大坑（许多年后，高洛村义和团首领的孙子说，那个地方叫"肉丘坟"），还把遇害教民的家付之一炬（坐落在该村南部）。[62]

面对此项挑战，清政府派营官杨福同率官兵前往弹压，于 5 月 15 日关闭了高洛村的拳厂。第二天，官兵在回返途中遇到数百名义和团员的伏击，双方交战，官兵获胜，60 名拳民战死。几天后，杨的部下抓捕了 20 个拳民，该地区

46

的拳民怒不可遏，纷纷集结起来，试图解救被俘的伙伴，并对官兵进行报复。5月22日，在涞水县城以北10英里处的石亭镇，拳民对官兵发动突然袭击，打死了杨福同。[63]

47　　杨是义和团杀死的第一名清军军官，他的死如同助燃剂，使义和团运动的烈火烧得更旺，烧到了直隶中部地区。5月下旬，万余名义和团员占领了地处芦保铁路边的涿州城（在涞水东北方向）。5月27日，义和团沿芦保铁路采取行动，扒铁轨，烧车站，毁桥梁，断电报线。5月28日，他们烧毁了距京城约10英里的丰台车站。6月初，义和团在保定的活动也轰轰烈烈地开展起来。[64]

　　此次反叛行动的开始阶段，清廷试图避免扩大与义和团的冲突，原因之一是部署在直隶的清军力量极其薄弱。但到5月底，当形势严重恶化后，清廷调派装备精良的聂士成军（聂本人坚决反对义和团）到京津铁路沿线对付义和团。6月初，直隶总督裕禄第一次请求总理衙门恳请朝廷发布上谕，命聂士成和其他清军将领采取断然措施镇压义和团运动。[65]

　　如果清政府数周前下决心镇压义和团，还有可能控制住局面，避免引起国际社会的强烈反应。到5月中旬为止，义和团的暴力活动几乎完全是针对教民、教堂和教民住宅的，只有一个外国人（卜克斯）丧了命，义和团的矛头还未指向铁路和电报。到5月底，形势发生了巨大变化，即使清廷下决心镇压义和团运动（实际上未下这样的决心），也没有必胜的把握。

　　5月28日丰台车站被毁后，驻京各国公使担心北京至出海口的铁路线被切断，乃调集数百名官兵入京保卫使馆。5月31日，第一批军队乘火车从大沽抵达北京。[66]同日，因芦保铁路中断而试图从保定逃往天津的4名法国和比利时铁路工程师被义和团杀害。6月1日，两名英国传教士在北京以南的永清遇害。显而易见，义和团运动在5月末至6月初发生了重大转折，蔓延到了以前只是威胁要进入的地区。

随着斗争方向的转变，民众的排外情绪普遍高涨起来，促成这种局面的因素有：列强调集军队入京保卫使馆的举措；20余艘外国军舰集结大沽口外（6月初）的消息；对洋人、铁路和电报线的直接攻击；通往北京和天津的道路上义和团数量的明显增多；局势的恶化；持续已久的严重干旱。6月初，装备极其粗劣的义和团在京津铁路沿线与聂士成的部队展开激战，并遭受了重大伤亡（仅6月6日在廊坊附近就有480名义和团员阵亡），但义和团没有被吓倒，而是变得更具攻击性，越来越愤怒和恐惧的民众普遍支持他们，使他们胆量更壮了。[67]

这场危机把中国和列强推向了战争。尽管明确指出在造成这场危机的诸多因素中哪种因素起了最重要的作用是不明智之举，但还是有不少历史学家认为，5月底召卫队入京保护使馆是其中最关键的因素。正如周锡瑞指出的，在杨福同被杀害和铁路线遭袭击后，清廷于5月29日发布谕旨，命令官兵"剿灭"拒不解散的义和团（自1900年初以来，这是第一次）。然而，当外国驻华公使宣布他们计划召卫队入京后，清廷的这些命令马上被撤销了，这使朝中亲义和团的派别的势力大增。6月3日，清廷明令停止"清剿"义和团。[68]关于召卫队入京在"促成最后的危机"方面发挥的重要作用，维克托·珀塞尔提出了更充分的理由，他认为"此举导致列强不得不再派援军（在西摩尔的率领下），随后，为确保这些援军安全撤回，列强不得不攻占大沽炮台，从而导致了战争的爆发"。[69]

6月初，长江流域各省督抚担心列强举兵干预，乃呼吁朝廷立即采取强有力的措施镇压义和团。然而，虽然朝廷派遣大臣（包括支持义和团的刚毅）分赴各地规劝义和团就地解散，各安生业，但这些努力均属徒劳。[70]当聂士成按照朝廷诏谕对义和团采取更强硬的行动时（前文已述及），他受到了严厉的谴责。这种朝令夕改、左右摇摆的局面一直持续到6月10日。9日，英国驻华公使发出一份急电，声称北京的局势"极为严重"，除非做出安排立即派增援部队进军北京，否则就"为时太晚了"。6月10日早晨，西摩尔率第一批联军从天津乘火车向北京进发，到6月13日，这支援军已达到将近2000人。[71]召卫队入京保卫使馆之事曾得到总理衙门的允准，但西摩尔援军的派遣则完全不同，根本没有得到中国政府的认可。清廷立即做出了反应。6月10日，义和团的重要支持者端王和另外三名亲义和团的官员被派到总理衙门任职，端王代替坚决反对义和团的庆亲王成为总理衙门首领大臣。朝中支持义和团的势力得到了很大的加强，数天之内，他们就开始了战争的准备。

西摩尔援军的推进速度十分缓慢。他们在途中不得不经常停下来抢修被毁的铁路，这使义和团比较容易对他们进行攻击和袭扰。到6月18日，援军仍受困于天津与北京之间的廊坊。这天，聂士成和董福祥统率的清军与一大批义和团员共同围攻西摩尔援军，取得了重大胜利。[72]由于无法向前推进，西摩尔率领援军撤退，在遭受了重大伤亡后，于6月26日返回天津。[73]

在西摩尔联军无功而返的同时，北京的局势迅速恶化了。6月10日夜间，义和团毁掉了英国使馆在京城西郊香山的别墅。第二天，日本使馆书记生杉山彬在火车站附近被董福祥

（与聂士成不同，董同情义和团）的部下杀死。6月13日下午，大批义和团员涌入京城，开始放火焚烧教堂和洋人住宅，有数百名中国教民避难的南堂被烧成灰烬，致使其中许多人死亡。第二天晚上，义和团对使馆卫队发动了零星的袭击行动。

天津的情况大体相同，3月初以来，义和团在天津越聚越多。5月底6月初，城墙以内的大街小巷已被义和团完全掌握（城在外国租界西北两英里处）。义和团强迫乘轿的官员下轿行礼。教堂和教民住宅——后来波及任何与洋人有关的建筑物——被抢劫和纵火焚烧。有一所监狱被打开，囚犯都被放走了。裕禄的府邸在天津，他被迫为义和团打开了政府的军械库。面对越来越失去控制的局面，面对租界的外国公民日益恶化的危险处境，外国舰队于6月16日向驻守大沽炮台的清军发出最后通牒，并于第二天攻占了炮台。

50

插图 1−6　义和团在天津

这是少数不在舞台上表演也不是囚徒的义和团照片之一。美国国会图书馆惠予提供。

虽然清廷直到 6 月 19 日才接到最后通牒（天津至北京的电报线被切断了），但慈禧太后在 6 月 16 日开始的一系列重要会议上已接近于做出开战的决定了。外国军队发出最后通牒的消息使问题一下子解决了。清政府通知外交团，要洋人在 24 小时内撤离京城。各国公使担心包括妇女和儿童在内的大批洋人在撤离途中没有安全保障，所以有点犹豫不决。事实证明他们的担心和犹豫是有道理的，因为在第二天，德国公使克林德在前往总理衙门的途中被一名中国士兵射杀了。克林德被杀后的数小时内，一批新教传教士（连同他们的教民）被武装护送到使馆区，这些传教士中的许多人是从华北其他地方逃难到北京的，他们带来了数百名教民，一直躲在京城美以美会的大院里。3000 多名天主教徒（包括外国神甫和修女，以及 43 名意大利和法国海军陆战队队员）则躲进了围墙坚固的西什库教堂（在使馆区西北两英里处）。6 月 20 日下午，清军和义和团向使馆区和西什库教堂开了火，并包围了这两个地方。虽然他们的决心有时大，有时小，但围攻行动一直持续到了 8 月 14 日。6 月 21 日，清廷发布"宣战"诏书[74]，义和团被正式称为"义民"，编为民团，在京城由庄王、刚毅和端王统率。义和团运动的高潮阶段由此开始了。

清廷宣战后，义和团运动向更广的地域迅猛发展，在华北蔓延到山西和河南，在华北之外蔓延到内蒙古和满洲。义和团运动造成的死亡人数也在增加，到血洗行动最终结束时，有 200 多个洋人遇害，还有成千上万中国教民死于非命。[75]另一方面，由于由省到县的各级地方官同情义和团的程度不同，所以各地暴力活动的强弱程度也大不相同。长江中下游各省的封疆大吏决心不让战火烧到南方，与各国驻上

51

海领事达成了一项协议，其中规定：各省当局负责镇压辖区内的任何排外骚乱，列强则保证不派军队进入这些地区。[76]在山东，虽然清廷表明立场后义和团（和大刀会）曾再度活跃起来，但坚决反对义和团的巡抚袁世凯采取有效措施保证外国人的生命安全。虽然有300多个中国教民在山东省遇害，但是不顾袁的禁令前往天津和北京地区协助攻打洋人的义和团遭受的伤亡更大。

山西省的情况与长江流域各省和山东省的情况截然相反，[77]因为坚决排外的毓贤于3月担任了山西巡抚之职。7月9日，应召来到省城太原接受保护的44名洋人（包括儿童在内）在巡抚的亲自监督下被处死。到夏末，另有一批数目不详的洋人和大约2000名中国教民被处死，其中许多杀戮行动都受到当局直接或间接的鼓励。

山西以北的内蒙古也死了许多洋人和教民。夏初，山西和直隶的义和团在地方官的支持下络绎不绝地进入内蒙古。不久，他们与满族人率领的官军联合起来，围攻教堂，当其中一个教堂被攻下后，约3000名中国教民（大多数是天主教徒）遭到了杀害。由于当时的人只提供了一个总数，我们无法确定内蒙古和山西各有多少洋人遇害。这两个地区共有将近180名洋人被杀，其中有159人是新教徒。[78]

满洲和直隶东北部是义和团的另外一个重要活动区域。这里的形势不同于华北。这个区域南部地区的民众对俄国人修建的南满铁路普遍抱有敌意。1900年春季，义和团开始在满洲出现。到了6月底，义和团与清军联手，对铁路进行破坏，其目的之一是阻止俄国的军事干涉。义和团还向新教和天主教会发动了一系列攻击，杀死了1500多个中国教民（洋人极少）。1900年夏季和秋初，俄军在占领整个满洲后，

52

恢复了森严的秩序。[79]

虽然人们都说，1900 年夏死亡的洋人大部分是在山西和内蒙古遇害的（超过总数的 3/4），但最为严重的个案发生在直隶首府保定。6 月 30 日和 7 月 1 日，15 名新教传教士（包括儿童）被杀。[80]教民在直隶的死亡人数也最多，因为直隶信教的人相对较多，义和团运动根深蒂固，武装冲突事件极为普遍。在直隶，教民死亡最集中的地区无疑是北京和天津地区，在 1900 年夏的大部分时间，这些地区都在义和团的有效控制之下。

与义和团有关的暴力活动比较严重的另外一个省是河南省。与直隶和山西一样，河南也经历了长达数月之久的干旱。[81]然而，义和团在河南的破坏活动主要限于焚烧教堂，没有一名传教士遇害，被杀的教民也比较少。[82]

虽然 1900 年最严重的那些反教暴力活动都是清廷宣战后发生的，在最宽泛的意义上可被视为"义和团战争"的一部分，但是从中外武装冲突的意义上看，这场战争或可划分为部分重叠的几个阶段。前两个阶段——6 月 10～26 日西摩尔援军的行动和 6 月 17 日外国军队对大沽炮台的进攻——上文已经述及。第三个阶段是中俄在东北三省的冲突，这个阶段开始于 6 月份南部的零星冲突，7 月中旬在黑龙江地区达到高潮（参阅第九章），至 10 月 1 日俄军进入沈阳后结束。[83]由于这个阶段独具特点，超出了本章的叙述范围，所以只是略微提一下。

与"义和团战争"的第三阶段在时间上重叠的是第四阶段，即天津之战，这个阶段开始于 6 月 17 日中国人对天津外国租界（紫竹林）的炮击。对天津的 900 名外国人而言，6 月 17 日至 6 月 26 日（各国派出的第一批增援部队于

26 日从海边抵达天津）是最危险的一个时期（身临其境的赫伯特·胡佛说那是一个"令人极度恐惧"的时期）。[84]这场围攻一直持续到 7 月 13 日，双方都遭受了严重的伤亡。7月 13 日，最后一批增援部队抵达天津（这使联军数量达到了 5000~6000 人）。联军向天津城发起猛攻，经过一天的激战，攻占了该城。[85]入城后的数日内，联军杀人放火，抢劫财物，强奸妇女，肆意作恶。这对天津地区的义和团造成了沉重的打击。

在天津之战中，义和团和中国装备最好的一些军队（包括聂士成的军队，他本人于 7 月 9 日阵亡）与主要由俄军和日军组成的各国联军展开了大搏杀。不过，天津之战还是一场常规战争。"义和团战争"的第五个阶段是对北京的使馆区和西什库教堂的围攻，这是一场非常规的两军对垒。对这两个地方的正式围攻始于 6 月 20 日（虽然此前已有一些零星的攻击行为），一直持续到 8 月 14 日八国联军从天津抵达北京。两处围攻的具体形式是不同的。西什库教堂主要是端王麾下的 1 万余名义和团员负责攻打的。在将近两个月的连续进攻中，义和团使用了地雷、步枪和一些大炮，但主要依靠的是纵火。然而，他们始终没有攻下西什库教堂，反而把原因归结为教堂里的洋人有超常的魔法（参阅第四章）。

从表面上看，对使馆区的围攻似乎比较符合常规。使馆区有数千人，负责保护他们的是大约 400 名洋兵和 100 多名志愿者。虽然有一些义和团员参与其间，但围攻使馆区的任务主要是由董福祥和荣禄统率的正规军承担。荣禄尽管不敢触怒慈禧太后，但他不同情义和团，他明白中国向列强开战是愚蠢之举，所以想方设法防止军队攻克使馆区。经过一

54

个月的战斗（有时很激烈），双方于7月中旬暂时休战，因为清廷在获悉天津失陷的消息后，试图通过谈判解决危机。然而，坚决排外的李秉衡于7月底返回北京，加强了亲义和团派的实力，坚定了慈禧太后继续作战的决心。7月末至8月初，清廷发布上谕处死了5名大臣，他们都以反对义和团而闻名，以前与洋人的关系都不错。8月初，对使馆区的全面轰击又开始了。[86]

在北京的两场围攻战中，中国人的伤亡都很严重。外国人也有不少伤亡，主要集中在使馆区（死亡至少66人，伤者超过150人）。[87]在战争的第六阶段，八国联军从天津向北京挺进，中国人伤亡惨重（其中许多是被联军滥杀的城乡平民），外国人的伤亡较轻（如果不把因天气酷热而失去战斗力的数百人计算在内的话）。由于各国间没完没了的争吵和另外几个国家的介入，联军直到8月4日才正式出动。联军共有大约2万人，其中一半是日本人。进攻开始后，联军取得了一个又一个胜利，匆忙集结起来的清军节节败退。8月6日清军在离天津20英里的杨村战败后，裕禄自杀殉职。8月初，李秉衡离开北京赶赴前线，8月11日，当他的部队两遭败绩四处逃散以后，他服毒自杀了。[88]8月14日，联军进入北京城。到了这时，大多数义和团抛弃武器，脱掉能表明身份的红色（或黄色）服装，回到了老百姓中间。8月15日清晨，慈禧太后、光绪皇帝及朝中一批大臣化装成老百姓，在军队的武装护卫下向西踏上了逃亡之路。[89]

在"义和团战争"的最后阶段，联军四处进行惩罚性征讨（主要在直隶）。这个阶段可分为两个时期。在第一个时期，联军于9月采取一系列军事行动扫荡义和团的重要活动中心独流镇（在天津西南）和北京以南及以北的义和团

55

据点。第二个时期从 10 月一直持续到第二年春季，联军受德国陆军元帅瓦德西的指挥（瓦德西直到 9 月底才抵达中国）。尽管各国军队都参加了这一时期的军事行动，但德国人显然占据了主导地位。10 月，保定——义和团最活跃的地方之一——遭到严重破坏，有关官员被临时军事法庭判处死刑，居民被迫向占领军支付各项费用。从 12 月中旬到第二年 4 月，联军在瓦德西的指挥下又发动了数十次惩罚性远征。虽然大多数远征目的地都在直隶境内，但德国和法国军队也曾数次进入山西省境，还曾威胁说要进兵山东。[90]

虽然联军远征的表面目的是扫清农村地区义和团的残余势力，但如何区分义和团和平民，并无明确标准。美国救援部队司令查飞对一名记者说："可以这么讲，自攻占北京后，每杀死一个真正的拳民，就会有 15 个无辜的苦力（包括一些妇女和儿童）跟着遭殃。"[91]德国人带头远征的动机之一显然是为 6 月遇害的克林德复仇，并在此过程中扩大德国在远东的影响。7 月末，德国派赴远东的第一批军队在不莱梅港出发时，德皇威廉亲临现场训话。他说："一千年前，匈奴人在阿提拉的领导下赢得了传世美誉，德国人也应在中国赢得这样的名声，使中国人从此以后再也不敢轻视德国人。"[92]无疑，德国人更直接的目的在于迫使中国政府在谈判桌上答应各国的要求。联军攻占北京后，中外之间关于"义和团战争"的谈判就随即开始了。谈判持续了一年，1901 年 9 月 7 日，11 国公使和两名中国全权代表在北京签署了《辛丑条约》。

《辛丑条约》规定，毓贤处死刑，几名高官（包括庄王）判令自尽，端王发配新疆，终生不得回京。清廷派代表团分赴德国和日本，为克林德和杉山彬之死向两国道歉，

56 并在北京克林德遇害处立纪念碑。为保证洋人以后的安全，大沽炮台和其他一些重要的军事设施均予以拆毁。两年内禁止中国进口武器。扩大使馆卫队并永驻北京。在北京至沿海间的各战略要地驻扎外国军队。中国支付赔款 4.5 亿两白银（3.33 亿美元），分 39 年还清，年利 4%。[93]

义和团事件就此落下了帷幕。与条约给中国政府和人民造成的巨大影响比起来，条约的具体条款就不那么重要了。巨额赔款使得列强进一步加强了对中国政府财权的控制，迫使清廷竭力开辟新税源，开始为一个近代化国家奠定基础。[94]性质严重的条约，1900 年夏中国军队的拙劣表现，以及 8 月份清廷逃亡西安的丢脸行为，把清王朝的虚弱本质完全暴露了出来，使中国社会中改良派和革命派的力量得到了加强。清廷尽管不情愿，但还是在 1900 年以后开始执行一项改革计划，其改革范围远远超出了以前的计划，在中国形成了一个新的政治环境，这个环境最终又成了清王朝的终结者。

第二部分

作为经历的义和团

绪论　人们经历的过去

正如我们所看到的，完全恢复人们经历的过去之本来面　**59**
目是不可能的。原因之一是，在任何历史环境中，只有一部分人的经历被记录下来，传至后世。杰弗里·布雷思韦特如此形容撰写人物传记的过程："拖网装满鱼后，传记作者把网拉上来，进行挑选和分类，不好的扔掉，好的贮存起来，最后切成鱼片出售。"[1] 罗伯特·卡帕的话不那么直白，但更准确，他说他在诺曼底登陆日的一些照片"只是整个事件的一些片段"，而非全貌。[2] 有许许多多中国人参加了义和团运动，但只有一小部分人（其中的多数人无名无姓）的言行被记录下来。1900 年夏被围困在北京使馆区的数百名外国人中，有不少人写过信函、日记和书籍，详述他们的亲身经历，但这些记载至多是对亲身经历的概述、描绘和有水分的重塑，而不能全面和准确地再现过去。

这就涉及不能完全恢复人们经历的过去之本来面目的第二个原因。即使过去的经历能够完全再现，也只能是这样的情况：用文字或视觉资料（如照片等），或者二者兼用，来重塑过去，而不能再现经历本身。在被围困于使馆区的外国人的记述中，我们经常可以看到对那个特殊的历史环境的生动描绘。但是，与生活在那个历史环境的人不同，我们自己不能按时间顺序一天一天地直接经历当时的每件事：酷热的天气，瓢泼大雨，夜间到处可闻的枪声，对受伤或死亡的担忧，"饱受酷热、蚊子和四处乱飞的苍蝇折磨的婴儿的"哭喊，死马腐烂后发出的恶臭。[3] 亲历者的记述至多是对历史的生动而有趣的描绘，不能为我们提供历史本身。

虽然完全恢复历史的本来面目是不可能之事，但是我们可以想象出这段历史的画面，至少是某些方面和某些片段。毕竟我们都有这方面的专长。我们不是全部历史的亲历者，却是自身历史的亲历者。这种个人的主观经验是我们评说和省察与众不同的历史经历的基础。换言之，我们虽不能完全按照生活在当时的人们的理解和认知恢复过去的本来面目，但我们能谈论过去，描述过去的某些方面，以大体上接近事实的语言讲清楚历史真相与神话化的历史和故事化的历史之间的不同之处。

造成不同的原因之一是，人们的历史经历是以感觉为基础的，我在前文中关于被围困于使馆区的外国人所受煎熬的叙述就说明了这一点。虽然本书中使用的"经历"一词主要是指对于历史形成过程的直接参与，但它还有另外的含义，特别是哲学层面的含义，即通过感觉来认知世界。人们有时能够敏锐地体察到自己的感觉，但有时却疏忽了自己的感觉。不管怎样，大多数人会同意此点：如果没有任何感知性的经验，人类将不可能存在。与人们对历史的感觉层面密切相关的是，经历也包含人们的所有情感，我们与真实的经历越接近，人们的情感生活——使人们悲哀、愤怒、紧张或厌烦的事情，以及人们的忧虑、仇恨、希望和担心——的地位就越突出。我们不仅知道运河，而且了解挖运河的人们遭受的痛苦，[4]如果我们自己经历过类似的痛苦，将使我们更容易了解别人的痛苦。[5]

人们的历史经历的另一个明显特性是，在难以忘怀的经历中，有一些不值得记住（并不一定是记不住）的东西，对于这一点，历史学家很少强调，神话制造者则从未考虑过。在索姆河战役中，英国军人除抗击敌人持续不断的炮火外（平均每天有 7000 名官兵阵亡或负伤），还得面对战壕里的恶劣条件（与德军的条件截然不同）：阴冷，多水，黑色的大老鼠到处乱窜，腐烂的尸体发出阵阵恶臭。[6]1900 年夏天正好在中国首都的那些外国人在概括他们的经历时普遍使用"包围"一词（其他人也总是使用这个词）。虽然这个词主要与军事有关，但他们中的大部分人都同意此点：在包围圈内求生存的过程牵涉到的面很广，而不仅仅是军事防御工作。与其他任何战斗（或求生存）的历程中的情况一样，被围困的人们把许多精力放到了普通的事务上，如安全保障、食物分配、水质的日常检测、组建消防队、建立高效率的通信系统、设立医院照料病人和伤员、妥善处理死者的尸体等等。[7]

简言之，真实的过去包含着许许多多不同的经历，其中一部分是重要的、关键的、值得记住的、明确的，另有一部分（常常重复发生）是辅助性的，处于从属地位的。过去的另外一个特点是它的盲目性，这个特点使所有的经历变得色彩缤纷，饶有趣味。1989 年秋，莱比锡的居民上街游行示威，对东德恶劣的生存条件提出抗议，开始时，他们根本不知道东德政府会做何反应，更不知道他们的抗议活动会成为最终促成柏林墙倒塌和德国统一的一系列事件的起始点。

61

东德的一名人权活动分子后来对采访他的记者说："与我一同工作的人想改造东德。我们从未想到这个国家会消亡，被西德吞并。"[8]简言之，参与"历史事件"的个人事先对整个事件的发展进程并无清晰的预见。他们不知道局势会如何演变，会有什么样的结果。这种模糊性对他们的意识有非常大的影响，致使他们以根本不同于历史学家事后回顾和叙述历史的方式来理解和认知他们自身的经历。

小说家罗伯逊·戴维斯描述了这样一种理念：如果我们像江湖术士默林那样能够预知出人意料的未来，那么这个世界将完全不同，会变得怪诞神秘，令人不安。他写道：

> 默林常发出奇怪的笑声，在其他任何人都不笑时，就能听到他的笑声。他笑躺在粪堆上悲叹自己命不好的那个乞丐；他笑那个不厌其烦挑选鞋子的纨绔青年。他笑是因为他知道粪堆里面有一只金杯，能使那个乞丐变成富人；他笑是因为他知道那个爱吹毛求疵的青年在新鞋的鞋底变脏以前将与别人大吵一架。他笑是因为他知道接下来会发生什么事。[9]

与盲目性相关的一个后果是，历史事件的参与者往往（虽然不是一律如此）花费大量的时间和精力准备应付不可能发生的意外变故。1900年在华外国人所处的危机气氛中，这样的例子不胜枚举。从某种意义上说，此种经历"没有用处"，被扔进了历史的垃圾堆。出于可以理解的原因，历史学家在花费时间和精力舞文弄墨叙述历史事件时，普遍重视发生过的事情，而不重视没有发生的事情。

不但个人的经历包含在未结束（因而无明确结果）的

事件中，而且对直接参与者而言，整个事态的发展所具有的含义与当时预料不到的未来发展结果所具有的含义不同：参加索姆河战役的官兵不知道他们正在参加第一次世界大战；哥伦布不知道他已经发现了美洲；19 世纪初穿越美洲大陆的勇敢的拓荒者不知道他们正在横跨"肥沃的大平原，它注定是一个伟大国家的大粮仓"。（丹尼尔·J. 布尔斯廷告诉我们："他们认为，他们正在穿越当时的地图上标示的'美洲大沙漠'。有些人甚至寻找骆驼以用于旅途中。"）[10]在 1986 年的世界职业棒球锦标赛第 6 场比赛第 10 局中，比尔·巴克纳让穆基·威尔逊打出的地滚球从自己的两腿间穿了过去。巴克纳不知道，他的这次失误到底是一件毫无历史意义的小事，会很快被球员和球迷忘掉，还是一件令人刻骨铭心之事，当他的其他事情都被人们忘掉时，这件事还一直留在人们的记忆中。到底会出现哪一种局面，很大程度上取决于第 7 场比赛的胜负。[11]有位历史学家说："后来发生之事不可能影响以前发生之事。"[12]历史学家都持同样的观点。但是，已经发生之事的意义在一定程度上取决于将要发生之事的结果，这说明历史学家的观点有误。

历史事件的直接参与者预料不到，也无从把握事态的未来走向，这可从三个层面来看：从最直接的意义上讲，是他们的个人命运；从宽泛的意义上讲，是他们正在参与的历史事件的结局；从更宽泛的意义上讲，是仍在不断发展的能够不断重新确定以前发生之事的意义的未来事态。所以说，历史事件的直接参与者也面临着文化、社会和地理等多方面的局限性。借用学术界目前常用的词来做说明，如果把经历视为"文本"，把亲历者视为"读者"，那么，不同的读者会以不同的方式阅读或者"建构"文本，赋予文本不同的价

63 　值观、信仰和神话。因此，1692 年马萨诸塞州塞勒姆一些人的奇怪举止被当时的民众认定是中了巫术，而如果在几十年以后，人们极有可能认为这些古怪行为拉开了宗教复兴运动的序幕。[13]同样的，1900 年春夏，义和团的文书揭帖常用宗教词汇来建构义和团运动，直接表明上天的意志，旨在消除外国在中国的影响力，好让众神息怒，而基督教传教士则从反面看待义和团运动，把义和团当作邪恶势力，把义和团运动当作上帝与魔鬼之间的一场大决战。换言之，无论在1692 年的塞勒姆还是 1900 年的中国，一个特殊群体共享的"文化空间"会使他们每个人在看待周围发生的事情时难免带有局限性和狭隘性。

　　埃里克·霍布斯鲍姆在描述所谓"撒谎综合征"（以司汤达小说《巴马修道院》中的男主人公为样板）时告诉我们，出于"非常充分的理由……事件的直接参与者对他们参与的历史事件的看法往往与上层人士的看法不同"。[14]换言之，人们对自身经历的理解不仅受到他们所处的文化空间的制约，而且受到他们所处的社会空间的制约。再者，在霍布斯鲍姆区分上层和下层的分析架构之外，我们需要对人们在复杂的事件中扮演的各种各样的角色加以区分。就义和团运动而言，除拳民自身外，还有被拳民当作攻击目标的外国传教士和当地教民、双方的军事人员，以及中国政府和外国政府的有关代表等诸多群体。每个群体的经历（假设可以谈论群体的经历）都是片面的，不完全的；没有任何两个群体是以相同的方式经历义和团运动的。

　　最后一点是，所有经历都受到地理空间的严重制约。不但鲁西北义和团的经历与山西义和团的经历各不相同，而且在任何特定时候，任何一支义和团都不可能知道其他义和团正在经历着什么事情。我并不是在强调义和团运动的组织水平太低，或者当时的长途通信方式太落后。即使在科技高度发达的环境中——例如，1989年春北京发生的游行示威活动，当时有卫星电视的直播（至少在初期），全国各地的负责人不仅能够随时互相联系，而且可以通过传真和电话与海外中国留学生的负责人随时联系——任何特定地方的个人的经历也是有局限性的，他的经历仅与同他在一起的少数人有关，他与其他地方的人互通的信息也只能是不全面的、不详细的。1989年政治风波的一位重要参与者数月后告诉我，他当时甚至对北京城里发生的事情都知之甚少。也就是说，他对自己亲身经历的事情知之甚详，但对北京其他地方的示威者的经历并不是很了解。[15]即使在天安门广场的范围（更不用说在北京城的范围了），关于那天晚上发生之事的详情，各种各样的"目击"报告也是大相径庭的。[16]

64

有时候，特殊的环境会使地理空间给个人经历造成的局限程度更加严重。美部会传教士麦美德在日记中记述了6月底受困于使馆区的洋人与外界完全隔绝时的情形：

> 我们在这里与世隔绝，好像置身于一个荒岛上。我们知道的外部世界的消息，甚至由洋兵守卫的这个弹丸之地以外的中国其他地方的消息，都是两周前的旧闻。我们在保定府的朋友们安全抵达天津了吗？全中国都处在动乱中了吗？各地的教民正在遭受屠杀吗？离此地不到一英里远的皇宫里正在发生什么事情？皇帝还活着吗？慈禧太后已经带着尽可能多的金银财宝逃离北京城了吗？从我们头上呼啸而过的子弹是我们与外界联系的唯一纽带，但它们都转瞬即逝。[17]

实际的历史经历还有一个特点，它使真实的历史截然不同于复述的历史和神话化的历史。这个特点与亲历者的动机意识有关。历史学家的目的是了解和解释历史；神话制造者则从历史中吸取能量，为现实的政治或宣传目的服务，为深层次的心理基础造势。与这两种人的想法不同，历史事件的直接参与者的意识包含着人的所有情感和目的。直接参与者也许会做些努力，试着理解他们正在经历的事情，而且他们很可能会以各种各样的方式把亲历之事加以神话化。但是，与主要的目的（如享乐、求生存、击出本垒打、杀洋人、通过考试和穿越大街等）比起来，这些都是次要的、辅助性的。促使人们采取行动并在形成人们生活经历的过程中常常起重要作用的动机是多种多样、千差万别的。

这些动机常常遭到曲解，神话制造者尤其如此，而历史学家也不遑多让，他们也许保持着警惕，但他们总是把历史的动机意识强行导入多少有点合理性的阐释体系——"发生于其后必是其结果"的分析模式。我们在这么做的时候，我们在开始重塑历史的时候（即使是在最浅近的层面上，如义和团运动是一次"起义"、一场"叛乱"、一次"大失败"还是一场"大灾难"？[18]），总是把"个人的解释和想象"掺杂进去。[19]也就是说，我们用来解释历史（也即赵文词所说的"解释纷繁复杂的具体事件"[20]）的观念，往往与直接创造历史的人们的观念有很大的差异，其结果是不可避免地曲解了真实的历史。赵文词在其名著《一个中国村庄里的道德与权力》中，大量使用"语境"、"模范"、"典型"、"约定俗成的礼节"、"道德革命"和"仪礼之争"等抽象概念，用以加深我们对20世纪60年代和70年代华南一个村庄的道德和政治动态的了解。但是，该村庄的村民们

（包括这些年间村里的头头脑脑们）从来没有用这些概念解释过他们的生活经历，也没有按照赵文词告诉他的读者的那种思路去理解他们的生活圈子。[21]

直接参与者对历史的看法带有不同于历史意识的个人意识（与历史学家对历史的看法大相径庭），这个特点也值得注意。在某一历史时刻，参加历史事件的每个人不仅处在历史坐标的一个点上，而且处在个人生平坐标的一个点上。两相"重合"，他们的个人经历就融进了我们称之为"历史事件"的集体行动中。这些具有各种各样的界定和称谓的事件，是每个参与者的个人经历汇成的，个人经历既具象征性的意义，又具观念性的意义，能使历史学家和其他历史研究者据以描述和分析"过去发生之事"。从某种角度来看，历史事件是我们认知历史的知识体系中的重要组成部分，但从另一角度来看，历史事件是超历史的，是每个参与者个人经历的综合体。直接参与历史事件并创造历史的每一个人，最终都退出了历史舞台，他们的表演结束了，退到了幕后。

这是历史事件的"消散"阶段，在这个阶段，每个人（假如他们还活着）都复归于自己的生活轨道，重新开始不引人注目的、"平凡的"生活，例如，义和团运动后，拳民回返家乡；1900 年 8 月逃离京城的大清君臣回到京城重理朝政；被围困于使馆区的洋人或者恢复他们在中国的正常生活，或者离开中国到其他地方生活和工作；从菲律宾调来参加援救行动的美国海军陆战队乘船重返菲律宾。简言之，活着的人继续做事谋生，参与其他将会成为"历史"的活动，投身于其他事件中（就像演员，演完一出戏，接着演另外一出戏），而"参加义和团运动的经历"已成历史，或者留在记忆里，或者忘记，或者复述，或者歪曲。在辞世之前，

66

他们还会有许多其他的经历，义和团运动只是他们一生当中的短暂一瞬，也许很轰动，也许很平常，也可能是典型时刻。[22]

这种"凝合—消散"过程的另一个方面也是很重要的。历史学家经常给历史事件划定界限，何时开始，何时结束，都以某个特殊时间为标志（虽然并非一成不变），但是，个人的经历是具有连续性的，有其自身的发展轨迹，与事件的发展轨迹和事件之间的相互联系大为不同。从历史学家的视角来看，各种经历之间的联系似乎非常怪诞。历史学家肯定会普遍认为，作为历史事件，美国内战与义和团运动没有任何关系。然而，1900年8月初，山西汾州的一批传教士共同商议，要不要武装起来抵御义和团的威胁。他们最终决定武装起来，理由是，他们当中的一员——美部会的贾侍理曾在美国内战中打过仗。[23]

有许多例子可以说明经历与历史之间这种奇特的互动关系。1991年初的几个月里，美国人在海湾战争问题上经常受到"越南意识"的影响。作为历史事件，20世纪60年代至70年代初的越南战争与1990~1991年的海湾危机和冲突没有任何关系。然而，就人们的经历而言，二者之间却有多种多样的联系。美国驻波斯湾空军司令查尔斯·A.霍纳中将在开战前数月接受采访时说："我们这里有不少人以前曾在越南打过仗。我们的国家应该如何行事？我们对这个问题的看法受到了越南战争的极大影响。"他说，海湾战争"不应该拖延太久，应速战速决，尽快实现既定的政治目标"。其他指挥官和千千万万的美国人都持有与此相同的观点，这种观点遂成为美国在持续时间不长的海湾战争中所奉行的战略的中心原则。正如1991年3月1日布什总统在其热情洋溢的声明中所表明的，就民族心理的层面而言，美国人表现出来的是信任和自信。布什说："老天作证，我们已经彻底治愈了越南综合征。"海湾战争停止几天后布什自豪地宣读的一份声明也揭示了这一点。他说："越南战争的幽灵已经被永远埋葬在阿拉伯半岛的沙漠里了。"[24]

67

上文论述了人们经历的过去的诸多方面，这些方面不是确定不变的，而是数年来我在阅读关于义和团的史料和论著时想到的。如果我阅读的是有关中国的戊戌变法、中国共产党的成立或者1988年美国的总统竞选的史料和论著（完全不相同的历史事件），那么我猜想，我会看到不太相同的一些方面和特点。如果我把注意力集中到另外一种历史上，即集中到不是按照事件建构的历史而是按照长期的、非个人的发展脉络建构的历史上（例如，19世纪帝制时代的中国的商业发展史，或者英国的工业革命史等），那么我看到的特点会有更大的不同。这种变化，更具体些说就是人们用义和团运动解释那段历史时所表现出的差异性，都将在结论中得到反映。

拳民与其他相关的中国人和外国人共同创造了这段历史，我在这里想要揭示（无论多么不充分，或带有多大的主观性）的是他们这些人所经历的那个经验世界的特性。直接参与者的实际经历是零散的、不全面的，从这个意义上说，我的描述也是零散的、不全面的。而且，二者也不完全是重合的和类同的。把义和团运动作为一个完整的事件（历史学家塑造的义和团）来看，每个参与者的经历都是零散的和不连贯的，但从每个参与者的角度来看，情况并非如此。认知科学告诉我们，个人的经历是连贯的、有意义的。[25]

　　下文的内容将不时地显示个人生平经历的这种连贯性，至少从外国人方面来看是如此。就中国人而言，由于所能看到的相关资料有一定的特殊性，我能够做的就是描述当时的许多中国观察者和义和团运动的大多数参与者共同经历的那个经验世界的某些方面。对于华北平原的千千万万民众而言，1900 年春天和夏天从几个方面来看都是非同寻常的。华北平原的许多地区持续干旱，使许多人饥肠辘辘、疾病缠身，并使更多的人提心吊胆、焦虑不安。洋人和洋物越来越多，其存在以不同的方式在不同的地方和不同的时间表现出来。这种情况使许多中国人越来越相信，洋人和洋物是玷污和败坏他们的生活环境的主要根源。在这种背景下产生的义和团现象（在某种程度上讲，是对这种背景做出的反应）、以降神附体为中心内容的民间宗教信仰，以及拳术和法术，都反映了旧世纪结束后人们越来越强烈的彷徨和焦虑情绪，上述现象同时又对人们的这种情绪起了推波助澜的作用。在义和团活动的许多地区，谣言和猜疑四处蔓延，有时甚至达到登峰造极的地步。导致个人经历缺乏连贯性的另外一个原因是，由于小规模的暴力行动和大规模的战争，人们随时都有丧命的可能。虽然大多数人设法逃过死劫活了下来，但是，对死亡的担忧和恐惧始终伴随着他们，中国人、外国人、穷人、富人，都是一样。在华北的许多地区，死亡的景象和死亡的气息深深地印在那些幸存者的记忆中。

　　世纪之交华北的经验世界的这些特征，如持续的干旱、越来越多的洋人和洋物、宗教和军事合二为一的运动的蔓延（参与者都能请神附体，并相信法力无边）、谣言的流传、群体性的歇斯底里、暴力造成的死亡等等，都在 1900 年春天和夏天集中出现，且来势凶猛，它们之间还以极为复杂的方式互相影响、互相促动。虽然这些事情对不同群体（如中国教民、拳民、既不信教也不练拳的绝大多数普通百姓、中国的官绅、外国传教士、外国和中国的军人和官员等）的影响有轻有重，程度不同，但没有人能完全避免受到冲击。当时的中外目击者在记述见闻时都格外激动、愤怒、紧张，而最突出的是恐惧和焦虑。我打算在下面的章节中对这种异乎寻常的情绪化氛围做一些描述。

第二章 干旱和洋人洋物的存在

69　　　"大刀会乱时我十一二岁①，练神拳是在来大水以前。""我 16 岁或 17 岁那一年才兴神拳，到大水以后，就大兴起来了。""琉璃寺有神拳最早是在大水那一年的前半年，当我十七八岁的时候。""这里有场子，神拳在来水之前就有，但只是学，来水以后就闹起来了。是我 18 岁那一年 6 月里来的水。"[1]

　　1960 年初和 1965 年底 1966 年初，山东大学历史系的师生们曾两赴鲁西北调查，上面的话就是当地的老人在回答师生们的询问时讲的。他们提到大水，把大水当作记忆中的时间坐标来确定神拳在当地兴起时的具体年月。他们指的是黄河水，从 1898 年 8 月 8 日开始，当地有数处河堤决口，造成洪水灾害。1898 年的黄河洪水横扫鲁西大部分地区，当时有传教士称这是"世人记忆中最可怕、造成损失最惨

---

① 中国人认为人一出生就可算作一岁，以后每到农历新年再增加一岁，所以，按照西方人的方法计算，中国人的年龄比实际年龄至少大一岁。

重的"洪灾。共有 34 个县受灾,数以千计的村庄被淹。[2]
侥幸没有被淹死、没有病死饿死的数百万灾民大都先淘柳叶
以杂糠混合而食,继采麦苗、棉籽以杂糠混合而食。[3]另有
许多人不得不抛家舍业、背井离乡,像自古以来华北地区受
灾的农民一样,到其他地方去靠乞讨(甚至偷窃)谋生。
到 1898 年底 1899 年初,鲁西北到处都是无家可归的难民,
他们不仅在 1898 年 8 月的大洪水中遭了灾,而且在 1892 年
以来每年都发生的小一点的洪灾中吃尽了苦头。[4]

70

19 世纪 90 年代,邻省直隶也一直深受洪灾之苦,1898
年最为严重,境内大片土地变成了泽国。1898 年夏,连绵
不断的大雨不但使黄河水泛滥成灾,而且使天津西南的滹沱
河水漫过堤岸,淹没了深州、饶阳、安平、献县和大城。北
京与唐山市(在北京以东)之间、天津以北永定河与北运
河交汇处的大片土地上也发生了严重的水患。据官方记载,
天津以北地区有数十个村庄被水完全淹没,"十室九空",
损失极为惨重。在整个直隶境内,共有 52 个州县遭受了洪
灾。[5]

华北和西北地区的农业通常靠的是"及时雨":在适当
的时机降下适量的雨水。[6]在 19 世纪 90 年代的大部分年头
里,鲁西和直隶降雨太多,导致洪水泛滥成灾。然而,1898
年冬季过后,这种局面突然逆转,北方广大地区(包括华
北的山东、直隶、山西和河南,西北的陕西和甘肃,以及内
蒙古)很少降雨,甚至滴雨不下。[7]这个地区降雨量不足,
并不是什么怪事。据说,主要由干旱造成的 1876～1879 年
间的大饥荒饿死了 950 万人,山东和山西的灾情最重。[8]世
纪之交的旱灾虽然不如上次严重,但受灾地域广,持续时间
长,也是一场大灾难。长期以来,千千万万的农民及其家庭

都深受旱灾之苦。许多人老了以后，对19世纪70年代的大饥荒仍记忆犹新，那是一段非常可怕的经历。[9]

水灾和旱灾

虽然水灾和旱灾都造成灾民大批死亡，但二者在许多重要方面大不相同。[10]首先，水灾发生于一些特殊地区，尤其是江河两岸地区，当春季冰雪融化，致使河水暴涨，泛滥成灾，或在夏季因暴雨倾盆，河水漫过堤岸或冲决堤坝（在某些特殊地段），把地势较低的地区（面积不一定小）变成泽国。相反，尽管干旱也受到某一特定地区的气候的影响，但它与洪水不同，与这个地区的地理条件没有关系。所以，就像1899～1900年席卷华北和西北的大旱灾一样，大旱灾涉及的地域有可能比大水灾涉及的地域大得多，相应的，受灾人数也远多于后者。[11]

如果说水灾与旱灾的基本不同点与地理空间有关，那么另一个不同之处就与时间有关。

水灾发生于特定的一些时间段，假如灾情极其严重，就会永远留在灾民的记忆中，成为时间的标记（正如我们在前文看到的那样）。水灾持续的时间有一定的限度，这进一步凸显了水灾的时限性特点。洪水造成的灾难也许是非常可怕的，但当暴雨停止、洪水退去后，幸存者一般都能返回村庄，修缮或重建房屋，恢复日常劳作，有时甚至能够得益于洪水退去时泥土淤积形成的肥沃的新土壤层。

如果干旱特别严重，造成大饥荒，那么旱灾也有可能留在人们的记忆里，成为时间标记，人们在口述往事时，尤其如此。戴维·阿诺德写道："人们在回忆个人或大家经历的

插图 2－1 和 2－2　1870 年代末华北大饥荒惨象

这些画作最初出现于一本中文小册子中。在插图 2－1
中，饥民站在血泊中；在插图 2－2 中，一具尸体正在被切
割成片供活人食用。选自 Committee of the China Famine Relief
Fund, *The Famine in China* （London：C. Kegan Paul, 1878）。

其他事件时"，常常"以某次饥荒为时间坐标，以饥荒为中
心来叙述其他所有的经历和印象"。饥荒能够"把个人记忆
与群体意识联系起来"，另外的例子亦可证明此点，如印度
和非洲的农民都习惯于把此类令人痛苦而难忘的事件当作
"个人的时间坐标"来确定自己的年龄，或者回忆其他日期
和事件。[12]

旱灾发生和发展的方式与水灾大不相同，对人们生活的
冲击也与水灾大不相同。威廉·丹多写道："量化与界定旱
灾的主要困难在于它的不确定性，与一目了然的水灾截然不
同。"[13]实际上，"干旱"一词有特别的含义，常被体育界
和其他行业用来做比喻，指那些人们预期或希望发生而未发
生的事。1991 年春，纽约扬基队的新队员汉斯莱·莫伦斯
被舆论界捧为该队"下一个伟大的本垒打击球员"，但直到

第16场比赛他才完成了一个本垒打，可以预料，第二天报上的标题肯定是：《15场比赛过后，莫伦斯终于度过旱季》。[14]（相反，在商界、政界和其他一些领域，人们用"及时雨"来比喻能够促成好事的人。[15]）一般来说，确定旱灾结束的日期并不困难，但旱灾何时开始，却不太好确定，这与水灾大为不同。实际上，干旱持续一段时间后，才会演化成旱灾，人们对它的判断受到身体条件、生理状况和主观感受等诸多因素的影响。[16]这是旱灾在地域和时间方面都难以预测、政府和人民往往无所准备的原因之一。1976年，旱灾突然降临英国，英国政府显得"惊慌失措"，便是一个例证。[17]

同样的，干旱造成的苦难是渐进式的，能持续多长时间，难以预测，这与洪灾具有的来势凶猛和为害惨烈的特点不同。实际上，旱灾是人们经常经历的不确定之事（难以确知未来）的典型例证。[18]旱灾持续的时间越长，这样的问题就越急迫：什么时候下雨？干旱什么时候结束？它会结束吗？简言之，水灾形成后，人们最为关注的是已发生之事，而旱灾形成后，人们最为关注的是尚未发生之事。可以说，旱灾给人们造成的心理压力更大。

1899年夏，《印度时报》揭示了人们的焦虑、期盼和误听误信的心理状态，有时候，误听误信会使人们麻痹大意，失去抗旱救灾的主动性（人们对干旱的反应常常如此）。7月底，该报评论说："虽然希望还未完全失去，但所有的人都非常担心……西印度和德干高原会滴雨不降。"干旱又持续了一个月，季风雨仍未从天而降，使人们感到绝望，卡提阿瓦的记者对此做了如下总结："日复一日，人们一直在盼望下雨。他们总是说，老天肯定要下雨，因为某个节日是在

73

某一天。但到了那一天，老天还是不下雨。最后他们说，到克利须那斯里节，肯定会下雨。就在人们消极等待之时，牛群奄奄一息，濒临死亡，本来通过人工努力可以得到浇灌的土地也撂荒了。人们没有做任何准备。"[19]

就人们的感受而言，水灾和旱灾的另一个不同之处在于，水灾常常是人祸（至少在某种程度上是如此）。由于经验不足和技能欠佳，或者由于负责防洪的官员玩忽职守或贪污腐败，植树造林、疏浚河道、修建和维护河堤等防洪措施没有到位，本来可以预防的水灾有时候就会发生。在这种情况下，一旦灾民们对安全和生存的担忧得到缓解，他们往往会产生愤怒情绪，并把怒气发向地方当局。相反，干旱不是人力所能左右的（虽然在某些情况下人类可以通过自身的努力缓解灾情）。从历史上看，人们常常认为旱灾是由超自然的力量造成的，需要供奉祭品以息其怒，或者是由宇宙失衡造成的，需要恢复平衡，扶正乾坤。

对旱灾的宗教性解释

在中国，人们自古以来就普遍相信，人们的行为与上天的行动之间存在某种联系，它是通过大自然的变化表现出来的，所以，每当旱灾和其他自然灾害降临时，人们往往将之归罪于官府的胡作非为，力求以改正错误和更换官吏来缓解灾情。[20]有人在评论 1876～1879 年的大旱灾时说："我听说，如果一位妇女受了冤屈，当地将三年不下雨。"另有人提起发生于汉代的一件事情：有个孝敬公婆、尊重丈夫的妻子被不公正地处以死刑，结果造成三年大旱。他由此认为，19 世纪 70 年代的大旱灾与官府滥用刑罚破坏了天地的和谐

74

状态有关。[21] 1901 年春，政治气候在义和团运动被镇压后已经发生了变化，太原（仍处在严重的干旱中）的塾师刘大鹏抱怨说，地方官（可能是在洋人的压力下）只赈济教民，而不赈济未入教的贫民，"饥饿而死者枕藉于野"。他感叹道："人事如此，安望天之溥降甘霖乎？"[22] 严重的水灾过后，人们也会做出类似的解释。1900 年 7 月福州的水灾过后，有一首长诗到处流传，矛头直指总督许应骙的罪恶，明确指出水灾与许支持遏制义和团的政策有关，因为他的立场引起了上天的愤怒。[23]

矫正人的不端行为以恢复宇宙的和谐状态，一直是对付旱灾的手段之一。另外一个办法是通过祷告和其他祈雨仪式直接向天神赎罪（在遭受旱灾的各个社会几乎都是如此）。在变成殖民地之前的非洲南部的博茨瓦纳，人们一直认为祈雨是酋长们担负的所有宗教性职责中"最重要的"一项职责。[24] 他们的祈雨仪式种类繁多，从把一头黑牛献于死去的酋长的坟前，到杀掉一个男孩（或从墓内挖出已死的男孩的尸体），把尸体分解，用于祈雨的法术中，等等，不一而足。[25] 1899 年夏，西印度大旱时有数百万人祈求老天下雨。[26] 在马萨诸塞州，由于"干旱极其严重"，有关当局于 1749 年 6 月 15 日宣布全体民众斋戒一天；1749 年 8 月 24 日，当局又宣布"感恩"一天，因为"在有史以来……最令人痛苦的旱灾之后，老天普降甘霖，泽被大地"。[27] 即使在当今之美国，类似的现象依然存在。尽管人们普遍相信科学对物质世界的解释，尽管国家的技术能力非常之强，但 1988 年夏中西部发生严重旱灾时，正在争取民主党总统候选人提名的杰西·杰克逊曾在艾奥瓦州的一块玉米地里祈雨。另外，俄亥俄州的一个种花人请来一位苏人（达科他人的一支）巫医举行祈雨仪式，有数以千计的人到现场观看。[28]

中国的情况与此相似，官方和民间经常举行各类祈雨仪 75
式和祭典活动，以对付旱灾。彭慕兰描述了直隶南部邯郸的
祈雨场所，在那里，民间对付干旱的风俗习惯是从神井港
（在邯郸）取水，下雨以后再把水放回原处。但到了清末，
这种风俗习惯逐渐被官方的祈雨仪式所取代，其主要内容
是：旱时从神井港搬走一块石碑，下雨后再把它与另外一块
石碑送回去。[29]针对19世纪70年代末的大饥荒，年轻的光
绪皇帝曾在5个国家级的神庙公开祈雨，其中包括皇宫后门
附近的大诰殿，他跪在殿内玉皇大帝的神像前祈祷。受灾省
份的总督和巡抚们也举行了祈雨活动。[30]据记载，1900年
春夏，清廷和直隶、山东、山西的省级官员及各处的地方官
为对付旱灾采取了许多措施（包括禁止宰杀牲畜[31]）。[32]

旱灾、焦虑情绪和义和团运动的蔓延

然而，祈雨活动并非每次都能起作用，即使受灾地区最
有权势的人出面祈雨，也是如此。随着干旱的不断延续，人
们会变得越来越绝望，烦躁和焦虑的情绪很容易在最后演变
为大恐慌。可以想象，生活在缺乏"福利保障体系"的社
会中的贫苦农民和城市贫民在灾害降临时会有多么的恐慌。
由此反观在始于1990年下半年的经济衰退的初期加利福尼
亚失业者的反应，会给我们以诸多启发。亨廷顿比奇的一家
新近停业的小营销公司的一位股东说："最难的事是弄清人
们到底有多恐慌……我现在身无分文，买白糖一类的东西我
都发愁。我即将失去我的住宅。现在是神经系统即将崩溃的

时候了。"好莱坞的一位年轻导演注意到"不确定的因素随处可见"，他表示"对未来"缺乏信心。[33]

插图 2-3 雨师

中国人在干旱时期祈求和祭祀各种各样的神。此图描绘的是造雨责任最具体的神——雨师，他站在云中，手拿水罐。选自 C. A. S. Williams, *Outlines of Chinese Symbolism and Art Motives*, 2d rev. ed. (Shanghai, 1932)。

实际上，在漫长经历的各个阶段，人们对未来都难以预料，但这并不常常引发人们的焦虑不安情绪。只有极其重要的事情才会使人们担忧，例如孩子的安全、某人在戏剧或体育比赛中的表现、参加战斗的至爱之人的命运、个人的生死关头、个人的生活保障等。1990 年的加利福尼亚人和将近一个世纪前的华北农民面临的都是最后一种情况。然而，不同的社会对自然灾害或社会灾难的感受是不同的，[34] 就

1899～1900 年发生于中国的旱灾（或 1899 年发生于西印度的旱灾）而言，由于缺乏高效率的赈灾体系，对灾民来说就是生死攸关的大事。[35]

地方志、私人日记、官员的奏折、口述史资料、外国人 的报告等文献资料均表明，始于 1899 年末的义和团运动的蔓延和强化与旱灾给人们造成的紧张、忧虑、失业和饥饿有关。早在 1899 年 10 月，美部会传教士麦美德就把干旱列为鲁西北拳民骚乱愈演愈烈的一个原因。[36]北京地区数月无雨，麦苗全部枯萎，饥肠辘辘的老百姓心神不定、情绪激动；从 1900 年 4 月底开始，传染病发生的频率越来越快，程度越来越严重。[37]在直隶的其他地区，情况大体相同。美国公使馆秘书 W. E. 班布里奇记述说，上一年"雨水就不足"，"全省都处在饥饿的边缘"。他认为这种环境"非常适合它［义和团起义］的蔓延……从开春到初夏，滴雨未下，庄稼得不到浇灌。群情骚然……达于极点"。[38]在北京西南的涿州，6 月初就有人担心，如果老天不快点下雨，当局将越来越难以控制聚集在该地区的数千名义和团员。[39]天津以西的一位保甲长①记载说，1900 年春，由于干旱，青年农民无所事事，所以经常练拳。[40]天津地区的义和团员王凤基说："庚子那年（1900）天大旱，人们没事干，所以练起义和拳。"[41]他的话进一步证实干旱、人们无所事事与义和团活动的加剧是有关的。

具有改良意识并反对义和团的刘孟扬是天津的一个精英人物，他根据亲身经历详细记述了义和团运动在天津的发展过程，他以干旱的不断加剧为主线来说明天津的义和团运动

---

①　保甲制是基层的一种互保安全的制度。

及人们对义和团的支持不断高涨的事实：

> 二月间（光绪二十六年，1900 年 3 月 1 ~ 30 日），无雨，谣言益多……练拳者较众，官不深究，匪等愈无忌惮……

> 三月间（3 月 31 日至 4 月 28 日），仍无雨，瘟气流行，杂灾渐起。拳匪又乘势造言曰："扫平洋人，自然下雨消灾。"……

> 四月间（4 月 29 日至 5 月 27 日），仍无雨，督道府县等，屡次设坛求祷，依然亢旱，反起暴风。各处拳匪，渐有立坛者……横行街市，人心不安。然无不奉之为神，官府亦不敢过问。

> 五月初间（5 月 28 日至 6 月 6 日），依然亢旱无雨，京津铁路被拳匪烧毁不能通……此时津地拳匪，日益强横。[42]

1900 年夏，山西大部分地区的旱灾甚至比直隶更严重。许多地方自上年冬季开始就一直没有下雨。农民们无事可做，米粮价格暴涨，越来越多的人开始挨饿，人们极为忧虑。有位传教士在报告中说："由于干旱，许多人无所事事，义和团组织遂在全省范围内快速发展起来。"[43]沁源、曲沃、临县、解州、临晋、乡宁和榆次的地方志都把 6 月中下旬拳民的初次出现与当地持续已久的旱灾联系在一起。另外，据文献记载，当义和团闹事时，饥民们一般都会参加。[44]

我的意思并不是说干旱是 1900 年春夏义和团运动到处蔓延的唯一原因。在特定地区，官府对义和团采取支持（如在山西）或反对（如在山东）的立场，对运动的发展也有着重大影响。不过，旱灾以及它给人们带来的情绪波动是非常重要的因素。当老天开始下雨，使干旱暂时中断或彻底结束时，义和团员（还有大刀会员）会抛开一切，返回他们的农田。周锡瑞注意到，4月初直鲁交界地区"下了一场透雨"后，农民们都忙着回家种庄稼，这些地方随即"平静了下来"。[45]7月4口人雨倾盆，天津的一支义和团被洋人打败后，争相逃命的拳民互相谈论说："天雨矣，可以回家种地矣，似此吃苦何益？"第二天即散去大半。[46]

　　山东的口述史资料中也有类似的故事。1900年6月末，鲁西大旱之际，来自直隶的大刀会首领韩姑娘在麻布会那天被请到巨野县城以西的龙堌集。人们听说她是红灯照，本领很大，能格枪格刀，"而且骑着板凳变成马，骑着绳子化作龙，坐上席子就化作云，驾云飞走"。韩姑娘给大家饭吃，很短时间内就有上千人加入了她的大刀会。她供给大刀会众吃的粮食，都是从富人家里夺来的。有人回忆说："过了两三天，下了场大雨，第二天就不见大刀会的人了，都没了，原来那些人是来吃饭的，天一下雨都各自回家种庄稼去了。"[47]

　　林敦奎对义和团时期自然灾害的作用进行了专门研究，他的结论是："自大刀会初起之时至义和团高潮之际，有不少灾民是以天时好坏作为参加运动的主要动机。"[48]

传教士对干旱的反应

　　尽管华北的传教士，尤其是身处偏远的农村地区的传教士，在1900年夏天的经历与中国农民的经历大为不同，但他们也面临着生死难料的困境。他们也非常希望下雨，也在祈求天降甘霖。传教士们最担心的当然不是饿死，而是被饥饿的中国人杀死。美部会传教士贝如意死前数周（她死于 7 月 31 日）在山西太谷写的信件和日记中表露了这种忧虑情绪，也谈了中国人的情况。6 月 25 日，贝如意写道："这是最困难的一个时期，饥荒威胁着人们，干燥炎热的天气使所有人面带倦容。拳民威胁要抢劫并杀害传教士和教民，破坏这个国家……这个国家充斥着最野蛮的谣言和威胁。人们无所事事，只谈论如何杀洋人和教民，我们感到末日离我们每个人都不远了……形势越来越险恶，如果一直不下雨，什么样的暴力事件都有可能发生。我们知道，如果上帝愿意，他会普降甘霖来解救我们。我们知道，我们的生死掌握在上帝的手中。"[49]

80

如果说久旱无雨使所有人都感到担心和忧虑的话，那么下雨会使所有人都松口气。贝如意写下上述文字没过几天，老天开始下小雨，太谷的外国传教士显然大感欣慰。贝如意写道："我们在急切地盼望着这场及时雨，它能够拯救我们所有的人……如果雨水充足，还有机会播种晚小米。"[50] 6 月 19 日，露美乐在太谷附近的里满庄以类似的笔触写道："昨天夜间乌云密布，并开始下雨。今天早晨，我感到非常高兴，因为雨水对我们来说意味着安全。正是由于久旱无雨，他们才在这里闹事，并不是因为义和团……你们肯定知道，他们本来都是安分守己的人，但他们现在被饥饿折磨得绝望了。"[51]

6 月 30 日，山西汾州的美部会传教士贾侍理夫人写下了她对下面这个问题的思考：干旱对中国人和外国人意味着什么？她写道："如果现在大雨倾盆该多好啊！下了雨就可以种庄稼，饥肠辘辘、无所事事的人们就有农活可干，只有秋天喜获丰收的前景能使我们在这里的险恶处境得到改善。噢，仁慈的上帝会像以前一样赐福于我们，这是上帝赐予我们的另一份厚恩。"[52]

山西的其他传教士也把干旱、中国人的饥饿和洋人的担忧联系在一起。早在1899年6月，内地会传教士奥利维亚·奥格伦和她的丈夫在水宁建立传教站不久，即报告说："这个地区正在闹饥荒，是由持续已久的干旱引起的。我们到来后，灾情更加严重了，人们开始指责我们，说天不下雨是我们造成的。"[53]在极度紧张不安的气氛中，无业游民们特别多疑。浸礼会的叶守真评论说："由于干旱……许多人过着朝不保夕的生活，他们当中有不少人被指控受雇于洋人干坏事，因而遭到杀害。"[54]

华北其他地方的传教士与山西的传教士一样，也在经受着干旱的煎熬。5月25日，萨拉·博德曼·古德里奇在京城以东十几英里处的通州写道："列强已经发现它们没有权势了。土地干燥，无法种庄稼，成千上万的人陷于饥饿，因而越来越厌恶洋人。我们只是觉得我们应该坚守岗位，但我们不知道会有什么样的结局。"[55]据当时也在通州的麦美德记载，5月28日京津铁路上的丰台火车站被放火烧毁（这是"义和团在这个地区采取的第一个公开行动"）后，传教士和中国教民们"虔诚地祈求老天下雨，因为雨水可使一些拳民回家种地，这样，险恶的形势就会得到好转"。[56]三周后，迁至京城的麦美德看到，6月18日下午和晚上，北京地区下了将近一年来的第一场大雨。她希望这场雨能消除饥荒，使无所事事的人们有活干。她写道："撒旦一直在驱使这些人干坏事。如果不是久旱无雨、土地干裂，拳民的数量也许会少得多。"[57]

81

保定的情况大体相同。美国长老会传教士 F. E. 西姆科克斯夫人在 4 月中旬写道："现在太需要下雨了。无知的人们把这场旱灾归罪于洋人，说洋人'触犯了上天'。"美部会传教士毕得经在 6 月 2 日的一封信中说，该地区新教和天主教传教士的处境都越来越险恶。他以急迫的语调评论道："土地干燥如粉——尘土飞扬——上帝赐予我们甘霖。那将带来安宁……我们过着朝不保夕的生活。为我们祈祷吧！为雨水祈祷吧！"据麦美德记述，6 月 30 日和 7 月 1 日保定的 15 名新教传教士全部被杀以后，该地区正好开始下雨，这在义和团看来，恰好证实他们的理由和行动都是正确的。[58]

河南的传教士也在担心干旱将引发骚乱。内地会的一位医生传教士在匆忙离开河南前往汉口的前夕写道："旷日持久的干旱破坏了丰收的前景，人们躁动不安，随时都可能闹起事来。他们所有的求雨活动和祈雨仪式都以失败告终，这使他们大为恼火。他们说：'这肯定是洋人的错，我们应该除掉他们。'"[59]

传教士们一致认为，1900 年的干旱是促使义和团运动形成高潮的一个重要原因，美部会的明恩溥在回顾义和团运动的爆发过程时对此做了更全面的描述。他写道："在春季，一些特殊原因足以导致老百姓造反。干旱非常严重，受灾范围极广。自 1878 年的大饥荒以来，华北的所有地区第一次没有播种冬小麦……土地被晒得又干又硬，根本无法种庄稼。在这种情况下，无所事事、躁动不安的人们随时都有可能造成危害。"[60]

各国驻京公使给本国政府的报告中也对形势做了相同的分析。美国驻华公使康格在 1900 年 5 月 8 日的一份函件中对直隶的形势做了如下描述："老百姓非常可怜。将近一年

82

时间里滴雨未下。土地荒芜，根本无法开耕，庄稼也种不上，地太干太硬。其结果是，许多中国人无事可做，陷入了饥饿、不满和绝望状态，他们……愿意加入任何组织……现在终于开始下雨了，如果大雨持续不断，我认为我们就再也听不到‘义和团’了。”[61]

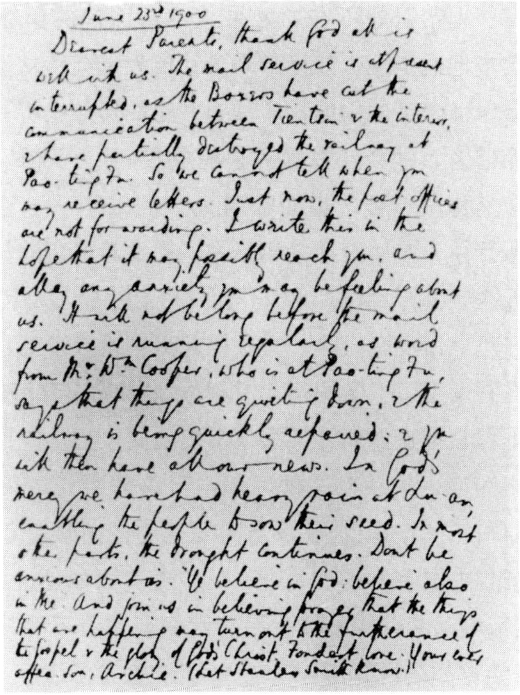

June 23rd 1900

Dearest Parents, thank God all is well with us. The mail service is at present interrupted, as the Boxers have cut the communication between Tientsin & the interior, & have partially destroyed the railway at Pao-ting Fu. So we cannot tell when you may receive letters. Just now, the post offices are not forwarding. I write this in the hope that it may possibly reach you, and allay any anxiety you may be feeling about us. It will not be long before the mail service is running regularly, as word from Mr Wm Cooper, who is at Pao-ting Fu, says that things are quieting down, & the railway is being quickly repaired: & you will then have all our news. In God's mercy we have had heavy rain at Lu-an, enabling the people to sow their seed. In most other parts, the drought continues. Don't be anxious about us. "Ye believe in God: believe also in Me." And join us in believing prayer that the things that are happening may turn out to the furtherance of the Gospel & the glory of God's Christ. Fondest love. Your loving affec. son, Archie. (Let Stanley Smith know.)

插图 2－4　关于旱灾的报告

1900 年 6 月 23 日有位传教士在写给父母的明信片中称，直隶南部和中部的旱灾持续不断。选自 Archibald E. Glover, *A Thousand Miles of Miracle in China*（London: Hodder and Stoughton, 1904）。

甚至在中国政府于 5 月中开始对义和团采取更严厉的镇压措施以后，英国驻华公使窦纳乐仍表示相信，“只要下几 83

天大雨，结束持续已久的干旱（这是农村地区发生骚乱的重要原因），就能恢复平静。雨水比中国政府或外国政府采取的任何措施都管用"。[62]

在另一个重要的方面，外交官与传教士的理解是不同的：传教士是用世俗的语言进行解释的。对 19 世纪末的基督徒而言，上帝无处不在。如果上帝想让他的信徒们活下来，他会救他们出险。如果上帝想让传教士继续从事传教工作，他会保证满足他们的物质需要。正如贝如意所写的，如果"上帝愿意，他会普降甘霖来解救我们"。[63] 相反，如果基督徒像义和团一样，也面临着死亡的威胁——"明目张胆的邪恶行径，充斥着迷信和巫术，散发着野蛮的气息，凶暴达于极点，公开反叛耶和华与耶稣"，[64] 那不是因为上帝疏于职守。上帝没有入睡。义和团起义之所以发生，是因为上帝允许它发生。上帝的行为有时候是"神秘莫测的"，常人往往不容易理解他允许某些事情发生的原因。但是，虔诚的基督徒知道，虽然在这种环境中行事需要"依靠信仰而非观察力"，[65] 但归根结底，当时发生的任何事情"肯定都是对天国和中国有利的'事情'"（麦美德如是说），或者"是给上帝增添荣耀的事情，尽管我们现在看不清其中的奥秘"（来浩德如是说）。[66]

义和团对干旱的解释

颇为有趣的是，当时的中国人（义和团和非义和团）也认为世上发生的所有事情，包括下雨和不下雨，都是由上天或"神"控制的。实际上，尽管中国人对现实的解释在具体问题上与传教士的解释大为不同，但在许多方面，他们

的解释几乎成了传教士的解释的翻版。传教士自认为是上帝
的代表，他们有时自称为"上帝的士兵"，[67] 他们往往认为 **84**
他们是受耶稣基督的召唤前来中国，为拯救中国而工作的，
而在 1900 年华北各地广泛流传的诗文揭帖中，义和团常用
救世和尚武的词句把自己描绘成上天派下来执行特殊使命的
"神兵"，或者说他们都是有神附体（这样他们就有了神性）
执行特殊使命的凡人。

传教士都说义和团是邪恶势力，他们的罪恶罄竹难书，
而义和团（也可以说还有未积极参加义和团运动的许许多
多中国人）则把传教士和其他所有洋人（当然还包括中国
教民和其他与洋人有这样或那样的关系的中国人）看作中
国大地上的恶之源，看作引起众神愤怒的直接因素。义和团
揭帖中对干旱的解释是以现实世界完善的宗教结构为基础
的。这些揭帖还为参加运动的人提供了旨在使众神息怒和宇
宙恢复平衡的明确的行动计划。这些揭帖至迟从 1900 年初
就已广泛流传了。（在此之前不大可能流传与旱灾有关的揭
帖，因为直到 1899 年的最后几个月，华北的民众才开始经
历可称为"旱灾"的持久的干旱。[68]）1900 年 2 月，天津
的美华圣经会传教士报告说，华北"各地都张贴了"有如
下内容的揭帖："兹因天主耶稣教，欺神灭圣，忘却人伦，
怒恼天地，收住之［云］雨，降下八百万神兵，扫平洋人，
才有下雨之期。"[69]

义和团的揭帖往往写成打油诗，使之比较容易口耳相
传。流传最广的一首有云：

　　劝奉教，不信天，不信神，忘祖仙。男无伦，女行 **85**
奸，鬼孩俱是子母产……天无雨，地焦旱，全是教堂止

住天。神发怒，仙发怒，一同下山把道传。[70]

有时候，揭帖的实质内容被浓缩为打油诗，即使小孩子也能牢记不忘。陈振江和程啸提供了两个例子："杀了洋鬼头，猛雨往下流"；"洋人杀尽，欲雨还雨，欲晴叫晴"。[71]

义和团普遍认为玉皇大帝是他们的守护神，所以义和团的揭帖经常借玉皇大帝之口申斥洋人。[72]在 1900 年晚春出现于北京、天津及直隶和满洲许多地方的一张揭帖中，玉皇大帝警告的对象是庆亲王奕劻，他是外务部总理大臣，坚决反对义和团。其内容如下：

> 庆王爷于四月初九日（5 月 7 日）夜间子时连得三梦。
>
> 玉皇大帝点化他，改天主，①归大清正道：你既吃了中国俸禄，反与外洋助力，如此不改，悔之晚矣。因天主爷、耶稣爷不遵佛法，大悖圣道与大清黎民，大街小巷任伊自便。今上帝大怒，免去雨雪，降下八万神兵，教传义和团神会，特借人力，扶保中华，逐去外洋，扫除别邦鬼像之流。不久刀兵就动……玉皇大帝发慈悲之心，救世扶民，先行通知：由四月十八日（5 月 16 日）起，莫坐火车贪快，惟恐死在铁轨之中；至于五月十八日（6 月 14 日），遍方铁道俱都毁折，切嘱尔曹，届期千万不可安坐火车耳。传一张免一家之灾，传十张免一方之灾难。倘若见而不传，必有大祸临身。梦

86

---

① 庆亲王实际上不是基督徒，揭帖说他入了教，是要他信誉扫地，因为他是负责处理对外事务的。

毕醒而录之以救世。[73]

义和团的揭帖有时直接针对中国教民。在义和团运动的高潮时期，山西省太谷县流传着一张揭帖，其内容如下：

> 增福财神晓谕天主、耶稣两教人士知悉：尔等弃神灭祖，上干神怒，天不降雨。不日天兵天将下凡，与尔两教人大开战争。尔等急早归入义和团，痛改前非，免得临时全家受害。[74]

义和团写的书文揭帖数量极多，内容繁杂，并非所有揭帖都把洋教的渗透、上天的震怒和干旱三件事联系在一起，然而，确有许多揭帖把三者视为一体。[75]陈振江和程啸认为，此说实为义和团鼓动群众、焚毁教堂、驱逐传教士的宣传。[76]这意味着义和团本身也并不完全认可他们所写的揭帖中的一些说法。虽然这些揭帖的部分书写者和一些普通的义和团员可能不赞同这些揭帖中的观点，但绝大多数义和团员很有可能是赞同的。周锡瑞认为，这些揭帖"无疑""反映了京津地区大多数义和团的信仰和希望"。[77]而且，我们有充分的理由相信，当时人们的判断都是如此。1900 年 5 月，一位传教士到天津城内，听到街上有个男孩在喊："洋鬼子来了，老天就不下雨了。"[78]陈振江和程啸也暗示说，只有在大多数人相信的情况下，义和团的"宣传"才能起作用，而当时的许多中外人士都认定大多数人相信此类"宣传"。[79]

我想进一步指出，在一个由于难以预测和不可把握的自然灾害而使人们经常遭受饥饿之苦的生态环境中，人们自然而然地会把造成饥饿的直接原因（久旱无雨）与人的某些不适当的行为——破坏宇宙平衡的行为，义和团运动时期是洋教的入侵——挂起钩来。长期以来，此种思维模式深深地印刻在中国人的文化活动中。在许多不同的历史时期，在其他不同的文化环境（特别是农业社会）中，这种模式也曾广为流行。

我认为，把这种思维模式视为超文化的或人类固有的东西，完全是一个错误。在现代科学发挥着深远影响的 20 世纪末的社会中，许多人只相信严格依据科学知识对干旱所做的解释。不过，超自然的力量是一个广为流行的文化解释要素。关于这种文化解释的典型话语见于《旧约全书》，上帝对他的选民说：

> 你们若留意听从我今日所吩咐的诫命，爱耶和华你们的神，尽心尽性侍奉他，他必按时降秋雨春雨在你们的地上，使你们可以收藏五谷、新酒和油。也必使你吃得饱足，并使田野为你的牲畜长草。你们要谨慎，免得心中受迷惑，就偏离正路，去侍奉敬拜别神。耶和华的怒气向你们发作，就使天闭塞不下雨，地也不出产，使你们在耶和华所赐给你们的美地上速速灭亡。[80]

其他的例子不胜枚举。1973 年，尼日利亚的穆斯林把当年的旱灾看作"安拉对人类的惩罚"。对伊丽莎白统治末期的英国基督徒来说，16 世纪 90 年代的大饥荒是"上帝对人类发怒的明证"。[81] 对科特迪瓦的本加人而言，在森林或田野里性交是对地球最严重的冒犯，这种恶行必会造成干旱，威胁到所有的本加人。1980 年，该地区发生了小旱灾，在对行为不检点的一对夫妇加以适当的惩罚后，旱灾即告结束。[82] 在 19 世纪的博茨瓦纳，人们普遍相信一场旷日持久

88

的旱灾是基督教的入侵引起的，特别是一个著名的祈雨师接受了洗礼，放弃了祈雨活动，使人们更有理由做此联想。灾害持续了若干年，当该地区的传教士（戴维·利文斯顿）离去、皈依基督教的祈雨师所在的部落迁往他乡后，旱灾就结束了。[83]

戴维·阿诺德归纳说："无论导致饥荒的确切原因是什么，人们都认为是神的安排。……久旱无雨、不合时令的严寒和水灾等因素似乎表明，引起饥荒的是超自然的力量，同时也进一步证明，人类是从属于神和大自然的。"[84] 虽然人们经常把自然灾害看作某些超自然的力量对人类错误行为的回应，但是，各个社会对自然灾害所做的解释又有其特殊性（借用格尔茨的话来说，是解释自然灾害的特殊"分析架构"[85]），这种特殊性是由各个社会的文化形态和历史经历所形成的。在1900年的中国，神发怒并非不同寻常之事，真正不同寻常的是神的愤怒是由以下原因引起的：一是洋人对儒学和佛教（中国人崇拜的众神在其中占有重要位置）等中国特有的学说的大不敬态度，二是越来越多的中国人对这些学说的背叛。与此相似，如在普通的年份，人们也许会把导致宇宙失衡的人力因素归结为中国官员的胡作非为，但1900年，在外国的侵逼步步加强、中外关系当中的危机越来越严重之际，人们指责洋人为造成旱灾的罪魁祸首，是一点儿也不奇怪的。

对义和团在许多揭帖中传达的克服危机的指令也可做同样的分析。正如我们已看到的，面对旱灾，人们首先进行祈祷，举行各种各样的祈雨仪式，但当这些常规的方法一直不奏效且由干旱引起的忧虑日益加深时，人们常常会采取更激烈的措施。常见的做法就是寻找替罪羊，确定哪些人该对危机负责，并对他们加以惩罚。不过，在不同的文化和历史环境中，抛出替罪羊的方式是大不相同的。阿诺德告诉我们，在某些地方，人们指责老年妇女是巫婆，是她们用巫术恶毒地驱散了乌云。1949 年，非洲东南部的马拉维发生旱灾，**89** 人们把矛头指向头发灰白或秃顶的老年男子，指向制砖工人，因为人们认为这两类人能从干旱中得到好处。阿诺德继续写道："当印度西部的吉尔拉特没有下季风雨时，当地的比尔人怀疑是巴亚尔商人故意使坏，造成干旱，以便抬高商品价格，牟取暴利。为打破这个魔咒，比尔人强迫一位巴亚尔人在头上顶着一个水罐子，他们放箭射击，直到罐子破裂，水流满地。"[86]

正如诺曼·科恩所分析的，在中世纪末期欧洲的千禧年运动中，人们采取过更极端的措施。科恩写道，在 1420 年的波希米亚，"人们认为他们正在进入与敌基督①及其追随者进行最后决战的阶段。……人们不愿坐等邪恶之徒被奇迹般地消灭……牧师鼓动信徒自己动手，对地球进行清理和净化……（一本广泛流传的小册子称）'凡是不拔出利剑斩杀基督的敌人的人都将受到诅咒。每个信徒的双手必须蘸满他们的血。'"[87]

义和团的动机：是反对帝国主义、排外还是对旱灾的担忧？

1900 年义和团提出的克服危机的方法与科恩描述的人们在 1420 年的千禧年运动中的做法极为相似。[88]一个又一

---

① 《圣经》所称在世上传布罪恶但终将在救主复临之前被救主灭绝的基督大敌。——译者注

个揭帖责令中国人杀掉所有洋人和被洋人引入歧途的中国人。只有洋人的踪迹在中国完全灭绝以后，众神才会息怒，才会允许雨水再次降临人间。

需要特别加以解释的是，为什么在中国历史上的这一特殊阶段，中国人会对洋人做出如此极端的反应？在军事和文化方面遭受威胁时，中国人往往会表现出一种把外来者视为根本不同的种类的倾向，并呼吁把外来者驱逐出去。在 19 世纪，随着西方人的出现，这种倾向被大大地强化了。西方人不但"身形怪异"，而且拥有与中国人完全不同的宇宙观，直接或间接地对中国文化的合理性和正当性发出挑战。[89]从 19 世纪初开始，与任何西方人接触的中国人都被称为"汉奸"。[90]更具体些说，在义和团时代到来之前，就有人把自然灾害（及中国人求神免灾活动的失败）与基督徒的出现挂起钩来。[91]而且，在 1900 年前的数十年间，反教和排外事件在中国屡有发生。然而，没有一次运动堪与义和团运动相提并论，义和团毫不妥协，坚决要将外来势力尽数扫灭，而且，所有证据都表明，他们受到了民众的广泛支持。对此，我们如何解释呢？

原因无疑是极为复杂的。中国的历史学家坚持认为义和团运动是"反帝爱国"运动，他们倾向于把起因归结为 19 世纪末叶外国帝国主义对中国的侵逼急剧强化。[92]我个人的看法是，"反帝"一词被 20 世纪中国人的政治考量和政治活动染上了浓重的政治色彩，妨碍了人们对义和团的经历进行更准确、更可靠的解读。我并不否认，在世纪之交的中国，帝国主义是中国人面临的一个严重的现实问题，是激发义和团运动的一个重要的背景因素。然而，它仅仅是众多原因之一，在不同的地方和不同的时间，它起的作用是大不相

90

同的。此外，对代表帝国主义的传教士、教民、铁路、电报和外国军队等人和物采取的行动有可能是由许多动机促成的，并不仅仅是由"爱国主义"或"反帝思想"促成的。因而，把这个词强加于义和团运动，会带来过分简单化的失误，看不到义和团的动机的复杂性和多样性。

这里实际上有两个问题，虽然它们很容易合二为一。一个是刚才提到的过分简单化的问题，为运动的参加者归纳出（有时是明确的，有时是含蓄的）主要的甚至单一的动机，即使有许多证据表明他们的动机不是单一的。我们有理由认为，某些义和团员可能确实是出于爱国和反帝的热情而参加运动的，但是，正如我们在前文中看到的，如下的解释也是言之有理的：对现实环境的宗教性认知——洋人（外来者）被视为1899～1900年造成使中国人备受困扰和惊吓的乱象的关键因素——促成了（也许是在相当大的程度上促成了）义和团的行动。最后一点，与其他重大历史事件的参与者一样，义和团和他们之前的反洋教斗士的动机有时是出人意料的（有大量证据证明此点），他们或者是出于特立独行的考虑，或者为了自保，或者由于个人的原因，甚至没有明确的动机，使力图从历史事件中找出令人感兴趣的重要含义的历史学家脸上无光。[93]

在特定情况下，义和团的哪种动机是最主要的？搞清楚这个问题并非易事。这个任务因第二个问题——我称之为经历的不可知性——的存在而变得更加困难。有时，经历被视为最基本的历史资料，历史学家的工作就是对它进行阐释。这里面存在的问题是，在历史学家展开工作之前，人们已经在或大或小的程度上对自身的经历做了阐释。人们并不是自身经历的被动的接受者，相反，他们积极参与经历的形成和

91

发展过程，对他们的经历的含义加以解释，而其含义反过来又受到他们以前的相关经验、他们赖以生存的文化结构、他们的情感状态、他们每个人当时的心理（和生理）需求等因素的影响。经历的这种主观性（和模糊性）强的特点如果对历史学家来说不是什么问题的话，我们还常常面临着这样一种局面：历史事件的直接参与者保持缄默，或者在过了相当长的一段时间后才谈过去的亲身经历，而到这时，他很可能因新的环境的压力（更不用说记忆的流失了）而在叙述时对亲身经历的原始含义做相当大的改动。

此处再次引述 1692 年的塞勒姆巫术事件来加以说明：虽然塞勒姆村的成年人最终认定他们的孩子们的怪异举动是巫师施邪法的结果，但博耶和尼森鲍姆认为，"无论当时还是现在都没有人确切地了解那些女孩经历了什么。她们从未对人讲过，也许她们自己也不知道"。[94]另外一个例子是，在 1937～1945 年的抗日战争时期，成千上万的中国农民变成了中国共产党的支持者。查默斯·约翰逊在 1962 年出版的一部颇有影响的著作中指出，造成这种局面的主要原因是中国共产党认同（并利用）了日本的侵略——特别是日军在农村地区惨无人道的"扫荡"行动——在中国农民中激发出来的民族主义政治热情。然而，其他学者对约翰逊的观点提出了尖锐的批评，他们认为，至少在中国的某些地区，中共进行的社会和经济改革以及中共的组织力量等因素，在中共赢得农民支持的过程中发挥了更重要的作用。有人试图解决这一意见分歧，指出在不同的地区和不同的时间，发挥主要作用的因素是不相同的。然而，就这些争论而言，存在的一个重要问题是，历史学家的考察对象——中国农民从一开始就基本上没有吐露过心声。[95]

92

·义和团的情况与此极为相似。我们能够看到数以百计的义和团文字材料——传单、揭帖、咒文、标语、诗歌等等。虽然这些材料中的大部分可能是义和团首领或同情义和团事业的中国知识分子而非义和团运动的普通参加者写出来的，但是毫无疑问（如前文所论），这些材料体现了义和团普遍的价值观和信仰，也体现了千千万万目睹并支持（但未直接参与）义和团运动的中国人的价值观和信仰。不过，虽然这些材料反映了义和团的思想倾向，但没有为我们留下义和团对实际经历和内心感受的详细描述，而我们从下述材料中却能听到时人的心声："文化大革命"的参与者写的回忆录，16世纪意大利磨房主梅诺基奥的庭审记录，第一次世界大战时坚守在战壕里的英军官兵写的信件、日记和诗歌。[96]事实上，直到1949年以后，参加过义和团运动的一些幸存者（主要在鲁西、天津和河北［直隶］省的一些地区）才得到机会亲自描述他们在世纪之交的那些经历。然而，尽管这些口述史资料有时可以加以利用，但其价值受到下述因素的制约：口述者年纪较大；所述之事是很久以前的往事；做访问记录时的政治和意识形态压力；访问者提出的一些特别的问题；最后的文字处理和编辑过程。[97]

因而，在确定义和团反洋人、洋物及教民等"二毛子"的动机时，我们不得不通过考察义和团的行为来进行推断。不幸的是，这是历史学家必须经常从事的特别棘手的工作之一，因为它要求我们在过去的经历中了解和认识价值观、思维模式和心理倾向等对今天的我们非常有意义的东西。

虽然在大历史的层面我们听到许多这样的议论：1894年中日甲午战争后的几年里，外国帝国主义对中国的侵略进一步加剧了，但是，对华北平原绝大多数中国老百姓而言，

93

与席卷华北的干旱不同，外国势力在 1899～1900 年并无明显的增长。无论就中国教民社区的扩大及天主教和新教传教士团体的力量的加强来说，还是就铁路和电报的建设及外国军队的入侵而言，生活在远离中心城市的农村地区的老百姓在这几年里实际上很少有直接接触这些洋人洋物的机会，即使偶尔有之，也有很大的局限性。尽管皈依新教和天主教的中国人的数量在 19 世纪 90 年代大为增加——新教徒从 1889 年的大约 3.7 万人增至 1900 年的 8.5 万人，[98] 天主教徒从 1890 年的大约 50 万人增至 1900 年的 70 万人，[99] 但是，在 1899～1900 年间，华北尚有许多地方没有教民或仅有极少数教民。与此相似，虽然这 10 年间天主教和新教传教士的传教活动得到了很大的发展，[100] 但各地的发展是不平衡的，在有些地方发展得快，例如天主教在鲁南地区就得到了迅猛的发展，[101] 在有些地方发展得慢。在 1899～1900 年间，华北地区完成的铁路只有芦保线、京津线，以及由天津向东北延伸经唐山前往满洲的线路。[102] 除俄国人在满洲的军事行动之外，庚子年夏天外国军队的活动主要限于北京和天津及其周围地区，还有连接这两个城市的走廊地带（当然，正如我们所知，使馆区之围被解除后的几个月中，外国军队对直隶的其他地方和山西东部进行了惩罚性的远征）。

　　换言之，在 19 世纪的最后几年里，中国人与洋人、亲外国的中国人和外国技术直接接触的机会从总体上来讲是增多了，但这些机会在华北的分布并不均衡。此外，还有一个奇特的现象（说它奇特，是因为有人认为义和团的行动是其反帝动机促成的），即帝国主义影响最大的那些地区往往并非义和团最活跃的地区。山东的情况就是如此。在山东境内，外国的经济活动最兴盛的地区（东部和南部沿海地区），显然没有义和团的影子，还有将近一半的传教地区也没有闹义和团。[103]对山东和直隶南部地区的情况进行研究的伊懋可发现，"义和团运动与人们认为引发这场运动的宗教因素及外国侵略因素"之间实际上并无太大关系，这使他感到惊讶，进而认为用这些因素来解释义和团运动的起源，"不足以令人信服"。[104]

在此，我并不特别关注义和团运动的起源问题。然而，我确实相信，除最突出的动机——排外主义——之外，义和团还有许多动机。义和团的排外主义（以及支持和同情义和团的中国人的排外主义）本身并未引起争论，引起争论的是这种排外主义的内在含义。这是单纯的仇洋心理的现实反映吗？或者是洋人的某些特别行动引发的怒火？或者是对生存危机的担心和忧虑引起的？或者他们这么做是需要给造成他们担心和忧虑的因素（主要是干旱）找到一种令人信服的解释？

我的观点是：从担心和仇恨外来者的方面来说，中国一直存在着排外主义的潜流，但是，只有在外部环境发生动荡，某个社区或地区的力量均衡状态被打破时，这股潜流才能活跃起来。因而，中国人的排外行动与 17 世纪塞勒姆的反巫师活动和 20 世纪 30 年代德国的反犹太人活动颇为相似。就上述事例而言，在"正常的"情况下，外来者——在中国是西方人，在塞勒姆是那些被指控为巫师的人[105]，在德国是犹太人——都能在所处的社会环境中过相对平静的生活。但是，当某些因素致使环境变得"不正常"——在德国是经济危机，在 17 世纪末的新英格兰是对经济和社会的巨大变化的担忧，在世纪之交的华北是对干旱的忧虑——的时候，绝望的人们就会想方设法发泄不满，缓解危机，外来者往往首当其冲。

在 1899~1900 年的华北，导致发生排外行动的具体原因是因地而异的。在山东，1899 年末日趋激烈的反教行动致使巡抚毓贤（在洋人的压力下）被袁世凯接替，毓贤对义和团采取的是温和的政策，而袁世凯在 12 月 31 日英国传教士卜克斯被杀后，开始对义和团采取越来越强硬的镇压策略。在直隶，特别是在北京、天津及连接京津两市的走廊地带，外国势力的影响相对较大，从 1899 年冬开始，义和团的数量迅速增多。在山西，除传教士和教民外，外国的影响并不大，但巡抚（毓贤于 3 月份调任山西巡抚）支持义和团，并持坚决排外的立场。

95

虽然具体的原因各不相同，但干旱是整个华北平原共有的一个因素。我认为，正是这个因素造成了 1900 年春夏义和团运动的蓬勃发展和民众对该运动的普遍支持。传教士的报告和原义和团员的口述史资料经常用"饥荒"一词来描述当时华北的实际状况。[106]这在相当大的程度上只是泛泛而论，严重的饥荒直到 1901 年初才出现，且主要在山西和陕西。[107]另一方面，有大量的证据表明，人们对饥荒的忧虑情绪以及随之而来的困惑和恐惧情绪极为普遍。此外，如同在其他农业社会里常见的情况一样，干旱造成的茫然无措、忧虑绝望和越来越严重的食品匮乏——用南希·舍佩尔－休斯引人注目的话来说，是"饥饿性狂躁症"[108]——使得中国人倾向于接受极端的解释和采取极端的行动。[109]在中国，1900 年不是一个正常的年份，人们随时随地都可能遭受杀身之祸。社会上不断出现群体性的歇斯底里，许多人显然愿意相信义和团稀奇古怪的宗教性宣传和法术，由此可以看到，普通民众具有背离正常行为模式的强烈愿望。

第三章 降神附体

96　　　　学神拳先叫先生在一张红纸上写下自己的名字，什么庄的人，共多少人。俺六个人再跪下烧香，不烧白纸。求老师，我求的孙膑①，他们有的求刘备、张飞②等。求神附体，附了体就成了神拳，就会枪刀不入，胆量大，打仗不怕死，敢往上冲。俺六个人就这样当了神拳。

　　　　　　　——谢家贵，原义和团员，山东省茌平县

　　又闻练拳之时，聚无知童子数人，立向东南，传教者手提童子右耳，令童子自行念咒三遍，其咒言为"我求西方圣母阿弥陀佛"数字。咒毕，童子即仰身倒地，气几不续。迟即促令起舞，或授以棍棒当刀矛，两两对战，如临大敌，实则如醉如梦。久之，师向该童子背心用手一拍，唤童本名，则豁然醒，立若木鸡，拳法

---

① 战国时期（公元前 403～前 221 年）的一位独腿武士。
② 三国时期的历史人物，刘备是个政治领袖，张飞是个将军，二人也是《三国演义》中的人物。

亦尽忘，与战斗时判若两人。

　　　　　　——居于华北的日本人佐原笃介

　　是日（1900年5月27日）到雄县（属直隶省保定府）后，庙中有拳厂，家人等皆往看，云十余岁童子练习七八日即刀砍不入，余回未之信。而五月初一（5月28日），过高桥村，车夫云庙中有拳厂，因下车往看，见皆十三四岁小儿，最小者不过八岁。神案上设牌位三，一为关圣①，一为桓侯（张飞死后的封号），一为赵子龙②。诸小儿拜神后，两旁肃立，忽然……面红眼直，口喷白沫，叫呼嘻嘻，飞拳踢足，七八岁者亦一跃数尺，其进退起伏向背，若出一人所教。地方老民，见余往视，因问南方有否。余因问老民，拳为何人所教。答云并无拳师，但有神附体，即能练习，谓之神拳，练十八日而功成矣。

　　　　　　——直隶的一个地方官

　　其法以片纸书咒语，净口诵毕，则其人忽仆。少时起立，即狂舞呓语，或称关帝下降，或言孔明③附身。

　　　　　　——《安泽县志》

　　自大师兄来太原后，太原街上的义和团就多起来，在街上三三两两练拳。一次我从柳巷到西肖墙，见一个

① 又被称为关帝或关公，是战神。到了清末，关圣已成为北方中国人拜的次数最多的神。他是三国时期的著名将军关羽的化身。他也是《三国演义》中的一个人物。
② 赵云，字子龙，三国时期的一个著名将领，也是《三国演义》中的人物。
③ 三国时期蜀国丞相诸葛亮，字孔明，亦《三国演义》中的人物。

十五六岁的少年在练拳，向东南叩头，口诵唐僧、沙僧、八戒、悟空①等语后，跌倒爬起来即精神百倍练习武艺。

——贾仙居，太原居民

上述记载[1]（第一段出自山东，第二段出自直隶，后两段出自山西）以不同的方式和不同的详略程度，记述了1900年春夏义和团运动在华北平原蔓延时义和团主要的宗教活动。无论是把义和团运动看作以排外为目的的"宗教起义"（许多年前陈志让持此观点），[2]还是看作以宗教形式表现出来的反对外国侵略（或反对帝国主义）的群众运动（许多中国历史学家持此看法），[3]有一个事实是无可争议的，即义和团生活的社会环境充斥着对宗教和神术的信仰和实践活动。义和团依靠这些信仰和实践活动在充满危险的社会环境中力求自保。他们还把这些信仰和活动当作主要的认知手段来理解和解释（为自己，也为其他人）这个社会环境中发生的事情（参阅第四章）。

义和团的降神附体

义和团宗教活动的核心是降神附体，到1900年夏，降神附体的活动实际上已经相当普遍了。降神附体是指神降临凡间，进入义和团员的体内（字面意思是"附在"身体上）。降神附体的仪式是多种多样的。请神附体的人或者面

---

① 唐僧是唐代的玄奘法师，猪八戒和孙悟空是他的两个徒弟。他们和沙僧都是小说《西游记》的主角。唐僧是"唐三藏"，沙僧是"沙和尚"，猪八戒是"八戒"，孙悟空是"猴王"或"孙猴子"。

向东南，[4] 或者念咒，或者叩头，或者烧香，或者这些动作兼而有之。普遍而言，团民先"求"或者"请"某个神降附在自己的身体上。一旦神附了体，团民的意识就会大变，行为也失去常态（与其他文化环境中神附体的人的表现相似），[5] 而且常常变得力大无穷。这种状态有时被称为"上法"。

一般来说，义和团请神附体的仪式是允许大家观看的。 **99**
管鹤目睹了天津义和团运动的发展历程，并做了记录。他的观察很敏锐（尽管很不友好）。他记述了天津义和团请神附体后的一些举止：

> 有闭目缓行者；有目不邪视、端步前行者；有数人扶持一人者；有两人披一人且斜步如酒醉者；有持大刀乱舞行人躲避不及者；有数人持枪刀鱼贯而行者；有乘马而拥道者；有受伤或已死而肩以归者；更有匪执小棍，上缀血物，声言是毛子心肝者。或来或往，不知何为。纷纷扰扰，无复人状。[6]

除对请神附体后的义和团的外在表现和行为做了有趣的记述外，管鹤还使我们在探究义和团的宗教世界时面临的一个问题凸现了出来。关于这个世界，我们有相当多的资料。但是，除了义和团运动结束半个多世纪后一些老义和团员的口述史资料外，我们拥有的几乎所有资料都经过了敌视（或者说不同情）义和团的局外人的过滤：起初是当时的中外人士，后来是中国和外国的专家学者。我们何以确信这些资料没有被歪曲？

我认为我们可以相信。口述史资料主要来自鲁西南和山东地区，虽然与前去采访的共产党历史学家的意识形态完全一致的内容（例如，对于外国传教士和中国教民的暴行的生动描述）也许有值得怀疑之处，但是，其中描述义和团的那些与共产党的价值观和信仰相悖的活动（如降神附体）的内容可能更可靠一些。本章的开头引了一个出自山东的例子。另一个例子乃是天津地区的一个义和团员后来的回忆。

100 他原是刘十九手下的快枪队队长。据他讲，打仗前刘十九总是对队员们说："打仗要往前顶，到了战场，神一附体就上天了，鬼子是打不着的。"[7]

另外，在当时的中国人和外国人的记述中，关于义和团的宗教信仰和法术实践的描述，在相当大的程度上是一致的，尽管这些记述是在不同的地点由不同的作者写下的。所以，我们似乎有理由认为，这些记述或多或少真实地反映了义和团的言论和行动，特别是在团民自己的口述史资料能够提供佐证的情况下（这类佐证并不少见）。自第二次世界大战以来的 50 年中，有许多专家学者特别是西方的人类学家和历史学家对中国的民间宗教产生了浓厚兴趣。虽然他们的兴趣主要集中在中国文化圈的南部地区（至少在初始阶段是如此），但是，南方的一些民间宗教信仰与华北义和团的一些宗教信仰是一致的。最后一点，在世界上的其他地区也有大量关于降神附体的学术文献，这些文献中与义和团的宗教活动类似的内容对我们颇有启发性。

义和团的宗教与中国的民间文化

上面所讲的后两种因素减小了对义和团的宗教行为（首先是就中国而言，其次是就人类的标准而言）进行其他解释的可能性，有助于我们抹去这些行为的神秘色彩。就以前的中国人的经历来看，义和团并非西方人（及后来的许多中国人）所想象的那样是独一无二的。无论人们关注的重点是义和团的武术活动（他们的"拳术"），还是他们刀枪不入的说辞，是他们对中国民间文学和戏剧中的主人公的尊崇，还是他们降神附体的仪式（这些都是导致西方人认为义和团的行为大违常理的主要因素），只要对中国的民间文化加以考察，就可以发现许多类似的现象，在义和团活动的华北地区是如此，在华南地区也是如此，在义和团起义之前是如此，在当今社会也是如此。

与刀枪不入仪式有关的几个例子也许可以用来说明此点。1774年山东王伦起义爆发后，起义者运用了多种多样的法术，包括念咒语，让女兵摇白扇，以及呼叫"炮不过火"，以避免受伤。[8]道光年间（1821～1850）活跃于南方的青莲教教众有练习神拳的传统，声称"以符水传教"，一旦有神附体，他们就能舞弄拳棒，且"不畏枪炮"。[9]1843年，湖南省南部的耒阳县发生抗税暴动，参与者中有个和尚能用咒语"闭住枪炮"。[10]金钟罩始见于清中叶，是硬气功、秘密仪式和符咒的混合体。正如本书第一章中指出的，金钟罩是19世纪90年代鲁西南义和团的先驱——大刀会的拳术和刀枪不入仪式的基础。

类似的气功（用于自卫）、宗教仪式、法术和刀枪不入术的混合体亦常见于20世纪。在20世纪30年代中期的浙江南部，共产党游击队的主要对手是大刀会，他们的武器是大刀和红缨枪，打仗前，他们吞下由草药、朱砂和符表纸灰混合制成的神奇药丸。他们相信这些药丸能使他们刀枪不入，但竹耙和脏衣服会使药丸失去奇效。[11]同一时期，福建东部地区的大刀会喝药水、施法术、念咒语，在精神恍惚的

101

状态中打仗，如果他们失足跌倒或身上沾了水，刀枪不入的感觉就会失去。[12]20 世纪活跃于华北的红枪会有多种多样的刀枪不入仪式，其中包括降神附体。[13]由未婚女子组成的铁关罩是红枪会的一个分支，这些女子相信，只要她们在战场上施展一种法术，敌人的子弹就会乖乖地落入她们手中提的篮子里。[14]由妇女组成的篮子会（另有"花篮会"等称呼）是红枪会的另一个分支，这些妇女身着白衣，一手提篮，一手执扇，摇动扇子就能使射来的子弹落入篮子里。[15]先天道是 20 世纪 30 年代末北京以北顺义县的一个组织，其目的在于防范土匪。据说，先天道成员有避子弹的真功夫。[16]20 世纪 80 年代和 90 年代初，一些气功师也有类似的说法。[17]

102　　第二次世界大战后的数十年间，学者们对中国民间文化进行了严肃认真的研究，他们得出的一些结论对我们理解植根于这种文化中的义和团的宗教经历具有重要意义。其中的一个结论是：在乡村地区，"世俗"与"神圣"的严格界限（近代的西方人看重这个界限）是不存在的。民间宗教的神祇无处不在，"老百姓能够经常接触到"这些神祇。[18]这些神祇法力很大（其中一些比另一些的法力大），但他们离老百姓很近。老百姓在需要时常常受到他们的保护和帮助。但是，当他们没有充分尽到责任时，老百姓可以请求管他们的神来惩罚他们。[19]或者由老百姓惩罚他们。明恩溥在 19 世纪末写道："如果神对降雨的需要漠然处之，他的神像就会被抬到烈阳下晒烤，以提醒他尽职尽责。"[20]中国民间宗教的神祇的这类"日常工作"以及中国人对待神的这种漫不经心的实用主义态度使清末及后来的西方人普遍认为，中华民族不是特别信仰宗教的民族。我认为，如下的描述可能更准确些：宗教信仰和宗教活动遍布于中国社会和文化生活的各个层面。[21]

但是，宗教信仰和活动的具体情况并不是在所有环境中都相同的。这是中国民间宗教的另一个方面，由于它与西方人的预期不完全一致，所以引起了一些混乱和困惑。有时候，宗教似乎隐身而退，基本上脱离了中国人的意识。但在另外一些时候，宗教又主导着一切。因而，武术、医术及民间文学和戏剧中的主人公在看上去非常"世俗化"的中国文化中经常占有一席之地。不过，正如本章开头引用的关于义和团降神附体的记述所表明的，这类拳术和民间文学中的人物被融入宗教解释架构中的情况并不少见。

初看上去，这似乎令人迷惑不解，但事实并非如此。在中国（如同在其他地方一样），当个人和群体的生活没有太大问题时，宗教信仰就不会明显地表现出来，但当个人遇到难题（如不生育、家人生病或生意失败等）或社会发生危机（如自然灾害、外敌入侵等，或者更抽象些说，人们愤世嫉俗和离心离德的倾向日益严重）时，人们就更愿意使用宗教性质的手段。人们平时虽然不用这些手段，但大多数人（尽管不是所有人）似乎都相信其效力。

降神附体和通灵

上面提及的两种不同类型的危机——个人危机和群体危机——导致不同的降神附体仪式。当面对个人危机时，各地的中国人长期以来都求助于灵媒（巫师，在中国台湾、新加坡和中国香港等地常被称为童乩）。[22] 灵媒进入状态后，就成了人与神之间的沟通媒介。他们治疗疾病，驱鬼赶魔，预测未来，调解冲突，使不育的妇女怀孕。正如杰克·波特所描述的，广州地区的灵媒在某些情况下还能调遣"神兵"做一些事情，如救活被饿鬼掳去的儿童等。[23]虽然在中国文化圈的不同地区，灵媒提供的服务多种多样，各不相同，通灵术的具体形式也各不相同，[24]但其重点都在于"沟通"超自然的世界与人的世界。[25]通灵是一个"助人的行当"，由于灵媒受过特殊的训练，有特殊的能力，所以常常被人们视为能够保一方平安的奇人，他们发挥保护作用，使地方免遭普通人难以对付的各种危险的恶势力的侵害。[26]

虽然义和团在神灵附身后的身体状态与中国巫师通灵时的身体状态颇为相似，[27]从神经生理学的角度看，二者也有同样的基础，但是，义和团降神附体活动的社会文化意义是根本不同的。在 1898 年冬以前，神拳主要关心的是治病，在 1898 年 8 月和 9 月黄河发生洪灾后尤其如此。即使在这个阶段之后，当义和团降神附体的目的主要转向刀枪不入时（这是义和团与教民的冲突日趋激烈的结果），人们仍把降神附体仪式视为保一方平安的一种手段。然而，在其他方面，义和团的降神附体与中国巫师的降神附体是大不相同的。例如，即使在 1898 年冬之前，神拳的降神附体活动也是"群体性的"而非个别的现象。又如，尽管义和团经常在揭帖中和旗帜上宣称他们是大清或中国的保护者，[28]但我们强烈地感觉到，就个人方面而言，义和团降神附体仪式的主要目的在于自我保护而非保护众人。

埃丽卡·布吉尼翁对全球范围的降神附体情况做了考察，对两种类型的社会加以区分。一类以太平洋西部的帕劳为代表，降神附体仪式主要是为"公众"发挥作用，为某个地区的所有民众服务。另一类以西印度群岛圣文森特的基督教震颤派或尤卡坦半岛的玛雅人社会为代表，降神附体仪式主要是为"个人"发挥作用，服务的重点对象是"相信降神附体能'拯救'自己……并能够从这种仪式中获得快感和力量"的人。[29] 布吉尼翁把降神附体的这两种典型作用看作一个统一体的两个端点，她认为在某些社会中降神附体仪式似乎同时发挥着两种作用。就义和团运动而言，情况的确如此。事实上，如下的结论是站得住脚的：在义和团运动的大背景下，降神附体满足了个体（私人）多方面的需求（具体需求因人而异），这是19世纪最后数年义和团降神附体发展成为群体（公众）性现象的一个主要原因。

降神附体、戏剧和得神力

降神附体首先在鲁西北的神拳中流传，1899年冬季以后在直隶、满洲、山西和其他地区的拳民中广泛传播开来，这种情况显然与华北平原的危机日趋严重有关。华北的危机是由下述因素促成的：一是某些地方教民与非教民的关系日益恶化，二是华北各地的村庄、城市和通衢大道上的拳民越来越多，三是华北各地持续干旱造成了民众的忧虑和痛苦。

对即将成为拳民的人来说，降神附体最大的吸引力在于它能加强他们每个人的力量，——在社会上，他们处在底层；在身体方面，他们由于长期干旱造成的饥荒而虚弱不堪；在军事方面，他们缺乏起码的训练，武器十分粗劣。最明显的一点是，降神附体能使人武功高强，刀枪不入。不太明显但并非不重要的一点是（正如我们在第二章中看到的），人们普遍相信，有神灵帮助的义和团的反洋人反洋教反洋物斗争是解决干旱问题最有效的手段。最不明显但也许

105

最为重要的是，降神附体在心理上给了人们极大的力量。魏乐博对太平天国起义爆发前发生于广西的群体性降神附体活动进行了研究，他还目睹了台湾慈惠堂成员的集体降神仪式，他认为"降神表演具有情感力量和美感"。魏乐博写道，与神进行沟通的其他方式同神灵借被附体人之口说话时的那种"紧张刺激的场景"是不能相提并论的。[30]

我们在这里再次看到个人和集体性的降神附体之间存在着密切关系。魏乐博主要强调的是降神附体仪式能够吸引众人参与以降神为中心的宗教运动，即"神转变个人的非凡能力"对人们的强大吸引力。[31]但是很明显，这种吸引力的根本基础是每个目击者都认为自己也能通过降神附体而变得强大起来。

魏乐博的论点的主要前提是，降神附体仪式能产生很好的戏剧效果。他告诉我们："在西弗吉尼亚山区，当圣灵附体者开始穿越响尾蛇群时，没有一个旁观者能无动于衷。"[32]其他文化中的一些例子也证实了这一点。罗宾·霍顿目睹了卡拉巴里人（西非）在有神附体的情况下进行的一种复杂的"战争游戏"：鼓点的节奏忽快忽慢，被附体者浑身抖动，疯狂舞剑（含有潜在的危险性），跳各种舞蹈。"当最后一套剑舞完后，鼓声达到高潮，被神灵附体者冲进礼拜堂。几分钟后，被附体者身着平素穿的衣服走出来，神灵已离他而去，他看上去非常疲惫。"据霍顿讲，"在游戏进行期间，旁观者一直很兴奋"。[33]约翰·贝蒂和约翰·米德尔顿在参考大量文献资料的基础上强调指出，非洲的降神附体仪式具有"戏剧特质"，能为人们提供"实实在在的娱乐"，是人们"宣泄情绪的手段"和"缓解忧虑"的自我安慰之法。[34]

　　中国的情况与此相似。在讨论"童乩的壮观场面"时，　106
戴维·乔丹指出，清朝末年台湾的童乩从一个村到另一个村
表演时，乘坐轿子堂而皇之地从乡间道路上走过，许多人举
着旗子，敲着大鼓，随行于后。乔丹还描述了 20 世纪末台
湾童乩的情况：在宗教活动中，有神附体的童乩自虐身休，
旁观者都乐不可支，兴奋不已。[35]乔丹还指出一点（此点与
义和团的降神附体经历并非毫无关系），即旁观者认为童乩
通过自虐身体而快速疗伤是一种"类似奇迹的表演"。[36]与
此相似，马杰里·沃尔夫注意到，躺在钉板上及用剑割伤或
用针刺伤身体的目的"不是为了让民众敬服（像早期基督
教的仪式那样），而是为了证明神不会让被附体者感觉到这
些伤痛，神会保护童乩免遭永久性的伤害"。[37]

　　义和团的降神附体与戏剧表演之间的关系比上述例子要
复杂得多，可为戴维·约翰逊的看法做很好的说明，他认为：
在西方人看来，"娱乐和宗教是有区别的"，但"对大多数中
国人而言，这种区别似乎不明显"。[38]义和团降神附体后，行
为和动作怪异，常能很漂亮地完成一些武术套路，这的确像
一种表演，使围观者大开眼界。但是，从更大的范围来看，
义和团降神附体活动的文化模式和使用的文化语言，[39]无不
带有中国民间戏剧的印痕。举行降神附体仪式的拳坛和拳厂
一般都选在庙前的空地上，而这个地方正是村民赶集和过节
（宗教性的节日）时观看戏剧表演的地方。[40]义和团常请的神
有关帝、孙悟空、张飞、赵云、猪八戒等，他们都是小说
《三国演义》、《西游记》和《封神演义》中的人物，说书人、
木偶戏和乡间戏剧的素材主要来自这些小说，中国北方地区
的民众都耳熟能详。民间戏剧中舞刀弄棒的表演与义和团降
神附体后舞刀弄棒的表演实际上没有区别。据当时的人记载，

甚至义和团的语言也"似戏场道白"。[41] 所以，在 20 世纪初
叶，敌视义和团的中国知识分子把民间戏剧看作导致义和团
运动兴起以及最终失败的一个重要因素。[42]

义和团降神附体仪式的武术招式

义和团从民间戏剧表演的打斗场面中学来的武术招式在
实际战斗中也许毫无用处，[43] 但是义和团请来的神灵能使他
们产生巨大的精神力量。如同中国的其他地区以及降神附体占
重要地位的其他文化环境中的情况一样，降神后的义和团的个
性和状态都会发生实质性的变化，他们从悲惨的境遇中暂时解
脱出来，把自己等同于"传奇故事和历史中的富人和强人"。[44]

插图 3-1　义和拳民/表演者

天津地区义和团首领刘十九的这个程式化的表
演，传神地表现了许多人看到的义和拳民身体活动的
戏剧元素。选自《京津拳匪纪略》。

有趣的是，从中国民间文化的大环境来看，义和团的降神附体经历在这个方面（如同在其他方面一样）也没有人们想象的那样独特。杨庆堃在很早以前就指出，文学作品中的神话和传说是"中国人的宗教知识的主要来源"。[45]蔡文惠提供了一个具体的例子。蔡的研究表明，直到20世纪70年代，台湾寺庙中供奉的人部分神祇仍是流行小说《封神演义》、《三国演义》和《隋唐演义》中的人物。[46]我们知道，义和团信奉的众神也主要来源于前两部小说。更能说明问题的是，新加坡的灵媒请得最多的4个神中的关帝和孙悟空同样是义和团最喜欢请的神。[47]

某些神祇显然在全中国大受崇拜，一是因为（如上所述）他们与人们耳熟能详的历史小说（如《西游记》和《三国演义》等）有关，二是晚清时期的社会现实迫使农民们崇拜关帝等神祇。[48]除这方面外，义和团的宗教仪式还有一个方面——义和团的尚武好战之风——没有人们想象的那样与众不同。虽然关帝可能是义和团崇拜的众神中最受欢迎的神，[49]但没有明显的证据表明其原因在于关帝是战神。在武装冲突时期，关帝也许比平时更受崇拜，但是，用杜赞奇的话来说，关帝正好也是平时"华北农村最受人们崇拜的神"。[50]相反，在中国文化圈的各个地区，人们在处理非军事性质的问题时往往求助于"天兵"、"天将"和"神兵"。我们在前文中已经看到过这样一个例子：广州地区的一个灵媒曾请神兵拯救儿童的生命。19世纪末，福建南部的灵媒用以刺穿脸颊、上臂和肩膀的短剑被称为"军将头"，剑柄上有天兵元帅的头像。德格鲁特指出，由于这些短剑所代表的"天将"是所有邪恶势力"最强大和最危险的敌人"，当他们附在灵媒身上时，就会使灵媒拥有天兵的神威。[51]

108

109   埃利奥特在研究新加坡的著作中引述了其他例子。20
世纪中叶新加坡的灵媒在恭请孙悟空时如是说："我们是您
在人间的追随者，现在恭请您下凡。您可作 72 种变化。我
们……恳求您尽快下凡，因为我们知道，号令一出，天兵就
会迅速前来帮助我们。"新加坡同一座寺庙在恭请三太子[①]
时如是说："您属下的所有将军都在坛的上空施展法力，他
们让沙子飞扬，石头滚动，洞穴敞开。快来为我们治病救难
吧。切盼有 8 万神兵从天而降。我们恭请您下凡。"[52] 正如
我们在第二章中看到的，在战争气氛浓厚的环境中，义和团
的揭帖也经常提到 8 万或 800 万[②]神兵自天而降，帮助义和
团消灭洋教，把所有的洋人赶出中国。但是，义和团对神的
军事援助的企盼，似乎并非一种全新的创造，而是在真正需
要军事援助的历史环境中对一种早已军事化了的宗教仪式的
运用。

民众对降神附体的态度

关于降神附体，人们经常探讨的一个重要问题是：真的
有神附体吗？或者只是假戏真做？这里实际上有两个问题，
一是自称有神附体的人是否真的相信此事，二是观看降神附
体仪式的人是否相信此事。对这些问题，我们不能简单地下
结论，也不能假定在任何时候的任何一种文化环境中，其答
案都是相同的。例如，在西非的一些人和东非的阿卢尔人

---

① 三太子是公元前 12 世纪为周朝东征西战的一位将军的三儿子。在道
   家和佛家的神话传说中，三太子力大无穷，能力超凡。在传奇故事和
   戏剧舞台上，他是人人皆知的英雄。

② "8"在中国民间文化中被看作吉祥数字，义和团文献中也常出现。

中，存在真正的意见分歧，但在东非的其他人中，信与不信的界限是很模糊的。尼奥罗人的一个女巫承认使用过欺骗手段，她说："我一直认为，我按照病人的要求去做，对病人是有好处的。"约翰·贝蒂对此做了评论，她认为这个女巫的"宗教或戏剧"表演可能会使"病人心情愉悦，对他们产生有效的影响，即使巫师承认……这只是在假戏真做"。[53]

约翰·米德尔顿对东非的卢格巴拉人进行了充分研究，并在此基础上进一步指出，区分降神附体是"真的"还是"假装的"，实际上"毫无意义"。他写道："卢格巴拉巫师在进行带有某些技巧的戏剧表演，这比'真的'有神附体似乎更加重要……在卢格巴拉人那里，就治疗疾病而言，也许没有'真的'神灵附体之事，但就占卜而言，则是'真有其事'。"[54]

在中国，我们发现有多种多样的可能性。马杰里·沃尔夫讲述了1960年发生于台湾北部某村庄的一件事，当时她在该地做研究。该村有位妇女突然出现如下症状："精神错乱，失魂落魄，有神附体。"目睹这位妇女怪异举止的村民们分成了两派：一些人认为她患了精神病，她自称有神附体只是一种狂想；另一些人认为真的有神附在了她的身上。沃尔夫的记述值得注意之处在于，村民们（至少是大部分村民）争议的主要问题不是有没有降神附体这种事，而是有没有神附在这位妇女身上。[55]人们大多相信有降神附体之事，不仅沃尔夫所在的台湾北部地区的村民如此，中国文化圈内其他许多地区的人们也如此，这似乎已成为不争的事实。[56]

在世纪之交的华北地区，情况确实如此。关于义和团运动的快速蔓延——1899～1900 年从山东到直隶，之后从直隶到东北、山西和其他地区，当时的人做了许多记述，这些记述实际上都指出，这种快速蔓延与人们普遍相信义和团所有神乎其神的说法有关。天津的一个文人估计，当时十个人中有八个人（包括官吏）相信义和团是神的使者。[57]天津以西的柳溪子记载了 1900 年 1 月末义和团在天津城乡以"旋风般"的速度蔓延的情形："数岁儿童叩头请神，未有师资，而拳法刀法宛然素习，千百里不约而同，俄顷间如响斯应，似非人之所能为也。天也。"[58]

111　　　外国目击者的观察与此大体相同。赫德在 1900 年说："虽然中国人对感觉范围以外的东西一无所知，但他们过分相信超自然的力量，所以他们容易相信义和团的种种法术。"[59]观察力更敏锐的贝如意（美部会传教士）于 1900 年 7 月在山西太谷写道："义和团是通过迷信活动在这里获得落脚点的，他们首先把法术传给孩童，让这些孩童带头做一些无法无天的事情，使成年人产生敬畏情绪，相信他们有超自然的神力。随后，这个运动就快速蔓延开来，有时一天传遍数百个村庄，甚至使得有理智的人也相信，这是神对不信其神力的宗教团体的报复。"[60]

义和团对降神附体的态度

　　　义和团持有怎样的态度呢？他们相信真有神附在他们身上了吗？或者他们只是在假戏真做？或者像米德尔顿在论述卢格巴拉巫师时所做的结论那样，区分信与不信"毫无意义"吗？虽然原义和团员在口述史资料中提及降神附体仪式时没有明确回答这个问题，[61]但我坚信上述几种可能性都是存在的。不应忘记，参加义和团运动的人很杂，不仅有普通农民，而且有道士、和尚、尼姑、退役兵丁、拳师、季节性雇工、铁路和轮船出现后生计大受影响的运输工、城市里的帮会成员以及因 19 世纪末华北地区连续不断的自然灾害造成的大批无业游民。[62]

不仅义和团运动的参加者的出身和职业背景非常广泛，而且他们的动机也是多种多样的。有时候，穷人是为了填饱肚皮而参加该运动的。富人害怕成为义和团的牺牲品，就建起坛口（或给义和团的坛口捐粮捐钱）和拳厂，以保护自己和家人。[63]正如出身天津一富商家庭的一位原义和团员所说的，富人们有时候走得更远："我家为了求得保护，就送我去参加了义和团。和我同去的还有几十个大商人子弟，亦为求得保护。"[64]毫无疑问，有些人参加义和团运动是为了复仇，与义和团所说的目的没有任何关系，对此，当时敌视义和团的中国人和外国人多有记述，义和团自己也偶有提及。[65]可以肯定，在义和团中占极大比例的青少年是由于以下因素而参加该运动的：当了义和团很"热闹"；有机会练武术（拳术很受因干旱而没事可干的老百姓的欢迎[66]）；在轻信的众人面前表演很有乐趣；在民众面前耀武扬威会产生很大的自我满足感（到 1900 年夏，民众或者已成为义和团的支持者，或者已完全被义和团吓倒）。[67]然而，这些个人动机并不能替代或涵盖更多人共同拥有的一些动机，例如，对朝廷的忠诚，排外思想，以及相信义和团能够消除外来势力、结束世纪之交祸及华北大部分地区的旱灾的社会心理等。

由于同样的原因，我个人认为，只有动机"最纯"的义和团员能够降神附体的说法是没有道理的。我的看法

112

（尽管还无法证明）是，在这方面，能够经常进入有神附体的恍惚状态的义和团员和故意假装有神附体以使众人敬服或获取其他好处的义和团员是有共同之处的。关于假装有神附体的义和团员，刘孟扬记载说，1900 年 6 月天津盛传关帝在为义和团助战，于是就有许多义和团员自称关帝附了体："有大觉庵地方拳匪某甲，与某处拳匪某乙，因此争执，各不相下。甲谓乙曰，汝系冒充关公；乙谓甲曰，汝系冒充关公。相争不能决，乃求断于某匪首，某匪首曰，吾乃是真关公附体，汝等狼崽子，胆敢冒名欺人，该杀！乃挥刀作斩首状，甲乙乃不复辩。"[68]

113　　夹在这两类人（真有神附体者和彻头彻尾骗人者）之间的义和团占绝大多数，他们有时能进入恍惚状态，有时不能；在他们赖以生存的文化中，"生活"和"艺术"、"现实"和"表演"交织在一起，使他们无法对二者做明确的区分。戴维·约翰逊的分析很有见地，非常适合在此处引用。约翰逊对"戏剧"和"仪式"的关系加以研究后得出了如下的结论：这两种习俗——他认为这是帝制时代"百姓生活中最重要的习俗"——极为相似，因为二者都有一个基本特点：表演。约翰逊进而写道："戏剧作为一种主要的比喻方式，比仪式拥有更大的优势：戏剧描述生活的所有方面，被有意演得'栩栩如生'。当戏剧占据支配地位时，宗教活动和中国人的其他活动就开始被'戏剧化了'。"[69]

义和团的降神附体在 1900 年快速蔓延的原因

这个问题与上面的问题密切相关，在我们结束对义和团降神附体主题的讨论前，需对它加以简略探讨。爱尔兰诗人努阿拉·尼·多姆奈尔写道:"甚至西凯里的大街上的狗都知道'彼岸世界'的存在,经常进出那个世界是最自然不过的事情。"在基本相同的心境中,凯瑟琳·古尔德－马丁注意到,台湾人"认为进入神鬼附体的恍惚状态是很容易的"。[70]古尔德－马丁和多姆奈尔的结论都是针对特定的社会和文化的。关于其他文化中促成降神附体的"环境因素",另外一些学者也下了类似的结论。我们能从华北的文化传统或1899～1900年华北的现实环境中找到一些导致义和团比较"容易"请神附体的原因吗?

程啸认为,与南方相比,降神附体仪式在华北更易于流传。据程考证,南方的巫术是更为专业化和更有组织的一种现象。巫师的法术是师徒相传的,徒弟经过一定的程序才能出师,所以普通人很难"自号为神"。然而,华北地区的情况不同,成为巫师相对比较容易,缺少严格的仪式和规范,画符念咒随意发挥,由于内容简单,容易牢记,甚至文盲也能掌握。因此,1899年冬神拳从山东向外传播时,降神附体仪式就在直隶和华北其他地区的民众中迅速流传开来。

程啸引述了1826年发生于新城县(在保定府)的祖师会降神案,这个较早的例子可从另一侧面说明降神附体仪式何以能在义和团时期的华北迅速蔓延。祖师会的会头叫胡犄角,他听说降神治病非常灵验,就从别村的祖师堂里偷来几块神牌,自立为会,收罗徒众,附体治病。据直隶总督那彦成调查,祖师会是河南传到直隶的白洋淀地区(就在保定以东),又在那里自南向北从一个县传到另一个县,用的都是胡犄角的这种办法,以至于那彦成抱怨无从查考祖师会的传播方式。程啸认为,胡犄角独创的传播方式与后来义和团使用的传播方式颇为相似,是没有严格组织系统和领导层次

114

的"辐射型"传播，是人们对于某种标本行为的模仿和追从。

程啸还认为，20 世纪初在华北和中国其他地区出现的降神热与排外有关。人们普遍认为这些年的民族危机是"外国的侵略"造成的，请神下凡以保护百姓和抗击侵略是中国人在危机中最容易借用的强有力的手段。[71]

正如前文所表明的，我非常赞同这种看法。然而，我还要指出对世纪之交降神附体仪式的广泛传播也许产生过重大促进作用的另外两个因素。第一个因素，正如许许多多中外文记述所指明的，许多义和团员都是未成年的少年儿童。（天津地区的口述史资料称，当时的人把义和团叫作"童子军"或"童子团"。）[72]总体而言，吸引青少年参加义和团运动的因由也就是吸引他们参与降神附体仪式的因由。这些活动令人兴奋和激动，能够缓解1900 年华北地区许多民众挥之不去的忧虑情绪，使得无权无势的普通百姓有机会大力改变他们的道义、政治和社会地位。"文化大革命"初期的情况与此极为相似，红卫兵曾一度在中国的

插图 3－2　义和团童子军

由于很多义和团员还不过是少年，所以当时的人常用"童子军"和"娃娃队"来称呼他们。选自《义和团》第 1 册。

115

社会中获得前所未有的主导地位。美国青少年曾卷入 1692
年发生于塞勒姆的巫师案和 1734 年开始于马萨诸塞州北安
普顿的宗教复兴运动（被广泛称为"小复兴"），义和团的
情况与此也有颇多相似之处。有学者经过深入研究后指出，
在塞勒姆和北安普顿的事件中，青少年的"地位发生了惊
人的变化"，他们"曾一度摆脱处于附属和顺从成年人的地
位的'正常'社会角色，成为当地事实上的领导者和道德
规范的无可争议的制定者"。[73]

　　值得注意的是，在这些历史事件中，青少年的行为都被
社会（至少是社会中的某些成员）视为怪异或"不正常"
的行为。不同的社会对"青春期"一词的解释不尽相同
（有的社会甚至存在是否有"青春期"这一发展阶段的疑
问），[74] 有鉴于此，我更愿意让儿童心理学家们去思考少年
儿童的普遍心理倾向，如在行为方面求新求变，在社会当中
"尝试不同的角色"，等等。另一方面，我愿意接受这样的
观点：在多数文化环境中，年轻人比成年人更易于屈从于群
体的压力，参与到集体运动中去，甚至在狂热气氛中"迷
失自我"。义和团运动的许多参与者都是青少年，他们为降
神附体仪式在 1900 年的普遍流传奠定了心理基础。我认为
这样的结论是站得住脚的。

　　上述二者间的这种联系值得注意的另一个方面是，在中
国的一些地区，人们显然相信青少年男子特别容易被神灵附
体。这种理念可能与中国古代的一种观点有关，即处男和处
女身心纯洁，更容易成为神灵的代言人，协助神灵与恶魔搏
斗。[75] 无论如何，中国南方文化区域的通灵术所使用的许许
多多词语（包括"童"在内），都值得我们注意（尽管现在
的许多灵媒不是男性，也不一定是年轻人）。本章介绍过的

116

名词"童乩"，字面含义为"年轻的灵媒"或（把两个词的顺序颠倒一下）"通灵的年轻人"，它被广泛使用于中国福建、台湾和新加坡，以及中国南方的其他地区。另外一个名词"降童"流行于广东南部地区。从事新加坡社会文化研究的埃利奥特指出，虽然任何人都有可能成为灵媒，但"20岁以下的年轻人是最适当的候选人"，尤其是那些生辰八字不好、命运多舛的年轻人。"人们认为这样的人不会犯错误，但生活会很不幸，而且会早夭。神选择他们做代言人，是因为他们至少可以献出身体，对社会有所贡献"。[76]

在世纪之交的华北，人们的头脑中可能有类似的想法。佐原笃介和沤隐记载说，义和团在直隶设坛之初，团民招收新成员的主要方法是：做有神附体之状，到附近巡行，见到谁家有孩童，即径入其家，强行拉走。如果孩童的家人不同意，团民即"口作神语，以此子有缘为辞。家人以神所命，不敢违背"。[77]在山西，有位内地会传教士报告说，7月初流传于大宁的一张义和团揭帖号召"学童"组成"童巫帮"。[78]在山西的另一位传教士对当时人们看重年轻人的这种社会现象提供了一种解释："大部分义和团员都是男孩，因为他们比成人更容易请神附体。许多儿童都来自穷人家，他们的父母得到了这样的承诺：如果让儿子参加这一正义事业，全家就会永远免遭所有灾难。"[79]虽然研究义和团运动的许多历史学家也提到（至少是附带地），年轻人更容易请神附体，[80]但是，我们对导致降神附体仪式在1900年的华北迅速传播的这一重要因素仍需进行系统研究。

导致降神附体仪式迅速传播的第二个因素较少受到学者们的注意。我指的是当时华北的许多民众都经历着严重的饥饿。一个有趣的现象是，在许多不同的文化环境中，关于降

117

神附体仪式的文献都把戒食戒饮与神鬼附体联系起来。
M. J. 菲尔德告诉我们："希望神灵附体的多数非洲人都很注
意斋戒。"[81]帕劳北部的当地人说，只要"虔敬斋戒，再快
速嚼食大量的蒌子叶"，就能请神附体。[82]巴西的巫师虽然
不完全戒酒戒肉，但在举行公共集会时，他们不沾酒肉，为
请神附体做准备。[83]西伯利亚的巫师在请神灵附体之前，常
常使用斋戒之法。[84]据埃利奥特讲，在新加坡，童乩在请神
灵附体之前需吐掉胃里的所有食物，大大地降低自己的体
温。[85]

　　我们在小说中也经常看到作者把戒食戒饮与神志恍惚联
系起来，典型的例子是《呼啸山庄》。这部小说的主人公希
思克利夫之死与他在生命最后 4 天中拒绝吃任何东西有关。
在此期间，他完全沉浸在对他"永远的恋人"凯瑟琳的回
忆之中，表现出极度痛苦又极其兴奋的复杂情绪。作者描述
说，在他"那浓黑的眉毛下面仍然现出同样不自然的……
表情，还是面无血色，他的牙齿露出来，时不时地现出一种
微笑；他浑身发抖，不像是一个人冷得或衰弱得发抖，而是
像一根拉紧了的弦在颤抖——简直是一种强烈的震颤，而不
是哆嗦"。他说："我是饿得安静不下来呀，可我又好像一
口饭都吃不下。"[86]

　　简言之，有令人信服的证据表明，在不吃不喝与精神不
正常之间有一种直接的生理上的联系，由不吃不喝所造成的
低血糖明显促成了精神恍惚状态的开始。[87]虽然在上述例证
中，戒食戒饮是人们自觉自愿的行为（也许希思克利夫的
绝食是个例外），[88]但是，在人们被迫挨饿的情况下（像世
纪之交的华北民众那样），这种生理上的联系也是完全有可
能存在的。[89]另外还有一种可能性，即被迫挨饿的人通过降

118

神附体，将体内的自然止痛化合物——β－内啡肽释放出来，[90]缓解饥饿之痛苦，以此进行自我安慰。

我们对饥饿与神鬼附体之间的生物物理学关系仍然知之甚少，而对二者间的心理层面的联系了解较多，这些联系因文化背景的不同而形成不同的模式。例如，在以狩猎和采集为生的北美洲奥吉布瓦印第安人中，如果有人没有找到食物空手而归，他就会产生双重的忧虑，一种是饥饿的威胁造成的忧虑，一种是未能成功地找到食物而使自己的自尊受到打击所产生的忧虑。这种忧虑可以通过请神（"维蒂科"神）附体加以缓解，因为请这个神附体后，可以大吃大喝。埃塞俄比亚的古拉格人也采用类似的自我疗法，以缓解因长期得不到食物而产生的严重的忧虑情绪（既有生理方面的原因，也有社会方面的原因）。[91]不过，正如专门研究古拉格人的威廉·A. 沙克所指出的，虽然人们也许可以"从社会人类学的角度对游离于社会边缘的一些人的降神附体活动给予充分的解释，但最基本的问题是，腹中空空和饥肠绞痛的悲惨境遇会使生活在任何社会中的最正常的人忧心忡忡"。[92]

1900 年华北的情况就是如此。伴随着义和团运动在华北的蔓延而广泛流传的降神附体仪式无疑是一个宗教现象，但它也是忧虑引发的重大行为。[93]当时参与"降神热"[94]的绝大多数人在此之前并不习惯于请神附体，而在 1900 年，多种因素促使他们请神附体，对饥饿的担忧——以及借助超自然力量惩治造成饥饿的恶势力的愿望[95]——也许是其中最主要的因素。

第四章　法术与妇女秽物败法

十八日［1900 年 6 月 14 日］晚十二点钟，西门内、镇署前、仓门口三教堂皆被拳匪焚烧。……仓门口教堂被焚时，连及其旁并对过民房十余间，亦付之一炬。匪党传云：方焚该教堂时，有对过某姓妇，出门泼秽水，法术被冲，遂殃及。因此被灾之家，不恨拳匪，咸骂该妇焉。崇信拳匪者传云：将焚教堂时，有红灯照数十个，高起空中，围教堂转绕一周，然后义和拳老师，口念咒语，用香向门一指，即见火起……

自焚此教堂后，拳匪传令各家，吃白斋三日，并传谕每晚妇女不许出屋，且不可向院中泼秽水，恐冲犯神仙，致干谴责……

二十二日［6 月 18 日］，自早至午，炮声仍不断。崇信拳匪者传云：义和拳与洋人合仗，洋人不能敌，忽洋人军队中有一妇人赤体立，义和拳法术被冲，不敢前进。[1]

——刘孟扬，天津居民

义和团的法术和灵验问题

用文字描述过义和团运动的外国人和中国人，无论是当时的亲历者还是后来研究义和团的学者，一致（有时似乎是本能地）嘲笑义和团自吹自擂的法术。例如，北京西南定兴县人艾声记述了数百拳民于 1900 年 5 月放火焚烧定兴县仓巨村十几户教民房屋的情形：火起时，大风狂作，阴云蔽日，村里人都说，这是红灯照在附近搭起棚子作法的结果。他们说："红灯照睡棚中，其魂出，腾云呼怪风助战。"艾声对前来调查此事的副将说："君至仓巨，将红灯照女子，牵出裈其衣，用巨箠挞之，皮肉烂而止，看其能驾云否？"该副将笑而不答。[2]

由于显而易见的原因，在有关记载中经常能见到嘲笑义和团不堪一击的言辞。坚决反对义和团的大臣袁昶问道："若云匪术能避枪炮，何以［庚子年五月］十七八等日（1900 年 6 月 13 ~ 14 日），该匪连攻东交民巷使馆，洋兵放枪，立毙数匪？"[3]美国传教士麦美德记述了 6 月 14 日在北京发生的一件事：当海军陆战队开火后，三四十名拳民立即作鸟兽散。她讽刺道："这些刀枪不入的拳民似乎不喜欢洋火药的气味！"[4]与此相似，在满洲传教的爱尔兰长老会教士 F. W. S. 奥尼尔于 1900 年 7 月初写道："年轻姑娘也入了（义和）团。据说她们都刀枪不入。第一次攻打铁岭的中国人是由一个骑马的少女率领的，她被子弹击中头部，当然难逃一死。但人们却传说她又活了。"[5]

20 世纪末的中国学者虽然仍在高度赞扬义和团抵抗外国侵略的爱国精神，但对义和团的所谓法术也不以为然。有位历史学家写道："义和团的'神术'并不神，它不过是传统的气功术、巫术与武术的结合。被人说得玄之又玄的义和团刀枪不入一类功夫虽然有其信实的成分，但更多的则是恣意夸张与弄虚作假。"[6]

有两个原因使义和团的所谓法术大受抨击。第一，义和团的法术有惊人的一致性，考虑到义和团向四面八方扩展，这种一致性就更令人称奇了。清末持怀疑态度的儒学名士把义和团的法术当作"无知愚民"盲目轻信的例证。基督教传教士认为西方世界以外的人都"不知道真正的精神宗教"，[7]所以他们把义和团的法术视为迷信。中华人民共和国的学者们既非儒学名士之友，亦非基督教传教士之友，他们既认同前者的观点，认为义和团的法术大行其道的原因在于当时中国人的"文化知识水平普遍低下"，[8]又接受后者的看法，把义和团的法术视为"迷信"（当然，这更多的是从这样一个意义上说的：法术缺乏科学性，但不是恶魔的害人术）。不过，尽管他们的观点不尽相同，但他们批评义和团的法术时所持的基本标准都一样，即法术只在经验中灵验，实战中一律不灵验。正如艾声所说的，义和团的刀枪不入之术"小试则验，临战则否"。[9]

义和团的法术在接受实际检验时往往不灵验，这是人们对它大加抨击的第二个原因。当中世纪天主教的仪式没有带来奇迹时，人们没有停止举行这些仪式。当1900年夏新教徒祈雨未果时，仍然活着的人对基督的信仰却更坚定了。祈祷和其他求雨仪式有时"管用"，有时不管用，但世界各地的情况似乎都一样：每当旱灾降临，祈雨师的行情就看涨。就世事而言，一场比赛的胜利往往会使球迷和球员相信，"穿某种款式的衣服，做或者不做某个特殊的动作，能够影

121

响比赛的结果"，[10]尽管反复的试验都证明事实并非如此。"经验中灵验"往往被用来证明法术或宗教是有效验的，但多为暗中做手脚的欺骗手段，人们本应不相信才对，不过人们（甚至"文化水平高"的人）仍然相信。他们继续"人为地把某一特殊行为与某一特殊结果联系起来"，[11]就像固执的心理学家在研究迷信现象时惯于做的那样。为什么？

　　这是一个很难回答的问题，在不同的宗教环境中，其答案也不同。法术和宗教仪式经常面临的挑战基于这样一个前提：此类活动必须立即产生明显的效果。有的答案对这个前提提出了质疑。因此，玛丽·道格拉斯这样描述苏丹南部的丁卡人："丁卡人当然希望他们的仪式能中止自然灾害。他们当然希望祈雨仪式能带来雨水，治疗仪式能挡住死神，收获仪式能带来丰收。但是，有实际意义的效果并非他们的此类象征性行动所产生的唯一效果，另一种效果产生于此类行动本身，产生于所做的结论和给人们留下深刻印象的经历。"道格拉斯进而写道："此类仪式并非毫无意义，而正是由来已久的法术使之具有了意义。"[12]

　　虽然世纪之交的基督教传教士不会完全不赞同道格拉斯的阐述（假设用"祈祷"一词代替"由来已久的法术"），但面对同样的问题，他们肯定会把重点放在其他方面。对基督徒而言，祈祷也许确实具有主观方面的意义，但就客观方面而言，只有上帝知道每件事情的内在逻辑，只有上帝能够"把好处带给绝大多数人"。[13]人们应该牢记，世上发生的任何事情最终都是有利于天国的。[14]但是，在人们的日常生活中，上帝的计划经常是人们所不能理解的，面对这种情况，所有的基督徒能做的就是绝对相信上帝，即使他们的祈祷没有任何效果。

义和团用其他理由来解释他们的法术何以不灵验,同时不危及这些法术赖以存在的信仰基础。有时候,当义和团的法术不灵验时,就说是施法术的人道行不够深,不够虔诚,或者精神不集中(或思想不纯洁)。但在更多的情况下(正如我们将在下文中看到的),义和团都说法术不灵是外在因素(如污秽之物)造成的,因为其魔力能够破坏义和团的法力。

在对待宗教仪式或法术是否灵验的问题上,互无关系的丁卡人、基督徒和义和团——也许包括其他所有从事宗教活动的人——有一个共同点,即他们的宗教仪式和法术的首要目的都是在面对不确定的未来和各种危险时给人们提供保护和情感上的安全感。他们力图通过这些仪式在一定程度上把握不确定的未来,而这种不确定性正是人类经历中固有的特点之一。[15]

法术成为掌控环境的手段:打仗和放火

义和团利用各种各样的法术和宗教手段掌控他们周围的环境,使之少一些危险性,多一些可预测性,这方面的例子不胜枚举。义和团的法术大行其道的两个地区恰恰是拳民和义和团运动面临的危险最大的地区。我提到了打仗和放火,打仗主要是与中国教民和外国远征军作战,放火则是指纵火焚毁教堂和当地教民的住宅及店铺。打仗时需要法术来保护,这是不言而喻的。[16]至于放火,其结果会影响到义和团与当地民众的关系,而与保护没有太直接的关系。如果义和团能用法术烧毁教堂,就会增加人们对义和团运动的信任程度,获得当地民众的支持。另一方面,如果义和团(无论

123

用任何手段）放的火四处蔓延，殃及非教民的住宅和店铺，则义和团会陷入万民同恨、四面楚歌的险境中。

据记载，除了刀枪不入的本事之外，义和团在战斗环境中还拥有许多种法术。他们在出战之前经常口念咒语，试举一例："弟子在红尘，闭住枪炮门；枪炮一齐响，砂子两边分。"[17]（1900 年夏，此咒语广泛流传于北京西北的延庆、怀来和其他县。）许多天津居民显然相信这样的说法：一个普通拳民被枪炮所伤后，老师只需在伤处揉擦一番，伤会立即治愈。他们也相信另一个说法：当一个拳民在战斗中阵亡，同伴只需念一通咒语，他就能死而复生。义和团的一些老师和师兄们的法术更是神乎其神：枪弹炮弹近身则循衣而下，人不受伤，[18]或将洋炮闭住，使之不能发炮。[19]在北京，人们传说义和团作战时人马高丈余，刀若门扇，绝无可敌之理。而且，与天津的师兄们一样，子弹打到他们的衣服上如雨点般落下，而身体无损。[20]

据说，天津地区义和团首领曹福田和张德成法力最大。他们有隐身法，有土遁法，有分身法。他们睡觉时，魂魄即出游，察看洋人排兵布阵。曹福田临阵打仗时，手执二尺长的秫秸，对众人说是玉皇大帝赐给他的宝剑，他只需在阵前把秫秸向敌人一指，敌人的头就会纷纷落地。[21]据一名义和团员后来回忆，曹福田在率领众人冲向老龙头火车站的俄军时曾对大家说："凡是空手没有武器的，每人拿一根秫秸，继续前进，到前线就会变成真枪。"[22]

法力与曹和张不相上下的是义和团的女将——红灯照。据说在打仗时这些年轻女子能保护义和团。有个义和团员后来回忆说："每次打仗时，师兄手里拿着甩子，像令箭一样，指着哪里就打哪里。义和团在下面打仗，红灯照就在上

插图4-1和4-2　天津地区的义和团首领——
张德成和曹福田（骑马者）

张德成所乘轿子旁边的旗子上写的是"天下第一团"，是1900
年春张德成在独流镇创办的著名的义和团坛口的名称。选自《京津
拳匪纪略》。

边看着，像个鸡蛋那么大小的挂在空中。"[23]她们能背对敌
人甩出飞刀，取敌首级。她们能在空中用法术纵火，能盗取
洋人大炮上的螺丝钉。红灯照能屹立不动，让灵魂出体与敌
交战。有她们在，洋枪洋炮就哑了。[24]红灯照还有高超的医
术。静海县子牙镇原红灯照四师姐赵青回忆说，如有人生
病，就请红灯照大师姐看，大师姐请神附体后，用手向病人
身上一拍，病就好了。据说天津地区红灯照首领黄莲圣母能
治伤，用清水一洒即告痊愈。她用手摸死者尸体，死者即能
复活。[25]

126

在世纪之交的中国，尤其是在北京和天津一类大城市，住宅和店铺鳞次栉比，一旦失火，很难控制火势。所以，义和团不得不施展特别的法术把他们在这些城市中放的火控制在一定的范围之内。与多数中国士绅不同，刘以桐比较相信义和团的说法。他记载说，义和团有超常的能力，能一望而知哪些房屋属于教民，哪些房屋不属于教民，经焚表请神，能保证只烧毁教民房屋而不殃及其他。他举了一个例子：6月9日夜间和10日凌晨，京城以东十多英里远的通州有两座教堂起火，其中一座教堂离粮仓很近。通州知府向火光叩头，祈求神灵保护粮仓。忽见金甲神现于空中，立在火光之上，不久又消失了。结果，粮仓与周围的民房均未受损失。人们都说这是关帝显灵了。[26]

从江南到北京的唐晏对义和团持怀疑态度。据他记载，6月13日义和团在北京东城放火烧一教堂，他未亲临现场，但众人都说他们看到义和团大师兄对着教堂诵咒不止，火即自起。他们还说火未殃及左邻右舍，被杀的只有教民。[27]唐晏认为此事太奇怪。第二天，他目睹了义和团放火烧两座教堂的情景。他记述说，放火烧教堂时围观的人非常多，都在大呼小叫以助火势。附近住户均在门外点香，似乎确信大火不会殃及他们。[28]看来，6月中旬北京居民仍对义和团深信不疑。

127　　　关于义和团的纵火方法，仲芳氏的记述更为详细：他们首先请神附体，一旦神附了体，他们的形色顿时改变，看上去非常愤怒，且能力携千斤。他们的口中呼呼有声，手执宝剑，先向左右前后未奉教之家四面指画，防止大火延及四邻，然后，他们手举点燃的长香，在要烧的房屋前跪齐，并喝令站在旁边看热闹的人都跪下。义和团手举香火，叩头碰地，口念咒语，然后将香火扔进屋内，大火立即燃烧起来。如有人救火，义和团就说他是教民，当场抓住杀死。[29]

还有人记述了义和团更高超的纵火技巧。例如，5 月 28 日义和团破坏芦保铁路琉璃河至丰台火车站区段时，据说他们手持高粱秆，沿铁路行走，高声叫着"烧、烧"，火就燃起来了。[30]据说，某县义和团的老师口念咒语，在地上一顿足，高喊一声"着"，就能把教堂点燃。[31]天津的一个义和团员后来回忆说，他们在天津烧教堂时，手指向哪里就烧哪里。[32]目睹京城宣武门内城根大教堂被烧经过的杨典诰记载说，义和团首领把黄纸符粘贴在教堂门上，摇动红旗，高喊一声"烧"，火就立刻烧了起来。[33]另外一些义和团员只需面向东南作三揖，口中喊"烧、烧、烧"，欲烧的房屋就会起火。[34]

在纵火和作战时，法力最大的是红灯照，她们能在空中飞，能控制风的强度和方向——这可能是为了回应洋人的轮船、枪炮和电报所表现出的"使世界变小"的魔法。6 月 8 日有人记载说，京城近日相传有红灯照于每晚亥时至子时游行天空，"以为起火之媒"。正因为如此，北京城内外教堂和教民房屋被纵火焚烧者越来越多。[35]

据刘孟扬记载，6 月 18 日义和团在天津与洋人打仗时，黄风大起，洋人的房屋被炮击中起火，火势甚猛。义和团的支持者散布传言说，此火是义和团的老师用法术点燃的，加上红灯照数人站在东南城角上，用红扇煽之，使火势更加猛烈。"闻者皆念佛不已。"[36]

关于红灯照的纵火神术，给人印象最深刻的说法与她们摇着扇子上天飞行的能力有关。她们练成飞行术后，就从空中飞到外国，纵火焚烧洋人的楼宇和房舍。[37]据记载，到 6

128

月中旬，外洋 18 国已被红灯照灭掉 16 国。[38]另据记载，传说身穿红衣手携红巾的年轻女子从天上降至保定。她们将红巾一掷，红巾即变成红灯，红灯所到之处，大火就会立即燃起。[39]

义和团法术受挫：妇女秽物败法

义和团的法术经常达不到预期的效果，凡遇这种情况，人们就会要求义和团解释原因。正如前文指出的，有时候他们说是因为施法术的人（或在场的其他人）的品德有问题。例如，天津的一名义和团员阵亡后，人们问义和团的老师：既然义和团能避枪炮，何以会有伤亡？这个老师说：此人必贪财，故神不附体。[40]天津地区的一位老拳民后来回忆说，某日，义和团的一个大师兄看到别人在打一个胖子，也上去参与了殴打，而没有搞清楚这个胖子是不是教民（二毛子、直眼①）。后来在张家窝打仗时，这个大师兄刀枪不入的法术就不灵了，被洋人的枪弹打伤了。[41]同样的，当黄莲圣母的医术不灵时，她就说："此人生平有过处，神仙不佑，故不能好耳。"[42]有时候，义和团说法术不灵是施法术的时机不对。6 月末，有人问曹福田，与洋人交战已久，为什么还没有攻下紫竹林（天津的外国租界区）。曹回答说："先来之团动手早了，未到日期，如何能破。"他又说，八月是破敌之期。[43]

①"毛子"是清末中国人对西方人的蔑称；"二毛子"一般指中国教民或与洋人做生意和替洋人做事的中国人。"直眼"是对中国教民的蔑称，似乎主要流传于天津地区。

在更多的情况下，义和团都把法术不灵的原因归咎于客观环境，说是有污秽或不洁之物冲犯了法术，致使其失灵。7月4日，义和团在大雨中与洋人交战，结果大败，义和团说是因为天下大雨，神不附身。[44] 6月16日晨，义和团放火焚烧北京南城一教民的店铺，旁边一家店铺的掌柜担心大火蔓延，"将旁设尿桶，迎头一泼，致干神怒，殃及多家"。义和团发现泼尿之人后，立即将他抓住，扔进火中，但已为时太晚。[45]

据官方估计，此次大火共烧毁北京南城最繁华之区的1800多家店铺和7000多间民宅。[46] 在中国邮局任职的奈杰尔·奥利芬特对此次大火做了更详细的记述：

> 开始时，义和团似乎只想烧毁一家药铺，火是从那里着起来的。义和团首领对围观的众人说，义和团站立着火的店铺周围，双掌合什，手指并拢，口念咒语，就能防止大火蔓延到邻近的房屋。后来，毗邻的一家戏院也着了火，人们指责义和团说假话骗人。义和团解释说，围观者中有人向着火的房子泼了一桶脏水，首领注意到该人的无礼之举，就把手指张开了，现在大火只能越烧越旺了。[47]

脏水能破法术，义和团无疑把脏水与妇女联系在了一起，视妇女为最具破坏力的因素，[48] 尤其是妇女身上的污物，从月经、产后的污血到裸体、头发，不一而足。在中国，水代表"阴"，"阴"是女性之本原，人们历来相信，代表"阴"的东西可被用来破坏火（包括炮火）等的效力，而火一类的现象则象征着男性的本原——"阳"。[49] 明朝末

130

年的几支起义军曾利用妇女的污物来抵减官兵的火力。[50]
1774年山东爆发起义后，王伦的部队在进攻临清时曾采用
了多种法术，包括念咒语和让女兵摇白扇等。起初，起义军
的此类战术发挥效力，使守城官兵大受挫折。但是，一个老
兵提出了解困良策："呼妓女上城，解其亵衣，以阴对之。"
此举产生奇效后，官兵又采取了其他类似的措施以破起义军
的法术，正如王伦后来所说的，"城上有穿红的女人，光着
下身，抹着血溺尿，把我们的法破了"。[51]

中国人熟知这种破法术的策略。著名作家鲁迅儿时的奶
妈曾讲述了她在太平天国时期的经历："城外有兵来攻的时
候，长毛（太平军）就叫我们脱下裤子，一排一排地站在
城墙上，外面的大炮就放不出来；要再放，就炸了！"[52]更
宽泛些说，太平军在彻底失败之前一直实行男女分营制度，
这与他们担心"阴"在战斗环境中的破坏作用不无关系。[53]

在20世纪，妇女（尤其是月经期的妇女）能破法术
（在其他文化中也有法术[54]）的说法仍然得到人们的广泛认
同。红枪会在操演刀枪不入术时，禁止妇女观看，因为他们
认为，"如有女子（'阴'）窥视，神就不上男子身"。[55]在
新加坡，据说童乩在请神附体后用刀割自己的身体时，如果
附近恰好有一个行经期的女子，那么童乩就很难止住伤口流
血。[56]在台湾北部村庄从事考察研究的埃米莉·艾亨也记述
了类似的现象。据艾亨记载，村民们有时会抬着他们崇拜的
神像在炭火上走过，以净化神像。通常情况下，抬神像走炭
火的男人们不会被烧伤，尽管他们都赤着脚，因为神附在他
们身上。不过，如有行经期的妇女出现，神就不附在他们身
上，他们的脚就有可能被严重烧伤。[57]

借用艾亨的话来说，在这样的情况下，关键问题在于

"众神对秽物极其敏感"。[58]义和团完全依赖众神,却不能保证提供干干净净的环境让众神附体,对义和团而言,妇女的污物是最大的绊脚石。[59]6 月 14 日在天津放火烧教堂时,火势蔓延,殃及附近非教民住宅,义和团解释说(正如本章开头节录的刘孟扬的记述所告诉我们的),这是由于一位妇女走出家门泼污水。当地其他人对此次大火的记述中没有提到污水,但都记下了义和团的解释:或云火起后有妇人外出,致破其术;或云邻家妇人"污秽败法"。[60]

6 月 16 日是京城大火之日。据刘以桐记载,正阳门(前门)桥头放着两个大水缸,当义和团和京城救火队正在救火之际,有一老妇带着 4 个女孩,围跪于水缸四周,不知用什么办法冲犯了神祇,结果水缸破裂,正阳门楼被烧成灰烬,"前门外数千余家,付之一炬"。[61]

在这两个破坏义和团纵火术的例子中,后一例的妇女显然是故意以秽物败法,但在大多数情况下,妇女都是在无意中充当了败法者(或者如玛丽·道格拉斯所言,是"非自愿的危险因素"[62])。与此相反,在战场上(或在与战斗有关的场合),我们看到的大多数以秽物败法的例子显然都是有意为之。义和团的敌人经常主动利用妇女(或与妇女有关的一些物什)来破坏义和团的法术。

义和团一直声称,他们在天津与洋人作战时伤亡惨重是由于洋人的军队中有赤身裸体的妇人破了他们的法术。[63]另一个故事四处流传,大多数人深信不疑:紫竹林的洋楼上架着许多大炮,"每炮皆有一赤身人跨其上",使义和团的"避炮之法"不能施展。[64]

6 月初,天津还有一个传言:聂士成(后来有人回忆说,聂是坚决反对义和团的)与义和团打仗时,因害怕义

132

和团的法术，就叫城里一家米铺的掌柜向妓女要来"经布"，用以破法术。义和团说，双方接仗时，聂军官兵都把经布缠在脖子上，义和团法术被破，伤亡惨重。[65]

关于妇女在北京破法术之事，人们的记载大多与义和团围攻西什库教堂有关。6月份，在该教堂避难者约有3400人（大部分是中国天主教徒），其中多半是妇女和女童。[66]据说义和团是这样解释他们攻打西什库教堂屡屡失败并遭受惨重损失的原因的：有赤身妇人走出教堂；防守者在塔上挂"妇人皮"和其他"秽物"（据说洋人守卫使馆区时也用过此法）；许多裸体妇人被钉挂在教堂的墙上；许多裸体妇人手持"秽物"站在墙上；洋人剖开孕妇的肚子，把她们钉在墙上；洋人用妇女的阴毛编成"万女旆"，用它在教堂的尖塔上指挥战斗，以防义和团降神附体。[67]

插图4-3 樊国梁主教

选自 J. Freri, ed., *The Heart of Pekin: Bishop A. Favier's Diary of the Siege, May-August 1900*。

在义和团看来，1900年夏他们进行的战斗不是传统意义上的军事冲突（我们认为的那种军事冲突），而是确定谁的法术更强大更有效的一场较量，推而广之，义和团就是要与洋人和教民较量一下，看谁的守护神更强大更有神力。值得注意的是，有证据表明与义和团对立的教民们也从大体相似的视角看问题：直隶南部幸存下来的中国天主教徒显然相信，1899年12月至1900年7月间他们之所以能在义和团的进攻面前得以幸存，圣母玛利亚在教堂上空显灵起了重要作用。[68]传教士在受到烈火的威胁时，总把风向或风力的改变（这种改变救了他们的命）归功于上帝。[69]在与清政府军队（清廷对列强"宣战"之前）、外国军队或教民武装作战时遭受失败后，义和团不把失败原因归结为敌人的火力占优势，而是归结为敌人的法术更有效。据说，义和团在直隶南部地区攻打教堂的活动屡屡被一个身着白袍的女子挫败，她的影像一出现，就能使义和团定在原地不动，并使他们失去法力。[70]长着白色络腮胡子、负责西什库教堂防务的樊国梁主教被演绎为活了200岁的"鬼王"，他能谋善卜，运筹帷幄，在额头涂抹女子经血而使自己刀枪不入，完全控制了其他"鬼卒"。[71]

133

　　我认为对义和团的纵火行动也可做类似的分析。在义和团看来，这些行动是大冲突的一个组成部分。鉴于义和团的武器落后而粗劣，纵火确实是他们所能使用的最强有力的武器。[72]然而，用于打仗的法术和用于纵火的法术有很大的区别。就后者而言，用秽物破坏义和团法术的行为大多不是有意为之（这与打仗时的情况不同），而是在无意当中做出的，而且常常不是由支持义和团的人干的。

134

义和团确保法术灵验的种种措施

　　尽管有上述区别，义和团针对用秽物破坏（不管是有意的还是无意的）他们法术的行为所采取的措施都是基本相同的，毕竟秽物的破坏效果都是一样的。义和团能做的，就是采取一切可行的预防措施消除这些破坏力，并尽可能创造有利于施展法术的环境。

为达此目的，1900 年夏义和团在发给受他们控制的民众（最主要的是北京和天津地区）的命令中，总是使用恫吓之词，他们既依靠民众厌恶灾难的心理和自我保护的本能，也依靠民众对义和团的事业的全力支持。例如，农历五月三十日，义和团派人在天津的大街小巷高声传令，叫各家点香，从第二天开始将六月改为八月，"八"被视为吉祥的数字，八月是义和团灭敌的最佳时机。曹福田和张德成说，六月改为八月后，不出三日，他们必破紫竹林，把洋人赶到海里。据记载，天津所有居民都顺应了这一改变，甚至当铺的当票上也用"八月"代替了"六月"，没有人敢提及六月。[73]

为使命令广为人知，义和团经常在揭帖的末尾写一段劝
135 大家传播揭帖的话，其内容大体相同，典型一例为："见帖速传，传一张，免〔一〕家之灾，传十张，〔免一〕村之灾，如不下传者，即有吊〔掉〕头之苦。"[74]

6 月 16 ~ 19 日，天津义和团在战斗中屡遭败绩，人心
136 动摇，义和团乃令家家户户在门上贴"闭火门咒"，其咒曰："北方洞门开，洞中请出铁佛来，铁佛坐在铁莲台，铁盔铁甲铁壁寨，闭住炮火不能来。"[75]

在天津和北京，义和团经常命令居民烧香（有时是整夜烧香），[76] 在某些特定的日子吃素食，[77] 向东南方叩头，[78] 不动烟火，[79] 不得使用脏水，不得将脏水泼到街上或院中，以免冲犯神仙。[80] 义和团还命令居民把各种各样的红色物品（吉祥之物、救命之物）置于屋外或其他地方，以避险避难。[81] 例如，7 月 7 日义和团传令北京的各家各户此后每晚在门口点红灯一个，以助义和团施展神术歼灭洋人。所以到了夜间，大街小巷红灯齐亮，犹如火龙。[82] 最初张贴

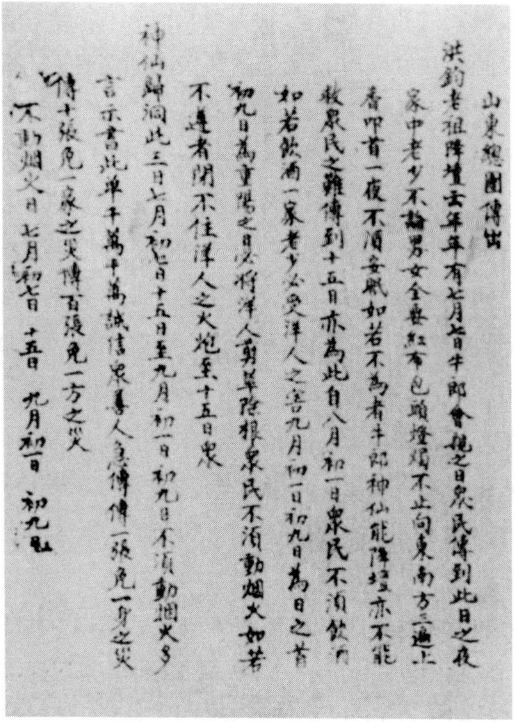

山東總團傳出
洪鈞老祖降壇云本年有七月七日牛郎會織女之日衆民等到此日之夜
家中老少不論男女全要紅布包頭燈燭不止向東南方三遍上
香叩首一夜不須安眠如若不爲者牛郎神仙能降壇亦不能
救衆民之難傳到十五日亦爲此自八月初一日衆民不須飲酒
如若飲酒一家老少必受洋人之害九月初一日初九日爲日之首
初九日爲重陽之日必將洋人剪草除根衆民不須動烟火如若
不遵者閑不住洋人之大炮來十五日衆
神仙歸洞此三日七月初七日十五日至九月初一日初九日不須動烟火多
言示書此單千萬千萬誠信衆善人急傳傳一張免一身之災
傳十張免一家之災傳百張免一方之災
不動烟火日 七月初七日 十五日 九月初一日 初九日

插图 4－4 义和团揭帖

这是一张非常具有代表性的义和团揭帖，发自山东，包含了各种各样的给普通民众的指示。揭帖声称，不遵从这些指示的人，就避不了洋人的枪炮。散发这张揭帖的人可使自己和家人免受灾祸。选自《义和团档案史料》第 1 册。

于正定府，后来流传至山西省的一张义和团揭帖，令民众将雄黄、石灰、黑豆、青椒和花椒装入红布口袋，挂在大门后，再插柳条 5 枝，以镇慑“鬼子”抹污血之妖术。[83] 仲芳氏记载说，6 月 15 日，义和团传令京城各家各户用红布缝制小口袋，内装朱砂、绿豆、茶叶等物，或者钉挂于门口，或者带在身上；6 月 29 日，义和团传令所有住户和店铺在门前各钉斜尖红布一块；7 月 11 日，西什库教堂被一颗地雷炸坏，民众欢欣鼓舞，义和团又传令所有住户和店铺在红布上书写"红天宝剑"四个字，挂在门口。[84]

由于局势混乱，义和团有时候会传出互相矛盾的命令。据说，天津义和团某夜传令各家用红纸蒙严自家烟囱，以闭住洋人枪炮，但又有人说，若蒙住烟囱，就是将仙姑的眼睛蒙上了，仙姑就不能在空中行走了。于是各家各户又都上房将烟囱上的红纸撕去。[85]身居京城的杨典诰从另一侧面说明了义和团发布互相矛盾的命令的原因。据杨记载，7 月 11 日有一支义和团到各家各户分送用红笔书写的黄纸符，叫各家将符贴在门的横梁上，以避灾祸。第二天，另一支义和团巡街时看到这些符后，说这不是"真团"所为，乃传令各家速将符除去。[86]

由于妇女能致使义和团的法术失灵，所以义和团经常发布命令，限制妇女的行动。6 月 14 日天津的三座教堂被焚毁后，义和团传谕妇女在夜间不许出门，不许向院中泼污水，"恐冲犯神仙，致干谴责"。妇女如果坐轿出门，必须在轿前蒙一块红布，从轿顶遮至轿帘，以避免"冲破神拳法术"。[87]据管鹤记载，天津义和团后来禁止妇女出门，以防污秽破其法术，违令出门者（有时毫不知情）一律斩杀。因此之故，管鹤不能携家眷前往安全的地方。[88]

据无名氏的《天津一月记》记载，天津开仗期间，经常刮东南风，由于洋兵在东南，攻打洋兵的中国人常在逆风中，睁不开眼睛。所以，义和团沿街号令住户和店铺燃香祈求西北风。各家必须整夜焚香，不得间断。人们在上香时，必须叩头 360 次，并在桌子上供 5 碗清水、5 个馒头，不许撤下。不许妇女拿香行礼，"恐破其术"。[89]

《天津一月记》还记载了义和团对妇女的一系列特别禁令："团忽出令，凡铺户居民之有妇女者，七日不可入市，七日不可立门外，七日盘膝坐炕上，足不可履地，七日不可梳头洗面，七日不可缠足，男女七日内宜着红衣裤，男女七日内宜蔬食。"[90]

这也许意味着在中国人的数字观中，"七"与代表"阴性"的妇女有关："2 × 7 岁 = 14 岁，少女 14 岁'阴道开'（即少女初潮）……7 × 7 岁 = 49 岁，女子 49 岁月经绝。"[91]义和团的命令试图在规定的 7 日内减弱"阴"之力，可能就是基于此项理由。由于同样的原因，在另一背景下，义和团把数字"七"与完全不同的一系列禁令联系在了一起。7 月，义和团在直隶的许多地方（包括涿州、北京和正定府的获鹿县等）张贴告白，谓：七月七日（8 月 1日）为牛郎织女相会之期，家中老少，不论男女，都要用红布包头，灯烛长明，人人向东南方叩头三次，一夜不得睡觉。如不信从，牛郎和其他神仙就不会降临神坛，救民众之难。在这一天，民众不许生火做饭，如有人动烟火，就闭不住洋人的枪炮。[92]

天津义和团在街上走过时带领民众唱的一首歌简明扼要地道出了限制妇女的行动与义和团的成功之间的因果关系，歌词内容为："妇女不梳头，砍去洋人头，妇女不裹脚，杀尽洋人笑哈哈。"[93]

少女的法力：红灯照

如果说在帝制中国晚期，洋人被视为典型的"另类"，既具有危险性，令人感到害怕，又拥有强大的力量，令人不敢小觑，那么，在世纪之交义和团的法术和宗教世界里，女子的地位亦是如此。[94] 如同在普通的中国民间宗教中一样，女子的法力在义和团的世界里的表现也是复杂的和多侧面的。在前引诸例中，成年妇女总是被描绘成导致义和团法术失灵的绊脚石，所以需要对她们的日常活动加以严格限制。另一方面，义和团又认为红灯照[95] 的年轻女子（通常是少女）的法力甚至比他们的法力大。正如有人记述的那样："义和团法术虽大，然尚畏秽物，红灯照则一无所忌。"[96] 7月底京城义和团的一张揭帖表达了义和团对红灯照的法力的崇敬心态。这张揭帖宣称，由于义和团攻不破西什库教堂，特请北京地区红灯照的两位首领金刀圣母和梨山老母前来助阵。据说，金刀圣母于 7 月 29 日在大批红灯照和义和团的随扈下进入北京，参与围攻西什库教堂。[97]

虽然有证据表明在山东和山西也出现过红灯照，[98] 但红灯照活动的主要地区是直隶，特别是天津和天津周围地区。刘孟扬虽非义和团之友，但他对天津地区义和团的活动情况做了详细而可靠的记载。据他讲，1900 年夏天津西北一带村庄有许多红灯照。[99] 刘的记述表明当时的天津居民（包括义和团）都很敬畏这些女子（大多为年轻女子）："（她们）行走街巷，亦避妇人不使见，人民皆焚香跪接，不敢仰视，称为仙姑，拳匪遇之，亦跪伏道旁。"[100]

在当时，红灯照似乎拥有强大的法力，至少在民众的想象中是如此。我们怎样解释这个问题呢？在义和团运动时期，"红灯照"有多重含义。当义和团运动初起时，红灯照在山东是武术团体的名称，也是义和拳避枪炮的"法术"，与强身护体的铁布衫、金钟罩等"硬气功"并列，有时（迟至 1900 年夏）亦称"红灯罩"。[101]

139

插图 4 - 5　红灯照协助攻打北堂

　　左后方的一个红灯照（手持一盏红灯）在敌对双方之间舞动一条魔绳，保护两军中间的红灯照免受交叉火力的伤害。选自 V. M. Alekseev, *Kitaiskaia narodnaia kartina：Dukhovnaia zhizn'starogo Kitaia v narodnykh izobrazheniiakh* （The Chinese folk picture：The spiritual life of old China in folk graphic art）（Moscow, 1966）。

141 　　显然，直到 1900 年夏，红灯照才成为由青少年女子组成的独立组织，与义和团结为盟友。1900 年在直隶流传的揭帖还提到红灯照是一种带有宗教色彩的信仰（显然受到白莲教的影响），即光明必能战胜黑暗，八月十五劫难来时，红灯照将乘机起事，光照天下。到时候灾难深重，相比之下目前的苦难算不了什么。北京的一个揭帖说："这苦不算苦，二四加一五（即八月十五日）；满街红灯照，那时才算苦。"[102]人们要想避灾避难，只有完全相信红灯照。

　　我们有理由认为，1900 年夏红灯照在天津和其他地区令人敬畏，一定程度上是缘于上述信仰。然而，由于某些原因，当时的文人在对义和团运动的记述中却很少提及这些信仰，尽管这些文人大多敌视义和团，乐于抓住机会诋毁"拳匪"的名声，如把义和团的盟友红灯照与非法组织白莲教联系在一起。[103]我猜想，当时的记述很少提及红灯照的宗教意义的原因在于它们不广为人知。所以，如果要探究民众敬服红灯照的缘由，我们最好把着眼点放在其他方面。

　　我认为首先应注意红灯照的特殊地位：红灯照多为年轻女子，有许多还是未到青春期的小姑娘，她们中的大多数（即使不是全部的话）尚不具有中国成年妇女污秽不洁的特征。[104]据说红灯照多为 12～13 岁到 17～18 岁（按西方的算法，是 11～12 岁到 16～17 岁）的少女。[105]由于当时食品匮乏，她们往往营养不良（更不用说 1900 年华北大旱的影响了），月经初潮的时间有可能比较晚，加上她们的年龄普遍较小，所以，她们当中的一部分（也许是相当大的一部分）可能还未经历（更重要的是，当时的社会认为她们还未经历）月经初潮。[106]

插图 4 - 6　红灯照

　　与插图 1 - 3 所描绘的红灯照不同，这幅婀娜
多姿的画像突出体现了女性的优雅和魅力（人物
的小脚集中表现了此点）。这可能是画家让人们怀
疑红灯照的一种尝试——红灯照自称都是性成熟
之前的女孩儿。从当时的这类画像中丝毫看不到
"文化大革命"时期赋予红灯照的那种英勇顽强
的特点（参看插图 9 - 3）。选自《京津拳匪纪
略》。

无论如何，在中国，人们认为月经远不如性交和生孩子那样污秽不堪，部分原因似乎是女人生孩子时会流大量的血。[107]因而，在某些情况下，一些已行经的妇女可能拒绝结婚，以保持自己的清白之身。中国民间宗教作品中的女主人公妙善和何仙姑等，就是如此。[108]广东南部地区拒绝结婚的缫丝女走的也是这条路，尽管主要的动因在于经济方面而非精神方面。[109]我并不认为这些青少年女子1900年参加红灯照的目的在于避免婚姻带来的污秽（她们当中的许多人年纪轻轻，还不到考虑这些问题的时候，而且，几乎没有红灯照女子直接向我们讲述她们内心的感受[110]），但是，无论她们的动机是什么，其结果都是一样的。在女性的秽物被认为是主要的危险之源的大环境中，相对而言红灯照女子大多保持着清洁之身，她们没有被婚姻生活中的性爱和生育所"玷污"，且由于当时的营养状况不佳，她们中的许多人可能尚未经历月经初潮。

这一分析得到下述事实的间接支持：当敌视义和团运动的人想诋毁红灯照时，不是强调与她们有关的预言大劫难的宗教观念（极其危险的反政府观念），而是强调她们的通奸行为。据传，有一个十七八岁的红灯照女子某夜忽然失踪，几天后才回来。她的父母起了疑心，暗中诘问她去了哪里，她说她飞往俄国，用法术烧毁了俄国都城。她进而说，这是公事，父母不得阻拦，如若阻拦，她将杀死父母。父母信了她的话，此后不再干涉她的行动。但是后来有人说，这个年轻女子有外遇，她假装红灯照，以便去会情人。[111]

另有人记载说，黄莲圣母自幼淫乱。[112]管鹤在文中多次蔑称黄莲圣母为"天津土娼"，他记述了直隶总督裕禄和李鸿章之子对她优礼有加的情形。据管鹤记载，她最后被洋人俘获，送往欧美各国。管鹤的一位朋友开玩笑说，一个土娼与总督分庭抗礼，又受公子（李鸿章之子）跪拜，值得羡慕。管说，他认为更值得羡慕的是她得到机会游历欧美各国，观览伦敦、巴黎、柏林和华盛顿的美景。管鹤说他自己运气不好，没有当上使臣的随员，也没有去当黄莲圣母的侍香童子，所以不能游历各国，真是一大憾事。管的朋友说，如果管讲的都是事实，那么管还不如一个土娼。说完后，两人互相击掌，大笑不止。[113]

　　问题的关键不在于这类故事是不是"真"的，重要的是其中所包含的文化信仰。对义和团而言（对许多非义和团的人而言无疑也是如此），红灯照的特殊法力来源于她们的纯洁和清白。所以，对敌视义和团的中国人来说，动摇红灯照的法力的根基——进而动摇义和团运动的合法性——的最好办法莫过于对她们的纯洁提出质疑。（当时的一些木刻作品也用同样的办法诋毁义和团，把他们描绘成逛妓院的嫖客和偷粮食的贼。[114]）然而，最重要的是，尽管支持义和团的人和反对义和团的人在红灯照是否纯洁的问题上意见不一，但他们似乎拥有一个共同的文化信仰：纯洁（道德方面和性爱方面）是美好的，是能产生法力的。

　　根据本章介绍的记载义和团的法术信仰和实践的史料，我们也可得出类似的结论。当时确实有一些人对义和团表示怀疑，但义和团有一套恫吓和强迫民众顺从他们的方法。[115]此外，有大量证据表明，当某个团民表演法术失败后，民众往往说他是个骗子，但是，不相信团民个人的法术完全不同于不相信整个义和团的法术。当时许多中外人士的大量证言（正如我们在第三章中看到的）表明，在1900

年，绝大多数中国人都认可义和团的法术和宗教理念赖以构成的所有前提条件，其中的许多条件深深植根于长期以来作为中国民间文化核心特征的一系列信仰之中，并形成信仰的"引力场"（莱维－施特劳斯语）[116]。在安定的环境中，有

145 一些人可能拒不接受此类信仰，但在 1900 年春夏华北的那种令人紧张不安的动乱环境——令人极度恐惧和担忧，人们盲目轻信，谣言四处流传，在某些时候和某些地点，大有形成群体性歇斯底里之势——中，这些人更愿意接受此类信仰。

第五章 谣言和谣言引起的恐慌

前月珹仲告余云：某照相馆被焚，搜出广东鲜荔
枝，传观以为挖人眼珠①，莫不眦裂发指，而不知其甘
美可食也。见橐驼为马肿背，今日之乱，市虎讹言[1]，
十有八九。

——叶昌炽，北京官员

各家门首，忽从某日多有红色似血迹者一片，由是
谣言四起，谓系教民所抹之血。或传云：门有血迹，义
和拳法不上身矣。又云：不过百日，即自相凶杀矣。又
云：不过七日，即起火矣。究不知此不过百日，不过七
日云云者，系经谁告之。而乃言者不知其妄，闻者信以
为真，愚民无知，可恨可恨。

——刘孟扬，天津居民

---

① 多年来流传最广的对天主教传教士的指控之一是他们挖取濒临死亡的
教民的眼珠（通常以实施临终涂油礼为掩护），用以配药或做其他用
途。

谣言四处流传，说传教士有阻止下雨的能力，说他们有超人的力量控制风雨。云彩常被大风刮走，谣言由是而起（所有人都深信不疑），说我们到楼上竭尽全力扇风，把云驱走了。关于太原府的传教士，谣言略有变化，说他们是裸着身子扇风的。

——贾侍理，山西的美国传教士

一日，传闻由津至京某处，洋兵与拳民交战，拳众只作揖，不动步，即能前进。作一揖，进数百步；作三揖，即与洋兵接；洋兵不及开枪，身已被刃。……故洋兵无不北者。

——管鹤，天津居民

初七日（1900 年 8 月 1 日）……［山西太原］居民无故惊惶，男号女哭，终夜惶惶。诘朝究讯，谓有黑风口①至此，其实未之见也。亦不知黑风口为何妖。然在城之民自是不安，谓黑风口夜出伤人，无论男女老幼各执皮鞭（传言黑风口畏皮鞭，鞭价一时昂贵）防护己身，以驱黑风口，如是者半月有奇。[2]

——刘大鹏，太原太谷塾师

拉尔夫·L. 罗斯诺对近来关于谣言的产生和传播进行的研究做了总结，认为谣言是"夹杂了个人对世界的主观

---

① "黑风"或此处所说的"黑风口"是一种可怕的灾风，据信它的出现意味着劫难的到来。它与义和团运动高潮时期常常混杂于拳民信仰中的白莲教教义有关，也与民间流传的"风角"占卜术有关。

臆测的公众信息"。他进一步解释说，谣言"表达了试图认知生存环境的人们的忧虑和困惑"。他认为，谣言的产生和流传是下述四个因素造成的：个人的忧虑、大众的困惑、轻信盲从和"与结果有关的参与"（他指的是每一个人对谣言的内容是否真实所做的判断）。[3]

罗斯诺在另一著作中把"谣言"和"闲话"做了区分。他认为，谣言一般包含着带有传谣者强烈感情色彩的主题，而闲言碎语则不然。他指出："闲话是人们之间的闲谈，像是一种智力型的口香糖，而谣言里面含有实质性的感情因素。"[4] 与我们的目的更有关系的是区分谣言和信仰，这也更难以准确把握。我们通常（并非绝对）认为谣言是四处流传的，而信仰是内心坚持的。就定义而言，谣言包含的是无法核实的信息，而信仰则一般不存在求得证实的问题。当然，在许多情况下，人们对信仰也并不是深信不疑的。他们也许会因形势所迫暂时皈依宗教信仰，例如，在内心充满忧虑的时期，人们更容易转向某种信仰，尤其是在他们周围的人已先行一步的情况下，更是如此。当形势彻底改变后，他们就会放弃信仰。

原已有之的信仰也许会影响人们对谣言的接受程度，以及人们对听到的谣言添加（常常是无意识地）什么样的内容。罗斯诺讲述了 1967 年冬在底特律流传的一个非常可怕的谣言：一位母亲带着她的儿子到超级市场购物。孩子去上厕所，很长时间没有出来，母亲要求楼层监督员到厕所察看，他进去后发现孩子昏倒在地板上，被割掉了生殖器。售货员回忆说，一些十几岁的少年在那孩子入厕之前进了厕所，在那孩子被发现前离去了。有趣的是，当这个谣言在白人社区流传时，那个孩子和母亲是白人，那些少年是黑人，而在黑人社区流传时，双方的肤色恰恰相反。罗斯诺指出，"由于这样的谣言本质上是令人不安的，传播谣言也许能够宣泄人们的偏见，分担人们的忧愁……借以消散人们的不安情绪（并非总能成功）"。[5]

1900 年谣言的数量和种类

李文海和刘仰东对义和团时期的社会心理做了引人入胜的分析。他们指出，在近代中国历史上，谣言在世纪之交的泛滥程度超过其他任何时候。[6]当时就有许多人注意到了这个异乎寻常的情况。在山东半岛北部沿海的登州，"谣言像冬季的雪花一样满天飞"。[7]在 1900 年早春的北京，叶昌炽观察到（前面已有引文），"今日之乱，市虎讹言，十有八九。据管鹤记载，5 月义和团的影响力波及各处时，"谣言谬说，日盈于耳"。管鹤分析了天津市民轻信谣言的原因："其根源之害，仍在民不识字，惟知鬼神；士不识时，胸无定见；欺诳之既易，恐吓之不难也。"[8]塾师刘大鹏罗列了 7 月和 8 月间流传于太原县的十几个谣言，说它们使当地人处于极度恐慌的状态，有意参与突发性的暴力事件，而且愿意相信任何传言。刘指出："讹言横兴，莫甚于光绪二十六年夏秋之交也［1900 年 7 月和 8 月］。"[9]

外国观察家也证实当时谣言四起。《北华捷报》在天津的通讯员 6 月初报道："此处的民众异常兴奋。任何谬妄传言都有人相信，如义和拳民能飞，能口吐烈火等；即使头脑最清醒、最明智的中国人也相信他们（义和拳民）能刀枪不入。在谣言的影响下，人们已趋于疯狂状态。"格雷斯·牛顿（美国长老会传教士）5 月 30 日在北京写的一封信中说，北京城"充斥着荒诞不经的谣言，几乎不可能分辨真假"。6月2日的信中说："我们听到的谣言能装满一个大邮包。"[10]麦美德5月份写的一封信中说，通州城和周围的村庄充斥着"荒唐的谣言"。谣言指责洋人雇人向井里投毒；洋人应对"可怕的旱灾负责"。如果人们使用国外进口的煤油，两天后眼珠子就会掉下来，如果他们吸入洋火柴点燃后发出的气味，其他可怕的灾难就会降临到他们头上。麦美德是当时最有幽默感的传教士之一，她描述了某星期日下午妇女集会唱圣歌时突然浮现于她脑海的离奇景象："在唱第一支圣歌时我禁不住颤抖起来，因为我仿佛看到满屋子的人的眼球都像弹子球一样滚落到了他们的腿上和地板上。"[11]

　　1900年春夏两季各种各样的谣言在华北流传，这应被视为当时人们的情绪广泛受到影响的一个表征。通常，在缺乏可靠消息和大多数人轻信盲从的环境中，某些人会为了获得物质利益或其他形式的好处而制造谣言，他们难以抵御这种诱惑。在天津之战期间，有人传说天津某庙中的关帝塑像忽然满脸流汗，是由于关帝助战之故。这个奇迹传开后，善男信女蜂拥前往各关帝庙上香拜谢。据记载这个谣言的作者考察，是该庙的僧人因庙中香火冷落，糊口无资（可能是由于义和团特别强调家家户户在家中烧香以求得到保护而使香成为紧缺物品、价格飞涨的结果）。[12]僧人因此把冰块密藏在关帝神像冠内，天热冰化，水流到神像脸上，就像出了汗。僧人遂四处传谣，以显其神异，借此吸引人们入庙拜神，进献香火之资。[13]

　　使馆区被围期间，麦美德记载了另一例骗人的把戏。由于危机发生后的最初几个星期使馆区与外界的通讯联系被完全切断，所以使馆区谣言满天飞，乃定期派遣华人探子四处

150

打听从天津来的援军的情况。麦美德在 8 月 1 日的日记中记述了一个探子的情况，她再次表露出了那种荒诞的感觉："那个探子像往常一样前来汇报情况，收取酬金。但是，他谎报军情，信口开河。他让援军的挺进过于迅速，在我们应该听到援军在城墙上的炮击声时，援军仍杳无音信。他不能自圆其说，只好在今天早晨让援军撤退到了码头（从天津到北京路程未过半的一个地方）。如果我们给他时间，他毫无疑问能让援军有秩序地挺进至天津。"洋人对那个探子的怀疑不久得到了证实，在天津的日军指挥官于 7 月 26 日写信说，由于运输困难，援军的出发日期被迫推迟了，[14]洋人由此视那个探子为"最蹩脚的黄色记者"。

　　人们还制造谣言以解释他们难以理解的种种现象。[15]正如前引底特律的例子所显示的那样，此类谣言往往能表露人们原有的信仰和偏见；在另外一些情况下，此类谣言则深藏着阴谋。1900 年 6 月，当聂士成奉直隶总督裕禄的电令，统率装备优良的军队到天津应付日益加剧的危机时，天津人就骂他是"聂鬼子"，因为他们知道，聂坚决反对义和团，近期还在京津铁路上与义和团进行了一系列血战。在此情况下，义和团造谣说聂与洋人通气，受洋人贿赂，镇压天津的义和团运动。[16]具有讽刺意味的是，天津之战中聂士成与洋人进行了激战，并于 7 月 9 日牺牲。有位义和团员后来仍坚持谣言不放，说聂士成是死于他与洋人的共谋：聂与法国人秘密达成了和平协议，所以洋人不向他进攻。聂的军队驻扎在天津城的南门外，当法国军队逼近时，聂为了掩盖阴谋，挥舞旗子命令他的士兵向空中开枪。法国人不知道这是计谋，还以为是聂的军队在向他们开火，就发起进攻，把聂士成打死了![17]

表达愿望的谣言

正如我们想象到的，许多谣言是按照人们的愿望制造出来的。对于在那炎热的夏季被困于使馆区的洋人而言，盼望援军的到来成为他们生活中的一大主题。萨拉·古德里奇6月末记载说："军队前来援救我们的谣言在四处流传。"在外国援军离开天津数星期以前，她在7月8日的日记中写道："昨天，法国公使肯定地说，他听到了不足6英里远处的炮击声。昨晚，有人说俄国军队已抵达西山，今晨7时前入城。"埃玛·马丁（美以美会教士）记载说，人们听到"好谣言"后就高声唱："一、二、一，士兵们在前进。"他们以此来使自己相信真有其事。[18]

中国人制造了一例特别典型的表达愿望的谣言。7月4日，天津的义和团对人们说，他们的老师曾隐形进入外国租界（紫竹林），来到一栋无人居住的高楼前。他恢复原形，走进楼内。这栋楼共有四层，一层和二层空无一物，三层金银珠宝甚多，四层有年老洋人一男一女对坐。他们向这位老师叩头行礼，说他们两人是夫妻，都已一百余岁。他们忽然流泪言道，他们知道老师法力广大，且知老师今日必来，所以在此相候。他们说，外国所恃者枪炮而已，现在老天欲灭洋人，天兵下凡，枪炮都会失灵，各国只有束手待毙。他们请老师到三楼，接收金银珠宝，他们夫妇将从此逝去。说完后，他们各执手枪向胸部射击，自杀身亡。

我们被告知："团中人既乐道之，津中人亦颇信其有。忽传大军同团击退洋兵，紫竹林为我军所得……津城中各街宣传，久之始知其妄。"

152

同时流传的一个相关谣言说，紫竹林的洋人都已遁逃，官兵和义和团已入驻租界，并在租界发现了 40 柜黄金，每柜 28 万两（一两等于 50 克）。官兵和义和团都未私纳自用，而是转呈总督衙门，做赈济之用。[19]

这些谣言表露了人们的许多愿望，都与人们最为关心的事情有关。无疑，义和团和普通百姓最大的愿望是中国方面在天津之战中大获全胜，洋人则大败而退。（当时的木版画也表达了这种愿望，常见的是外国人被中国人击溃或受到其他方式的侮辱的画面。）[20]在这个长期遭受旱灾之苦的地区，上面引述的第二个谣言表达了人们的另一个愿望（这也表明义和团与普通百姓的利益有所不同）：普通百姓（而非义和团或官兵）是外国租界发现的金银珠宝的受益者。最后一点（此点也许最不明显），第一个谣言包含着人们的幻想：洋人（以那对讲实话的老年夫妇为代表）承认义和团法力无边，并接受了义和团运动及其使命是天命难违的说法。这样即可有力地证明义和团运动是合法的。

153　　据传，7 月中旬洋人在天津之战中获胜后，义和团首领张德成被俘获后处死了。但同一著作记载的另一个谣言对此提出质疑，说张德成被俘后即隐身逃脱，来到独流镇。在他的领导下，义和团在独流镇得以重振旗鼓。（独流是张德成
155　闻名遐迩的"天下第一团"的根据地，该团建于上年春季。）[21]成千上万的新拳民踊跃加入，从天津开来的船只被扣押，船上的布匹和其他物品被抢夺一空。

在这个谣言中，我们不仅可看到义和团运动坚不可摧之类的幻想，[22]而且可以发现，参加义和团运动能得到物质利益。记载此谣言的作者说，他 7 月 21 日到独流镇，镇里很

插图 5 – 1 天津之战

这是一幅较大的爱国画作的局部图，该画描绘的是怒火中烧的中国军队在战胜洋人的一次战斗中使用的各类武器（包括爆炸物）。选自 C. P. Fitzgerald, *The Horizon History of China*。英国图书馆惠予提供。

安静，不见义和团的踪影。[23]

当时京津地区盛传作揖是义和团的法术。某谣言说，有个洋车夫偶然冒犯了一个洋人，将受到责打。车夫很害怕，作揖求饶，反把洋人吓得扔下棍子逃走了。尽管在我们以及怀疑此谣言的那位中国作者看来，这是滑稽可笑的，但站在对义和团的法术深信不疑的中国人的角度来看，这个故事的深层含义是，它证明外国人接受了中国人的世界观，关于紫竹林的那对老夫妇的传言也表达了这种愿望。[24]

1900 年夏此类谣言四处流传，它们具有浓厚的政治色彩。从内容来看，此类谣言似乎是支持义和团运动的上层人士造出来的。李鸿章因在 1895 年的马关和谈中背叛了中国的利益而招致人们的普遍仇视。有谣言说，李的侄子是日本天皇的驸马。有一份"二十五条和约"，是 1900 年 7 月 3~4 日湖南省衡州的群众，在焚烧府城的意大利、法国和英国教堂时刊印散发的传单。这完全是一份伪造的文件，假托了慈禧太后发布的谕旨的形式。"和约"充满了爱国热情和强烈的排外情绪，把此前数十年间帝国主义者的侵略所得几乎一笔勾销了，其中包括取消中国应付的所有赔款，日本将台湾交还中国，德国归还胶州湾，俄罗斯归还大连湾，各国赔偿中国兵费 4 亿两银子，赔偿义和团兵费 4 亿两银子，在华所有各国教堂一律充公，中国恢复对高丽和安南的管理权，日本须按照乾隆时期的成例遣使入贡，所有东、西洋人与中国官员相见均须行叩头之礼，各国向中国输入的货物一律加倍收税，运往外国的货物也加倍收税，洋人不准在中国游历等。"二十五条和约"超越了大多数义和团的绝对排外主义，因为"和约"认可中国与各国间的贸易和其他形式的交往，其前提条件是中国的主权受到完全尊重。[25] 主权问题代表了人们的愿望，这在 1901 年的《辛丑条约》中也得到了明确的体现，该条约更加客观地反映了当时中外关系的严峻现状。

插图 5-2 处决俄国和日本土兵

这幅画描绘的是俄国和日本战俘当着端王和董福祥的面拾至面拾至判官（右上角）前受审，随后被处决（左上角）的场景。选自 H. C. Thomson, *China and the Powers: A Narrative of the Outbreak of 1900*。

骇人听闻的谣言

1900 年春夏盛传的另外一类谣言是因担心和焦虑引起的，这并不令人惊奇，因为这个地区遭受着旱灾之苦和死亡的威胁。中国和外国的许多观察家都把旱灾与谣言的盛传联系了起来。据刘孟扬记载，天津直到 3 月份仍未下雨，遂使"谣言益多"，大都针对洋人和教民。[26]山西的美部会传教士贾侍理在 6 月下半月的日记中写道："我们约在 6 月 1 日开始听到了发生骚乱的模糊谣言和诋毁洋人及教会的传言。这是持续已久的干旱引起的。由于食物短缺，无人雇工，人们聚集在街上互诉痛苦和不满情绪，探究为什么这些灾难会降临到他们头上。"[27]山西永宁的中国内地会传教士奥利维亚·奥格伦注意到，因"长期的干旱和饥饿"，当地民众变得日益焦躁不安。他记述了 6 月中旬义和团初次来到该地区后很快流传开来的一些特别的谣言："谣言随即传开……大意谓义和团佩有能点火的纽扣（这是假的），他们还偷抢女孩编入'红灯照'。有些荒唐的谣言则说，洋兵躲在货箱里来到此地，被称为'天兵'的义和团在洋兵快到时飞升上天了。"[28]

正如奥格伦观察到的，表达忧虑的谣言主要是暴力和伤害行为引起的。罗兰·艾伦记述了 6 月初发生的一个故事，它与京城一个教民的朋友有关：有天晚上，那位朋友在回家途中看到一个 16 岁左右的男孩走在街上，用白粉笔在某些人家的大门上做记号，然后作揖。当院里的人注意到男孩的所作所为时，就忐忑不安地来到门口，议论这预示着什么：被做了记号的人家是义和团的朋友还是敌人，是要得救还是难逃一死。教民的那位朋友上前抓住男孩的辫子，问他的愚蠢举动意味着什么。旁观者似乎被他的大胆举动惊呆了，他居然敢惊扰义和团的密使！男孩起初还想厚着脸皮耍赖，但当这个男人威胁说要送他见官时，男孩就跪在地上连声求饶，说他只不过是在开玩笑，为的是吓唬别人。艾伦评论说："在那段日子里，人们不知道一些最简单的举动意味着什么，任何不寻常的情景或声音都可能使人成为野蛮暴行的牺牲品。"[29]

有时候，成为"野蛮暴行的牺牲品"会带来可怕的后果。6月，当一支美国海军陆战队即将从塘沽出发救援天津的洋人时，关于他们的命运（包括受到狂热的义和团的伏击）的各种谣言流传开来。一位几乎没有战斗经验的年轻海军陆战队队员被吓得心惊肉跳，跑向军营中的一个又一个中国人，绝望地询问，如果海军陆战队真的受到伏击和他被俘虏，到底会发生什么事情。那些当地人给他讲了许多令人毛骨悚然的故事，内容都是被俘虏的敌人遭受的种种酷刑。这个可怜的年轻人极为恐慌，精神很快到了崩溃的边缘。海军陆战队出发不久，即传出一声枪响。这个惊恐不安的年轻人"在歇斯底里地高喊几声'伏击'后"，就让一颗子弹穿透了他的心脏，他立刻死去了。[30]

近来关于谣言的研究表明，忧虑常常能引起谣言，也会因谣言而进一步加重。[31]有人指出，可以把谣言视为"一种机会主义的信息病毒，因能够引起使它得以广泛流传的忧虑情绪而高速蔓延"。[32]谣言和忧虑之间的这种相互作用在1900年的华北同样发生过。5月底6月初，天津地区民众的神经已因干旱和义和团引发的暴力事件而处于高度紧张状态，谣言的流传进一步加剧了人们的普遍忧虑："有谣言

说，［拳］匪趁人们不注意时剪掉他们的辫子①。[33]另一个
谣言说，义和团夜间所画的红圈突然开始出现在人们的房门
158 上。还有许多旨在使听者惊骇的谣言四处流传，结果，天津
附近三义村的教民被吓坏了，都乘着夜色逃离了家园。大家
的忧虑也由此加重了。"[34]7、8月间，太原地区警讯频传，说
洋人即将入城，某村某庄的教民造反了等。据刘大鹏记载，
每次谣言传开，人们都怕得要死。他记述了如下两件事：

> 六月初九日［1900年7月5日］，二鼓后，王郭村
> 忽传洞儿沟教民杀来，人民惊惶，奔走相告。未几而三
> 家村，而长巷村，而南北大寺，而小站营，而小站村，
> 亦皆淆乱，悲啼呼号。男负其妻，子负其母，披星踏
> 露，四散遁逃。有伏围中者，有伏猪圈者，有伏苇田、
> 稻畦、莲畹者，扰攘通宵，天晓乃知其讹。
> 七月十五日［1900年8月9日］，漏下三鼓，有人
> 言柳林庄［太原附近］数百教民，各持器械，乘夜渡
> 汾而西，为其党报怨，大肆暴虐。于是村人汹汹，鸠聚
> 数千，俱至村之东南隅，排列数层，执兵以待。皓月之
> 下，遥瞻汾岸仿佛有人，一行蜂拥而进，拭目视之，又
> 似停趾不前，时惊时疑，无人敢探。及至天晓，乃知系
> 田中梁苗，因风摇曳而然也。疑草木皆兵，此其是
> 也。[35]

6月中旬，书院教师唐晏在由北京赴怀来县（直隶西
159 部）途中，看到各处民众都非常惊恐不安。有两天晚上，

---

① 人们普遍相信，巫师用剪下的辫子摄人的灵魂。

人们都传言武装教民要攻打他下榻的旅店所在的城镇。第一天晚上，事实证明是虚惊一场。第二天晚上，他刚要就寝，忽闻有人拍打店门，高声呼叫："有二毛子［教民］数百人，已上山，去此不远，宜急为之备。"住店的人都被惊醒，非常害怕。唐和同伴们对大家讲了昨夜的谣传（后来发现是由邻城的枪声引起的），终使大家安静下来，回床休息。[36]

　　因环境突然变化而产生的谣言有异乎寻常的吸引力，会得到普遍的认同。8月15日，即八国联军抵达北京的次日，谣言四起，说洋兵要开炮把京城的人全炸死，故而惜命者弃家舍财逃出城去。[37]7月中旬洋兵攻占天津时，天津的情况也是如此，只是谣言所指的对象有所不同。直隶总督裕禄奏称，教民头裹红巾黄布，假扮成义和团（"无从分辨"），混迹城乡，暗埋地雷。[38]另外一个谣言则说，中国官兵将于某日用大炮攻打天津城。宋庆将军已运来9门大炮，某处已埋设地雷，某处已来无数义和团，要用武力夺城。据刘孟扬记载，天津居民被谣言吓得要死，逃走者日益增多。[39]

　　6月初，当北京的形势日趋紧张之时，京城的洋人中也流传过类似的"毁灭性"谣言。美以美会教士玛丽·波特·盖姆维尔描述了当时的气氛："谣言满天飞。新下的一道谕旨似乎允许进一步使用暴力。在邮局，他们说我们是安全的。在使馆，他们说我们在北京比在天津更安全。而中国人则说，定于明天消灭在京的所有洋人！"[40]

　　在环境毫无变化而相同的谣言天天流传的情况下，人们有时候会不再把谣言当回事。美国长老会教士芳泰瑞5月3日在北京写道："自从我到中国以后，全部消灭我们的日期至少已被确定过 50 次了。如果不是这样，我们是很难保持平和的心态的。"[41]费启浩（音译）是山西汾州的教民，属于美部会。8 月 14 日，有人叫他赶快逃命，因为他在汾州的外国庇护人都将被杀死。费说他对此没有在意，因为他"对此种谣言早已无动于衷了。两三个月以前，没有一天人们不在街上说'今天洋人将被全杀光'，或者'明天房子将被全烧光'"。[42]在不同的环境中，人们可能会忽略谣言中的具体时间，但仍会相信谣言的基本内容。据贝如意的日记记载，一个又一个谣言都是无稽之谈，但是，谣言预言的死亡最终不可避免地降临到了她的身上。[43]

危险、变化无常与谣言的盛传

前文述及的所有谣言，无论是在洋人中流传的还是在义和团、中国老百姓或中国教民中流传的，无论是表达愿望的还是表露忧虑的，都是因 1900 年春夏华北每一个人面临的危机局面而产生并流传开来的。与许多其他危机一样，此次危机也包含着两个主要因素：一是危险即将来临前的紧张感；二是极度缺乏人们最关心的问题的有关信息，人们不知道其他地方正在发生（或已经发生）的事情，对前途没有一点把握。

在这种形势下人们感到痛苦和绝望，谣言则起到了缓解痛苦的作用，这是任何地方都可能出现的一个普遍现象，而且一次又一次地得到了验证。罗斯诺断言："在一个变化无常的环境中，谣言会广为流传，因为谣言可以消除认识上的不确定性带给人们的紧张情绪。"[44]古斯塔夫·亚霍达写道："在大批人聚在一起又得不到足够信息的环境中，比如在集中营或战俘营中，必然会产生一系列谣言。虽然大多数谣言都没有根据，但至少可以在一段时间内消除由不确定性造成的痛苦。"[45]

"战争谣言"是一个特殊的种类，它与1900年华北的形势密切相关。保罗·富塞尔富有远见的评论证实了罗斯诺和亚霍达的判断。富塞尔说："在所有人都迷惘和部分人有死亡危险的情况下，谣言意味着希望，意味着可能会有奇迹发生。与任何故事和猜测一样，谣言可使毫无意义的现实多些色彩。我们很容易理解，为什么士兵们需要经常听到好消息，但他们为什么也需要虚假的坏消息就难以令人理解了。答案是，虚假的坏消息总比无消息好得多。即使是令人悲观和恐怖的消息，也比难以捉摸的现实强。"[46]

1900年外国方面最引人注目的"虚假的坏消息"是，7月中旬媒介宣布京城的所有洋人（只有两个除外）都在7月6日和7日遭到屠杀。如下的标题出现在世界各地的许多报刊上：《北京的洋人尽遭屠戮》、《北京大屠杀已得到证实》、《屠杀的消息是真的》、《所有洋人均已死亡》。关于大屠杀，有详细的报道：进攻是由义和团在宫廷内的主要支持者端王发动的。各使馆周围的大街小巷躺满了洋人和中国人的尸体。反对义和团的领袖人物庆亲王听到进攻的消息后率领自己的部队前来救援，但他们人数太少，为敌所败，庆亲王也遇害了。端王为庆祝胜利，用10万两银子和大量的大米犒赏义和团。《纽约论坛报》刊登了一篇7月17日发自伦敦的文章。该文斥责"已经发表或即将发表的所有详细报道都毫无价值"，然后却以权威的口吻宣称，尽管日期可能有误，但"残酷无情的大屠杀确有其

161

事，毋容置疑"。华盛顿、伦敦和其他国家首都的最高层人士都陷入了"深深的忧虑和悲观"之中。在谣言引起的恐慌继续蔓延的过程中，有关的报道更加详尽了，结局却令人不可思议，事实证明，原来的报道毫无真实性可言。[47]

在存在极大危险和缺乏可靠消息的形势下，可能发生的事情之一是，判断"真相的标准"会有所变化。在人们身处危险之中特别渴望得到消息而消息来源却被切断的情况下，人们比平时更易受到感染，能够接受他们心态平和时定会提出质疑的种种传言。[48]他们怀着最美好的希望，但做着最坏的打算。如果人们先入为主地认为某类人很坏，那么关于这类人犯有恶行的某些谣言就更容易以假乱真，被人们所接受。20 世纪 80 年代，美国有许多人相信关于有人像魔鬼撒旦一样吃人肉、吃人的粪便、喝人尿和人血的指控，因为在此之前人们已普遍接受了撒旦是魔鬼的化身的说法，而且长期认为美国确实存在一批甘受撒旦驱使的人。[49]与此相同，1900 年 7 月西方人更容易相信北京的所有洋人已全遭杀戮，因为他们认为中国人绝对会采取此种行动。

普通谣言：反洋反教的宣传

可以想象，1900 年中国人中同样有此现象：这一年到处流传的关于洋人和教民的"虚假的坏消息"，中国老百姓都愿意相信，因为他们长期以来一直厌恶洋人和教民。前文述及的许多谣言都有特殊的背景因素，不会反复出现。与此相反，此处谈到的谣言在本质和内容方面都更具有普遍性。此外，由于洋人和教民不仅威胁到义和团，而且威胁到全中国民众，所以，义和团通过散布谣言和经常强调他们是民众的保护人，就能够赢得更多人对他们的支持。谣言当中有一种"虚假的坏消息"，来源于中国由来已久的关于洋人和教民的一些粗俗不堪、令人痛心且常常带有种族歧视色彩的说法。另一种谣言虽然也针对洋人和教民，但它是此前中国历史上出现过的集体性恐慌或歇斯底里症的翻版（世界上其他地方也有此类危机），而且都以死亡为主题。

中国人的反洋反教宣传包含有许多主题，其中一些虽可追溯到明朝末年，但广为流传则始于 1860 年以后，一个多世纪以来外国传教士于 1860 年初次获准在中华帝国全境传教布道。有时候，反洋宣传集中于洋人奇异的社会实践和性行为，推而广之，矛头也指向中国教民，因为他们或多或少都受了洋人的影响。受指责的行为包括男女杂处、做弥撒时互相奸淫、母子乱伦、往脸上涂抹妇女的月经、买来年轻姑娘用符咒迷惑后大肆奸污等等。干此类勾当的人都被明确或含蓄地指为道德和文明秩序的大敌，根本缺乏做人的资格，所以他们常被描绘成羊、猪和其他动物。[50]

反洋反教宣传的另一个主题所涉及的行为更加邪恶。这些行为不仅以最可怕的方式直接威胁到中国老百姓的安全，而且使洋人（外部的敌人）和中国教民（内部的敌人）成了恶魔。据传，湖南有个教民专割男人的发辫、女人的乳头和男孩的睾丸。天主教神父的行为尤其令人怀疑。正如前文述及的，临终圣礼极易被曲解为神父掩饰其真实意图所耍的花招，实际上是在挖取濒死者的眼球。天主教徒为收养遭遗弃的孩子而广建育婴堂，也受到人们的误解。

163

1862 年江西南昌发生反洋教事件后，巡抚差遣的官员询问南昌的一些居民，传教士收养遭遗弃的孩子是不是好事。居民回答："本地居民仅限于收养新生婴儿，但在他们的育婴堂，买来的男孩女孩都已 10 多岁，您认为他们的目的是收养孩子呢，还是以此为借口割取孩子的重要器官和肢解孩子呢？"[51]

1870 年发生的天津教案，人们对天主教育婴堂的怀疑是导火索之一。6 月，天津育婴堂流行传染病，使婴儿死亡率居高不下，同时，始于春季的迷拐幼童事件层出不穷，许多居民（包括非天主教的洋人）相信拐骗者受到了天主教修女鲁莽行为的鼓励，她们出钱"引诱拐骗者把病入膏肓的孩子带去给她们，在孩子弥留之际施洗礼"。[52]

肢解人体、买卖器官（中国人常把这与可怕的绑架事件联系起来）和以制药为目的的行为（例如配制长生不老灵药等），触动了中国人内心深处的忧虑和恐惧，自明朝以来，中国人就视这些行为为大逆不道。巴伦德·J. 特哈尔指出，这些忧惧部分来源于至少可追溯到宋朝的传说，他还令人信服地论证说，对肢解人体、损毁容貌、用迷药谋财害命以及其他骇人听闻的恶行的指控，一直是此团体（社会派别或种族）成员攻击和诋毁彼团体成员的惯用方法。涉及此类恶行的谣言不但符合关于教民和洋人的惯有说法，而且符合持续达数世纪之久的一项传统，19 世纪的反洋反教传统就是由此演化而来的。[53]

164　　1900 年夏，此类谣言盛传开来。住在天津北部的两个天主教修女被一群愤怒的中国人杀死了，原因是（据当地的一个拳民后来回忆），有人指责她们罪恶累累，尤其是她们迷拐幼童，送往教堂挖取心脏。[54]

插图 5 – 3 猪叫剜眼图——天主教传教士剜中国教民的眼睛

19 世纪末的这张揭帖右侧的对联指出，神不可欺：欺神自有神知，你剜人人又剜你。左侧的对联警告"死鬼"（中国教民，他们已经丧失道德）：死鬼才从鬼叫，光求瞎瞎莫求光。说得更清楚一点，院子里有两个教民，他们的眼睛已经被洋人剜掉，现在卑怯地爬行在洋人身后。选自《谨遵圣谕辟邪全图》。

刘以桐是当时最同情义和团的旁观者之一。据他记载，6 月 10 日，当北京及其周围地区的形势日趋紧张之时，教民纷纷涌入京城，妇女的鼻子上穿着绳子。原因在于，男教民都被义和团砍杀净尽，妇女畏惧，不愿继续随教，洋人怒其反悔，令她们吃下一种药，她们即自行将鼻子穿绳，任洋人像拉骆驼一样拉着她们。到京后，她们被藏在西什库教堂，身体上贴着膏药。如果揭下膏药，人即死去。膏药还卖给其他人，两元洋钱一个，但买了膏药的人中也有不少死掉了。[55]

刘记载说，7 月 1 日有三个瓦匠投奔驻北京的某个军营。他们供称，他们为洋人干活已达 21 年，现在饥饿难耐，只好出来自首。使馆区洋人的饮食已绝，所以藏在城下地道内，宰杀人和马为食。[56]

165　　如前所述，义和团称教民为"直眼"。据管鹤记载，义和团宣称教民人教后常吃洋人的药物，眼睛即直视，与常人眼睛灵活转动者不同。这是义和团区分教民和普通百姓的方法之一。[57]

　　叶昌炽在京城的一个朋友告诉他，某照相馆内的鲜荔枝被错当成了人眼。另一个朋友对他说，义和团捣毁一西医学堂后，发现一物，最初以为是人的干尸，众人群情激愤，后来发现那只不过是个蜡人。另有一个熟人对叶讲了教民列"阴魂阵"以防御义和团的情况。教民列阵，剖开孕妇的肚子（可能是为了招来阴魂），且男女裸体追逐，以阻止神帮助义和团。[58]

　　由于义和团认定拍摄照片需用人的眼球，所以他们把某照相馆馆主捆绑起来，施以酷刑，要他指出藏眼球的地方。[59]有人记载，义和团为了证实其异想怪念，扣留了京城传教士办的盲人学校的几个姑娘，"强迫她们承认洋人挖掉了她们的眼睛"。[60]1900 年夏，天津有人传说，义和团的总

166　师傅是个 108 岁的老人，法力无边，曾潜入紫竹林的一栋洋楼，看到三个大瓮，一贮人血，一贮人心，一贮人眼。[61]北京流传的一个关于人体器官的可怕谣言说，各教堂洋人将教民家之妇女，尽行拘留，将阴户割去，再行出卖，每人卖银三两。[62]

　　这位佚名作者讽刺说，这个谣言是义和团故意四处传播的，意在"激怒民人，使之恨西人也"。[63]这种怀疑态度在当时的名流中虽不罕见，但并不普遍。另有许多人，包括一

插图 5－4　猪叫取胎图——天主教传教士挖取胎儿

外国传教士经常受到指控说，他们挖取孕妇的胎儿和胎盘用于制药、炼丹和巫术。在流传于 19 世纪末的这张揭帖中，洋人头戴绿帽子，意指这个人的妻子与人通奸。右侧的对联揭示了儒家学说讲究多子多福传统的重要性，左侧的对联呼吁尽快消灭异端（基督教）和洋鬼子。选自《谨遵圣谕辟邪全图》。

些饱学之士，虽然不相信义和团的所谓法术，却毫不犹豫地认可了义和团对教民和洋人的种种指控。恽毓鼎常在日记中贬低义和团的法术，说义和团"挟其邪术，煽惑愚民"，但他在 6 月 14 日（五月十八日）的日记中却以肯定的语气写道："拳民从教堂中搜出恶物甚多，人眼珠、心肝、阳物等类，有数十缸，甚至剥人皮、刳孕胎以为魇魅，伤心惨目，行路者咸悲愤。"[64]

　　上述种种谣言的作用很复杂，很矛盾。一方面，它们加剧了世纪之交由其他因素在人们心中造成的恐惧和忧虑；另一方面，它们又可缓解人们的紧张感和心理压力，因为它们

167

既能使众人分担个人的忧惧，又能把众人的忧惧转化为对可恨的洋人的愤恨情绪。

因此，正如民俗学家和社会学家所言，谣言的作用在一定程度上类似于"当代传奇"的作用。[65]虽然某些当代传奇（也被称为城市传奇、现代传奇或典型故事）的内容相当吉利，但也经常出现一些骇人听闻的主题：拉丁美洲的婴儿被绑架，用来给美国的器官移植者提供各种器官；在美国，孩子们（有时更具体为金发碧眼的处女）被邪恶之徒诱拐和杀害；在法国，前往犹太人开的时装店购物的年轻姑娘遭店主绑架，卖给妓院，被迫卖淫。[66]在世纪之交的中国，中国的敌人残忍地割取百姓的器官，广泛用于邪恶的目的。此类传奇常常会成为长期流传的神话的原型，在不同的时间和地点被人们口耳相传时，其细节会有所不同。通过指明压力和痛苦（即使仅仅在比喻意义上）及其来源，这些传奇可以（至少在一定程度上）抑制因担忧和困惑而造成的混乱局面进一步恶化。它们可在浑沌不明和充满危险的环境中起到澄清事实的作用。重复一下富塞尔的高论：在这种情况下，"即使是令人悲观和恐怖的消息，也比难以捉摸的现实强"。

普通谣言：井中投毒引起的恐慌

1900 年广泛流传于华北的第二类普通谣言也集中在洋人和教民为残害中国老百姓而采取的行动上。如前所述，洋人和教民（有时则相反，是义和团）被指责在人们的房门上涂抹血迹和其他红色颜料。此类行动引出的谣言虽不尽相同，但大都声称会对房主造成伤害：他们可能生病，可能死亡，或者发疯，互相残杀，自焚而死，还有，他们的孩子可能被迷拐。[67] 义和团的一个揭帖声称，6 月 22 日夜在正定府城，凡触摸门上用鲜血涂成的圈叉图迹的人，都发疯发癫了。[68] 除散布这些谣言外，义和团还以社会的保护人的身份劝告民众，如在门上发现血迹，可用石灰和人尿洗刷之，这样可免受伤害。[69]

类似的谣言指责洋人和教民剪出大量黄纸人放于闾巷，用于杀害大批民众，[70] 另将毒饼置于道路之上，让不知内情的行人捡起吃下，中毒毙命，[71] 还有一条是迷拐孩子。[72] 但是，此类谣言中流传最广的主题是洋人和教民向各村的井里投毒。早在 1899 年，山东的曹州就出现了这种谣言。由于斑疹伤寒和"另一种瘟疫"的流行，当地民众对此谣传深信不疑。[73] 1900 年春夏，关于井中投毒的谣言在华北"四处流传"，这是中国老百姓对教民"极为愤恨的重要原因"。[74]

义和团的揭帖经常提到投毒之事，并附有解毒的草药药方。北京的一张揭帖末尾有以下的警示和指导："今有外国人井内暗下毒药，用乌梅七个、杜仲五钱［1 钱等于 5 克］、毛草五钱，用水煎服可解。"[75] 无疑，发布这样的信息使义和团成了社会的保护者和拯救者，同时也不可避免地加重了民众的担忧。

此外，井中投毒的传言为泄私愤报私仇的人提供了极好的借口，这些私仇与义和团运动及其公开宣扬的目标毫无关系。刘大鹏记载说，7 月 16 日至 7 月底，山西每天都有村民处死放毒者的消息传来。[76] 然而，刘的断言需与贝如意的观察进行一番比较。贝如意经常在信件和日记中重申，被处死者往往是与当地洋人无任何关系的"教外"之人。7 月 6日贝如意在太谷写道，局势"越来越令人绝望，每天都有暴行发生，最后教民和百姓都在为自己的生命安全而担

169

忧。……昨夜，附近某村庄的两个男人（非教民）被杀，罪名是受雇于洋人向井中投毒，并往四处撒药。实际上，这两个人与我们毫无关系。村里的头面人物出面保他们都没有用，他们很快就被烧死了"。[77]

1900 年华北流传的投毒谣言在当时引起了集体性的恐慌。伊懋可指出，在 1899 年下半年到 1900 年初义和团最活跃的地区，即从山东东北部的青州和潍县到直隶的天津和通州（京城郊外）一带地区，特别容易出现群体性情绪失控现象。[78]为了论证这个看法，他提请人们注意 19 世纪下半叶该地区发生的另外两次大恐慌。一次是 1872 年由活跃于保定南部地区的圣贤教煽惑起来的洪水恐慌。据《北华捷报》驻保定通讯员报道，圣贤教的头头们宣称："某日洪水将到处肆虐，只有少数建好船只做好准备的信徒能逃过这一劫难（像诺亚方舟一样）。人们闻言即大量造船，并广备口粮以待灾难来临之日。"然而，这一天平静地过去了，"人们颇为困惑，备有饮食准备航行的船只都摆放在自家门口。许多人把船立即拆散了，但是［20 年后］这个地区仍能经常见到朽坏的船只，作什么用途的都有"。[79]

伊懋可所说的第二个事例是迷拐孩子引起的恐慌。这种恐慌 1897 年在天津出现后，迅速扩散到直隶和山东境内。洋人被视为主要罪犯，就许多方面而言，这是义和团运动时期谣言惑众局面的一次预演。《北华捷报》6 月底报道说："我们听说天津……已处于极度的恐慌状态。因担心绑架者出没，居民们彻夜难眠。排外的阴谋家和有卑劣目的的无赖们正在呼吁居民们报复洋人。"在天津，每年到了"南方收购陈粮的商人到来之时"，迷拐孩子的谣言就会流传开来，因为在此期间或多或少会发生广东商人购买或迷拐孩子的事

170

件。然而，今年的谣言"极其苛毒"，因为 1870 年被毁的罗马天主教堂即将重开；京津铁路于 6 月建成，部分人担心会失业；此外还有许多其他因素。铁路建成后京城即流传谣言说："孩子们被埋在枕木底下，或被杀死用于加固桥梁。"以前关于洋人挖取人心人眼的传言再度复活，而且"民众对此深信不疑"。据传，山东某地抓获的一个拐匪供认，他把一颗心和两只眼睛卖给了洋人，得到纹银 100 两。另一个地方的一份揭帖宣称，500 个能施催眠术的人已被从天津派出，专门迷拐孩子。许多不幸的中国人被错指为拐匪，以酷刑处死。[80]夏末秋初，迷拐孩子的谣言突然消失了，与突然出现时一样令人不可思议，[81] 1872 年的洪水恐慌以及其他时间和地点发生的群体性情绪失控现象也与此相同。

　　毫无疑问，在 1899 年底至 1900 年夏义和团十分活跃的地区，以前就发生过许多例群体大恐慌事件。问题在于：这种现象是否绝无仅有？直隶和山东境内经常出现群体性大恐慌（如伊懋可所指出的），这是因这个地区民众的特殊性格使然呢，还是普遍出现于群众的忧虑情绪达于极点（无论什么原因）的中国其他地区呢？笔者在此不打算全面回答这些问题，只要注意到这一点就足够了：许多学者进行的研究都表明，这种群体性的大恐慌在中国的其他许多地方也经常出现。据孔飞力研究，1768 年的剪辫恐慌初起于浙江省，主要扩散于华东和华中地区。特哈尔根据大量史料追述了16 世纪末以降发生的一系列群体性大恐慌，其中有些是因剪辫传言引起的，许多则是对迷拐人口犯罪的忧虑情绪引起的，不但在华北地区经常发生，而且在福建、湖北北部、广西、广东以及长江下游地区也屡见不鲜。[82]

　　特哈尔的另外几个论点也适合在此处引述。他的主要论

点之一（恰巧与伊懋可的分析针锋相对）是，民众对传教

171 士和教民采取的暴力行动往往是存在已久的文化和社会行为模式的翻版，其起因与洋人或教民毫无关系。更符合我们的思路的是，特哈尔特别强调环境因素（与特定地区民众的行为因素不同）对诱发群体性大恐慌的重要性。因此，1891年发生在长江流域的反洋骚乱的主要原因在于，连年干旱造成了紧张情势（干旱对城市居民打击尤其重，他们是骚乱的主要参与者），而且，与传教士或洋人无关的暴力犯罪已到了非常严重的地步。特哈尔还指出，在交通和贸易发达的人口稠密地区，谣言传播的速度更快，谣言引发恐慌的次数更多，这种看法不但适用于华北地区，也适用于他提及的发生恐慌的其他地区。[83]影响谣言流传的广度和速度的另外一个环境因素，是中央和地方政府在谣言初起时做出的反应，我在查阅义和团时期的文献时强烈地感觉到了这一点。1900年春夏谣言在华北地区广泛流传的一个原因是，义和团运动初起时清廷的政策摇摆不定，后来则决定给予支持。在民众看来，清廷的支持似乎是给义和团最缺乏理智的诉求披上了合法的外衣。在这种形势下，谣言未受遏制（中国政府对付谣言的惯用办法是遏制），而是受到了鼓励，尤以山西省最为突出，因为山西巡抚毓贤以怀有强烈的亲义和团和反洋情绪而闻名遐迩。这也许有助于解释为什么山西民众会陷于惊恐万分的状态，对此，中国人刘大鹏及外国人贝如意和其他传教士都有记载。

撇开华北民众（至少是大部分民众）是否特别容易受到群体性恐慌的影响这一问题不谈，我在此提出另外一个问题，它与这里讲的大恐慌的内容同样密切相关。为什么要向大批群众投毒？为什么在公共水源中投毒？如果你接受这样

的观点：谣言在传递信息，尤其是在传递民众对处在危机中的社会所怀的忧虑情绪的重要信息，那么要回答上述问题，首先应明确一点，即谣言引起的恐慌与当时的社会环境之间是有内在联系的。迷拐人口引起的恐慌不但在中国已有很长的历史，在其他许多国家也是如此，其核心在于大众对孩子的安全十分关心，因为孩子最容易成为绑架者的牺牲品。[84] 另一方面，集体中毒的谣言更能体现人们对诸如战争、自然灾害和瘟疫等威胁社会上所有人的重大危机的忧惧情绪。

172

　　实际上，这正是我们发现的事实真相。在罗马，人们曾指控第一批基督徒犯有井中投毒和其他类似的罪行，在中世纪黑死病流行时期（1348 年），犹太人成为谣言的攻击目标。1832 年巴黎流行霍乱时，有谣言说，毒粉已被投入全市的面包、蔬菜、牛奶和水中。第一次世界大战初期，所有尚武好战的国家都在传播谣言，说敌特已潜入境内，正在向水源投毒。1937 年中日战争爆发后，某些报纸指责汉奸投毒污染了上海的饮用水。[85] 1923 年 9 月 1 日日本关东大地震引发了冲天大火，谣言随即流传开来，指责朝鲜人和社会主义者乘机纵火，而且要阴谋暴动，并向井中投毒。[86] 20 世纪 60 年代末尼日利亚内战期间，比夫拉也在盛传投毒的谣言。[87]

　　在此类事例中，谣言一般是针对外来者（或他们在内部的奸细）的，他们往往被指控试图毁灭正在流传谣言的那个社会。无疑，义和团运动时期中国的形势正是如此。1900 年春夏，人们指责洋人是造成天旱无雨的罪魁祸首，与此相同，关于洋人及教民向华北各地水源投毒的谣言也是把外来者视为剥夺中国人最重要的生活必需品的邪恶势力。因此，关于井中投毒的谣言直接反映了民众的担忧，即当时普通老百姓内心深处最大的隐忧——对死亡的恐惧。

第六章　死亡

及伊行至张登［直隶清苑县的一个镇子］，拳民聚集数千，时五月初八日［1900年6月4日］也。上灯时，闻人声鼎沸，及呼号哭泣声，始知拳民烧杀教民数十家。其工人往观，教男已逃散，惟留妇女，皆烧死房屋中。有少妇逃出，被拳以刀破其腹，砉然有声，数拳攫其股肱，抛入火中，惨不可言，臭闻数里。

　　　　　　　　——艾声，直隶定兴县居民[1]

义和团不乱杀人，杀人都有目标，有线索，凡要杀的我们准知道他们是二毛子［教民］。

　　　　　　　　——李元善，原义和团员，天津[2]

在途中［1900年8月末从北京到天津］，我们路过的村庄都空无一人。田里的庄稼都已成熟，但无人照看或收割，任凭腐烂。往年这个季节，农田里人来人往，生机勃勃，每块田里都有守田人的小屋，每个打谷场都被利用起来，男女老少都在忙秋收，然而现在一个人影也见不着。我们走进一个又一个屋子，破碎的杯盘四处散落，墙角散发的恶臭令人窒息，井里的水散发着疾病和死亡的奇异气味。

————罗兰·艾伦，北京的英国神父[3]

是日［光绪二十六年五月二十九日，1900 年 6 月 25 日］有人在吕祖堂①下坡，见一死尸，系被匪首曹福田所杀者，其肾被割去，而将其首级割下，置诸两股之间，仰身僵卧，惨不可言。彼等以性命为儿戏如此。至其杀人之法，一刀毙命者甚少，多用乱刀齐下，将尸剁碎，其杀戮之惨，直较之凌迟处死为尤甚。

————刘孟扬，天津居民[4]

夫都城之内外，以及近畿一带周百余里内，约死者数百万人也。尸积遍地，无人掩埋。时在孟秋，腐肉白骨，横于路途，其秽不可近鼻。黎民涂炭之苦，无处可明矣。烈火延烧数千万户之多，日夜烈焰腾空不熄。余思之，自大清以来，都城之惨烈，未有如是者也。

————洪寿山，北京居民[5]

义和团把教民的婴儿碎尸万段，现在日本人和俄国人以严厉的手段加倍奉还。士兵们对我们讲的事极其恐怖，殊难形诸笔墨。

————萨拉·古德里奇，北京的美国传教士[6]

①　里面供奉的是道家八仙之一的吕洞宾（唐代或宋代）。吕祖堂坐落在天津城墙西侧，是义和团的一个总坛所在地，是 6 月上半月由曹福田修建的。

在讨论义和团运动时，人们的视角不同，观点各异，但重点一般放在以下几个方面：义和团运动的特点（拳民的迷信行为、落后意识、仇外心理、爱国精神）；传教士和教民遭受的牺牲；外国军队对义和团运动采取的正义的和英雄主义的行动；义和团运动的结果（更确切些讲，是最终的外交解决方案）对此后中国历史的影响。我们当然听闻了当时发生的许多死亡事件，但人们往往以平淡的语言和冷冰冰的统计数字记述死亡，甚至哈罗德·伊萨克斯下面这段稍带感情色彩的话也不例外："1900 年的血光之灾结束之前，有 200 余名'洋鬼子'遇害，被杀死的教民据说超过 3 万人。八国联军由天津开进北京，后来杀向中国东北，所获总报酬超过损失许多倍。先是教徒遭受了牺牲，后来，为教徒复仇的军队则大肆抢掠，大开杀戒。"[7]

在此类叙述中，死亡成了一个群体性的概念，代表着义和团的残忍、外国援军的野蛮、教徒的苦难以及无辜者的惨死。但是，死亡事件也能向我们展现个人的经历，此点却基本上被忽略了。在下面的章节中，我将探讨死亡包含的个人经历的层面。我将把重点放在由战斗和其他暴力行动引起的死亡和破坏事件上。

除已成事实的死亡事件外，还存在一种更为普遍的现象（前面的章节中已经述及），即在 1900 年的华北地区，许多人都怀有对死亡的忧惧情绪。因春季的持续干旱而变得无所事事的农民越来越饥饿和紧张，年过 30 的人尤其如此，因为他们对 19 世纪 70 年代末可怕的死亡和饥荒记忆犹新。年轻的义和拳民花许多时间学习和实践能使人免于一死的宗教仪式，义和团的许多法术尤其注重于致敌人死命和保护支持他们的老百姓免遭杀害。春夏两季传遍这个地区的表达忧虑情绪的谣言，其中心内容不外乎死亡或身体的严重伤害；甚至广泛流传的表达愿望的谣言，也应被视为消除死亡忧虑的一种方式。然而，用这些方式表达对死亡的忧虑似乎还远远不够，义和团在华北各地张贴和散布的揭帖，一再向民众发出骇人听闻的警告：大难将降临到那些无视义和团传言的人身上。

实际发生的死亡事件虽然不比上面述及的对死亡的忧惧情绪更普遍，但也足以使人触目惊心。公开宣判并处死反对义和团的官员或外国传教士的地方确实比较少（北京的案例在前，太原和山西其他地区的案例在后）。在华北的其他许多地区，由于教民人数极少甚至没有，或者义和团运动尚未确立牢固的根基，所以重大的暴力行动相对比较少。但是，华北还是有不少地方发生了惨祸，或是义和团对教民的大屠杀，或是教民对非教民的"大屠杀"。此外，虽然直接经历了大规模战争的华北部分地区（主要是天津、北京以及京津走廊）的战火被限制在一定的区域内，但是，从1900年夏末到1901年春季，满洲和山西的部分地区以及直隶的大部分地区都受到了外国军队骇人听闻的报复。这个课题虽然屡屡有人提及，但仍需西方学者进行全面的研究。[8]

关于1900年的暴力杀人事件，值得注意的不是其不普遍性，而是其不统一性。不同的人有不同的死法。有些人是受害者，有些人是加害者，有些人是目击者。有人记述了人死时的惨状和号叫，以及死尸发出的恶臭。有人描述了本人或熟人亲眼看到的恐怖的杀人场面。许多人叙述了他们不得不做的各种吓人的选择。简言之，死亡经历和其他经历一样，主要是个人的事情，它是比任何其他形式的经历更重要的关于个人的生平资料。历史没有停滞不前，社会也没有静

176

止不动，只有人在一个个地死去。死亡是生命的终结，由于这个独一无二的特性，对于死亡的畏惧和忧虑就成了形成人们的命运观的主要因素；人们的视线被引离了社会和历史，而更多地去关注他们个人的命运。

我在阅读中发现，记述死亡的许多文献资料都涉及了生活在不同文化环境中的人们设计的缓解死亡时的痛苦的宗教仪式。然而，1900 年夏季在中国的人们经历的许多死亡都是直截了当的，没有伴随任何形式的宗教仪式。所以，当时人们最为担心的事情——死亡，反过来又加重了人们的担忧。

目击者

1900 年，华北地区数以百万计的居民目睹了恐怖景象：野蛮暴行、残酷杀戮和巨大的人祸。艾声详细记述了义和团在定兴和邻县涞水的活动情况。他描述了自己所在地区发生的几次事件。5 月 12 日，数百个义和拳民持械将涞水县高洛村天主教民三十余家男女老少共百余人全部杀害，将尸体塞入井窖中，然后将房屋付之一炬。7 月 13 日，从易州（涞水城西）来的一位朋友说，义和团将某教民一家妇女四口砍了脑袋，把男子吊在树上，等待旗子制成后杀掉他们祭旗，"合城往观，以为可望太平"。艾声感叹道："何妖孽中于人心如是耶？"

8 月 17 日，即八国联军进入北京后的第三天，逃兵溃勇蜂拥来到定兴，引起了极大的混乱。当地拳民头目王洛要潜伏在城中，乘机勾结土匪，打开南城门上的锁，把逃兵溃勇放入城中。他们胡乱放枪，大掠街市。艾声于两天前携家

177

眷出城避乱。不幸的是，他表弟的妻女四人同时投宗祠井中殉难了。[9]

管鹤记叙了天津某处发生的一件惨案：义和团挖掘一巨坑，把数十名教民驱赶入坑，用土和石头活埋。他写道："呼号之声，凄怆之状，不忍瞩目。"[10]

天津有个姓张的人说，7月1日他路经杨家庄，见路旁有男女尸各一具，刀伤遍体，鲜血淋漓。旁边有一个男孩和一个女孩，伏在尸身上啼哭，惨不忍睹。张某怕两个孩子会饿死，就把他们带回了自己家中。[11]

外国传教士也记录了义和团虐杀教民的许多悲惨事件。在山西永宁传教的中国内地会教士奥利维亚·奥格伦记载说，为当地传教士当邮差的那个人"被义和团从监狱里（地方官抓他入狱为的是保护他）拖出来砍了头。他的头和其他许多人的头被一齐钉在城墙上。直到他的寡妻出了狱，才把他的头取下来"。奥格伦继续写道，一些教民"被终生致残。有位头发灰白的老人被绳子捆着大拇指吊了半天。另外一些人的前额上被刀画上了十字记号"。[12]

在北京，芳泰瑞描述了6月13日晚义和团的恐怖行动所造成的后果："以后几天……我们的院子里零零落落地来了一些无家可归的教民，妻子失去了丈夫，丈夫失去了妻子，父母失去了孩子，孩子失去了父母！义和团按照事先拟定的黑名单，在全城各处搜捕与洋人关系密切的人，砍掉他们的脑袋，把他们剁碎，或者带到义和团的住处施以更加可怕的酷刑。"[13]

据刘孟扬记载，在天津之战的最初几天，许多居民想逃出城去。但是，乘船从水路出城极为困难，因为义和团用船只堵塞了河道。在天津城西不远处的杨柳青镇，义和团搜查

178

所有过往船只，以查奸细为名，实际上意在劫掠。有时义和团诬指百姓为教民，杀掉投尸河中，有时连杀多人，河水为之变色。刘还于 6 月 26 日记载说，自从各处义和团起事后，天津的大运河中几乎每天都有死尸漂流，大半肢体不全，都是被义和团杀害的。"某日有一无头女尸，犹抱一小孩死尸，顺流而下，见之令人酸鼻。"[14]

詹姆斯·里卡尔顿是个摄影师，他受出版商派遣前往中国拍摄有关义和团运动的照片。据他叙述，在天津的白河，一天当中曾数次派苦力拿着长木杆到一个特定的河段"疏散拥堵的尸体，使之顺流而下"。里卡尔顿说他"在这些漂浮物中看到了不少人头和许多无头的尸身"。虽然他拍的照片中所见的尸体不多，但他说在其他时间见过许多尸体，"特别是在早晨，经过一夜的聚集，尸体尤其多"。他说，许多人是八国联军杀害的，许多人是义和团杀害的，"无疑，还有不少人"是自杀的。[15]

早些时候，即 7 月 5 日，里卡尔顿乘军官专用艇从塘沽行至天津，他对沿途的所见所闻做了生动的描述："我们路过许多村庄……大多数村庄的村民都逃到野外去了。我们经常碰到顺流而下的尸体。在河的两岸，在河道的每一个拐弯处，我们都能看到从无人的村庄里跑来的饿狗在撕咬被波浪冲到岸边的肿胀的尸体。40 英里地域荒无人烟，家园被抛弃，村庄被烧毁，腐尸污染了河水，发出腥臭的气味。"[16]

7 月中旬，在天津之战结束前，管鹤携妻儿逃出城门，乘船南下，他如此记述沿途情形："沿河所见，浮尸甚多。或无头，或四体不全。妇人之尸，往往乳头割去，阴处受伤，男妇大小，怆形万状，不忍瞩目。且有浅搁河边，鸦雀集嗾者。气味恶臭，终日掩鼻，而竟无有出而收瘗者。或谓此皆教民，为拳匪所杀，平人不敢过问也。"[17]

插图 6 -1 天津白河浮尸

由詹姆斯·里卡尔顿拍摄的这张照片，也显示了法国码头沿线被战火损坏的楼房。美国国会图书馆惠予提供。

使馆区被围困期间，埃玛·马丁曾在临时建成的医院里护理受伤的洋人。8 月下旬，在乘船经运河从北京前往天津的途中，她描述了 8 月初八国联军向北挺进时犯下的恶行：180 "沿途有许多被枪打死的中国人的尸体，这些尸体在阳光下腐烂发臭，任凭狗咬蛆吃。许多尸体漂浮在水中，发出阵阵恶臭。我们不得不用这种河水烧菜做饭，我还喝过这种水。"[18]

并非所有的死者都是在战斗中丧生的。据奈杰尔·奥利芬特记述，北京的使馆区被围攻期间，法国人于 7 月 11 日在王府井大街抓获了 20 个中国人，由于他们拒不提供任何消息，"就被残忍地杀害了"。有个下士"用刺刀一口气刺杀了 14 个人"。[19] 有个中国人在天津外国租界的大街上击杀了一名法国军官，10 余个苦力立即遭到围捕，被解往军事指挥部，以"证据确凿"惨遭杀害。当时在中国工作的工程师赫伯特·胡佛评论道："这样的审判与塞勒姆巫术审判毫无区别，这再次证明，外国人本身有时也很野蛮。"[20]

插图 6-2　法国人审问中国俘虏

据这张照片的提供者称，俘虏一般都会被枪杀。选自 J.-J. Matignon, *La Défense de la Légation de France*（*Pékin, du 13 Juin au 15 Août 1900*）（Paris: Libraires Associés, 1902）。

181　　　对天津和北京的居民来说，1900 年夏的恐怖经历分为两个阶段，第一个阶段是义和团控制一切，第二个阶段是八国联军占领天津（7 月中旬开始）和北京（8 月中旬开始）。

两个阶段交替的时刻是非常可怕的。8月12日洋兵攻占通州（位于京城以东十多英里处）后，溃败的清兵蜂拥进入北京，使京城居民惊恐万状。内外城门紧闭，街巷行人稀少，各处义和团之坛，尽都拔旗拆棚，踪迹全无。商店铺面全都关门歇业，各住户都紧闭家门，许多人想逃离京城。但是，各城门都被关闭，人们很难出城，且遍地尽是败兵溃勇，到处抢劫杀掠，使人们寸步难行。非北京籍的义和团连夜逃遁，北京籍的义和团则改装易服，一日一夜之间，所有的义和团踪迹全无。[21]有位随从圣驾西巡的老军士描述了八国联军攻占京城时的情形：皇城内的居民都举火自焚了。京城许多妇女无处可逃，纷纷投护城河自尽，尸体堵塞河道，河水为之不流。战死者极多，道旁尸首山积。[22] 8月16日下午，麦美德登上前门城楼，对看到的景象发出了以下感慨："这是个令人悲哀的下午，我现在明白战争会使人间变成地狱。……城墙下横七竖八地躺着清兵和义和拳民的尸体，使馆区附近的建筑物都成了一片废墟。我们看到一群一群的难民，男女老少都有，正在逃离这个死寂的城市。我们看到几个城门的门楼在燃烧，还看到城中许多地方有大火。"[23]

　　一个月之前的天津，情况与此大体相同。有位中国目击者详细描述了7月14日洋兵破城后所犯的暴行：

　　　　城中既乱，奔走恐后。闻人呼曰：北门已启，可由北门出。于是阖城人皆向北门而去。顷刻间，拥挤不得行。城内居中地有鼓楼一座，下有四门，与各城门遥对，洋人率教民登楼，见北门拥挤不得出，连放排枪，每一排必倒毙数十人。又连放开花炮，其弹于人丛中冲

182

出城门外，死者益众，而争逃者亦益多。有被弹死者，有失足被践死者，有因争道用刀乱斫，被斫而死者，有被斫仆地践踏而死者。前者仆，后者继又仆，又践又死，层层堆积，继长增高。……一妇携一子，方拥挤前行，一弹至，所携者倒地，妇号泣曰：我之逃，为此一块肉也，今已矣。遂复回。又一妇抱一婴儿，妇被弹倒地，怀中儿尚呱呱啼，行人践其上，儿亦死。枪死、炮死、刀死、践踏而死，惨矣哉。……积尸数里，高数尺，洋人入城后，清街三日尚未净。[24]

7月16日上午，刘孟扬在街市上走了一圈，他详细记述了看到的情景。他沿针市街东行，见各店铺门上都插着白旗。街上气氛凄惨，行人极少。他继续向东走出针市街口，转而向南，见道旁死尸纵横斜卧，再向南行至北门外桥上，见护城河内堆满尸体，有的露出头，有的露出脚。到处都有洋兵，还有一些身着洋装的中国人。刘一边走，一边担惊受怕，不敢直视士兵的眼睛。他走到板桥胡同，想由此穿过，仍从针市街返回家中。然而，他走到胡同中段时，遇到三具尸体横卧于道，拦住了去路。他只得退出板桥胡同，另外绕道返回家中。刘在全文的末尾写道："虽所见情景无多，然其晦暗凄凉之态，已令人不能忍受。到家后，偶一忆及，犹如有许多死尸，列横目前。痛定思痛，心伤神丧。"[25]

正如中国和外国的观察家注意到的那样，1900年夏季中国人和洋人所犯的暴行是不相上下的。八国联军占领天津期间，洋兵经常侮辱和戏弄当地百姓，强奸妇女，在俄国和德国军队驻守的河东地区尤其严重。[26]8月，一队洋兵来到

张德成的据点独流镇，将该镇焚毁大半，居民（包括守法的良民）死伤者，妇女被奸污者，不计其数。[27] 在洋兵攻占 183
天津后造成的恐怖气氛中，有人把家财重宝藏在棺材中埋入地下。洋兵知悉后，竟将郊区各处及各省会馆义园的所有新坟尽数挖开，破棺取财，尸体暴露于野，任凭野狗和猪乱啃乱吃。当亲属来认时，尸体早已残缺不全了。原天津知府李少云的棺材被三次破开。记载这件事情的日本作者感叹道： 184
"若以因果而论，则此人生平有何罪孽，而受报乃若是之惨烈也。"[28]

插图 6 - 3　天津城南门的死亡守兵

这是里卡尔顿在洋兵攻入天津城以后拍摄的照片，他说死者是义和团员。美国国会图书馆惠予提供。

八国联军到北京的次日，麦美德在日记中写道：

> 俄军的行为极其残暴，法军也好不了多少，日军在残酷地烧杀抢掠。……俄国人从天津出发后，一路残忍地屠杀妇女儿童。数以百计的妇女和女孩自杀而死，以免落入俄国和日本兽军之手，遭受污辱和折磨。我们美国的士兵们看见她们跳进河水或投身井中，在通州的一个井里有 12 个姑娘，在一个大水塘里，有位母亲正在把她的两个小孩子往死里淹。……人们会说中国是自取其祸——这不是战争，而是惩罚，但是，当我们能够分辨善与恶的时候，我们为什么还要采取使欧洲文明史蒙羞的残暴行动，在 19 世纪历史的最后几页上留下污点呢？我们正在用"西方文明"对中国人进行严厉教训。[29]

为避免使人们认为美国人在战争期间和战后的行为总是无可指责的（当时美国的报道普遍含有此意），有位行抵北京的英国军官 8 月 15 日在日记中写道："有几次，我看到美国人埋伏在街口，向出现在面前的每一个中国人开枪射击。"[30]而且，对战后发生的报复和抢掠行为，美国人（甚至包括某些传教士）也是坚决支持并为之辩护的。[31]唯一值得一提的是，华盛顿禁止美军参加 1900 年冬季联军对中国老百姓惩罚性的四处征讨，在北京的美国占领军的言行也受到了当时的中国官员的高度评价。[32]

当时的中外人士普遍认为，战后数月中，德国人的行为最为残暴。[33]1900 年 6 月中旬至 1901 年底在永清县（位于北京正南方）任县令的高绍陈详细记述了他在管辖区竭力遏制暴力活动的有关情况。他对 1901 年 2 月 13 日发生的一起严重事件做了描述。这天，德国兵 1000 余人来到永清县城的西门，不加警告，即行开枪，打死清军和百姓 200 余人，人们惊恐万状，四处逃命。高与一名游击官徒步出城，被德国兵围住。他们用枪托殴打二人，并把二人的辫子结在一起，再施以拳脚，使二人身受重伤。之后，德国军官令二人长时间跪在雪中，并让军队包围全城，堵住四门，连续开枪射击，未来得及出逃的 400 余人均被困在城中。高县令支付了一大笔银子，德军才将他释放。他刚到西门，就听见号哭之声，见被困在城中的 400 余人一排排跪在地上，即将遭到枪决。经过紧张交涉，包括高县令提出愿舍自己之命以救百姓之命，德国军官最终被感动了。他称赞高县令有勇气和同情心，遂将众人赦免，并嘱众人今后做好人。之后，德军打鼓吹号，摇着旗帜离去了。高最后写道："余回城内，见死尸狼藉，恻裂心肝。"他立即传令各家认领和掩埋尸体，并叫人把士兵尸体 30 余具合埋在一处，在墓前共同立碑纪念之。[34]

天津以西地区的人们也领教了德军的残忍、暴虐和难以预料的各种行为。杨柳青保甲局绅董柳溪子写道，每当德军经过一地，"如疾风暴雨之骤至"。每个地方的官绅士庶都有被杀被伤者。不过，柳所在的村子得以幸免，部分原因是运气好，部分原因是该村预先贮存好了各种物资，以备随时向德军提供。村民们经常处在忧惧和戒备中。[35]

加害者

迄今为止，我主要论述的是目击者看到的死亡情状。那些直接卷入杀人和被杀事件的人，以及参加过战斗的人，他们在感情上对死亡做何反应呢？很明显，就参战者而言，由

185

于环境影响，其中许多人人性渐失，魔性大发，会残酷无情地对同类进行杀戮、肢解，或施以其他形式的残害。许多年后，原来的一个义和拳民对人性演化为魔性的过程做了形象的表述。他回忆愤怒的人群杀害天津附近两个天主教修女的往事时，用"宰"字（通常是指屠杀动物）来形容人们的杀人行动。[36]

186　　显而易见，冲突各方都有非人性化的一面。虽然在 20世纪的西方，在许多人的脑海里，"义和团运动"是非西方世界的残暴和野蛮的象征，但是，对 1900 年在中国发生冲突地区的许多西方人来说，人类并无轩轾之分。[37]有一点确实很明显，即世界上所有的人，无论人种、受教育程度、阶级、民族和文化背景如何，都有可能在某些形势（战争也许是最普遍的一种）下把自己的敌人不当人看而肆意进行虐待。[38]

人们有可能野蛮对待另外一些人，但是当他们面对死亡时，也会同时产生更具人性的情感，如担忧、悲伤、同情、勇敢甚至羞耻。劳里·李曾参加过西班牙内战，他描述了自己在战斗中经历的最难忘的时刻："我走到那个旧谷仓，在里面度过了第一个夜晚。我像患了重病一样全身乏力地躺着。我杀死了一个人，我记得他那震惊而愤怒的目光。……我开始产生幻觉，脑袋像裂开了一样。……难道我来此地的目的是扼杀一个处在惊恐中的陌生青年的生命（这对战争的胜败毫无影响）吗？"[39]

人们在战争中的行为常常充满矛盾，要解释这个难题，也许应该首先承认一点，即死亡具有双重性，人们是以根本不同的方式经历死亡的。所有的人最后都难免一死，从这个意义上说，死亡是寻常之事。死亡的这一面是每个人从童年开始基本上每天都经历的。自然因素或非自然因素都有可能造成死亡。死亡也许是个别性的，也许是群体性的。如果不相识的人死了，人们从报上或电视上看到死讯会淡然处之，从这个意义上讲，死亡是没有人情味的。但是，如果家人或朋友死了，死亡就成了涉及个人的大事情。死亡会引起恐惧和痛苦，但是，如果死的是别人而非自己，活着的人会为自己感到庆幸。如果每天都有许多人死亡，人们就会变得麻木起来。不过，无论如何，一般性的死亡都有一个特点：死的是别人。

与一般性的死亡不同，死亡还有另外一面，即我们每个人自己的死亡，我们在一生中只经历一次。它不仅使身体不复存在，而且使意识寂然而灭。它总使人深感不安，在感情上做出强烈的反应。

一般性的死亡与特别的死亡是同一件事的两个侧面，每个人的死亡虽然对他本人而言是独一无二的，因而是特别的，但对其他人而言不过是"普通"的死亡事件。不过，在我们的意识中，我们往往把别人的死与自己的死联系起来，这样，死亡的两个侧面之间就有了深刻的主观方面的联系。我认为，在特殊形势下（例如战争时期），即死亡不是自然发生而是变成每个人行动的主要目标的情况下，这种主观联系尤为紧密。杀人和被杀毕竟是战争的终极目的。

从这个角度来观察，我们在看到 1900 年参加战斗的中国人和外国人对对方都非常冷酷和残忍的同时，也会发现一些更具"人性"的其他行为特征，这是一点也不奇怪的。正如我们所看到的，中国和外国的许多上层人士都在嘲笑义和团在战斗中的表现，但是，也有一些中外人士持不同的观点。5 月底 6 月初在新城地区与义和团作战的清军军官杨慕

187

时向聂士成报告说，义和团人数众多，"且不怕死"。一贯谴责义和团的艾声也说，拳民"无不视死如归"。[40]赫伯特·胡佛记载了中国人围攻天津火车站的第一天（6月18日）义和团战士的作战情况。他在文中含蓄地表述了基本相同的看法："义和团冲在前面，几乎顶到了俄国人的枪口上。只有狂热之徒能发起这样的冲锋。在冲锋时，每当有人被子弹击中，他的同伴就会把他从地上拉起，摇晃他的身体，试图让他站立起来，显然是不相信有人会死。"[41]参加过西摩尔援军的一名德国军官也证实义和团不相信他们会被杀死："我……看到一些仅仅以大刀为武器的义和团员冲向我们的人。他们当中有人被枪弹击倒后，会再次站起来向前冲；有人甚至身中三四弹，也能站起来。在某一具尸体上，我发现的伤口不少于四处。"[42]

罗兰·艾伦记载了8月20日孟加拉轻骑兵与只配备有刀剑的一小股义和团在北京南苑进行的一场战斗。他在文中也称赞了义和团的战斗热情："充满狂热情绪的义和团就像伊斯兰教托钵僧一样疯狂。据说，有个拳民被枪刺刺穿了身体，但他设法摆脱开来，重新投入了进攻。"艾伦写道："这种行为在中日战争中闻所未闻，恐怕在太平天国起义以来也是见所未见。这再次证明，中国人为了自己的事业是能够打仗而且愿意打仗的，而在他们不信任的军官的率领下，为了他们不理解的事业，他们是不愿意打仗的。"[43]

义和团员经常表现出超常的个人勇气，但是，在与装备优良的敌人作战的过程中，义和团的伤亡人数越来越多，这使他们也变得越来越恐惧。有人告诉我们，在天津的一场极为惨烈的战斗中，有2000名义和团员被杀死。起初遭受过重大伤亡的清军对义和团的刀枪不入的说法极为蔑视，命令义和团冲在最前面，违令者处斩。义和团挥舞刀剑向前冲，当洋人的枪炮一响，他们就跪在地上，祈求上苍保佑。然而，这完全是徒劳。当最前面的义和团员被射杀后，紧随其后的人便会惊慌失措，试图逃跑。清军看到这种情况，就会狂怒起来，向后撤的义和团开枪射击。因此，义和团在战斗中死亡人数众多，其中只有一部分是洋人的枪炮打死的。[44]

另据刘孟扬记载，清军将领宋庆命令义和团防守某个地方，但他们都违令逃往他处，以避洋人枪炮。宋庆大怒，即刻命令部队痛杀义和团，于是义和团员都将头巾、腰带和刀枪弃置于街道，四散逃走了。有的藏到胡同里，将显示他们身份的衣裳解下，隔墙抛入居民的院中。最后，有数百名义和团员被杀。刘总结说："拳匪不能闭枪炮，而能避枪炮。"[45]

8月19日，刘十九率领的一股义和团在天津以西突然遭遇一千余名洋兵。义和团配备的都是些废弃的枪械（从杨柳青的士绅处征用的），射程不远，枪声就像爆竹。洋兵等义和团的弹药用光，即把他们包围起来，排枪轮炮，四面齐发。柳溪子写道："可惜素号神兵者，一旦化而为鬼。"而"尤令人不忍见闻"者，是那些"十余岁之儿童，侧卧道路，手足毁伤，呼父呼母"。[46]这使人想起了梅尔维尔的断言："所有的战争都是男孩的事，参战的都是男孩。"

像柳溪子和劳里·李一样，义和团也能够在喧嚣的战争中辟出一片宁静的空间以展示个人的同情心。麦美德记叙了保定一位中国牧师13岁的儿子的经历。这个孩子的全家人都被义和团杀掉了，他侥幸逃脱，但在保定以南16英里的一个地方被另一股义和团抓获。当他即将被处死时，抓他的义和团中有一人发现他已成孤儿，就站出来宣布收养他做儿子。

189

麦美德后来得知，救这个孩子的人是单身的三兄弟中的一个，而这三兄弟"都是臭名昭著的恶霸"。救人者把男孩养在家里达三个月之久，为男孩"提供了一切所需之物"。当他得知男孩有位当牧师的叔叔还活着时，就亲自护送男孩到保定与叔叔重聚。麦美德的这段记录的有趣之处在于去掉了义和团的神话色彩。尽管人们普遍以"残酷无情"和"嗜血成性"等语意鲜明的词语形容义和团的行为，但麦美德记叙的"恐怖地区"的一个拳民还是表现出了善心和同情心。[47]

洋人面对死亡的威胁也做出了各种不同的反应。前文曾提到，有位年轻的美国海军陆战队士兵听说中国人虐待俘虏的有关情况后十分害怕，未等亲历战火就自杀了。他绝非唯一一个因惊恐而自杀的洋人。[48]其他人显然具有更大的勇气和毅力。在天津之战最为激烈的时候，里卡尔顿描述了用平底船运送刚从前线撤下来的日本伤兵的情景："他们十分凄惨，着实令人怜悯。船底挤满了伤兵，有些坐着，有些躺着，都忍受着烈日的暴晒；他们刚从泥泞的战场上撤退下来，此前他们躺在地上，呻吟着，度过了一个令人沮丧的夜晚。他们沉默不语，气氛阴森森的；他们不是死人；他们是伤兵，其中的许多人已濒临死亡，但他们都一声不吭，甚至撑船的船工也不出声，只是把船慢慢地往前划。"[49]里查德·斯蒂尔是一名英军中尉，参加了 8 月 4 日从天津杀向北京的外国救援军，他也证实日本人具有坚忍不拔的精神和超常的勇气："他们的伤兵从来不吭一声。我看到许多伤势极为严重的伤兵被人抬着从我身边走过，有些甚至在与抬担架的人开玩笑。"[50]

美国海军陆战队的二等兵奥斯卡·厄珀姆表达了完全不同的情感，这从一个侧面反映了前文提到的人向魔转化的过

程。据厄珀姆记载，7 月 17 日北京的战事暂时停止，中国
人开始从前门的城墙上搬运死尸："这时候，这些尸体已在
我们的眼皮底下躺了将近三个星期了。当他们把尸体裹在草
席里从城墙上往下放时，我们可以看到不断有头颅和肢体掉
落下来，触地后摔成扁平的一片。我们非常感谢他们把尸体
搬运走，因为中国人的尸体发出的恶臭令人窒息。有些尸体
离我们的工事只有三四英尺，引来了无数的苍蝇，我觉得全
北京城的苍蝇都聚到了这里。"[51]

插图 6 - 4　天津之战后日本军医治疗日本伤兵
美国国会图书馆惠予提供。

　　厄珀姆在日记中描述自己的行为时，就像一个漫画家，
勾画出了一个把杀人当作日常工作的一部分的海军陆战队队
员的凶残形象。他记叙了 8 月 14 日发生的一件事："有个中
国人在街对面的栅栏后隐蔽起来，以最快的速度不断向我们

放枪。第 14 步兵师的一个人发现了他，把他指给我看，并说'他在那儿！射他！射他！'我问他，为什么他不亲自开枪，他没有回答，只是跳来跳去地叫着'射他！'我开了两枪，未打中，但第三枪打中了。他向前仆倒，头上被子弹打了一个洞。"[52]

191　　另外一些外国士兵表现得更加脆弱一些。1 月份被委任为英国驻印度总督寇仁勋爵的副官的里查德·斯蒂尔，6 月份又被派往中国，担任英国侵华军总司令寇仁勋爵的助手。他讲述了他在天津至北京途中的个人观感：在 8 月 5 日的战斗中，中国人的一发炮弹"在我面前几码远处爆炸，炸死炸伤了几个人和几匹骡子，把我震得晕头转向，非常难受。我以前从未见过人被杀死的场面！"几天之后，"天气异常炎热，路上到处是掉队的士兵，有美国兵、日本兵，也有我们的士兵。四面都是一望无际的庄稼地，苍蝇和臭水令人作呕。到处都能碰到中国人的尸体和倒毙的骡马，它们发出阵阵腐臭。许多次我都差点呕吐起来。我们无法再前进了，因为人和牲畜都筋疲力尽了"。[53]

　　海军陆战队第 1 营的二等兵哈罗德·金曼初次参加战斗是在菲律宾，后参加了八国联军对中国的远征。他因伤被送往横滨的美国海军医院，痊愈后又到了菲律宾。他在给姐姐的一封信中向我们展示了一个美国人在津京路上的观感："那次进军使我终生难忘。途中有许多可怕的经历，饮水奇缺，人累得走不动了还得被迫前行。每天都得拼命作战，在三四万中华帝国军队的包围中冲杀。我们用刺刀开路，在枪林弹雨中挺进。"有一次，海军陆战队"击溃了中国人"，不久，他们看到由锡克教徒组成的英国精锐骑兵部队在另一股中国人的冲击下四散逃跑。据金曼叙述，美国人惊异于锡克教徒的"怯懦",乃奋发反击,挺起刺刀冲向中国骑兵:"有数百人被杀或受伤。我们毫不心慈手软,也没有人向我们请求饶命,所以我们没有关押俘虏,我们把俘获的人都杀掉了。最后,我祝你圣诞快乐,新年愉快。"[54]

金曼信末的内容使我们注意到,出现大规模死亡时(如在战争中),死亡会产生如下一个异乎寻常的特点:死亡,即使是最恐怖的死亡,在这样的环境中也变成了平常的事,成为人们日常生活的一部分。富塞尔讲述了第二次世界大战时在太平洋执行危险任务的一个美国水兵的故事。这个水兵用 20 毫米口径的枪械打死一个日本兵不久,在日记中摘录了来自家乡的报纸上的新闻:"[马萨诸塞州的]沃尔瑟姆高原队[在橄榄球比赛中]迄今仍未遭败绩。该队今年似能获得全州的冠军。"他在后来的一页日记中平心静气地详细描述了附近的美国船"丹佛"号上发生的大屠杀:"许多人背部开花,眼球爆裂,尸体挤压在一起,等等。"[55]

同样的不和谐音符在 1900 年是很少见到的,至少在我们能够看到的洋人的私人材料中是如此。萨拉·古德里奇在日记中说 6 月 26 日是"相对平静的一天",她记载了这天的情况:"今日只有零星的战斗。我们重新码放好沙袋,打扫干净院落,还清扫了男女厕所。我到北边院墙,通过瞭望孔观察外面,看到了 7 匹死马、许多拳民的尸体、野狗和空寂无人的街道。今夜恐有异变。"[56]奥斯卡·厄珀姆描述了他旁边的一名俄国士兵 6 月底被射杀的情形:"他正在抽香烟,通过射击孔把烟吹出去,我们叫他别那样做,但是中国的一名狙击手发现了他,一枪击穿了他的脑袋。他挺直身子转向我,我看到鲜血从他的头部喷射出来。他倒进了二等兵穆迪的怀里,死了。我们把他葬在俄国公使馆内。"[57]

192

8 月 15 日（联军抵达首都的第二天），里查德·斯蒂尔"与迪林到兵部衙门，想用枪打几只鸽子做晚饭。他们看到了一些中国人的尸体，景象可怖"。四天后，他"听说一队海军陆战队士兵要去恭王府抢掠，便一同前往。我们走的是一条令人恐怖的路，路上随处可见腐坏程度不一的中国人的尸体，我几乎呕吐起来。恭王府是一座华丽的大宅院，我们搬运了大批金银财宝作共同基金"。9 月 17 日，斯蒂尔参加了德国、美国和英国军队组成的联军前往西山"搜寻义和团"。义和团猝不及防，50 人被打死。"我亲自清点了 13 具义和团的尸体。我们搜查了寺庙和佛塔，与德军一同返回北京。……我在中国从未见过任何地方堪与这个山谷的美景相媲美。"[58]

在天津，中国人的尸体随处可见，身在天津的赫伯特·胡佛以工程师的幽默解释了紫竹林被围期间外国公民伤亡少（两个死亡，五六个受伤）的原因："租界里的 900 个公民中在开战期间走出户外的只有不到 100 人，我们也许可以这样讲：只有 100 人暴露户外，他们分散于一平方英里的土地上。我们假设一个人在 7 平方英尺的区域内有可能被击中，那么他被子弹打中的几率是 180 万分之一，或者说，暴露户外的 100 人中如果有一个被击中，那也是在对方发出 1.8 万发子弹之后。"[59]

死亡成为寻常之事，部分原因是人们经常遭遇死亡事件。6 月中旬，埃玛·马丁写道："我们每天都听到教民被杀的消息，后来我们习以为常了，听到凶信也不感到震惊了。"[60] 但是，里查德·斯蒂尔在日记中表露出的轻松心态（更不用说胡佛关于幸存洋人的幽默解释了）揭示出了另一个在某些环境中起作用的因素。我指的是轻松感，甚至是兴

奋感，是那些目睹他人死亡而自己相对比较安全的人的一种
体验。当然，斯蒂尔对他在天津向北京进军途中亲历的战斗
的最初反应是不轻松的，胡佛记述的租界被围初期（外国
援军抵达之前）弥漫于天津洋人中的"深深的忧虑"也是
不轻松的。[61]

　　至于埃玛·马丁，她虽然对其他地方不断传来的骇人听
闻的消息习以为常了，但对自己在使馆医院的亲身经历却不
能无动于衷。她在医院是值夜班的，有天晚上，她坐在一个
年轻的德国人身旁，眼看着他因肺部的伤口流血不止而死去
（"他是个大块头的小伙子，淡颜色的头发，蓝眼睛，非常
招人喜欢"）。随后，她被叫去协助做手术，取出射进一个
俄国人胸部的子弹。俄国人刚被"安置妥当"，就有 6 名美
国海军陆战队队员"抬着一个头部中弹的美国青年"走了
进来。马丁描述了看到的情况和自己的感受："他在呕吐，
经过的路面和走廊上洒下了一条血迹。他们刚把他放到手术
台上，他就断气了，我们对此无能为力。噢，战争太恐怖
了。我想大哭一场，但没有时间和地方，因为我们发现那个
俄国人的伤口在出血。"[62]

　　1900 年夏季人们流下的大部分眼泪无疑是悲痛伤心之
泪，但也不乏悲愤甚至暴怒之泪。6 月 16 日，义和团在北
京南城放了一把大火。唐晏在阜成门内米市上碰到的一位妇
女愤懑地哭着对他说："初云杀洋人，乃至今一洋人未损，
而所杀者皆中国人之为洋奴者；且男人亦一人未损，而但杀
妇孺，此岂真能定乱乎？吾甚惧焉。"唐晏闻听此言，颇感
惊讶，无言以对，因为他"数日来闻士大夫所言，无及此
妇之明决者"。[63]

194

受害者

与唐晏谈话的那位妇女从社会的角度对 6 月中旬发生的死亡事件（限于首都地区）进行了观察，并表达了她对这些现象背后的实质问题的担忧。1900 年夏天在华北的其他人表达的是更关乎自身的个人性质的担忧，因为他们面临着可能的死亡，对远离天津和北京的传教士而言，死亡的威胁更大。这些个人的担忧在程度上因人而异，并随时间的推移而变化，既受到事态发展的影响，也受人们对环境的熟悉过程的左右——在实际威胁无变化的情况下，人们熟悉环境后忧虑情绪会减弱。担忧的程度也因阶级、性别和种族的不同而不同。贫苦的中国人，特别是天津和北京等城市的穷人，比富人遭受的威胁更大；由于义和团的荒唐信仰，妇女面临的危险比男子大；中国人（无论义和团、教民还是其他人）比外国人（散处在内地的外国传教士除外）更易受到伤害。

关于上述论点，形势完全相同的天津和北京有大量的证据。在这两个城市，就死亡的可能性而言，洋人保护区（北京的使馆区和西什库教堂，天津的紫竹林）与中国人的居住区和商业区之间有很大不同。而在这些区域内，由于时间、种族和阶级的不同，死亡的可能性也有差别。

在天津，赫伯特·胡佛的观察很能说明问题。外国租界位于流经天津汇入大海的白河两岸。最初的租界在城东南两英里处，但后来两者之间的区域内"修建了许多中国人的平房，出现了迷宫般的窄小胡同"，所以到1900 年，外国租界的面积扩大了，一端形成大天津的边沿，一端则延伸至城墙边上（参阅地图 3）。[64]

195

　　租界被围之初，未参与防守的所有洋人都被转移到租界中央的一个小地方，四周有大约三英里长的围墙，由外国军队守卫。胡佛写道："中心地区上演的是情节剧和喜剧，边缘地带几乎都是悲剧。"对集中到租界中部的绝大多数洋人来说，中国人的炮击给他们造成的最严重的"心理冲击"出现于开始阶段。洋人知道中国人在数量上占有压倒优势，且面对的是"没有自然屏障的开阔地带"，易于进攻。洋人更清楚，如果中国人以开始时的那种"疯狂"姿态再多进攻两天，"一切就都结束了"。围攻租界的第二天，"许多房屋起火焚烧，浓烟弥漫租界上空；人们立起街垒，防备最后的冲击；炮声震耳，枪声不断；大批伤员从前线被运送下来。一切都非常之糟糕。这时候，因战斗引起的恐怖和担忧确实达到了极点"。此后，大多数外国公民转移到行政管理大楼（戈登厅），该建筑由石头砌成，坚固耐用，下面有防炮击的地窖。胡佛写道："这里一片混乱。……炮弹不断呼啸而来，轰然爆炸；枪声在远处响个不停；近处则是孩子们的哭叫声和精神紧张的成年人的呜咽声；数百张面孔尽现紧张和忧凄之色，甚至连那些在自己家中还挺得住的人，这时也变得忧心忡忡了。"

　　虽然最艰危的时候已经过去，但人们当时并不知道这一点，正如前面指出的，直到外国救援军从海岸抵达租界后，"深深的忧虑"才得以缓解。只要洋兵的防线能守住，只要洋人闭门不出，他们就比较安全。外国居民的住宅都是砖石砌成的，所以每所住宅都有一些能够防炮弹的角落。如果有人冒险外出上街（胡佛把街道形容为"枪林弹雨之河"），就死到临头了。据胡佛记载，上街的人几乎没有生还的机会，"帽子或自行车轮胎被子弹击穿等险情都被看作寻常之事"。[65]

在外国租界避难的三四千中国人的处境更加艰险，其中
包括外国公司的雇员、中国政府机构当差的官吏和逃难来的
教民。他们住在易倒塌的中国民居中，"炮弹的杀伤力"更
大一些，许多人因而丧命。没有人预做准备，饮水奇缺，原
来经常运送河水的运水车在围攻开始后不允许上街卖水了。
这似乎还不够，租界内中国人的两处聚居之所，一处在法租
界内，另一处在英租界的大沽路边，都被洋人纵火焚毁，因
为洋人担心会有刺客隐藏其间，或者敌人会以此为掩护接近
洋人。胡佛说，没有采取妥善措施救济这两个地方的不幸居
民，他们变得一无所有，被迫露宿街头，"并经常受到洋兵
的残酷虐待"。天主教神父向他们伸出了援助之手。神父们
的院子里收容了上千名教民和非教民。有些洋人"四处寻
找和救助心惊肉跳的中国人，给他们大米，陪他们取水，埋
葬死者，医治伤者"。[66]

在北京，同样的差别也随处可见，虽然围攻西什库教堂
时中国人与外国人的境遇差别没有使馆区被围时那么大。开
始遭围攻时，西什库教堂共有 3420 人，其中有 71 名欧洲人
（43 人是法国和意大利的海军陆战队队员），妇女和儿童远
远超过半数。他们受到义和团和清军不停顿的炮击。但是，
由于教堂非常坚固，加之中国人的炮击缺乏成效，由此造成
的死亡不算太多。[67]当然，也有不少死里逃生的例子。樊国
梁主教记载说，他刚刚起床离开，一颗 25 磅重的炸弹就落
到了他的床上；有颗毛瑟枪子弹打穿了另一位主教的帽子，
并差点要了他的助手的命。[68]但有一次，一颗地雷爆炸，炸
死了 6 名意大利海军陆战队队员和 80 余个中国人，其中包
括许多婴儿。[69]然而，从总体上讲，西什库教堂被围期间死

亡的 400 余人中，死于疾病和饥饿者远远超过中国人的子弹
射杀者。无疑，死的主要是中国人。租界内流行天花，夺去
了许多孩子的生命（"每天夭折七八个孩子"）。8 月 5 日樊
国梁写道："食品问题是我们目前最关注的问题：我们能够
抵挡炮弹、子弹和炸弹，但我们抵挡不住饥饿。"刚刚饱食
过拳民尸体的狗被中国人捉住杀掉，用来充饥，因为他们 8
月初就开始吃树叶和草根了。外国援军抵达之日，被围困的
人还剩大约 3000 个，他们遭受了数周的饥馑之苦，只剩下
最后 400 磅食物了。[70]

　　与西什库教堂的形势相比，使馆区的被困人数更多
（3800～4500 名，因点数者和被点者的不同而略有出
入），[71] 其中有平民 473 人（大多数是传教士、外交官以及
他们的家属），军人 400 余名；[72] 他们在身份和层次方面的
差异更大。

　　两个被围困区之间还有其他不同之处。从 7 月 17 日开
始，使馆区实现了令人迷惑不解的停火，使中国人对使馆区
的进攻基本停顿下来，这种状况一直持续到 8 月初。西什库
教堂无此好运，一直受到不停的围攻。另外，使馆区有一所
小型医院，而西什库教堂则没有医生照料病人和伤者。

　　从心理学的角度来说，两个被围区之间主要的差别在
于，躲在西什库教堂的人自始至终都处于与外界完全隔绝的
状态，而使馆区从 7 月中旬开始就得到了来自外界的可靠消
息。7 月 18 日，美以美会的一个中国教民携带日本驻天津
领事馆的一份函件返回使馆区，内称 3.3 万余名外国援军即
将从天津出发。麦美德如释重负，觉得"这次骇人的围攻
造成的紧张和痛苦一扫而光了"。[73] 而西什库教堂的天主教
徒直到最后才获得这种解脱。（他们也多次试图与外界建立

197

联系。8 月 10 日，他们派一名信使前往使馆区，向法国公使汇报教堂的危急状态，但他被义和团抓获，剥了皮，他的皮和头被置于离教堂围墙几码远的地方示众。）[74]

由于食物短缺，西什库教堂的气氛越来越紧张。这也是两个被围区之间的一个重大差别。使馆区的洋人抱怨每天吃的都一样，无非"大米、小米、麦片、黑面包、马肉等"，[75]而不论每个人的身份高低。他们从未担心过会被饿死。

不幸的是，被围在使馆区的中国人享受不到同等待遇。他们的生活条件从各方面讲都远逊于洋人。西什库教堂的中国人生活凄惨，不过欧洲人也是如此。当樊国梁主教谈到"我们的"处境时，他显然指的是所有的人。在受困于使馆区的洋人留下的许许多多文字记载中，同难的数千名中国人很少被提及，即使偶尔提到，也只用"他们"一词。早在 7 月 1 日，奈杰尔·奥利芬特就写道，中国教民正在"因天花而大批死亡"。罗兰·艾伦在日记中只提到中国难民几次，他在 8 月初的日记中描述了他们的境况："教民们……开始感到了饥饿之苦痛；他们把少量的谷物、切碎的麦秆和其他饲料混合起来，制成一种令人难以下咽的粗糙面包。此外，他们还吃洋人杀掉的马的内脏和马头，也有少量的狗。据说，他们当中儿童的死亡率很高。"[76]其他传教士也以同样的语言描述中国教民的生活条件。[77]

数百名自愿在极端危险的条件下干重活的男性教民吃得相对好一些。洋人发给他们配给票，可以领到一小块马肉和一碗大米，补充食物之不足。他们的家属也由军粮部门发给配给票，每人每天领一磅米（但无马肉）。家中无男劳力或完全无家可归者显然得不到任何配给，只能自谋生计，除非他们生了病，凭医生开具的证明，才能得到 1 磅多一点面粉。[78]奥利芬特承认："我们的伤亡名单中未列入中国教民和其他中国人的名字。"他同时指出，"这些可怜的人中有不少为我们艰苦工作者被敌人的子弹夺去了生命"。[79]麦美德也高度赞扬了"我们的中国教民在建街垒挖战壕时表现出的勇敢和忠诚，工地上有时弹雨纷飞，有时骄阳似火，有时大雨倾盆"。[80]曾负责招募和监督劳工的美以美会中国教民鹿完天记载说，教民们对受到的不公待遇极为不满，特别是使馆区被围初期在英国人手下做工的人。他们向鹿抱怨说："英署事重，饭又不足，少不如意，即鞭挞从事，是以不愿往也。"另外一次，他们对鹿说："甚惫矣。吾等此时，爱死不爱生矣。英署虐，虽死不愿往。"有趣的是，教民对不信教的日本人评价甚高："日官爱人，情见乎词，吾等甘心效死。"[81]

199

从 1900 年春末到秋初，居住在外国租界之外的天津和北京居民一直笼罩在死亡的阴影之中，对死亡的担忧成为每个人日常生活的一部分。这里看不到中国人与外国人之间的种族差别，因为他们都是中国人。但是，其他差别，特别是阶级和性别的差别确实存在。因生活环境的不同，人们受到的死亡威胁的程度和方式也不同。

唯一的例外是难以控制的大火，对富人和穷人同样无情。6 月 16 日烧毁北京南城的一把冲天大火焚毁了该市最繁华的街市之一。6 月中旬到 7 月中旬战事频仍之际，天津城里经常起火，穷人不值钱的家当和富人的豪宅店铺都难逃火劫。据里卡尔顿记载，天津贫民的住房由于是土坯和泥修起来的，反而常能躲过大火的焚烧（虽然抵不住炮弹的轰炸）。[82]虽然北京和天津死于烈火的人缺乏可靠的统计数字，但总体而言，火灾中富户损失的财产肯定比穷人多。仲芳氏目睹了6月16日京城的大火。他说，由于是定期举火，所以伤亡极少，但财产损失难以估量。[83]

6月16日大火之后数日内，义和团又在京城其他许多地方纵火焚烧。仲芳氏以生动形象的笔触描述了居民的恐惧和担忧：

> 连日昼则浓烟忽起忽散，各处众口传言某处着了，某人全家被杀了，或喊嚷东交民巷洋楼着了，到处齐嚷"焚香灭鬼子"。一人喊叫，众人接声，时刻不安。夜则四处火光照耀，半天皆红，家家多站在房脊上遥望，远闻男女喧嚷之声，通宵达旦，各街巷户户心惊，人人胆战，行坐不稳，寝馈失时。俱恐附近有教民居住，或有奉教房产，团民寻衅焚烧，势必祸及四邻，玉石不分，死无葬身之地矣。[84]

据仲芳氏记载，有时候，二三十个拳民聚集一处，把住房和店铺硬指为教民的财产，声称要立即焚毁。住户、铺主和左右邻居自然恐惧，只好跪在地上求拳民高抬贵手。如果他们向拳民的坛口献上银钱或米粮，就会幸免于难，钱粮的多寡视各家的富裕程度而定。名气稍大的富户常恐义和团前来光顾，把家产抢光。[85]

在北京，至少在8月中旬外国远征军抵达之前，子弹和炮弹与大火不同，主要限于使馆区和西什库教堂附近。相反，天津之战期间及之后，天津的华人居住区也经常炮火纷飞。虽然这可被视为穷店主和苦力的家庭比富家大户更易遭难的理由（前者没有仆人外出取水、食物和其他生活必需

200

品），但实际上，后者也经常遭受战乱之苦。管鹤是个具有改革意识的文人，他在天津之战结束前曾携带家眷南逃避难。他描述了冲突起始阶段富家大户的忧惧和无奈的境况：

> 连日余家人皆席卧于地，窗棂用木器幛蔽，以防炸弹。倦极而不能合眼，饥极而食不下咽，妇孺相对，无语如痴。余偶开门出视，来往皆拳党，红巾遍地，刀光炫人，而四下枪炮声，急如爆竹。默计生平目中所见，耳中所闻，当以此次为最奇特。[86]

与紫竹林的居民一样，天津城内的中国人因事冒险走出家门也会遇到极大的危险。某日午夜，管鹤听到东南方火势极盛，就登上屋顶观望。突然一颗子弹自他的耳朵旁飞过，他脚下一滑，差点跌倒。他急忙从屋顶上下来，子弹在他周围乱飞。某日，管鹤的一位友人跟随被俄军击败的官兵奔逃，差点被一颗子弹击中。[87]

另一位天津人记述了 7 月 18 日洋兵攻占天津后他的一段痛苦经历。这天，为了安全起见，他把家人转移到他受雇的一家洋行，然后回家搬取留下的财物。周围炮声隆隆。到家后，他听到霹雳一声轰响，随之外面哭声震耳。他出外察看，但见左邻右舍扶老携幼在街上号泣奔逃，有人未穿衣，有人未穿鞋。原来是他左边邻居的屋顶被炮弹炸坏了。由于枪弹如雨，炮弹乱飞，炸弹从空中落下，房屋震动，他也随人群出逃，欲往洋行避难。行至半途，他遇到了洋兵，要他出示证件（洋人给居住或工作在外国租界的中国人都发了证件）。他在慌乱和惊恐中把证件忘在了家里，所以拿不出来。洋兵怀疑他是奸细，准备开枪打死他，幸好有位熟识的天主教友路过，向洋兵说情保释，他才得以死里逃生。[88]

1900 年夏，致使天津和北京的居民整天处在惊恐和忧虑之中的因素不仅有大火、子弹和炮弹，还有其他许多因素。关注奸细问题的并不仅仅是洋人，义和团也很热衷于抓奸细。义和团占据天津期间，白天在街上巡逻，遇见教民即刻诛杀，夜间则巡更，见到形迹可疑之人，即指为奸细，就地处死。[89]义和团在东浮桥设了关卡，两侧有人持刀站立，声称要捉拿奸细。据管鹤记载，凡有洋车经过，他们必会挑帘审视，"倘指为奸细，即不容置辩"。[90]

义和团经常误指路人为教民，致使人们大为担忧，任何人都不例外。京官叶昌炽记叙了 6 月 23 日的一段亲身经历。那天，他偕妻子和孩子到城外寻找安全之地。夜里，他们打尖住店时，遇见了 10 个持刀的拳民，对叶严加盘问。叶的妻子放下车窗的帘子，引起了拳民的怀疑，大呼"二毛子"。叶卷帘下车，向拳民解释说，他是善良的京官，等把家眷安顿到安全的地方，仍将返回京中供职。拳民被说服了，连呼"好人好人"，相率离去。[91]

管鹤和家眷也有类似的经历。天津之战期间，当义和团不许妇女上街的禁令有所放松后，管鹤夫妇决定带着儿子逃离天津。为免使妻子被义和团视为污秽不祥之人而加害，管鹤按照义和团的指令，用红布把妻子和儿子乘坐的车罩了起来。尽管如此，义和团仍屡次击刺车篷。有一次，一个拳民问："车内何人，是直眼否？"管鹤作揖示礼，回答说："车内是第一段保甲局周大老爷小姐也。"这个拳民听了以后，点点头离开了。管鹤的舅舅确曾担任过这个职务，并在府衙和县衙审过案子，多数天津人都知道他的名字。[92]

并非每一个被指为教民的人都如此幸运。某友人告诉管鹤，天津之战开始后，一些拳民看到远处有个妇女在跑，就大喊道："直眼往何处逃？"她听到后，跪在地上说："我非直眼，乃某处某人之妻也。"拳民说："尔额有纹，安能讳耶？"随即把她拖至坛门外杀掉了。[93]

义和团在天津文昌宫附近杀了崔姓夫妇，理由也是额头有纹。有人问："老师搜杀教民，何以知其为教民而杀之？"拳民回答："凡是奉教者，其脑门皆有一十字。汝等凡眼不能见，我等一上法，即能辨别清楚。"[94]

教民和非教民实际上是无法区分的，从中外人士的许多记载来看，1900年夏义和团的普遍做法是误指仇家为教民，借机进行报复。[95]义和团用一种荒唐的办法来证明他们的指控是否有据，这使人们更加惊恐不已。其方法是：凡被指为奉教者，都被拉到义和团的坛上，强令烧香焚表，如纸灰飞扬起来，则指控不实，性命可保；如果纸灰不飞起来（有些材料记载说，三次焚烧，纸灰不起），即判定为教民，予以斩首，许多无辜者（非教民）惨遭冤死。仲芳氏感叹道："纸灰起与不起，毫无定凭，以人命作儿戏，其残忍可知。"[96]

义和团严禁拥有或买卖洋货，甚至不许店铺的招牌用"洋"这个字，在这方面，富户比穷人更易受攻击。如有人违反此项禁令，即被处死，如店铺违令，则或者被焚毁，或者被穷人抢掠一空。由于煤油等也在严禁之列（煤油是从国外进口的），京城居民不得不将煤油倾倒在街上。当时传言，教民全杀光后，接下来要杀读洋书的学生，许多收藏洋书的家庭遂将此类书籍付之一炬。当义和团把中西小学堂放火烧毁后，年仅7岁的梁漱溟（后来成为哲学家和乡村建设专家）偷偷地把所有的英语课本都烧掉了。[97]

203

有时候，义和团也能把社会上最穷的阶层与"洋"字联系起来。由于人力车通常被称为东洋车，有个"洋"字，天津的人力车夫就改称东洋车为"太平车"，并写在红纸上，贴在车尾。[98]

有时候，义和团还通过恐吓与洋人有关联的人而获取钱财。某日，天津义和团在张德成的率领下抢了两家经营洋货的洋行，烧掉了一些家具什物。他们把其中一家洋行的掌柜及全家人抓起来，欲全部杀掉。经旁观者极力劝解，义和团同意让掌柜的交出 1 万两银子的罚金赎全家人之命。[99]

在义和团运动的高潮时期，除奸细、教民以及拥有或买卖洋货的人之外，另一类易遭杀害的人是妇女。北京米市上那位妇女的怨言之所以对唐晏触动极大，原因正在于此。天足的妇女的处境尤其凶险。当时来自山东登州的一个人后来回忆说："如果有人被杀的话，那肯定是天足的妇女。妇女的天足被认为是与洋人有关的一种确切标识。"[100]正如我们在第四章中看到的，在天津，妇女遇到的麻烦尤其多。为"防污秽"，天津义和团禁止妇女出门。据管鹤记载，不知此令而出门被杀的妇女甚多。[101]1900 年夏天津妇女受到的残酷迫害于下述事实中可窥见一斑：7 月 14 日，天津之战最激烈之时，有些逃离天津的妇女身穿红衣，以免被义和团所杀，结果却遭到洋兵的射杀，因为洋兵怀疑她们是红灯照。[102]

1900 年夏，北京和天津的许多居民都身陷危境之中，他们被迫做出艰难的甚至痛苦的选择，其关乎个人生平的意义远大于历史性的意义。对洋学问兴趣极为浓厚的管鹤说，他家中有英文书、石印书和铅印书约三千卷，足以招致杀身之祸。然而，尽管街坊邻居都知道这个情况，他还是冒着风险，把书保存下来，而且未让义和团发现（他说，他在南方的亲戚都断定他已遇难）。[103]

夏初，当天津的军事形势日趋恶化之际，有位邻居对管鹤说，如果他们不设法逃往他处，必遭大难。管鹤也有同感，回家与妻子和仆人商量。但仆人们担心逃难时被拳民所害，不肯走，管的妻子也说："与其为匪辱害于街衢，吾宁坐死于此室耳。"管认为，"其言甚当，然亦怆矣"。[104]

数周后，当通州失陷和洋兵即将抵达的消息传到京城时，仲芳氏面临着相似的困境。他写道："予虽素负沉静，而值此天旋地转，存亡旦夕之际，上有老母，下有眷属，亲丁十口，赖予一人主持，未免心绪麻乱，志虑昏沉，不知何以为可。惟有强词慰解，以宽母忧，以安众乱，将死生付之于命耳。"[105]

1900 年，外国人，首先是外国传教士，也面临着艰难的抉择。从管鹤等人的记载来看，这些抉择有时与形势有关。埃玛·马丁记叙了她和一位医生于 6 月的第二个星期前往京城的美以美会医院的经历，他们的目的是收集药品、绷带和设备，以备逃跑或被围困时使用："很难说该拿什么，不该拿什么。……当一个人面临死亡时，一切美好的、有价值的东西都会黯然失色，真是不可思议。所以我们……只好选择我们认为在被围困的情况下最有用或最能延长我们的生命的东西。"[106]

当所做的选择与人有关时，当事人会更为苦恼，这样的事多发生在传教士身上，如果他们选择逃离，就得把教民弃置一旁，任人宰割。6 月 20 日，德国驻华公使克林德被杀。头一天晚上，中国政府照会外交团，要外国人在 24 小时内离开北京。一些传教士写急信给美国驻华公使，求他不要离京。萨拉·古德里奇写道："噢！我们只有祈祷，因为我们知道，留下来意味着死亡——遭屠杀，而离开则意味着抛弃中国教民，伤害他们的灵魂。如果我们与他们一同赴死，他们会感到幸福。这是我平生遇到的最艰难的一次选择。"克林德被杀后，洋人反而不为难了，因为他们很快意识到，从北京到天津的路上太危险，明智的选择是集中在使馆区。古德里奇如释重负地写道："上帝再次拯救了我们，因为他们说教民可以与我们同去使馆区。"[107]

1900 年夏，身处内地、远离北京和天津等具有一定保护措施的大城市的外国传教士，也面临着两难的选择，主要在于：是待在原地还是到活命机会更大的山区或沿海地区?[108]选择留在山西汾州原地不动的贾侍理夫人以感人的笔触描述了等待死亡时的紧张心情。她在 6 月 30 日写道："心情焦虑，长夜难熬，每一声响动都能使人心惊肉跳，眼前时时浮现出暴民围攻我们、取我们性命的幻觉。……家乡的朋友们肯定也在担忧，但不会像我们这样可怜：纵然使出浑身解数让自己勇敢和平静，但心脏仍狂跳不已，双腿仍颤抖不止，只能求助于上帝。"[109]身处里满庄（山西太谷附近的一个村庄）的露美乐在 6 月 19 日的一封信中写道："如果你想知道人们面对死亡时有何感觉，你就不要读罗伯特·哈代的《七日记》或独立派教徒的故事。你应该问一问那些死里逃生的人。……死亡的威胁给予我强烈的冲动：我应该给我的家人和朋友写信，但我不能，我没有足够的勇气。我只能像往常一样生活，力持镇定。……我已做好了准备，我并不害怕。我能说的，就是这些。"[110]保定的美部会传教士毕得经写道："我们不能冲出去战斗，因为我们没有军队。我们必须保持镇定，继续做我们的工作，平静地接受加在我们身上的一切。"[111]

1900 年夏，军人每天也是生死难卜。8 月初，在天津等待随联军向北京进发期间，满脑子青春幻想的哈罗德·金曼写信给姐姐说："我们最迟将于后天动身前往北京。我希望老天爷能让我活着回到你们身边。但是，我们要去北京打一场百年来最大的恶仗。……我们也许是暂时的分离，也许是永诀。我爱父亲、姐姐、叔叔、汤姆和埃尔温。如果我有不测，请勿担忧，为祖国而死，死得其所。"[112]

许多中国教民也在焦虑中等待，特别是在义和团聚居的地区，例如处于北京至保定的交通孔道上的涿州城及周围地区等。5月去过该地区的两个美国传教士描述了当地教民的精神状态，说他们处在"极度惊恐之中，与之相比，我们的忧虑和压力轻得多。他们寝食不安，惶惶不可终日。他们听到的都是附近某处被抢和教民破产、被虐待、被肢解、被惨杀等消息。他们不知道厄运何时会降临到自己头上。每次听到义和团要来的传言，他们都会悚然心惊"。[113]

两个月后，当7月9日太原官府监斩传教士和教民的确切消息传至全省各地的教会后，山西教民的处境就更为险恶了。7月13日，贝如意在太谷写道，这个消息传来后，受雇于传教士的许多中国人都打算离开，他们认为"待在家里虽生死难料，但在这里却是必死无疑"。贝如意说，头天晚上，太谷的传教士们"就基本上做好了进山的准备，认为进山或可求得一条生路，但是，来自义和团和抢劫者的威胁以及其他各种危险都非常大。我们能做什么呢？"她在这封自认为是诀别信的末尾写道："如果你再也见不到我的话，请你记住，我来中国，无怨无悔。我是否拯救了任何人，上帝知道。我做的一切都是为了上帝，我们要去见他。"[114]

与1900年夏遇害的其他一些外国人一样，贝如意也为子孙后代留下了遗言，讲述了死亡来临之前她的想法和内心

207

深处的感受。她是于 7 月 31 日在太谷与另外 5 名美国传教
士和几个中国教民一同遇害的，他们死于大约 300 名义和团
和清兵之手。[115]1900 年死于非命的大多数人——义和团、教
民、官兵和许多普通百姓——的最后想法和感受都没有记录
下来。这种缄默是过去一种较为普遍的特点，就义和团时代
而言，诗人丹尼尔·霍夫曼的诗把人们带进了悠悠往事之中：

> 一群士兵躺在河边。
> 他们是在中国——屋檐呈人字形
> 的国度。一排排树木已残缺不全，
> 中国士兵已长眠于斯，他们的尸体
> 保持着临死前的姿势。

> 他们的双臂被绑，两腿跪地，
> 身首异处。有些头颅直立着，
> 有些歪倒在一边，
> 大多数死者双目怒张，
> 嘴角挂着苦涩的微笑。

> 有些死者似乎有话要说，
> 有些似乎刚说完。大刀在阳光中
> 闪过，人头像西瓜一样滚落下来，
> 无头的尸身倒卧在刑场，
> 看哪，刽子手也跪在地上。

> 撕下死者的腰带擦干杀人刀，
> 胜利者叼着烟卷悠然自得。死者的

鲜血染红了河床。当时的人都已作古，

1900年的义和团运动啊，令人难忘！

那些身首异处的人在诉说着什么？

百万条血脉使黄河为之变色。[116]

　　霍夫曼的诗提出的一个问题已由努力研究和解释义和团运动的历史学家们提供了答案。正如我们将在下一章看到的那样，另一个问题的答案则是由神话学家提供的。神话学家的答案以一系列完全不同的前提条件为基础，并受到更具现代主义特点的理念的指导。不幸的是，那些身首异处者的答案永远无人知晓了，他们的答案反映的是中国人在不同于以往历史的这一重要时期的想法和体验。

插图6-5　被斩首的义和团员

　　B. W. 基尔伯恩拍摄的立体照片。选自 Barbara P. Norfleet, *Looking at Death* (Boston: David R. Godine, 1993)。哈佛大学惠予提供。

第三部分

作为神话的义和团

绪论　被神话化的过去

历史学家很像为古董除垢去尘的艺术品修复专家，也经
常做一些剥离层层历史神话以恢复过去的本来面目的工作。
这正是约翰·基根和保罗·富塞尔在他们研究前线普通士兵
的厌烦、残忍和忧虑等症候的权威著作中力求做到的。[1]这
也是舒衡哲重新评价五四运动时心中所想的，她写道：五四
运动"实际上是为数不多的一批知识分子为唤醒自我而进
行的一场软弱无力且混乱不堪的运动"。[2]

但是，在恢复历史本来面目的过程中，对历史事件的评
价存在着从高到低的潜在的下降趋势，舒衡哲在同一本书中
也提到了这一点。她写道："如果把五四运动恢复到人的层
次……就有把它降低为边缘性事件的危险……即仅仅具有历
史内涵而无价值观、忠诚精神和远大理想等追求的事
件。"[3]去掉历史事件的神话色彩，会产生一定的负面影响，
这样的事例不胜枚举，存在于生活的各个方面。加布里埃
尔·加西亚·马尔克斯以文学手法把西蒙·玻利瓦尔虚构为
出言不逊、高傲自负、生性多疑的人，"他仅仅为了和一个
女人同床共枕，能光着身子，赤着脚，不带护卫，穿越安第

斯山"。玻利瓦尔是拉丁美洲少数几个真正的英雄之一，马尔克斯的描述有使拉丁美洲人民失去这位英雄的危险。[4] 瑟古德·马歇尔死后不久，美国国会图书馆公开了他的档案，从而详细揭示了最高法院秘而不宣的运作程序。此举有使最高法院的形象受损的危险，易使人们对其权威性和合法性产生怀疑。[5] 对西斯廷教堂天顶上米开朗琪罗的绘画的清洁工作，使艺术爱好者们永远失去了他们所了解和爱戴的米开朗琪罗。[6] 简言之，恢复披上神话色彩的历史的本来面目，并不是轻而易举的事：它常常会造成不可挽回的损失（与死亡造成的痛苦不同），引起严重不安，所以有时会受到人们的坚决抵制。[7]

212　　　照一般的说法，"神话"是指"人为虚构"或"不真实"的事情。我在此处用这个词，含义更广泛，更模糊，关注的问题也不同，其中的一个问题就是：从历史角度看，"真相"到底是什么。关于某件往事的明确结论一旦深深印进人们的脑海里（和心中），人们就会相信自己认可的真相，即使这一真相与过去真正发生的事情完全不同。至少，这样的结论与人们"相信"的真相是相符的，因而准能在人们的历史观念中占据最重要的位置。

　　　除此之外，人们相信的真相（在一般意义上无论它是"真的"还是"假的"）不仅对人们的所思所想而且对人们的行为都会产生重大影响，就此而言，人们的这种印象会成为产生和影响最无可争议的那类"真正的"历史行动的动因。有位作家认为，"历史具有伸缩性，我们把历史塑造成形，它反过来又影响我们"。[8] 在 20 世纪，关于美国边疆的神话已多次影响了华盛顿的对外政策，还通过书籍和电影使人们形成了关于暴力、男子气概、种族、物质进步和一系列其他事情的流行观念。[9]20 世纪初叶在中国通商口岸产生并流传的种种传说，使居住在上海等城市的英国公民把他们自己结成了一个利益共同体，这些传说还为通商口岸对英国政府的政策进行周期性的抨击提供了依据。[10]神话易使人们相信，所以具有很强的说服力。无论鸦片战争（1839~1842）是否真的昭示了中国"近代"史的开端，都无关紧要，如果大多数中国人相信这种观点（事实也是如此），如果这种观点已深入人心，那么它在一定程度上就会成为"真的"，尽管它不过是个有效力的神话。[11]

虽然历史的任何一个侧面都有以神话的形式在现实中继续存在的潜在可能，[12]但是某些历史事件和历史人物由于与具有广泛且重要的历史意义的主题休戚相关，这种潜在的可能性就非常大。正因为如此，在美国历史上，由于种族主义是万众瞩目的历史问题，所以像亚伯拉罕·林肯和马丁·路德·金等为改善美国黑人的生存条件做过贡献的人物，就成了带有传奇色彩的英雄。在法国（在全世界亦然），法国大革命虽然长期以来被历史学家们视为充满矛盾的麻烦事件，但在人们的心目中，它依然是人类追求自由和民主的不懈努力的象征。[13]举个更复杂些的例子，在 20 世纪的中国，西方因其帝国主义侵略行径而受到仇视，又因其掌握聚集财富和增强国力的秘密而受到推崇，这样一来，同时攻击西方侵略行径及其近代化秘密的义和团，有时大受称赞，有时则遭到痛斥。

就意图而言，把过去当作神话与把过去当作历史是截然不同的。当优秀的历史学家撰写史书时，他们的主要目标是在尽量占有第一手资料的基础上，尽可能准确和真实地再现过去。而在某种意义上说，历史神话制造者的所作所为恰好

213

相反。他们的出发点诚然是要理解过去，在许多（虽然不是全部）事例中，他们也许真的相信他们的观点是"正确的"，然而，他们的目的不在于扩大或加深这种理解，而是要使之为政治、意识形态、自我修饰和情感等方面的现实需要服务。

就实际操作而言，作为叙述过去的互为补充的方式，历史与神话之间的区别微乎其微。作为一个目标，探求历史真相也许仅仅是历史学家们的事。但是，历史学家们提出的问题以及他们用于编排和取舍历史资料的理念，均受到性别、阶级、国籍、种族和时间等诸多因素的极大影响，所以探求历史真相的行动具有很大的相对性。[14]正如埃里克·霍布斯鲍姆所指出的，"所有的历史学家"，不论他们抱着什么目的，都在"创造历史传说"，"他们在有意识或无意识的创造中，粉碎并重构历史的各种形象"。[15]换言之，即使是最有造诣的历史学家，在向某一被神话化的历史事件提出质疑的过程中，也不可避免地会制造出另外一些神话。[16]

关于这一点，斯坦利·B. 阿尔珀恩在论述非洲的史学时做了最简明的总结："在现代非洲的史学研究中，感情色彩过于浓厚，其结果往往是贬低旧的神话，而代之以新创造的神话。在努力证明黑人与其他人种同样优秀的过程中，不少严肃的非洲学家（有别于近来的神话制造者）也受到诱惑，说了许多过头的话。实际上，我们看到的是一种自我标榜的史学。"[17]

如果说历史学家探寻历史真相的活动不可避免地会受到目前他们头脑中固有观念的影响的话，那么，对神话制造者而言，无论他们多么不在乎自己目前的观念对历史事实的影响，他们绝不会不在乎他们创造的历史神话的可信度。首

先，他们不会把自己的历史作品视为神话，也不会把自己视
为神话制造者。但是，即使是经过深思熟虑制造的神话，也　**214**
不是彻头彻尾捏造出来的，而是通过对不符合或者有悖于其
目的的历史资料的歪曲、简化和省略来完成的。神话化的过
去不需要太准确的历史事实，但是，如果它要有效地说服或
调动现在的民众，它就必须具有一定的"可信度"。1989 年
春在北京街头游行的人，既可能被描述为"支持民主的示
威者"，也可能被描述为"反革命暴乱分子"。但是，他们
不大可能被描述为"争取堕胎权的积极分子"。

　　历史学家与神话制造者的另一个不同之处是，历史学家
研究历史的复杂性、细微性和模糊性，而神话制造者往往以
片面的观点看待历史，从历史中找出个别的一些特点、特性
或模式，把它们当作历史的本质。这个过程的最好例证是：
若干年来关于哥伦布的神话越来越多，每个神话都迎合了某
一部分人的需要。对许多欧洲人来说，自 16 世纪以来，哥
伦布就是个"探险家和发现者，一个具有远见卓识和冒险
精神的人物，一位顶住反对声浪克服重重困难改变历史的英
雄"。对乔治三世统治下受到压迫而不得不远赴美洲的先驱
们来说，哥伦布是"逃脱旧世界暴虐统治"的象征。19 世
纪末，意大利裔美洲人因哥伦布出生于热那亚而大事庆祝和
纪念，而同一时期非洲裔的美洲人和美洲土著人则强调哥伦
布参与了奴隶贸易，并残酷虐待加勒比地区的印第安人，从
而把他树为帝国主义和种族剥削的典型象征。[18] 当然，哥伦
布的这些神话性形象都有其"真实的"一面，也确实符合
某些真正的历史事实。但是，就像挂一漏万的照片一样，这
些形象所反映的事实是根本不符合历史的，是主观的、片面
的和极不完善的。直到相互矛盾的神话化结论被熔为一炉，

互相调和，互为证明，提出问题而不是搁置问题，我们才能朝着更实事求是地理解历史的方向迈进。

哥伦布的例子还使我们想起了关于历史的神话化问题的最持久的神话之一：当被神话化的历史的某一方面缺乏可信的证据时，就很有可能制造出最奇异怪诞的神话。[19] 这种错误的看法基于一个并非毫无道理的假设：在对某件事情知之甚多的情况下，能够避免出现主观臆测的神话。其理由是，准确的理解有赖于大量的信息，信息越多，理解就越准确。这种观点似乎颇有道理，但遗憾的是实际情况并非如此。在因"黑皮肤的雅典娜"之说引发的关于西方文明的种族根源问题的争论中，可信的历史记载的相对缺乏也许加剧了神话化的程度，[20] 但是，神话制造者对法国大革命、马丁·路德·金的生平和义和团运动等文献资料非常丰富的历史事件和人物，也敢大造神话。

215

对过去的神话化有许多种形式，其中一种或许可被称为"普通型"形式，是指各个社会的普通老百姓头脑中贮存的大量历史形象的神话化。这种现象会在某些特别时刻出人意料地突然出现，并常常以令人瞠目的创造性（有时以颇具讽刺意味的方式）呈现在世人面前。白杰明报道说，他在1989年春天安门广场游行支持学生的公民队伍所举旗帜上看到了义和团著名的刀枪不入口号的现代版——"刀枪不入，电棍不怵"。[21] 有位年轻的示威者在展示游行示威活动初期普遍存在的自信、兴奋和无所畏惧的情绪时，以类似的语调半开玩笑地对奥维尔·谢尔说："我们就像1900年的义和团。我们相信，子弹都射不穿我们！"[22] 义和团"刀枪不入"的简化版出现于工人活动分子中，在1989年政治风波的那个不眠之夜，工人活动分子把湿毯子披在肩上（意在防备催泪瓦斯），一边在长安街上奔跑，一边高呼"刀枪不入"。[23]

外国人方面，在华的一位传教士的女儿鲁思·奥尔特曼·格林值得一提。她生于 1896 年，童年时代生活在"中国"、"义和团"和"恐怖"等概念紧密交织的环境中。她回忆了全家人某次吃饭时令她心寒的一幕：突然，她那位"想象力最丰富并有表演天分的哥哥从饭桌旁站起来，从盘子里拿起一只苹果，插在刀子上，挥舞着，一边围着桌子跑一边喊：'我是义和团！我是义和团！'"格林评注说："那个苹果代表一颗脑袋，是我的。许多年来，我对'中国'一词都感到不寒而栗。"[24]

不太令人毛骨悚然的例子是，作家刘心武 1987 年在哈佛大学讲话时提到，20 世纪 80 年代初他前往日本访问时，被主人带到东京的一家超级商场，里面琳琅满目的商品使他极为吃惊。刘说，当他来到三楼，已是满腔怒火，觉得自己像个"义和团"，真想放把火，把整个商场和里面的所有商品化为灰烬。当然，刘并非真的觉得自己像个"义和团"，也不仇视超级商场里的"现代化"商品，更不恨接待他的外国朋友。从讲话中可明显看出，使他如此愤恨和痛苦的是，中国没有能力生产这些东西（与日本相比，这令中国人难堪）。[25]（刘讲话中的讽刺意味在观察 20 世纪最后几年中国生产能力的评论者口中将不会太明显。）

神话化的另一种常见形式是修改自己的生平经历，即是说，我们经常修改我们以前的生活经历，使之符合和适应我们的自我概念在生命长河的不同阶段的不同变化。在研究加利福尼亚州威尼斯一个古老犹太人社区的引人入胜的人种史著作中，巴巴拉·迈尔霍夫写道，她在关于"较长时间内

216

人的完整性"的专题研究中发现，"个人神话"往往比"事实和真相"更重要。[26]这种形式的神话化虽然是每个人自身经历的一个重要方面，但遗憾的是这种情况不容易在义和团身上找到，因为我们得到的历史材料说明不了问题。

还有一种形式是涉及历史题材的诗歌、戏剧、小说、艺术和电影对历史的神话化，这种形式比历史著作更容易使历史形象印在人们的脑海中。有人认为，在 20 世纪末，塞勒姆巫师审讯案更多的是通过剧作家阿瑟·米勒的作品而非历史学家的著作而广为人知的。[27]不过，具有讽刺意味的是，米勒在 1953 年出版的《严峻的考验》中谈的不是塞勒姆事件，而是对美国的福祉威胁更大的麦卡锡主义。

在中国，各类艺术对义和团的神话化与其他形式的神话化一样，也在极端贬斥和热情赞扬之间摇摆。一项研究表明，义和团运动期间和其后一段时间，中国文人写了 5000余首诗，其中 90% 蔑视义和团，用"盗贼"、"乱民"、"暴徒"等贬义词描述他们。[28]清末以义和团为主题的小说也是如此。另一方面（正如第五章中指出的），当时民间流传的木版画往往把义和团刻画成在战场上大胜外来之敌的爱国英雄。[29]

可以想见，中国的文学艺术对义和团的积极评价在 1949 年共产党执政以后达到了高潮。1961 年为青年读者出版了一本义和团故事集，编辑在编者按语中强调了义和团的"英勇、顽强、朴素和机智"，希望青少年读者"从这些作品中受到鼓舞，汲取力量，准备着投身于祖国的社会主义建设和保卫事业！"[30]著名作家老舍是满族人，他的父亲曾任皇宫侍卫，在 1900 年夏天北京的战斗中丧生。在他童年时，母亲就经常向他讲述外国军队在京城烧杀抢掠的可怕故事。

1960 年，老舍决定写一个剧本，以纪念义和团运动 60 周年。剧本名为《神拳》，主角是京城以西某地的贫苦农民高永义。他受到了当地天主教堂和洋神甫的残酷剥削，他的侄女因不堪当地恶霸的欺压而含冤自杀，因而，他设坛组织义和团，向压迫他和村民们的恶势力复仇。[31]

老舍把义和团美化为勇敢的英雄、反对帝国主义的爱国者和罗宾汉式的劫富济贫者——烧毁天主教堂后，高永义属下的义和团把粮食和衣物分给了穷人。他的这种写法直接仿效了共产党剧本的典型模式。[32]在 20 世纪 80 年代更为自由的文学创作环境中，中国作家开始摆脱这种模式，并越来越不认同义和团了。1985 年 5 月 19 日，中国足球队输给香港足球队后，北京发生了骚乱。在刘心武写的关于这次骚乱的半纪实性中篇报道中，主要角色滑志民特别把自己和其他参与骚乱者与 1900 年的义和团区分开来（因为义和团确实是"排外的"）。在 1985 年的骚乱中，参与骚乱者把外国人和香港人当作攻击目标，其动机"与其说凝聚在排外上，不如说凝聚在对时下某些捞'外快'捞得多的人的嫉恨心理上"。滑志明和其他参与者其实"恰恰是香港通俗文化和东洋商业文化的最积极的吸收者"。[33]

以闹剧的形式描写义和团也是 20 世纪 80 年代的一种选择。1989 年末，王朔发表了小说《千万别把我当人》（英译名为"No Man's Land"）。[34]小说的主题仍是中国人努力从外国人那里争脸面，这一次是因为中国选手在札幌的国际体育比赛中输惨了。白杰明把为此次活动遴选出来的代表人物唐元豹描述为"能挽回国家荣誉同时又是这种荣誉的牺牲品的中国普通百姓"。唐是个"不诚实的三轮车夫"，擅长一种特别厉害的中国功夫——大梦拳。拳法是他的父亲传给

218

他的，他的父亲被誉为"目前仅存的义和团壮士"（后来又受到了怀疑）。为准备札幌的那种好勇斗狠的比赛，赞助者们对唐元豹进行了严酷的训练（当获悉只有女子可以参赛时，甚至把他阉割了）。最后，唐元豹与来自世界各地的选手比赛谁最能忍受羞辱。唐过关斩将，一路领先，在"最后一个决定胜负的自我羞辱"项目比赛中，唐用利刃在脖子上划了一个弧形，拉开皮肤，朝脸部方向揭。唐获得了"无可争议的世界冠军"，电视画面传至中国，引起了全国性的大庆祝。在此之前，唐的父亲已遭逮捕，罪名是他背叛了义和团运动，导致了义和团的失败（无法律时限可言）。他不但因以前的罪行被判刑，还要为目前中国的"社会混乱状况、邪恶以及普遍的腐败"承担罪责。一百多岁高龄的老唐被判处无期徒刑！

对我们的研究目的来说，王朔的这篇讽刺作品非常重要，因为它揭示了义和团在 20 世纪末中国人意识中留存的一些极为矛盾的形象。在最普通的意识形态层面上，这部作品把义和团当作"积极的"力量：主角的父亲毕竟被当局以背叛义和团运动为由逮捕了。但是，更深一层来看，作品中直接或间接与义和团有关的形象都是深深铭刻在中国知识分子头脑中的自我厌恶的形象，在 20 世纪文化方面进行自我界定的多次全国性大讨论（最近的一个例子是 20 世纪 80 年代的"文化热"）中，这些形象一再浮现出来，它们包括：不真实的作战技巧（梦拳）；对本民族进行自我羞辱的爱国主义；政府的迫害（对"目前仅存的义和团壮士"的逮捕具有象征意义）；以寻找替罪羊的方式解决严重的社会问题的做法（把唐元豹百余岁的老父亲当作"头号公敌"予以判刑）。《千万别把我当人》中闹剧性的义和团形象从表面上看是用于针对共产党的，但是，王朔更重要的目标似乎是中国的现状。

　　文学和其他艺术对义和团的神话化从极端肯定到极端否定，涵盖面很广，但另一种形式的神话化（我指的是"地方的大力褒扬现象"）却倾向于全面肯定。这种现象体现于纪念馆、祠堂、墓碑和纪念碑上，修建这些一半是为了纪念当地有名的男女人物，一半是为了显扬当地的形象，增加当地的财富。20 世纪 80 年代中期，河北（以前的直隶）南部的威县在义和团领袖赵三多的家乡沙柳寨为他修建了纪念馆，内容主要有：仿照毛泽东时代的英雄形象塑造的赵三多大型石膏半身塑像；全身的中国画画像（尺寸比真人大，使他看上去完全像个官员，使他由一个非法的叛乱者变成了令人崇敬的正统楷模）；一篇正式的传记（黑色的石碑白色的字迹），它使人马上联想到封建帝王时代的传记。赵三多纪念馆令人啼笑皆非之处在于它把相互矛盾的形象（毛泽东时代的形象和中国的传统形象）糅合在了一起。对 1990 年 10 月到那里访问的十多个外国人（我恰巧是其中之一）来说，村民们（其中许多人是义和团的后裔）对当年义和团的主要敌人的后裔（至少从文化方面而言是如此）给予的热情欢迎同样令人啼笑皆非，他们甚至盛情邀请我们在来宾留言簿上签名，以证明我们参加了这个奇怪的庆祝大会。[35]

　　地方上的褒扬实际上是一种公开的纪念活动。然而，并非所有的纪念活动都是庆祝性的，关于纳粹对犹太人的大屠杀的各种纪念活动即是如此。[36]正如纳粹大屠杀的例子表明的，纪念活动并不一定要集中在个人身上。历史上发生的任何事情，只要有人认为值得纪念，就可以纪念。1900 年 8

月，当联军已从天津出发很快就会抵达京城的可靠消息传到
使馆区的洋人耳中后，马上就有人贴出告示，悬赏征集纪念
章的最佳设计图案，用以"纪念这段不寻常的经历"。参加
竞标的其中一个设计方案是，代表欧洲、美洲和日本的三个
人手挽手站在一条巨龙的头上。[37]这是即时神话化的一个典
型例证。一位细心的观察者认为，这种"粗鄙的国际性的
忌恨倾向"，"从一开始就给救援北京"的行动"造成了不
光彩的形象"。[38]

举一个更为复杂的例子。1692年，在马萨诸塞州的塞
勒姆，巫术突然盛行起来，引起了人们的担忧、偏执和盲目
仇恨。奇怪的是，这次事件成了该城现今名扬四海和许多年
来居民们获得巨大商业利益的主要原因。在塞勒姆，每天都
像万圣节前夕一样。乘扫帚柄飞行的巫婆的标识随处可见，
从该城警察的徽章上到中学足球队的队服上，到处都是。
1990年，该城居民中有1000人声称自己是巫师，其中一些
人靠巫术谋生。1992年，当一些人计划为巫师审讯案300
周年举行纪念仪式时，他们拿不准，是把它当作恐怖事件予
以纪念，还是庆贺它为塞勒姆带来的一切。[39]

周年纪念是纪念历史事件和人物的最常见最有影响的形
式。如果被纪念的事件被后辈们普遍以否定的态度予以看待
（如塞勒姆巫师审讯案），那么，举行周年纪念活动的主要
目的往往是教育世人，所谓"前事不忘，后事之师"是
也。[40]因此，塞勒姆的市长指派的300周年纪念委员会的一
位委员提出建议，把"前事不忘，后事之师"作为这次长
达一年的纪念活动的主题，举办各种各样的座谈会、报告
会、戏剧表演和公开的学术活动。[41]然而，人们经常利用周
年纪念来重温他们认为有积极意义的历史事件。20世纪最

受人称道的体育比赛之一是 1938 年 6 月 22 日乔·路易斯和马克斯·施梅林在扬基体育场的拳击复赛。由于这是来自美国的一个黑人和来自纳粹德国的一个白人之间的较量，所以，甚至在比赛开始之前，人们就把它同当时的其他一些与拳击毫无关系的重大国际事件等量齐观了。50 年后的 1988 年，总统候选人杰西·路易斯·杰克逊（他与当时的许多非洲裔美国人一样，取名路易斯，他认为自己是乔·路易斯消除种族隔阂的壮举的受益者）回忆他心目中的英雄在第一回合中击倒施梅林的情景时，慷慨激昂地说："从底特律的黑人聚居区走出了一个年轻的大卫，他杀死了希特勒的歌利亚①。"[42]

221

在其他情况下，人们利用周年纪念提供的机会对各自理解的历史事件和人物争论不休，并质疑以前纪念某人和某事的方式是否合适。正如我们看到的，在举行哥伦布发现"新大陆"500 周年纪念活动时，情况正是如此。1989 年纪念法国大革命 200 周年时，情况也是如此，当时，学术界出版了许多对法国大革命持不同于正统观点的消极看法的著作。[43]

总体而言，周年纪念可在现实与历史之间筑起一条情感桥梁，对纪念的人物和事件加以重新塑造，以适应现在的人们和政府不断变化的看法。1989 年春的游行示威事件对中国造成了巨大的冲击，外国纷纷指责中国政府处置不当。一年多以后，中国政府决定利用义和团运动时期八国联军侵占北京 90 周年的机会，发起反击。1990 年 8 月中旬，中国的报刊上发表了一系列文章。除了强调 1989 年政治风波之后

---

① 歌利亚是《圣经》中记载的非利士勇士，为大卫所杀。——译者注

的重要主题如重新警惕帝国主义侵略（现在变换成了更狡猾的"和平演变"方式）和中国共产党在中国现代化进程中极其重要的领导作用外，这些文章特别提醒读者——有时写得非常详细，且非常注重史料的佐证——不要忘记1900年夏外国人对中国人民犯下的残酷暴行。有篇文章总结说，这些暴行足可以戳穿八国联军及其本国政府一贯自吹自擂的所谓"西方文明"的丑恶本性。[44]

最后一种神话化的形式（称之为"类型"也许更好）是借助于报纸、杂志和书籍的神话化。有时是由于一些人的想法，有时是由于政府给予的力度或大或小的推动，这一类的神话化（实际上可分为两类，因为推力也许来自社会，也许来自政府）能够影响到许许多多的人，是最容易被人们理解的。由于这些原因，我将在下面的各章中着重描述和分析20世纪的中国在三个不同时期对义和团进行神话化的过程：新文化运动时期（五四运动以前）、20世纪20年代反帝斗争时期和"文化大革命"时期。在这些章节中，我的目的有二：第一，考察神话制造者制造神话的程序，探究他们对历史的看法有何与众不同的特点（特别是与历史学家的看法相比）；第二，探究对义和团的神话化在20世纪中国人观念的演变历程中所占的地位。

222

第七章　新文化运动与义和团

列文森曾注意到，虽然中国在 17 世纪和 20 世纪两次拒 223
绝了基督教，但两次拒绝的理由是完全不同的。他写道：
"在 17 世纪，中国人因基督教与传统格格不入而拒绝它，
但在 20 世纪，特别在第一次世界大战之后，反对基督教的
主要理由是它与现代化不合拍。在前一例中……基督教因不
同于儒文化而受到批评，这种批评符合中国人的心意。在第
二例中，基督教因其非科学性而受到批评，这种批评是西方
人提出的。"[1]

有人肯定会对列文森的论点提出质疑。在上述两个世
纪，中国人反基督教情绪的基础确实不同，但除此之外，两
者之间也有许多一脉相承的因素，例如，（在这两个时期）
人们普遍相信基督教是非理性的，是迷信，不值得正人君子
给予重视。[2] 不过，列文森的基本观点是：虽然基督教在两
个时期都受到反对，但文化、知识以及心理等环境因素都发
生了重大变化。

令人称奇的是，中国人在诋毁坚决反教的义和团运动时
也采取了类似的手法。在当时中国的出版物以及当时中国人

写的关于义和团运动的日记和其他文字材料中，人们几乎无
一例外地用由来已久的区分正统与异端的标准来看待义和团
（与 17 世纪至 19 世纪基督教的遭遇一样）。与"邪教"或
"异端"相关的贬义词都被用在了他们身上。他们被斥为
"拳匪"或"团匪"，[3]是致"乱"之源，"变乱"之罪魁祸
首，[4]用"鬼话""惑"众，[5]"煽惑"群众闹事。[6]正如我
们已经看到的，当时的作者们对义和团的法术也表示怀疑，
并大加嘲笑，尽管这些法术能够卓有成效地在愚昧无知的民
众中争取到大批追随者。民众被许多人斥为盲目轻信任何胡
言乱语的"愚民"。[7]义和团领袖人物则被指责故意用"刀
枪不入"一类鬼话欺骗追随者，以鼓舞他们的勇气。[8]有人
估计，民众中仅有 20% 的人头脑清醒，能够抵挡住义和团
的宣传攻势，他们分三类，一为信奉伊斯兰教之人，一为见
理明透之人，一为深明大局之人。[9]

　　对义和团以及对中国社会的此类批评，在世纪之交具有
改良意识的中国人的著作中也能见到，[10]虽然人们已能从这
些改良者的言论中体察到形成这些批评的知识背景发生了变
化。哲学家梁漱溟的父亲梁济 1900 年夏天在北京当官。梁
济认为，义和团运动使国人深切体会到了民众的愚昧无知和
迷信，并表明，如要复兴国家，必须超越精英集团的范围，
唤醒并依靠广大民众。[11]改良派领袖康有为在 1900 年底或
1901 年初写的一篇未发表的论说中估计，"拳匪"之"乱"
以及随之而来的八国联军对京城的劫掠破坏，其实际结果可
能对中国有利："此乃立中国现代化基石及定吾皇复位大业
之天道也。"[12]康的弟子梁启超在 1902 年写的一篇颇有影响
的论说中，指斥小说广泛流传，导致迷信风行，一方面妨碍
修建铁路和开矿，另一方面则造成义和团的勃兴。[13]康的另

224

外一个弟子麦孟华指责义和团的"盲目排外"是野蛮行径，对中国有害无利。[14]

　　改良派对义和团的批评在知识层面上处于过渡阶段：他们一方面认为义和团会威胁到一个经过改良的"进步的"中国的诞生，同时又在担心义和团运动会破坏儒家的理性主义和以儒家学说为基础的社会秩序。当世纪之交出现在历史舞台上的中国革命派谴责义和团时，其言论无疑来源于西方文化。[15]钦慕慷慨赴死的维新人士谭嗣同的邹容，是早期的革命派中最反对偶像崇拜的人之一。他在 1903 年写的名作《革命军》中，明确表达了自己的观点。在这本小册子中，邹容把"野蛮之革命"和"文明之革命"做了区分，前者进行毫无意义的破坏，只会加重人民的痛苦和灾难，后者进行破坏的目的是为建设扫除障碍，并通过确立自由、平等、独立、自主等项权利，使人民生活得更加幸福。被邹容奉为第二种革命榜样的是英国、美国和法国的革命。（邹在序言中特别表示感谢卢梭和华盛顿等"大思想家"。）野蛮革命的典型例证是义和团运动，这种革命适合无知的奴隶民族。[16]

225

　　虽然邹容只是附带地谈及义和团运动，但是在他的笔下，义和团已由历史向神话迈进了一大步。刘孟扬、管鹤和仲芳氏等人虽然用"匪"、"乱"、"邪教"等贬义词丑化义和团，但他们至少在一定程度上是在阐述这场运动的来龙去脉：记录运动的起源、过程、主要特点和结局。邹容则完全不同，他那本小册子的目的在于激励中国人民采取革命行动，以汉人取代满族统治者，以共和取代专制，以自由人民的国家取代奴隶的国家。对邹而言，义和团是中国社会中他想破坏的一切东西的象征。

邹容希望的"文明"革命在 1911 年真的爆发了。虽然这次革命推翻了满族的统治，以共和制政府取代了由来已久的帝王体制，但是，中国的知识分子普遍认为，革命几乎没有给中国社会带来任何变化，而且，中国的人文环境更加恶化了。鲁迅即持此观点，他在名著《阿 Q 正传》中嘲笑了革命影响的肤浅："未庄的人……知道革命党虽然进了城，倒还没有什么大异样。知县大老爷还是原官，不过改称了什么……带兵的也还是先前的老把总。只有一件可怕的事是另有几个不好的革命党夹在里面捣乱，第二天便动手剪辫子。"[17]

226   鲁迅是新文化运动的主将之一。一般认为，新文化运动始于 1915 年前后，虽然许多特别的见解和主张可以追溯到世纪之交。新文化运动的基本目标之一是重塑中国社会，而所有的社会痼疾都来源于中国的传统文化。参加新文化运动的许多人把传统文化视为野蛮文化而加以摈弃（鲁迅在另一篇著名小说《狂人日记》中称之为"吃人的"文化）。[18]传统文化将被新文化代替，其对旧社会的恶劣影响会被扫荡一空，新文化将以现代西方的文化为蓝本重新建构。在这个时期，中国政府也在追求同一目标。政府的动机之一是防止社会动乱（常与"迷信"的信仰和活动有关），但是，在新文化运动活跃分子的参与下，政府也在追求新的目标，即扫除一切障碍，使中国社会变成一个现代社会。[19]

在这种形势下，义和团为新文化运动的参与者提供了抨击旧文化中最令人厌恶和最邪恶的东西的依据。最重要的一点是，崇尚科学和理性的价值观念的人把迷信和非理性视为中国社会特有的痼疾。1918 年 12 月出版的《每周评论》（不久即停刊了）第 1 号发表了一篇题为《义和拳征服了洋人》的短文：

> 有人说现在法国使馆也在那里扶乩请神，岂不是洋人也相信鬼神了吗？我道却不尽然。原来官场腐败，中外相同，而且外国虽有极少数学者，爱谈鬼怪，不像中国，神奇鬼怪是全国人普遍的思想。[20]

关于这篇短文，有两点值得注意。第一，题目中有"义和拳"，但文中却没有，这无疑表明，作者是用"义和拳"来代表此文的主旨：相信鬼神。第二，作者断言相信鬼神在中国是普遍现象，因此，义和团运动被认为昭示了中国文化的一个主要特征。

在新文化健将的作品中有一个共同点：站在西方的科学 227 和理性的角度，居高临下地贬低义和团的迷信活动。世纪之交在上海转而信奉西方科学的蒋梦麟称义和团是"倡言法术的狂热的偶像崇拜者"。王星拱曾在英国学习科学知识，后来成为北京大学的化学教授。他坚决反对超自然的东西，把义和团运动一类事件视为错误的信仰造成的悲剧。1925年胡适在燕京大学的一次演讲中把义和团的迷信与他所处时代的理性主义做了直接对比。[21]

然而，这样的贬损虽然有意义，我却不太感兴趣，更吸引我的是进一步把义和团与整个中国社会存在的迷信、非理性、蒙昧无知和野蛮倾向结合起来进行评价，这一点也更重要。这种评价不是指参加新文化运动的知识分子经常强调的那种。事实上，对这些知识分子中的大多数人来说，义和团使他们感到脸上无光，不到万不得已，他们是不思考有关义和团的问题的。然而，几个有影响力的人物公开对义和团做

了评价。在此过程中，他们提出了这样一个争议问题：现代
中国文化的特性是什么？

陈独秀、鲁迅与义和团

最突出的例子是 1918 年秋陈独秀在当时最有影响的杂
志《新青年》上发表的一篇文章。几年前，陈与他人合作
创办了《新青年》，1921 年，他成了中国共产党的第一任总
书记。在北京街头人们庆祝第一次世界大战中战胜德国的一
片喧闹声中，陈写就了这篇文章。他说，他不愿意走出去加
入狂欢者的行列，主要是因为他认为中国在这次协约国的胜
利中所占的分量不足，公开进行庆祝的理由不充分。当他听
到外面的人为拆毁克林德碑（此碑是 1900 年 6 月德国驻华
公使克林德在北京被杀后，德国坚持在原地竖立的）而欢
呼雀跃时，他甚至不愿意打破潜心钻研的宁静气氛。相反，
陈检索出关于义和团的一些文献材料，重新审视"这一段
可笑可惊可恼可悲的往事"。

228　　陈从这些文献中摘引了若干段文字，借以唤醒健忘的同
胞们的记忆。之后，他警告说，如不采取措施加以预防，中
国可能会再次发生义和团之乱，洋人又会入侵，那时就不仅
是克林德碑，恐怕到处都要立石碑了。接着，他阐述了产生
义和团的原因：

> 这过去造成义和拳的原因，第一是道教。……种种
> 迷信邪说，普遍社会，都是历代阴阳家、方士、道士造
> 成的。义和拳就是全社会种种迷信种种邪说的结晶，所
> 以彼等开口便称奉了玉皇大帝敕命来灭洋人也。

第二原因，就是佛教。佛教造成义和拳，有两方面：一方面是佛教哲理，承认有超物质的灵魂世界……一方面是大日如来教（即秘密宗）种种神通的迷信，也是造成义和拳的重要分子。

第三原因，就是孔教。孔子虽不语神怪，然亦不曾绝对否认鬼神，而且《春秋》大义，无非是"尊王攘夷"四个大字。义和拳所标榜的"扶清灭洋"，岂不和"尊王攘夷"是一样的意思吗？

儒、释、道三教合一的中国戏，乃是造成义和拳的第四种原因。……义和拳所请的神，多半是戏中"打把子"、"打脸"的好汉，若关羽、张飞、赵云、孙悟空、黄三太、黄天霸等是也。[22]津、京、奉戏剧特盛，所以义和拳格外容易流传。义和拳神来之时，言语摹仿戏上的说白，行动摹仿戏上的台步，这是当时京、津、奉的人亲眼所见，非是鄙人信口开河罢！

最近第五原因，乃是那仇视新学妄自尊大之守旧党。……他们眼里，以各国夷人不懂得中国圣贤的纲常礼教，都是禽兽，至于附合而且主张效法那禽兽的中国人，不更可杀吗？所以他们戊戌年将一班附和禽兽的新党杀尽赶尽，还不痛快；到了庚子年，有了保存国粹三教合一的义和拳出来，要杀尽禽兽，他这班理学名臣，自然十分痛快，以为是根本解决了。

229

陈的核心论点是，造成义和拳之乱的上述五种因素，在1918年依然如旧："义和拳的名目，此时虽还未发生，而义和拳的思想，义和拳的事实，却是遍满国中，方兴未艾，保得将来义和拳不再发生吗？将来义和拳再要发生，保得不又要竖起国耻的纪念碑吗?"陈详细罗列了风行全国的迷信活动和驱魔法术，然后做出下述总结：

> 照上列的事实看起来，现在中国制造义和拳的原因，较庚子以前，并未丝毫减少，将来的结果，可想而知。我国民要想除去现在及将来国耻的纪念碑，必须要叫义和拳不再发生；要想义和拳不再发生，非将制造义和拳的种种原因完全消灭不可。
>
> 现在世上是有两条道路：一条是向共和的科学的无神的光明道路；一条是向专制的迷信的神权的黑暗道路。我国民若是希望义和拳不再发生，讨厌像克林德碑这样可耻纪念物不再竖立，到底是向哪条道路而行才好呢?[23]

陈独秀的文章是为历史事件增添神话色彩的典型例证。他的基本推理是：A（普遍存在的迷信、蒙昧、保守思想）是 B（义和团运动）的直接原因，由于他所处的年代 A 在中国仍很普遍，如不尽快采取措施根除 A，B 定会再次发生。从历史逻辑的角度来看，陈的论证存在严重缺陷。不论某些观念在促成义和团运动的过程中起过多么重要的作用，但没有哪个历史学家会只用这些观念来解释这次运动的起源和发展。而且，如果这些观念真像陈所说的那样，对中国的社会形态和思想意识具有深刻而持久的影响，那么，人们不禁要问，为什么"义和团"没有成为中国人生活中常见的现象呢？这个事实，以及义和团在 1898～1900 年以前及之后均未出现过的事实，是对陈独秀失之简单且不太"科学"的推论的有力挑战，而陈试图以这个推论来说服他的读者。

230

　　然而，这一点丝毫不会使陈感到不安，因为他这篇文章的主旨不是要把义和团作为一个历史现象来加以理解，他真正的目的在于从根本上转变国人的信仰和态度。其他中国人——如 1918 年 11 月聚集在大街上为拆毁克林德碑而欢呼的人、1924 年的陈独秀本人（我们将在后面的章节中看到）以及人数众多的中国马列主义者（至少可算到 20 世纪 80 年代）——也许认为，在中国的发展步入"正常的"轨道之前，需要推开的压在中国人身上的主要重负是外国帝国主义。1918 年，陈独秀尖锐地驳斥了这种看法，他坚持认为，克林德碑象征着的帝国主义不是中国陷入困境的原因，而是其结果。造成中国困难重重（这使此类石碑得以竖起）的原因是以义和团为表征的中国社会的文化氛围。因此，中国的能量不应该被引向消除代表国耻的表面事物上，而应该被引向创造共和制的、科学的和无神的新社会方面，就本质而言，这样的新社会将使中国此后不再蒙受类似的耻辱。

　　中国问题的根源深藏于中国文化中，这种观点以及以义和团为象征而使这种观点更引人注目的做法，在鲁迅发表于《新青年》同一期上的一篇讽刺性短文中也可以看到：

　　　　近来颇有许多人，在那里竭力提倡打拳。记得先前也曾有过一回，但那时提倡的，是满清王公大臣，现在却是民国的教育家，位分略有不同。至于他们的宗旨是一是二，局外便不得而知。

　　　　现在那班教育家，把"九天玄女传于轩辕黄帝①，轩辕黄帝传于尼姑"的老方法，改称"新武术"，又称

---

　　①　据传说，九天玄女向黄帝（中国神话中的第一个帝王）传授了武术。

"中国式体操"，叫青年去练习。听说其中好处甚多，重要的举出两种来，是：

一、用在体育上。据说中国人学了外国体操，不见效验，所以须改习本国式体操（即打拳）才行。依我想来，两手拿着外国铜锤或木棍，把手脚左伸右伸的，大约于筋骨发达上，也应有点"效验"。无如竟不见效验！那自然只好改途去练"武松①脱铐"那些把戏了。这或者因为中国人生理上与外国人不同的缘故。

二、用在军事上。中国人会打拳，外国人不会打拳；有一天见面对打，中国人得胜，是不消说的了。即使不把外国人"板油扯下"，只消一阵"乌龙扫地"，也便一齐扫倒，从此不能爬起。无如现在打仗，总用枪炮。枪炮这件东西，中国人虽然"古时也已有过"，可是此刻没有了。藤牌操法，又不练习，怎能御得枪炮？我想（他们不曾说明，这是我的"管窥蠡测"）：打拳打下去，总可达到"枪炮打不进的程度"　（即内功？②）。这件事，从前已经试过一次，在一千九百年。可惜那一回算是名誉的完全失败了。且看这一回如何。[24]

在后来的一期《新青年》上，有个名叫陈铁生的人撰文怒斥鲁迅。他的年龄比鲁迅大，而且显然有一些军事阅历。他指责鲁迅把完全不同的两件事混为一谈："鲁迅君何许人，我所未知，大概亦是一个青年。但是这位先生脑海中

---

① 武松是小说《水浒传》中的英雄之一，以武艺精湛而闻名。
② 鲁迅在此处所说的内功，是与中国拳术关系密切的气功。

似乎有点不清楚，竟然把拳匪同技击术混在一起。不知鲁君可曾见过拳匪？若系见过义和团，断断不至弄到这等糊涂。"陈接着指出，义和团是用鬼话蛊惑人的禽兽，深陷超自然的神秘主义泥沼，与行事中规中矩和遵循人道主义的技击家不可同日而语。陈直言鲁迅关于外国人不会打拳的说法"更是荒谬"。如果鲁迅真不相信，那么外国的 Boxing（拳击）一词做何解释呢？最后，陈也用讽刺性的语言讥嘲鲁迅，尤其是鲁迅的天真和无知："枪炮固然要用；若打仗打到冲锋，这就恐非鲁先生所知，必须参用拳匪的法术了。我记得陆军中学尚有枪剑术，其中所用的法子，所绘的图形，依旧逃不出技击术的范围。鲁先生这又是真真正正外国拳匪了（指鲁根本不懂中国拳术）。"[25]

在答辩陈铁生的文章中，鲁迅指出，他的原文所批评的是"社会现象"，而陈的反驳反映的是他个人的态度。鲁援引陈独秀在《克林德碑》一文中提到的一本关于新武术的书来解释二者之间的区别。该书作者在序言中对义和团和义和团的"鬼道主义"大表同情。鲁告诉我们，如果这仅仅是某一个人的意见，本也无关紧要，但是，该书业经官署审定，又受到教育界的热烈欢迎，被全国各地用作教材广泛学习，这样就成了一种社会现象，而且正是"鬼道主义"精神。鲁继续写道，他也知道中国的拳术家中必有不信鬼道的人，但是，这些人没有站出来公开发表意见，他们的观点就被社会潮流所遮掩了。

对于陈的呵责，鲁的反驳非常直截了当。例如，关于外国的 Boxing 一词，鲁反驳说："Boxing 的确是外国所有的字，但不同于中国的打拳；对于中国可以说是'不会'。正如拳匪作 Boxer，也是他们本有的字；但不能因有此字，便说外国也有拳匪。"

鲁简明扼要地归纳了自己的观点："总之中国拳术，若以为一种特别技艺，有几个自己高兴的人，自在那里投师练习，我是毫无可否的意见；因为这是小事。现在所以反对的，便在：（一）教育家都当作时髦东西，大有中国人非此不可之概；（二）鼓吹的人，多带着'鬼道'精神，极有危险的预兆。"[26]

关于鲁迅与陈铁生之间的争论，有一点很有趣，即两人都动了肝火（尤其是陈），但在本质性的问题上，两人的意见相去不远。陈完全同意鲁迅的观点：作为迷信的传播者，义和团应该受到谴责，而鲁迅也有所保留地承认，中国拳术在社会上有一定的合法性。那么，问题出在哪里呢？

我认为，问题的症结在于，陈把义和团当历史看，视之为一去不复返的历史陈迹，而鲁迅把义和团当神话看，视之为随时都能复活的幽灵。对陈铁生而言，义和团运动是历史长河中的一段插曲，无论多么可怕，多么令人厌恶，都已成为过去，正因为如此，国人可以把中国武术视为完全不同的一种人类活动方式，绝不会产生历史上的义和拳所造成的那种负面影响。使陈怒不可遏的是，对历史上的义和拳和中国武术显然一无所知却又自命不凡的年轻人鲁迅，十分无理地混淆了二者之间的区别，玷污了武术在中国的好名声。

鲁迅看这个问题的角度完全不同。鲁迅生于 1881 年，在他写这篇文章之时，他并不像陈铁生所说的那样毫无阅历，虽然他自己承认对中国武术而言是个门外汉。不过，这与两人争论之事没有太大关系。重要的是，两人关注的层面完全不同。陈最关心的是中国武术的名誉，而鲁迅关心的是现在和将来中国文化的走向问题。与陈独秀一样，鲁迅也认

233

为中国文化深陷于迷信和非理性的泥潭中，并坚信中国复兴的前提是根除这些陈腐的东西。在这种情况下，被崇尚新文化的知识分子普遍视为这些陈腐东西的具体体现的义和团运动等历史现象，就不可能被仅仅当作历史看待。在鲁迅看来，混淆"中国武术"和"义和拳"的并不是他，而是中国社会。只要迷信和非理性依旧在这个社会普遍存在，鲁和其他与鲁观点相同的人就不可能同意陈铁生的论断：义和团已是历史陈迹。

虽然我在上述分析中一直在强调，义和团被涂上神话色 **234** 彩，乃是新文化健将们努力革新中国文化的活动的一部分，但是，如果把陈独秀、鲁迅和其他人挑起的大论战仅仅视为知识分子在光明势力与黑暗势力之间的斗争，则是错误的。1925 年历史学家顾颉刚写道："我们一班读书人和民众离得太远了，自以为雅人而鄙薄他们为俗物，自居于贵族而呼斥他们为贱民。"[27]顾所说的这种精英意识，12 年前蒋梦麟就做过公开表述，他有意识地写道："我们的座右铭是：由知识阶级建立为人民的人民政府。"[28]顾和蒋的言论清楚地表明，鼓吹新文化的知识分子对中国传统文化所持的否定立场也有其阴暗的一面。它并不仅仅是现代主义者对传统的攻击和新文化与旧文化的对立，它还反映了精英阶层厌恶亿万中国老百姓参与其间的大众文化的倾向。

中国的精英（包括共产党员和非共产党员）反大众文化的这种明显倾向，在新文化运动结束以后还持续了很长时间。[29]而且，正如前面表明的，这种倾向并不仅限于个人的范围。1928～1929 年国民党发动了"破除迷信运动"，"文化大革命"时期大反"四旧"，邓小平时代的中国坚持扫除"封建迷信"，此类活动虽形式各异，但体现了 20 世纪历届中国政府关于迷信问题的政策的继承性和延续性。[30]因此，我们可以得出这样的结论：在这个漫长的时期，当义和团因迷信、落后、愚昧无知和盲目排外而受到攻击时，他们是被当作更为普遍的大众文化的代表看待的。而不仅出于知识原因，而且出于（至少在一定程度上）社会原因，中国的知识精英和政治精英内心里是鄙视大众文化的。

西方对义和团的神话化与中国文化的特性

在此，对新文化运动对义和团的神话化与西方对义和团的神话化（至少在表面上没有不同）进行一番比较是很有益处的。虽然有一些例外（一般都是政治上的左派的言论），20世纪西方人中的主流倾向一直是用否定性的词汇描述义和团。[31]义和团运动后的一些年里，义和团是"黄祸"论的主要话题。在整个20世纪，义和团一直被简单地视为野蛮、残忍、盲目排外和迷信的象征。

这种倾向在义和团运动进行过程中就已初显端倪。典型例证是来自艾奥瓦州迪比克的一位妇女写的一首诗，1900年8月使馆区被围期间发表于《独立派》上，其中两节云：

> 炮声隆隆震耳欲聋，
> 鼓声阵阵惊人心魂，
> 我们的亲人与死者为伴，
> 望眼欲穿等待援军。
>
> 黄色面孔成千上万，
> 满怀仇恨团团围攻，

绝望的亲人死守着阵地，

拳匪暴民待机而动。[32]

使馆区被围期间发表于《布鲁克林鹰报》上的一幅漫
画也表现了类似的主题：八国联军挥动"文明"扫帚，为
中国清扫义和团以及西方人认为与义和团有关的一切令人厌
恶的东西（参阅插图 7 - 1）。[33]欧洲早期关于义和团运动的
电影，如《义和团进攻传教点》等等，主题不外乎表现洋
人的英雄主义和中国人的鄙陋丑恶。[34]1911～1912 年，拉尔
夫·D. 佩因在深受青年欢迎的杂志《青年之友》上连载了
历险小说《十字架与龙》。小说描述了华北地区的美国新教

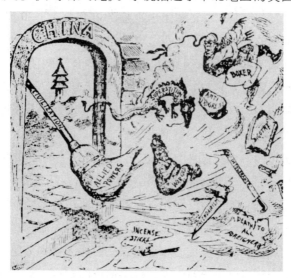

插图 7 - 1　反义和团漫画：《中国需要门户开放》

西方人通常认为义和团具有的那些令人厌烦的特点在
这幅漫画中被清晰地勾勒出来，该漫画在使馆被围期间发
表于《布鲁克林鹰报》。选自 *The Literary Digest*，July 14，
1900。

传教士与"大刀会"之间的斗争，大刀会虽然没有公开与义和团合流，但具有义和团的许多特征，且致力于把每个洋人都赶出中国。[35]哈罗德·伊萨克斯在撰写名著《亚洲的形象》时走访了不少人，其中一个回忆说，他孩提时代读了有关义和团的报道后产生了"恐怖感"，《十字架与龙》带给他的精神创伤尤其大，许多年后当他意外获悉自己将被派往中国时，佩因的这篇小说以及其中令人可怕的描写仍使他心有余悸。[36]

弗朗西斯·艾马·马修斯（1865？～1925）是美国第一位以中国为题材的广受欢迎的作家，她虽然没有详细描述义和团，但有位学者认为，她说中国人"残忍凶狠，报复心很重"，显然是"义和团后遗症"在作怪。[37]20世纪20年代出版的其他小说中也尽是这种丑化性的描述。[38]同一时期的外国新闻界也不例外（重点抨击的是义和团的盲目排外，参阅第八章）。数十年后的"文化大革命"期间，当西方人普遍用与义和团有关的非理性暴力和排外主义来评论红卫兵时，丑化性的描述再度出现了。[39]

虽然西方人头脑中认定的与义和团有关的一些特点同20世纪初的二三十年间中国知识分子指出的几乎完全一致，但是，中国和外国对义和团进行神话化的基础有根本性的不同，所以，神话化的过程也完全不同。西方人在道德方面和文化领域普遍具有自信心和优越感，而这优越感又受到西方在军事上和经济上无可怀疑的优势地位的支持，所以对他们而言，具有象征意义的义和团的威胁是针对现实世界的，而对于崇尚新文化的中国人而言，则完全相反。新文化运动的目的不是保存现有的中国，而是建立一个全新的中国和新的现代化的中国文化，所以在陈独秀、鲁迅和其他人看来，义

和团所代表的具有象征意义的威胁是针对将要诞生的新世界
的。

　　中国和外国对义和团的神话化还有一个实质性的差异。
大多数西方人认为，义和团的盲目排外、迷信、野蛮残暴和
落后形成了一个整体，其每个部分都对西方人珍视的世界造
成了同样的威胁。但对 20 世纪初叶彻底否定义和团的迷信
和落后的那些中国人来说，义和团的排外主义是个非常复杂
的问题，因为义和团的排外主义不仅针对西方现代文化
（这是他们所向往的），而且针对外国帝国主义的侵略（这
是他们中的绝大多数人所厌恶的）。义和团的排外主义及其
评价问题是 20 世纪 20 年代重新描画义和团时的一个中心问
题。

第八章 反对帝国主义
与义和团神话的重构

238　　　当过去被当作神话时，其内涵在相当大的程度上取决于人们对现实问题的关注。当人们关注的重点发生变化时，历史的内涵必定会发生相应的变化，有时候，变化的程度非常之大。在20世纪20年代，中国就出现了这种现象，当时，人们对新文化运动（其基本目标是文化革新）的关注让位给了对一系列更具政治色彩的新问题的关注，政治色彩不仅体现在人们对世界的基本看法方面，而且体现于由这些看法而生的对行动计划的理解方面。[1]

　　　参与新文化运动的人坚信，要重建中国，首要任务是重建文化，从这个意义上讲，新文化运动确实没有销声匿迹。许多中国知识分子，包括胡适和鲁迅等人，依旧非常重视中国的文化革新。然而，越来越多的中国人赞成首先解决政治问题的观点，因为他们对文化变革的缓慢步伐感到灰心和失望，对政界持续不断的动荡加剧了帝国主义对中国财富的攫夺感到义愤填膺。巴黎和会出卖了中国的利益（消息传出后，1919年5月4日北京爆发了示威抗议活动）；1925年上海发生的五卅惨案中赤手空拳的示威学生遭到了英国巡捕的枪杀；以刚刚诞生的中国共产党为中心的革命政治运动登上了历史舞台；国民党进行了改组；人们受到了列宁关于帝国主义的理论的极大影响。上述种种政治事件和现象，把关注政治的中国人的怒火日益引向激烈反对帝国主义的民族主义方面。当他们对外国列强（在许多情况下是对外国人）的仇恨达到一个新的高峰时，他们中的一些人发现了义和团运动的积极意义。

239

正面美化义和团，在中国并非新鲜事。在世纪之交，端王和清廷其他守旧分子认同义和团运动的排外立场，一直称赞义和团忠诚、正直、爱国。他们的观点因在爱丁堡受过教育的反帝分子辜鸿铭的宣扬而广为当时的英语读者所知："皇太后、端王和义和团的小伙子们并非欧洲人和 1789 年巴黎兴起'大拳匪'以来日臻完善的真正的欧洲文明的敌人，而是二者真正的朋友。"辜鸿铭认为，"义和团的小伙子们"奋起反对的"欧洲、世界和真正的文明的真正的敌人"，是那些"被称为金融家和资本家的现代欧洲的高利盘剥者"，他们"合伙欺骗、榨取、威胁、谋害和抢劫这个世界，并最终要毁灭世界上的所有文明"。[2]

辜鸿铭的稀奇古怪的世界主义在他一首具有苏格兰民谣风格的诗中达到了顶峰，这首诗写于 1900 年，为皇太后 66 岁生日而作，称赞了端王和义和团的功绩。这首诗的第一节如下：

> 正是端王对与会的王公大臣们说：
> 皇冠落地时必有许多乌纱帽被撕碎；
> 让每个爱战斗善嬉戏的义和团青年，
> 追随强健的端王及其同僚吧。
> 斟满我的杯，灌满我的壶；

> 跨上我的马，招呼我的人；
>
> 亮开旗帜开火吧，
>
> 追随强健的端王及其同僚吧。[3]

不仅在守旧派中，而且在改良派和革命派中，都有一些人从一开始就看出，义和团运动至少有一些救国救民的特点。著名翻译家严复虽然认为义和团是"妖民愚竖"，但他对义和团的精神也颇为敬佩，他说："然而其中不可谓无爱国者。"[4]《开智录》是一些激进的广东留学生于 1900 年 12 月在横滨出版的一本杂志（孙中山捐助了 200 元开办费），[5]这份杂志维持的时间不长。1901 年 3 月《开智录》上发表的一篇文章赞扬了义和团对中国人的独立所做的贡献："夫义和团岂不知寡不可敌众，弱不可敌强哉！然出于爱国之心，忍之无可忍，故冒万死以一敌八，冀国民之有排外自立之一日也。……然义和团虽一败涂地，为人不齿，而亦为中国种无算之强根，播国民独立之种子，我中国人岂知之否耶？"[6]

240

孙中山在 1903 年论及中国的保全或分割的问题时，不但赞扬了义和团（尽管还有所保留），而且向世人显示（至少是含蓄地）了一个重大的转变：原来视义和团为"他们"，为"另类"，现在则视之为"我们"，为"同道"，代表着中国人民的精神。

> 吾知支那人虽柔弱不武亦必以死抗之矣。……支那人民，为虏朝［满清］用命，虽亦有之，然自卫其乡族，自保其身家，则必有出万死而不辞者矣。观于义和团员，以惑于莫须有之分割，致激成排外之心而出狂妄之举……

然彼等特愚蒙之质，不知铳炮之利用，而只持白刃以交锋。设使肯弃粗呆之器械，而易以精锐之快枪，则联军之功，恐未能就效如是之速也。然义和团，尚仅直隶一隅之民也；若其举国一心，则又岂义和团之可比哉！[7]

虽然某些爱国的中国人（如孙中山）能够在一定程度上认同义和团，但另有许多人却发现，义和团运动期间及其后一段时间中国遭受的耻辱对人们有很大的激励作用。1910年，浙江嘉兴的商人和士绅召开了一次会议，目的之一就是提醒人们不要忘却这些耻辱的记忆。[8] 1904 年 2 月，陈独秀创办了《安徽俗话报》，1905 年 8 月之前都由他本人主编，该报发表了一系列表现义和团运动时期的国耻的画作（参阅插图 8 – 1 和 8 – 2）。[9] 人们重点关注的是外国帝国主义对

插图 8 – 1 国耻图

外国军队于 1900 年 7 月占领天津以后，许多"无耻的"中国人"贪生怕死，拿了顺民旗跪在街上迎接洋兵"。不料洋人憎恶这些人，把他们都杀了。选自《安徽俗话报》第 15 期，1905 年 10 月。

插图 8 - 2　国耻图

俄国人在占领东三省以后，强掳中国人为他们修造铁路。俄国人不给他们付工钱，如果做得不好，还要用鞭子乱打，"同待牛马一样"。选自《安徽俗话报》第14期，1905年9月。

中国的侵害，而不是义和团运动本身，这样一来，义和团运动的某些令人厌恶的特点就被忽略不计了，义和团的经历就被融入中国的"帝国主义世纪"这个更为广泛的主题中了。

241　　　这是正面美化义和团运动的人可以经常停靠的一个安全的港湾。然而，在政治气氛浓厚的20世纪20年代，中国的某些爱国者采取了更冒险的做法：忽略义和团的种种缺点，把义和团描绘成十全十美的反帝国主义积极分子。

义和团运动的精神遗产

　　新文化倡导者把义和团视为落后、迷信和非理性的一群，五四以后人们又把义和团视为反对帝国主义的爱国者，

1924 年 9 月，中国共产党总书记陈独秀发表的一篇文章最显著地反映了这一转变。[10]时为 1901 年 9 月 7 日签订的《辛丑条约》的 23 周年纪念日。在"反帝同盟"的建议下，新近改组的国民党确定 9 月 7 日为"国耻日"，接下来的一周为"反帝周"。[11]这时的国民党与中国共产党结成了紧密的联盟，军事上也处于反对帝国主义的阶段。在这种形势下，原来零零星星称赞义和团为爱国者的言论在激进报刊上汇聚成了大合唱，以中共主办的《向导周报》为开路先锋。

陈独秀的文章发表在《向导》为 9 月 7 日周年纪念日编发的一期特刊上。他在文中首先指出，义和团运动是中国现代史上的一个重要事件，其重要性不亚于 1911 年的辛亥革命。然而许多人不但忽略了它的重要性，而且对义和团怀着两个错误观念。第一个错误观念是他们憎恶义和团"野蛮的排外"：

　　他们只看见义和团排外，他们不看见义和团排外所以发生之原因——鸦片战争以来全中国所受外国军队、外交官、教士之欺压的血腥与怨气！他们只看见义和团杀死德公使及日本书记官，他们不看见英人将广东总督叶名琛捉到印度害死，并装入玻璃器内游行示众！他们只看见义和团损害了一些外人的生命财产，他们不看见帝国主义军事的商业的侵略损害了中国人无数的生命财产！他们只看见义和团杀人放火的凶暴，他们不看见帝国主义者强卖鸦片烟、焚毁圆明园、强占胶州湾等更大的凶暴！……他们指责义和团号召扶清灭洋及依托神权是顽旧迷信，他们忘记了今日的中国仍旧是宗法道德、封建政治及神权这三样东方的精神文化支配着！

242

265

义和团诚然不免顽旧迷信而且野蛮，然而全世界（中国当然也在其内）都还在顽旧迷信野蛮的状态中，何能独责义和团，更何能独责含有民族反抗运动意义的义和团！与其憎恶当年排外的义和团之野蛮，我们宁憎恶现在媚外的军阀、官僚、奸商、大学教授、新闻记者之文明！

1918 年，特别强调文化的重要性并对西方文明推崇备至的陈独秀曾撰文严厉指责义和团野蛮、保守、盲目排外和传播迷信。1924 年，陈的观点改变了，民族主义成了主流。他不否认他以前提到的义和团的这些特点是令人厌恶的，但他现在找到了为之辩护的新方法：义和团排外的根源在于外国的压迫和剥削；义和团的凶暴根本比不上外国帝国主义的野蛮残忍；当全世界都处在守旧和迷信的状态中时，义和团的守旧和迷信又有什么奇怪的呢？最后一点，"野蛮"与"文明"的含义究竟是什么？在罪恶主要来源于外国帝国主义的世界上，不屈不挠的反帝斗争就是"野蛮行动"吗？难道献媚于帝国主义就是"文明"吗？

陈继续写道，第二个错误观念是，认为义和团事件是少数人犯下的罪恶，列强不应该因少数人之故惩罚全中国人民付出巨额代价。为批驳这一错误观念，陈公开把义和团与全中国人民联系在了一起（早些时候的孙中山仅做了暗示）。陈指出，深受列强压迫之苦的是全中国人民，而不仅仅是义和团。有人认为，奋起反抗这种压迫的义和团是有罪的，应该单独受到惩罚，而屈服于外国人的绝大多数中国人不应该受到惩罚，陈认为这种观点完全不合逻辑。他写道："还幸亏有野蛮的义和团少数人，保全了中国民族史上的一部分荣誉!"[12]

数月后，陈独秀在《新青年》上又发表文章重申了他对义和团的新看法。他认为，义和团运动是中国处于小资产阶级发展阶段四次重要的国民运动之一（其他三次是戊戌变法、辛亥革命和五四运动）。他写道："义和团之蔑视条约，排斥外力外货及基督教，义和团之排斥二毛子三毛子——帝国主义者之走狗，都无可非难；义和团之信托神力，义和团之排斥一切科学与西洋文化，自然是他的缺点，然这些本来是一般落后的农业社会之缺点，我们不能拿这些特别非难义和团。"陈认为，义和团的真正缺点，一是缺乏组织，使得这次运动遭受失败后即告瓦解；二是与反动派合作而为其利用，失去了社会上进步分子的同情。

虽然自1918年以来，陈独秀的观点发生了实质性的变化，但就操作的层面而言，他1924年发表的文章的目的与前几年关于克林德碑的那篇文章的目的没有什么不同。他的目的不在于探索历史事件的真相以更好地了解历史，而在于利用评论历史事件的特殊文章改变当时的知识界同仁的观点。义和团运动的失败造成的最有害的后果是，中国的知识阶级普遍认为"排外为野蛮为耻辱"。在陈看来，这种有害的后果在20世纪20年代的中国仍在影响着人们的心理。这种心理状况损害了反抗外国帝国主义的精神。陈独秀的意图正是利用他极强的说服力来改变这一现状。[13]

陈并不孤单。为9月7日的《向导》特刊撰文的其他作者同样试图为中国民众的反帝立场正名，他们并且急切地想扫除妨碍这种正名行动的心理障碍。正如陈独秀所认识到的，这些障碍中最难消除的是人们心目中根深蒂固的一种观念（主要来源于义和团的经历）：排外无论如何是令人厌恶

245

的、可耻的和不文明的，所以，每个作者的主要目的都在于改变人们对义和团的看法。

彭述之对此点做了最为明确的表述，他是共产主义运动初期陈独秀的追随者和亲密盟友。彭指出：

> 要想振刷中国的民族革命精神，打倒媚外的奴隶主义，在这个日子里，首先须把这个日子［1901年9月7日］在中国被国际帝国主义压迫史上的意义重新介绍，尤其对于义和团运动须得重新沽定其在中国民族革命运动史上之真价值。我们应该替义和团宣雪其廿三年来被帝国主义者及其走狗所加之恶名，刷洗中国一班人脑中对于义和团运动之根本错误观念。[14]

彭述之解说的是整个中华民族的态度，而蔡和森则把注意力更直接地放在国民党及其革命特性上。蔡是毛泽东的密友，是中国共产党早期历史上的一个重要人物。蔡在文章的开头即指出，宣称义和团运动为"中国野蛮的排外举动"的不仅仅是义和团的敌人——外国资产阶级和帝国主义者，中国同胞，甚至革命党也公然如此指斥义和团。他们向外国帝国主义者声明，义和团运动"是少数无知愚民的罪恶"，相反，他们把自己的革命活动说成是"比较满清或军阀更进一层的尊重对外条约保护外人生命财产的文明行为！"

与陈独秀和彭述之一样，蔡也指出了义和团运动的若干缺点。然而，他认为义和团运动有"历史的神圣的价值"，尤其是与辛亥革命比较起来，更具历史意义："辛亥革命表面上似乎比义和团运动进步一些，因为形式上和精神上都似近代资产阶级化；然而实际上，这次革命是完全失败了，他

246

的意义远不如义和团之重大。义和团是因为没有近代化而失败，辛亥革命却反因为效響近代资产阶级化而失败。"

进行了详细比较后，蔡明确总结了义和团的历史遗产，特别提到了义和团能为经过改组的国民党提供哪些值得借鉴的东西："国民党自今年第一次大会改组以来，他已具有一个顶好的明确的政纲；假设当时义和团具有这样反帝国主义的政纲，义和团是可以领导中国国民革命至于成功的。反之，现在具有这好的政纲的国民党，若加以义和团排斥外国帝国主义的真精神，国民党更是可以领导中国国民革命至于成功的。"蔡总结道，义和团留给中国国民革命史的伟大遗产是"排外精神"，他热切地希望国民党能继承这项遗产。[15]

在 20 世纪 20 年代反帝国主义的民族主义运动的发展过程中，发生的一个重大事件是 1925 年的五卅惨案。事件的起因是 2 月上海工人的一次罢工，抗议日本纱厂给工人的工资太低。当一项初步的解决方案遭到业主的拒绝后，工人再次举行罢工，并于 5 月 15 日选派 8 名代表与业主的代表进行谈判。结果发生了暴力冲突，一名日本厂警向中国工人开枪射击，打死 1 人，打伤另外 7 人。对这次冲突，上海工部局（成员多为英国人）处置失当，非但没有拘押开枪的日本人，反而以扰乱治安为由逮捕了许多中国工人。5 月 22 日，大学生和工人公开举行追悼仪式悼念被杀的那名工人，并利用这个机会发表演说抨击日本纱厂的业主。参加追悼大会的许多人遭到逮捕，导致上海的 3000 名学生在 5 月 30 日举行了示威游行。英国巡捕向人群开枪，打死 11 人，打伤数十人，另有 50 余人被捕。5 月 30 日的惨案在全中国引发了抗议、罢工和联合抵制洋货的行动。直到 12 月，当英国巡捕房的几个责任人被解职，死者和伤者得到工部局的赔偿后，斗争才告停止。[16]

247　　五卅运动不仅是一次坚决反对帝国主义的运动，而且在运动的每个阶段，中国新兴的工业无产阶级介入的程度都很深，中国共产党也参与了宣传活动和策略的制定，就此而言，这次运动与6年前的五四运动大为不同。这些不同之处对五卅惨案以后共产党对义和团的评价产生了显著的影响。共产党的评价比以前更为矛盾，主要是环境使然。例如，唐兴奇在一篇文章中指出（1925年夏），外国人认为五卅运动预示着"拳匪之乱"会再度发生，为此他花费笔墨对义和团运动和五卅运动做了区分。他认定义和团运动是"一种纯粹的排外运动"，不但反对外国人的压迫，而且反对与外国人有一切来往，而五卅运动是反帝国主义的运动，反对的是所有剥削和压迫中国的人（不论是中国籍还是外国籍），而不反对那些能以平等精神对待中国的民族（如苏联）。[17]

　　排外主义（有时具有积极意义，有时具有消极意义）与反帝国主义（一直具有积极意义）之间的关系问题是一个极难处理的问题，如何解决，随特定时候人们更注重什么而定。五卅运动之前，共产党的撰稿人致力于在中国知识阶层中（陈独秀）或在非共产党革命派中（蔡和森）为反帝国主义的情绪正名，所以倾向于称赞排外主义，甚至抹去了排外主义和反帝国主义之间的区别。然而，从1925年夏季开始，外国新闻界致力于把五卅运动代表的新型民族主义与义和团式的排外主义混为一谈。[18]面对这种情况，共产党撰稿人尽管没有放弃他们对义和团的积极看法，但也不得不在义和团的排外主义与五卅的反帝国主义之间，以及这两次运动的本质和特点之间，划出清晰的界限。

唐兴奇就朝这个方向做了努力。瞿秋白在纪念《辛丑条约》签订 24 周年的《向导》九七特刊（1925 年）上发表的文章对此做了更全面的分析。1927 年 8 月，瞿取代陈独秀当上了中国共产党的总书记。他在 1925 年是五卅运动的领导人之一。他在文章的开头提出了一系列问题，清楚地表明了自己的心迹：五卅惨案是怎样发生的？我们怎样才能推翻《辛丑条约》和整个不平等条约体系？与 26 年前的义和团运动相比，五卅运动为什么为解放民众的斗争带来了更大的成功希望？

第三个问题与我们最有关系。同陈独秀一样，瞿秋白也反对给义和团贴上"野蛮的排外主义"的标签，他痛斥了某些中国知识分子，他们把义和团运动视为少数无知愚民的盲动，以此划清他们自己与义和团的界限，他们此举也为历史上激起义和团暴动的帝国主义势力开脱了罪责。瞿驳斥说，帝国主义者的侵略行径是西方资本主义发展的必然结果，即使没有义和团，外国人也会找出其他借口进攻中国，以获取他们在《辛丑条约》中得到的特权。因此，把义和团运动视为极端现象，把义和团打入另册，都是错误的。义和团运动是反帝国主义的民族解放运动，他们的反抗精神是值得敬佩的。

这些都是义和团运动的长处。然而瞿秋白也认为义和团有许多缺点。他们有极迷信极反动的思想，他们拒绝一切"洋货"，反对一切科学文化。他们主张"国粹"。他们是一种半宗教式的组织，他们都盲目地服从头领。总之，他们缺乏先进的有组织能力的阶级充当运动的领导力量，他们的意识形态是导致他们排外的狭隘的民族主义，这种意识形态没有把他们引向国内的阶级斗争和反满斗争，使他们很容易受

248

到统治阶级的操纵。

虽然五卅运动在方法、组织和策略方面是抗击侵略的义和团运动的延续，但两次运动的基本路线不同。两次运动发生的时机也大为不同，其中一点是，在 1900 年，一般"士大夫"和"文明人"都支持帝国主义者，咒骂"拳匪"，消弭群众的抵抗精神，然而，1925 年夏季的事件发生之后，越来越多的国民加入了反对帝国主义和要求废除不平等条约的行列，抵抗精神日益普遍起来。瞿秋白指出，在五卅运动的社会环境中，应该担心的是狭隘的民族主义的复活。所谓"国家超于一切"、"工人不准进行阶级斗争"一类的论调，经常可以在资产阶级的报纸上看见，甚至国民党领袖中也有这种倾向。他认为这是"一种新义和团的危险"，危险在于他们要使劳工群众跟着资产阶级妥协，丧失自己的阶级觉悟，放弃自己的阶级斗争，这样下去终将完全破坏此种解放运动。[19]

正是由于义和团运动的复杂性，瞿秋白才在同一篇文章中既称赞了义和团抵抗帝国主义的大无畏精神，又谴责了他们的缺点：由于阶级意识不强，也由于极端狭隘的民族主义，他们与敌人（清王朝）妥协了。此点符合这一时期共产党文论中对待义和团的一个普遍倾向：当讨论的问题是帝国主义时，就称赞义和团；当讨论的问题与共产党后来所说的"封建主义"有关时，就指斥义和团。瞿秋白的文章同时讨论了两方面的问题，但是，由于他最关心的是五卅运动中的阶级意识问题，所以他更多地指出了义和团的缺点，而对他们的长处的赞扬相对较少。

共产党发表的文章主要关注的是帝国主义对中国主权和领土完整的威胁，而非封建主义对中国社会的影响，所以，这些文章把着眼点更多地放在吸取义和团的好经验上。中国共产党的创始人之一李大钊在 1926 年 3 月发表的纪念孙中山（一个民族主义者而非共产主义者）逝世一周年的一篇文章中，明确指出义和团运动是"一部彻头彻尾的中国民众反抗帝国主义的民族革命史"。[20]龙池的文章更直截了当。他的文章是 1926 年 9 月为《辛丑条约》签订 25 周年而作，是在修约运动（呼吁修改条约是激发民族主义的首要因素）的大背景下写成的，其中有云：

> 九七纪念又到了，不管帝国主义对义和团如何诬蔑，不管义和团本身有如何的缺憾，然而他的反抗帝国主义的精神，是永远不会磨灭，永远值得崇拜。……义和团失败了，结果被帝国主义加上了一条更重的锁链——辛丑条约。但是我们要斩断这一条锁链，斩断一切锁链，仍只有在民众中复兴和团的精神加以有组织的强争恶斗，才可以使帝国主义屈服……最后要把国耻的九七纪念，变成中华民族独立自由的纪念日。[21]

在 20 世纪 20 年代把义和团塑造为反帝国主义的爱国者的过程中，共产党虽然扮演了主角，但并非只有他们在这么做。在这 10 年当中，连续发生了许多政治运动，如反教运动、争取教育权利运动、学生运动和废约运动等。这些运动都将愤怒的矛头指向外国帝国主义，要求消除外国帝国主义在中国事务中的影响。在这种形势下，不认同义和团（至少在精神上）是不可能的。1924 年 9 月非基督教同盟编发的《非基督教特刊》就有不少称赞义和团反帝精神的文章。[22]参加 1924～1925 年的争取教育权利运动的激进分子把义和团从"因循守旧的农民"塑造成了"反帝国主义的战士"（杰西·卢茨语）。[23]五卅惨案发生后，反对外国势力的湖南学生公开宣称他们是义和团的继承人。[24]非基督教同盟1925年12月通电全国，明确指出，中国人民长期以来甘愿受到"基督徒的迷惑和麻醉"，只有"义和团爱国运动"是唯一的例外。[25]

　　在非共产党人士视义和团为爱国者的例子中，最引人注目的是五卅惨案发生数月以后中国留美学生胡艾（音译）发表的一篇文章。文章的题目颇具挑战性：《1925年再次发生拳民之乱了吗?》他在文章的开头再现了义和拳民残酷无情的形象，然后又移花接木，把这个形象绘到了英国人身上：[26]

　　　　此次拳祸与25年前的那次拳祸之间的不同之处是：这一次，拳民［即英国人］已不再手持大刀长矛抗击全副武装的外国军队了，而是在用步枪和机枪镇压手无寸铁的学生；他们已不再迷信和愚昧无知，而是由言必称"绅士"的国家教育和培养出来的文明人。……［拳民］发布的命令是"格杀勿论"；他们因参与杀人而兴高采烈，并为杀人行动竭力辩护。1925年再次发生拳民之乱了吗？是的，确实发生了，同样野蛮残忍和冷酷无情，只不过所处的形势完全不同，动机也大相径庭。

　　胡艾分析了1900年与1925年的形势和动机的不同之处，然后迅速转变笔锋，把义和团乱砍乱杀的疯狂行为美化成了反抗非正义的外国压迫的勇敢行动。在此过程中，他又把义和团的形象从 1925 年滥杀无辜的外国凶手身上剥离下来，转而绘到了中国受害者身上。到了文章的最后，义和团精神成了抵抗外国帝国主义的爱国精神的代表，任何地点任何时候都不例外：

> 当外国帝国主义者认为义和团在 1900 年已被永远击败时，他们犯了愚蠢的错误；如果他们认为目前中国的平静意味着这种民族主义精神的衰减和消失的话，他们必将再犯愚蠢的错误。不管有没有障碍，这种精神都将在人们当中长存下去。……正如全世界都看到的，25 年前我们抗击帝国主义的第一次战斗失败了，但全世界必将在从今往后的 25 年内看到人类历史上最波澜壮阔的场面——我们彻底打败帝国主义的最后决战。[27]

虽然胡艾对 1925 年的英国人和受害的中国同胞的感情是泾渭分明的，但他对义和团和义和团精神的看法显然充满了深刻的矛盾。在这一点上他并不是特立独行的。义和团运动非常复杂，为 20 世纪的中国历史带来了各种各样充满矛盾的课题，常常使得既爱国又追求进步的中国人难以确切把握。在民族主义为主流思潮的 20 世纪 20 年代，如同胡艾和前文述及的共产党撰稿人一样，许多人都摆脱了困惑和不确定心理，转而以肯定的眼光看待义和团运动了。然而还有不少虽然爱国但不激进的人仍对义和团抱有明确的敌视态度。

否定性神话的持续存在

在 20 世纪 20 年代，对义和团的贬低和否定性的定性得到了广泛的利用。外国人一再表示担心"拳祸"再生，以此毁谤中国民族主义的合理合法性，而中国人则使用同样的手法来渲染外国帝国主义的野蛮和残忍。有时候，中国地方政府不惜搬出聚众闹事制造"动乱"的拳匪的幽灵吓唬民众，为其镇压反帝国主义的政治活动的政策辩护。最后一点，在中国人和外国人当中都有一些支持或同情中国民族主义势力的人，他们竭力划清民族主义（他们视为现代的和进步的）和义和团运动（他们视为反动的）之间的界限。

20 世纪 20 年代外国人对中国民族主义的毁谤，实际上在居住于中国的外国人中表现得最为突出，原因不仅在于他们在反帝国主义和排外行动中首当其冲，而且在于当地英文报刊的宣传。他们主要依靠这些报刊获取新闻和相关的分析评论，而这些报刊对"新民族主义"极尽贬低嘲讽之能事。[28]甚至在五卅惨案发生之前，《字林西报》（1925 年 1 月 7 日）就曾指出，社会上已出现了"一些与义和团运动爆发前人们注意到的现象极为相似的征兆……如会党的组成、暴力排外的宣传品的散发等等"。[29]《伯明翰邮报》（1925 年 3 月 2 日）发表的一篇文章透露了该报在中国的通讯员的担忧：布尔什维克分子在知识阶级中进行的"反教和排外宣传"可能会引发义和团运动式的骚乱。[30]在五卅运动进行期间，外国报刊上越来越多的文章把此次运动与义和团运动直接加以比较。但是，正如华志坚指出的，本来是无须直接进行明确比较的。当《北华捷报》和《字林西报》用"排外"、"仇外"、"野蛮"和"非理性"等字眼描述1925~1927 年的反帝行动时，这些另有所指的词语虽未直接提到义和团，却能使人们清楚地联想到义和团的幽灵。[31]

实际上，完全没有必要点出义和团之名以引出他们神话般的能量，一旦关于中国排外主义的思维定式深深地印进外国人的脑海中，这种思维定式有时就会被当作中国人排外的具体证据。广州地方政府曾将一名美国摄影师驱离广州，理由是他企图"炮制"五卅惨案发生后广州罢工工人和纠察队凌辱洋人的一系列照片。他来到上海，租赁了中国人的一间摄影棚，编导和拍摄了一整套展现罢工工人和纠察队的活动以及洋货被强夺和没收的照片。这些照片被指为记录广州反帝行动的写真，堂而皇之地以横贯两版的篇幅发表在伦敦的一份画报上。[32]

　　1927 年的北伐战争①初期，由于中外关系日趋紧张，外国人利用义和团以及布尔什维克的形象以诋毁中国民族主义的活动达到了一个新的高潮。《字林西报》1927 年 1 月 27日发表的一幅漫画，以"俄国佬 + 义和团"的形式把两种形象糅合为一体，将其描绘成煽动暴民骚乱的幕后黑手（参阅插图 8 - 3）。《字林西报》于 4 月编发了一期特刊，名为《中国在动乱中》，旨在说服西方国家：能够治愈中国所患疾病的唯一良药是军队而不是和解。这是一个更为露骨的例子。特刊的编者意识到，最有煽动性的两个方法是把民族主义与义和团主义联系起来并挑动西方担心俄国和布尔什维克主义，[33]所以他们在引言中表示要"阐明'民族主义'不是中国自发的爱国运动，而是受俄国人煽动的一种新型的义和团运动"。[34]

　　《中国在动乱中》刊发的某些文章并不是直截了当地用义和团的形象来诋毁中国的民族主义，而是把"民族主义"（洋人引用时常强调它在中国被假冒滥用了）指为"暴民行

253

---

　　①　蒋介石指挥的一场军事行动，目标是在政治上统一中国。

插图 8-3　萨帕乔："引发骚乱。义和团有了对手：
'啊哈！要发生大事了！'"

选自 *North-China Daily News*, January 27, 1927。

动"，用"野蛮"、"排外"、"骇人听闻"和"凶暴残忍"
等字眼加以形容。另外一些文章则是直截了当的。有位作者
说："正如舆论宣传、外交政策和暴民行动所表明的，［民
族主义］运动的精神是破坏性的和恶毒的，绝非怀有希望
的或建设性的。它是知识分子的义和团精神，与目不识丁的
苦力和农民 1900 年犯下的暴行相比，此次行动更为可怕，
很难找到为其辩解的理由。"关于中国人袭击一个卫斯理宗
布道点的一则新闻，标题为《红色湖北的新拳祸》。报道福
建反洋教行动的一则新闻，标题为《拳民的进攻再度复
活》，这些行动是由不利于一家西班牙天主教育婴堂的谣言

引起的。编者关于共产党在背后"煽动"中国"民族主义"的评论文章指出:"青年学生中流行的共产主义和无神论,以及流氓无产者中流行的拳匪意识,显然是布尔什维克在中国煽动的结果。"最后的一个例子是湖南常德的一位通讯员的评论。他注意到,夜间街头经常出现许多排外、反教甚至支持共产党的标语和告白,他因而指出:"人们正在受到煽惑,要进行第二次义和团运动,地方当局不采取任何措施阻止这些肆意泄愤和颠倒黑白的行为。"[35]

把政敌的行为与义和团运动画上等号,从而贬低其价值,是外国人普遍使用的一种方法。[36]然而,中国人偶尔也采用此法,尤其是五卅惨案发生之后。前文引述的胡艾的文章即是一例,他在文中指责英国人1925年重演了25年前的义和团运动。1925年6月1日,国民党上海执行部为回应外国人对中国人行为的批评,发表了一项声明,说英国人在5月的所作所为"比义和团还恶劣"。[37]

与此相似,1925年6月14日的《国闻周报》发表社评云,自1900年义和团起而抗争以来,"义和团"之名词成了"灭绝理性蛮动残杀之一切行动之泛称"。近年以来,外国人动辄以义和团之名加诸中国人民的所有团体运动。作者随即指出:"此次五卅事件,租界逮捕横杀学生至数日之久,擅拘华人前后达数万之众。吾无以名之,名之曰洋义和团而已。"[38]随后一期《国闻周报》也以漫画表达了同样的观点。在这幅漫画上,一个身材巨大的外国士兵正在用枪刺刺杀被他认为是义和团的手无寸铁、身材矮小的中国人。漫画下方的标题为:谁是义和团?(参阅插图8-4)

由于义和团不仅意味着排外主义,而且意味着骚乱、不稳定和"暴民统治"的危险,所以20世纪20年代的主要

254

255

256

插图 8 - 4 "谁是义和团？"

选自《国闻周报》1925 年 6 月 21 日。

社会倾向是把义和团的形象引入中外关系事务中，而且，中国各级政府也用义和团的形象来对付辖区内的民众。1922年，芜湖地方长官和警察局长批评反教学生制造动乱，并警告说，如果和平不能得到恢复，就会酿成第二次义和团运动。1924 年 12 月长沙防务专员表示了同样的担忧，以此为禁止圣诞节群众集会的决定进行辩护，而这次集会本来是要把湖南的争取教育权利运动推向新高潮的。[39] 然而，对内使用义和团形象的做法在 20 世纪 20 年代并不多见，在少数的例子中（如果我发现的几个例子符合条件的话），中外关系的一面（在上述两个例子中的表现形式是学生的反帝活动）也是若隐若现。

在本节谈及的所有事例中，政治行为分两类，一类是排外、反教、民族主义和反帝国主义的民众运动，一类则是外国对此类民众运动的镇压行动，反对者把它们与义和团的行为混为一谈，从而贬低其意义。另有一些完全相反的例子，即中国的民族主义者及其外国支持者竭力把民族主义与义和团断然区别开来，为中国的民族主义力量正名。需要强调的是，在上述两种情况下，人们主要利用的是义和团的反面形象而非正面形象。

1925 年 8 月山西流传的一本小册子值得一提，作者在阐述了必须反对基督教的原因后写道："千万注意，我不是在劝你们像义和团那样群起屠杀传教士和焚烧教堂。那都是野蛮行为，已经过时了。我们把掩饰他们真面目的面具揭下来就够了。"[40]与此相似，1926 年广东的学生积极分子在《五卅纪念》上报道说，由于他们在宣扬活动中严格遵守了国民党关于推翻帝国主义和军阀统治并联合世界上所有被压迫人民的方针，所以他们的运动未犯根本性错误，未变成盲目排外的运动和义和团运动式的社会现象。[41]甚至"基督将军"冯玉祥 1925 年 6 月 26 日对手下军官训话时，也主张中国方面对五卅惨案做出军事反应。他说："我们能对这些事情袖手旁观吗？我觉得不能。我们不是要重复义和团的错误，但也绝不允许他们任意宰割我们。"[42]

在 20 世纪 20 年代，相对温和的中国知识分子也竭力把当时的民族主义（他们视之为有益的和进步的）与义和团运动区分开来。1925 年，胡适在燕京大学的一次演讲中呼吁教会学校摆脱教规约束，"放弃宗教宣传的目的"。他吁请听众搞清楚，虽然"义和团运动由于带有迷信色彩且缺乏计划性而被轻而易举地镇压下去了……但是，任何军事力量都不可能阻挡目前的民族主义运动，因为它深深地植根于全体国民的心灵中"。胡进一步指出，虽然他不属于"走极端"的那类人，他们或者"称赞义和团运动为中华民族发展史上最英勇

257

悲壮的史诗之一"，或者"主张把'排外'一词当作宣传群众和鼓动群众的口号"，但他认为，中国民族主义者的实际计划，如废除现有的关税条例、废除治外法权、教育由中国人掌控、禁止外国人进行宗教宣传、取消外国人在中国享有的种种特权等，都"没有喊出的口号那样激进"。[43]

蔡元培也发表了一项同样有说服力的声明。与胡适的演讲一样，蔡的声明充满爱国激情，政治立场则相对温和，但对其他人更激进的立场并不完全排斥。蔡是中国最著名的高等学府北京大学的校长。1925 年他出访欧洲，于 7 月发表《蔡元培向各国宣言》，辩驳欧洲人对五卅运动的错误看法。他认为，其中最大的谬误是把五卅运动看成了 1900 年义和团运动的重演。蔡归纳出两次事件之间的一些根本性区别，对这种看法加以反驳。第一，义和团运动的发起者是北方未受过教育的人，他们平日深受天主教徒的压制，而不知道天主教徒与非天主教徒的区别，不知道枪炮的作用，误认为他们可以用法术抵御这些武器；他们受到宫廷中的愚昧无知之人的鼓动，这些人认为只要杀尽在华的外国人，中国因外国侵略而造成的一切问题都会迎刃而解。与这些最无知的见解不同，五卅运动的参加者都是了解世界大势与各国实力的人。第二，义和团是要杀尽外国人的，而中国参加这次风潮的人采取的是不合作主义。第三，义和团反对所有的外国，而中国的示威者此次只针对英国和日本。第四，义和团运动仅限于北京和直隶、山西等省，而五卅惨案引起的政治风潮是遍及全国各地的。[44]

有些英国人说英国在五卅运动中有错误，这给鲁迅留下了极为深刻的印象（英国人表现出了自我批评的能力，鲁迅认为他的同胞"很少"有这种能力），他尖锐地指出：

258

"所以无论如何，我总觉得洋鬼子比中国人文明。"[45]鲁初次提出的问题比他的判断更能引起人们的兴趣，这个问题就是：谁更文明？更宽泛些说，什么样的行为是文明行为？对20世纪的中国知识分子而言，这个问题极为重要，也正是由于这一点，义和团的形象才承载了如此之重的负荷。

事实上，在20世纪20年代，外国人的看法是多种多样的，有人严厉批评外国人在中国的行为，有人对中国民族主义的发展持肯定的立场。同胡适和蔡元培一样，持上述看法的外国人提到义和团的形象时，一般都是大谈义和团与民族主义的不同之处，[46]从而为中国的民族主义辩护和正名，而不是进行诋毁。

在西方新闻界，对中国的事态持这种"开明"观点的典型是《民族》杂志，该刊编辑一直拒不认同《字林西报》和《北华捷报》等报刊的那种反华的简单化分析。[47]例如，美以美会传教士斯坦利·海伊在1925年6月发表于该刊的一篇文章中，对1900年的义和团运动和他所处时代的反教运动做了显明的区分。他认为（他显然在响应胡适）[48]反教运动"向基督教在中国的计划发出了更加严峻的挑战"。"1900年的屠杀是由当权的满族人煽动的结果，其矛头直指基督教徒，是一次试图阻止中国从传统的孤立隔绝状态走向现代世界的徒劳无益的行动。……目前的反教运动不是保守势力发起的，事实上，它是由最富进取精神和最支持现代化的一些人领导的。……目前对基督教的攻击采取的是宣传的方法而不是群众性的暴力行动。"海伊承认中国民族主义者的感情是真挚的和深沉的。在他看来，那种认为20世纪20年代的反教运动"完全是布尔什维克宣传的结果"的看法，实际上是"非常肤浅的"。[49]

259

1927 年初北伐战争打得十分激烈之时，《民族》杂志不但对中国的民族主义深表同情，而且以严肃认真的态度对待之。在 1 月发表的题为《中国的独立战争》一文中，作者（未署名）写道："'中国通们'拒不相信中国的新民族主义已不再是转瞬即逝的泡沫，他们和相信他们的列强正在搬起石头砸自己的脚。"[50]另有一篇题为《有了免疫力的中国》的文章既把西方看作中国致乱之源，又把西方看作中国除祸之本。文章说："今日中国的民族主义已不再是义和团时代的盲目排外主义。……那些指责传教士应对此负责的人有一定道理；那些谴责外国商业渗透的人同样正确；那些认为成千上万归国留学生带回了革命火花的人也有站得住脚的理由。西方对中国的影响就像接种免疫疫苗一样，先让患者得病，同时给他接种能抵抗这种疾病的疫苗。"[51]

1927 年 3 月 24 日发生了南京事件：国民革命军的士兵恐吓了南京的外国公民，并打死了 7 名外国人。甚至在此事件发生后外国人的情绪基本失控的数周内，《民族》杂志也拒不附和外国人的普遍看法：发生之事是义和团运动的重演。[52]在《黄祸还是白祸?》一文中，作者警告外国勿进行军事干涉（那将"清楚地告诉中国，将有'白祸'临头"）。[53]作者认为近期发生的排外和反教活动"仅仅是个意外的插曲"，"如果外国人不愚蠢地张扬武力炫耀特权（他们必须明白，他们即将失去这些特权）以自我防御的话，这个插曲会很快消失。[54]

胡适和蔡元培等态度温和的中国人以及《民族》杂志的编辑等态度开明的外国人，向 20 世纪 20 年代外国人普遍的思想倾向——利用义和团的负面形象诬蔑中国的民族主义——发出了正面挑战。乍一看，他们似乎是在剥去义和团运动的神话色彩，恢复其历史本来面目。而实际上，他们在竭力割断民族主义与义和团的一切联系，从而为民族主义的合法性辩解时，他们与诋毁民族主义的人一样，也在制造神话（尽管可能是无意的）。与遭到他们反驳的那些人一样，他们的主要兴趣不是要深入考察义和团运动的史实（这是历史学家的任务），而是把义和团的经历当作反面材料，来澄清当前的政治立场。在反对使用不利于中国民族主义的义和团形象的同时，他们又创造了一个有利于中国民族主义的义和团形象。

260

事实上，20 世纪 20 年代人们对义和团形象多种多样的甚至矛盾性的使用，也许是这些年内对义和团的神话化过程中最使人感兴趣的方面。正如美国边疆史上的著名人物丹尼尔·布恩（1734～1820），有些人把他看作开拓西部边疆的英雄，另外一些人（特别是当时比较发达的白人社会的一些代表人物）则认为他放弃农业技巧转向单调的狩猎生活，"回到了蒙昧时代"，变成了一个"白种印第安人"。[55]另一个例子是，圣女贞德在第二次世界大战时期被法国抵抗运动成员视为国家独立的象征，是一个"抵抗外国占领者的无私无畏的战士"，但是，外国占领者的傀儡维希政府则把她当作德国人抗击英国人时的女英雄（英国人在历史上的确是圣女贞德的敌人）。[56]义和团也一样，不同的人有不同的看法。

人们对某些历史阶段有多种多样看法的根本原因，在于它们非常复杂，具有模糊不清的甚至矛盾的特点。然而，各种各样的观点要找到最适宜的表达方式，首先得满足一个额外条件：必须把谈论的矛盾问题与当时人们当中最富争议的问题结合起来。在 19 世纪和 20 世纪的中国，西方的影响及人们对这些影响的看法就是这样一个争议问题，而义和团以及他们的盲目排外言行以最鲜明的方式引起了人们对这个问题的关注。然而，在具体情况下人们如何对义和团进行神话化，主要取决于当时中国的社会潮流。在 20 世纪 20 年代，人们最关心的是帝国主义使中国蒙受的耻辱，所以，对义和团进行神话化的重点放在反帝国主义的民族主义主题上。"文化大革命"和毛泽东以后的 20 世纪 80 年代，由于人们关注的问题发生了变化，义和团运动的意义和人们对义和团的看法也相应地发生了重大变化。

第九章 "文化大革命"与义和团

"文化大革命"时期（1966～1976）对义和团的神话化 261
与20世纪上半叶的数十年相比较，在许多方面都有鲜明的
特点。第一，内容不同，它符合"文革"时期特殊的主旋
律的需要。第二，由于了解历史的需要让位给了对史实的政
治性修正，所以作为神话的义和团完全取代了历史上的义和
团，甚至于历史学家们在撰写有关义和团的文章时，也成了
神话制造者。第三，"文化大革命"时期对义和团的神话化
在官方掌控的新闻媒体上达到了史无前例的程度，这是政府
竭力建立凌驾于社会之上的"意识形态霸权"的一部分。[1]
这个时期与20世纪20年代完全不同，个人不能再随意为义
和团涂抹神话色彩了，人人都得向统一的标准看齐。

第三点需做进一步评述。在20世纪上半叶，中国人是
在思想多元化的环境中对义和团进行神话化的。在这样的环
境中，判断"好"神话的标准是它的说服力有多大；与直
接引用义和团的真实经历相比，它是否能更有效地达到目
的。在高度统一的社会环境（如20世纪60年代和70年代
的中国），情况则完全不同，判断好神话的标准是它是否有

正确的政治立场，是否紧跟政府的路线。在这种情况下，如何解释义和团运动，只有政府说了算，而且政府的解释每个人都必须接受。然而，这并不意味着所有的中国人都不喜欢"文化大革命"期间政府对义和团的拔高和美化。相反，尽管有些人确实不喜欢，但其他许多人，特别是青年，觉得这些东西不但可信，而且非常有趣。

262　　　在"文化大革命"的十年中，虽然用神话般的语言美化义和团的活动始终不断，但有两次达到了高潮：第一次是1967年春，当时红卫兵的造反活动如火如荼，对国家元首刘少奇的攻击正在走向公开化；第二次是1974~1976年，既与批孔运动有关，更与正在进行的反苏运动有关。[2]在此期间，义和团和红灯照都被树立为人们学习的积极榜样，而且被当作攻击国内外敌人的象征性武器。

攻击刘少奇

1967年3月，极"左"知识分子戚本禹在中国的理论杂志《红旗》上发表了一篇重要文章，这标志着"文化大革命"中对刘少奇的攻击开始了一个新阶段，当时刘被不点名地称为"中国的赫鲁晓夫"或"党内最大的走资本主义道路的当权派"。戚的文章名为《爱国主义还是卖国主义？——评反动影片〈清宫秘史〉》，[3]曾得到毛泽东的审阅和润色。文章对历史影片《清宫秘史》进行了权威性的批评，并指明了人们对该影片的三个主题（帝国主义侵略、义和团运动和1898年的维新运动）应抱的正确态度。尽管如此，文章的潜在目的实际上是抨击刘少奇以及他奉行的"修正主义"路线。

与"文化大革命"时期的其他许多争论一样，此次争论的发起，除主要因素外，还有一些次要因素，其中之一是毛泽东的妻子江青想对 20 世纪 50 年代初使她蒙受羞辱的文化领域的仇敌进行报复。[4]江青是"文化大革命"时期文化界的一个要角，是戚本禹的政治靠山（有人称戚为"女王麾下的一个小侍从"）。[5]正是在这样的背景下，原本无可指责的一部影片被赋予了非常重大的政治意义。

《清宫秘史》以名剧《清宫怨》为蓝本，[6]主要描述的是19 世纪末的宫廷政治，其中直接涉及义和团的篇幅不足 5 分钟，[7]但是，戚本禹（毛泽东和江青的代言人）更关心的并不是影片的具体内容，而是从影片中挖掘出来的消极的政治讯息。由于刘少奇曾称赞《清宫秘史》是"爱国的"，并一再对毛和江青禁演此片的意见置之不理，[8]一旦此片被理论权威定性为政治毒草，即可被当作攻击刘少奇的初步证据。

戚认为，《清宫秘史》表现出的政治倾向中，最重要的是它对义和团运动抱着"刻骨的阶级仇恨"。影片及其歌颂者颠倒黑白，把帝国主义侵略者"美化为文明的使者，把坚决抗击帝国主义侵略、英勇不屈的义和团污蔑为'野蛮的骚乱'"。为了贬低义和团在反帝斗争中的爱国作用，影片还歪曲了义和团与封建统治阶级的关系，恶毒地把"义和团污蔑为慈禧太后一党"。[9]

戚本禹的批判文章发表后的数周内，红卫兵开始印发恶毒攻击刘少奇的漫画，主要指责他蔑视义和团。[10]报刊上大量出现了评论义和团的文章，都以戚文的基调为准绳。这些文章重复着同样的主题，呼喊着义和团的口号，重复引述毛泽东和列宁的有关论述以及瓦德西和西摩尔等在义和团时期参加过战斗的外国人的相关记述。最重要的是，就我所看到

263

的而言，没有任何一篇文章背离了戚文的观点和立场。另一方面，这些文章的确探讨了戚本禹没有明确论述的新问题（如红卫兵与义和团之间的相似之处等），提出了新的侧重点（如红灯照的作用等）。此外，这些文章罗列出了戚本禹的批判文章中未提及的有关义和团的大量史料。

插图 9 - 1　红卫兵攻击刘少奇漫画

　　旗帜上写着"造反"二字，一位身形超高大的英勇的义和团战士站在刚刚被斩首的一个洋兵的头颅旁。刘少奇轻蔑地指着那个义和团战士，口中念念有词："乌合之众，野蛮，野蛮！"选自《打倒刘少奇连环漫画册》。

　　这些文章最吸引人的一面是给予了红灯照特别的关注。有关义和团运动的严谨的历史文献只是偶尔提到红灯照，红灯照的历史作用显然是十分有限的。[11]即使在"文化大革命"期间，在综合论述义和团运动的文章里，红灯照也仅是一个非常小的论题。1972 年出版的两本颇为流行的小册子只是简短地谈到了红灯照。[12]叙述天津义和团历史的一本75 页的书（1973 年），只有 3 页概述了红灯照，尽管人们都认为 1900 年夏红灯照在天津的活动达到了最高潮。[13]甚至在戚本禹的文章中也只有三小段特别提到了红灯照。

那么,我们怎样解释 1967 年春季中国媒体对红灯照突然大感兴趣的现象呢?最显而易见的答案是,红灯照与红卫兵有许多相同的特点,而红卫兵在当时中国人的政治生活中是一支主导力量。两个组织的名称都是三个字:红灯照和红卫兵,都以"红"字①打头。此外,我们一再被告知,红灯照着红衣、戴红帽、拿红枪、提红灯。[14]同红卫兵一样,红灯照主要也由十几岁的青少年组成,都是造反派,尤其喜欢打碎一切偶像。考虑到这些共同点,我们对一支红卫兵自称为"红灯照战斗队"就不感到奇怪了。[15]

传媒此时特别重视红灯照的另一个原因可能是红灯照与江青的革命样板戏《红灯记》有一定的联系。这个样板戏首次上演于 1964 年,到 1966 年底成了仍在中国上演的少数几个戏之一。[16]故事发生于 20 世纪 40 年代的东北,讲述的是地下党员李玉和、他的母亲以及他的女儿李铁梅英勇抗击日寇侵略的经历。李玉和是个铁路扳道工,在被日寇杀害之前,他把红色信号灯交给女儿妥善保存。女儿称红灯为"咱们家的传家宝",父亲说它是代代"有人传"的宝灯,[17]红灯象征着革命责任会一代代传下去。《红灯记》解说词的最后一段云:"在毛主席领导下沿着人民战争的道路前进的一支强大革命军队正在迎接新的战斗。在人民的支持和红灯的指引下,这支革命力量必将赢得一个又一个重大胜利,消灭所有侵略者。"[18]

1967 年 5 月《人民日报》发表的一篇评论该戏的文章

①　红色在中国代表好运,也是共产党最喜爱的颜色。

264

对红灯的象征意义做了进一步发挥："《红灯记》演出了我们时代无产阶级革命派的壮志豪情。看'红灯'，学'红灯'，在我们的心头挂起了毛泽东思想的红灯。这盏红灯，指引我们向旧世界冲锋陷阵，大造帝国主义的反，大造修正主义的反，大造党内最大的一小撮走资本主义道路的当权派的反，把革命进行到底！"[19]

265

江青在丈夫的支持下，积极推动戏剧改革。她主要通过这种手段，建立起了个人的权力基础，同时击垮了她在文艺界的一些老对头。在 20 世纪 30 年代的上海，江青试图在舞台上出人头地，而这些老对头不把她放在眼里，使她深感痛苦，对他们一直怀恨在心。[20]到了 20 世纪 60 年代，特别是"文化大革命"开始以后，由于江青在文化界的个人权力扶摇直上，她开始秋后算账了。戚本禹的文章朝这个方向迈出了一步，该文初次披露了 1950 年她与文化部门的官员对影片《清宫秘史》的意见分歧。戚的文章发表后不久，从 4 月中旬开始报刊上出现了大量评论红灯照的文章，这是江青下的另一步棋。无论江青与这些文章是否直接有关，它们都完美地体现了具有江青特色的女权主义，因为它们都间接地涉及了江青表述其革命新文化的重要戏剧《红灯记》，都使用了身着红衣、手持红灯照亮革命道路的巾帼英雄的光辉形象。

267

无论这些文章反映了多少女权主义的主题，有一点是显而易见的，即它们的主要目的在于防止头号敌人刘少奇对"文化大革命"及其最具体的体现者红卫兵进行反扑。4 月 14 日《文汇报》的社论首先简单介绍了红灯照，接着重申了人们熟知的观点：一个人对义和团和红灯照抱什么态度，是检验真革命和假革命的试金石。"中国的赫鲁晓夫"（刘少奇）仇视义和团运动和当时的革命小将，绝不是偶然的，

插图 9 – 2 李铁梅

江青的革命京剧《红灯记》中的女英雄高举父亲
交给她的红灯，象征着革命职责代代相传。选自《人
民日报》1967 年 5 月 13 日。

因为红灯照的革命小将坚决反帝，而"中国的赫鲁晓夫"则是恐帝、崇帝、亲帝；红灯照的革命小将以毫不妥协的革命精神一反到底，而"中国的赫鲁晓夫"却鼓吹资产阶级改良主义，美化资产阶级民主主义，妄图在中国实行资本主义复辟。社论指出，鉴于刘极端仇视历史上的革命运动，所以，他仇视目前的革命运动，并要镇压革命运动最具体的体现者红卫兵，是不足为奇的。然而，红卫兵没有被吓倒，而是决心继承和发扬红灯照的革命造反精神，在毛主席和毛泽东思想的指引下，粉碎敌人的每一次反扑。[21]

同日的《文汇报》用一个整版刊登红卫兵赞扬义和团的文章。有些作者把红灯照和红卫兵加以比较，侧重于两个组织的行为、立场，并指出两个组织都受到了敌人的污蔑和毁谤。例如，复旦大学历史系的"二红卫兵"在文中重申了《红灯记》中继承革命精神的主题，说"红卫兵战士永远继承和发扬'红灯照'女儿们的革命造反精神！"作者进而指出，红灯照和红卫兵是"亲兄妹"，都是"敢于造反的英雄"，红灯照拿大刀长矛奋起反抗帝国主义侵略者，"我们红卫兵拿起笔作刀枪，大造党内走资本主义道路当权派的反。"红灯照和红卫兵都是"革命的新生事物"，具有旺盛的生命力，无论什么力量都压抑不住他们的成长和壮大。可是一小撮反革命修正主义分子和走资本主义道路的人，公然把污蔑义和团和红灯照为"乌合之众"、"状如疯魔"的影片吹捧为"爱国主义的"；帝国主义和修正主义污蔑红卫兵是"狂热少年"，想"毁灭世界文明"。[22]

这个时期发表的一些文章提供了有关红灯照的具体史实。[23]另有一些文章把红卫兵与红灯照或义和团做了特别比较。彩色宣传画（"文化大革命"初期，天津城里到处都

268

是）一类的东西则以忠告的口吻呼吁红卫兵把义和团当作精神先驱。[24]然而，无论这些文章和宣传材料的侧重面是什么，其基本意图都是相同的：用具有象征意义的历史事件声援当前的政治斗争。[25]有时候，这种意图被明确表达出来。例如，1967 年 4 月末《人民日报》的一篇文章在比较了义和团和红卫兵（1966 年 8 月）更改京城地名的情况后指出："从'切洋街'、'断洋桥'到'反帝路'、'反修路'，这些具有鲜明革命色彩的路标的诞生，决不是简单的名称上的变易，而是义和团、红卫兵革命群众运动胜利的象征。"[26]

插图 9 - 3 "文化大革命"时期对红灯照的描绘

这位红灯照与义和团运动时期的画像的唯一相同之处是年轻。她的衣服和发式都是当代的，脚也没有裹。更重要的是，"文化大革命"时期的红灯照一改前辈的内敛和优雅，成为坚强的造反战士，她手持长剑，与男义和团员肩并肩与洋人作战。选自《红灯照》（上海，1967 年）。

"文化大革命"时期，义和团的实际经历与经过美化的经历之间的象征性联系有时并不明显，有时是不知不觉中甚至完全无意识中促成的。"文革"时期的文章使我印象尤为深刻的是其高昂的激情和拯救万民的情怀，还有二元论的世界观、对"新事物"或"新生事物"的重视以及用朝气蓬勃的新世界代替腐朽的旧世界的老生常谈。1967年4月末发表于《光明日报》的一篇文章是个典型的例证。该文结尾如下："让我们继续高举革命造反的旗帜，把无产阶级文化大革命进行到底，把世界革命进行到底，彻底砸烂旧世界，建立一个红彤彤的毛泽东思想的新世界！'红灯照'革命造反精神万岁！红卫兵万岁！战无不胜的毛泽东思想万岁！"[27]在"文化大革命"时期，尤其是初期红卫兵唱主角的阶段，这样的豪言壮语随处可见，而且绝不是只有在提到义和团的情况下才说的。[28]但是，这些豪言壮语与1900年义和团运动高潮时期华北流传的许多传单和揭帖中常见的论调有异曲同工之妙，[29]这表明义和团与红卫兵之间有深刻的内在联系，此点完全未被人们注意到，它与两个团体共有的年轻、着红装、敢于造反等人所皆知的特点不同。

对儒家学说的攻击

红灯照在1967年春季风光一阵后，很快就从"文化大革命"文字大战的前线退了下去。[30]当红灯照于20世纪70年代中期再次受到注目时，中国的政治环境已发生了重大变化。红卫兵已烟消云散，或被派往农村接受再教育，或者销声匿迹了。刘少奇丢权失官，死于狱中。"文化大革命"的局势变化无常，殊难预料，甚至戚本禹在《红旗》杂志上发表攻击刘少奇的文章不到一年之时，也被指控为"反革命两面派"而栽了跟头。他的"罪行"之一是搜集他的政治靠山江青的"黑材料"。[31]

20 世纪 70 年代中期，与红灯照有关的最大的政治事件是始于 1973 年夏末的批孔运动。与 1973～1976 年间的其他运动一样，批孔运动是江青支持的上海极"左"派与北京的共产党老干部争夺个人权力和意识形态主导权的政治斗争的延续。这是事情的一个方面，另一方面，正如参与者所言，这次运动的目的是：继续进行努力，以根除与儒家思想有关的官僚主义、蔑视劳动者和歧视妇女等陈规陋习。[32]正是由于与"歧视妇女"的问题有关，红灯照又受到了重视。

1967 年就有不少文章把红灯照当作反抗"封建纲常礼教"的象征。[33]不过，当时的重点放在对红灯照与红卫兵进行比较上。与以前不同，1974～1976 年间红灯照再次为人们所注意时，关注的重点已不是年轻、红色等特点了，而是父权社会中的妇女解放问题。我们被告知，千百年来，中国反动的封建统治阶级为维护其统治地位，紧抓孔子炮制的"惟女子与小人为难养也"的谬论不放。中国的统治者遵循儒家的道德准则，坚持要妇女做到"非礼勿视，非礼勿听，非礼勿言，非礼勿动"。儒学家们企图用"三从四德"①的精神锁链束缚和压制妇女；更恶毒者甚至把这些压迫妇女的思想观念融汇到《女儿经》、《改良女儿经》和《绣阁金

---

① "三从"为：未嫁从父，既嫁从夫，夫死从子。"四德"为：妇德，妇言，妇容，妇功。

箴》一类的训导性著作中。红灯照的女英雄们不愿再忍受这种可怕的现状，勇敢地抨击"孔孟的卖国之道"，挣脱儒家封建礼教的束缚，"在我国妇女革命斗争史上写下了光辉的一页"。[34]

批孔运动期间，天津地区最著名的红灯照首领林黑儿被塑造成了传奇人物，成了爱国主义和妇女解放的象征。[35]据传说，林是运河上以运货为生的一位船户的儿媳妇。1900年春，她的公爹与一个洋人发生纠纷，地方当局怕得罪洋人，就逮捕她的公爹并投入监狱。林黑儿闻讯，义愤填膺，对洋人及其中国走狗有了刻骨仇恨。正在此时，义和团从山东蔓延到直隶，林与义和团首领张德成会面后，被举为天津红灯照的首领。改名为黄莲圣母的林黑儿造访了直隶总督裕禄，后者在清廷向洋人宣战后仍在不断袭扰义和团。林严词斥责裕禄，警告他不要再找义和团和红灯照的麻烦，并坚决要求他给予支持。她斥责时，裕禄连连点头，跟那捣蒜锤子一样。最后，他同意了她的所有要求。在林黑儿的率领下，义和团和红灯照兴高采烈地打道回府了。黄莲圣母勇闯总督衙门，教训裕禄，获得了一次辉煌的胜利。

在林黑儿的领导下，天津红灯照迅速发展起来。每天傍晚，她们都集合在一起练习刀术，每隔几天，她们就在城中四处巡行，一边走一边舞刀。有一次，当红灯照正在南运河附近巡逻时，碰到了从天津驶出来的一只船。她们让船停下，要对旅客进行检查。有人给她们递上名片，上面赫然印着卖国贼李鸿章之子李仲彭（经述）的名字。红灯照把名片扔到河中，斥责他说："你以为是李中堂的少爷就可以违反义和团的章程吗？"李鸿章的儿子吓得不断告饶。

红灯照除了维护社会治安和缉拿奸细外，还从事侦察军

272

情、传送消息、救护伤员、供运粮草、烧水做饭等项工作。
在许多重要战斗中，她们还披挂上阵，杀上前线。她们参加
了 6 月中旬焚烧天津地区洋教堂的一系列行动。6 月 18 日，
她们也参加了天津老龙头火车站的著名战斗。老龙头火车站
被俄国人占领着，他们对附近的老百姓特别残忍。6 月 18
日，义和团和红灯照打败了俄军，杀死杀伤俄军 500 余名。
天津百姓闻讯大喜，送来得胜饼和绿豆汤表示庆贺，还在饼
上写了"义和神团大得全胜"的字样。

"在这场鏖战中，红灯女儿们是多么勇敢啊！她们一身
穿红，像一团火焰，面对穷凶极恶的强盗，义愤填膺，喊出
了响亮的口号：'大闹红灯照，不怕枪和炮。单刀刚拿起，
洋头随刀掉。'那些沙俄侵略军，一听见这震耳的杀声，吓
得腿肚子都转筋喽！"

不幸的是，由于洋人的火力占优，攻势凌厉，7 月份义
和团在天津遭到了严重的失败，被迫撤退。在这场决战中，
张德成受了重伤，林黑儿被俘，后来遭到杀害。然而，关于
这些英雄人物的传说没有消失。看到红灯照，提到义和团，
敌人都会吓得心惊肉跳。"红灯照的红灯啊，是中国妇女战
斗的象征；红灯女儿们啊，是中国妇女反帝的先锋！山可
平，海可竭，革命的红灯永不灭！"[36]

有关林黑儿的传说[37]基本符合中国共产党的正统观点：
中国近代史是中国人民在反帝反封建的两条战线上进行斗争
的历史。林黑儿羞辱裕禄和李鸿章的儿子，是对内反封建战
线上的斗争，她在战斗中的勇敢精神和英雄主义行为，是对
外反帝战线上的斗争，这些主题在"文化大革命"时期其
他许许多多故事中都能看到。林黑儿的故事与其他故事之间
的区别在于，林是位女子。

273

人们很容易把林黑儿的故事中体现出来的女权主义简单理解为"父权制女权主义"，它声称妇女能够与男人一样，体验相同的感情，拥有相同的立场，采取相同的行动。这种轻率的看法没有考虑到林黑儿所代表的多种力量的情感冲击。林黑儿对裕禄的严词斥责，不仅是劳动阶级的一员对统治阶级的一员的训斥，而且是父权制社会中的一位妇女对男子的训斥。同样，红灯照在战斗中对帝国主义势力的打击，不仅是武器装备极差的中国人抗击装备优良的外来之敌的战斗（这个主题一再出现在关于义和团的神话中），而且是妇女与男子并肩作战的例证。

上述后一种被赋予的力量与林黑儿的故事所象征的另一种被赋予的力量密切相关，我们也许可以称之为"受害者力量"。我所说的"受害者力量"是在这种情况下产生的：在一场形势非常有利于坏人（指行事极为邪恶和残暴的人）的争斗中，好人被坏人打败了。按照经验来解释，1900年夏的受害者几乎都是弱者（参阅第六章）。然而，一旦染上神话色彩，他们就可能变成强者。正如前面已指出的那样，这种做法在美化义和团的故事中普遍存在，绝不仅限于女性义和团。① 因而，当受害者是女性或者人们认为易受武力袭击和毫无自卫能力的人时，[38]对人们的情感冲击就会成倍放大。在"文化大革命"最后几年和后毛泽东时代的最初几年，中国再次发动了批判苏联修正主义的斗争。在此过程中，神话制造者们尽量把自己一方渲染成易受攻击者。

---

① 这种做法也不仅限于义和团运动。"受害者力量"是20世纪上半叶中国民族主义运动特别重视的"国耻日"纪念活动的中心论题。参阅第八章叙述《辛丑条约》周年纪念活动的有关内容。

插图 9 – 4 程十发:《义和团英勇抗击侵略军》

　　武器粗劣的义和团抗击武器精良的外国侵略军的
主题,并不仅限于"文化大革命"时期。这幅插图选
自 1956 年出版的一本书——《义和团》(上海),作
者包村。

对苏联修正主义的攻击

　　自 20 世纪 60 年代初至"文化大革命"开始以前,苏　275
联一直是中国宣传战的攻击目标。"文化大革命"结束后的
很长一段时间内,苏联仍受到中国媒体的不断攻击。然而,
随着中苏关系和亚洲国际形势的变化,中国的反苏宣传经历
了不同的阶段。因此,当 20 世纪 70 年代中期中国人感到苏

联的军事威胁越来越大时，中国除对苏联修正主义进行一般性攻击之外，又对苏联社会帝国主义、霸权主义和大国沙文主义进行了强烈谴责。

中苏之间最激烈的冲突发生于 1969 年，当时，两国在边境线上进行了一系列激战。尽管如此，1965 年苏联在勃列日涅夫领导下开始的在亚洲地区的军事集结，直到 20 世纪 70 年代才大规模行动起来（1969 年的冲突是原因之一），且一直持续到 20 世纪 80 年代。[39] 在这样的大背景下，1975 年春西贡政府的垮台更使中国陷入了焦虑和烦恼之中。1975 年 5 月 9 日《人民日报》的社论警告说："苏联社会帝国主义……力图利用美帝国主义日益虚弱和战略上处于被动的时机，取而代之。"邓小平在会见菲律宾和泰国领导人时用更简练的语言表达了同样的情绪。他告诫他们"要警惕'前门驱狼，后门入虎'"。[40]

在西贡政权垮台之前，随着越南战争临近尾声，中国人越来越担心苏联对中国的军事包围。我认为这是 1975 年中国发动新一轮反苏宣传的主要原因。如同前些年对刘少奇的攻击一样，这次宣传攻势也是以文化领域的一件否定义和团的作品为起始点的。不过，这次的攻击目标不是一部历史影片，而是一本历史著作，即由苏联著名汉学家齐赫文斯基主编并于 1972 年在莫斯科出版的《中国近代史》。[41] 这次攻势针对的是苏联修正主义，而齐赫文斯基的著作体现了苏联对中国近代史的重新认识，这一点是很重要的。[42] 鉴于攻击的直接目标具有历史性质，所以下述各点也值得重视：参加宣传攻势者多为历史学家；攻势主要是由学术刊物发动的；其中许多刊物（尽管不是全部）是东北地区（满洲）的有关单位主办的。义和团运动时期，沙皇俄国在东北地区曾扮演

276

过主宰性的政治和军事角色，20 世纪 70 年代中期，苏联对这个地区的威胁也最大。

就特点而言，中国批判齐赫文斯基著作的突破口不是选在该书对义和团运动的具体分析上，而是选在用于描述和评价义和团的语句上。强调运用正确的语言是中国儒家传统的核心内容之一。目孔子以来，"正言"就是人们广泛遵行的操守，所谓正言立德、正言立行等等。在有关国际共产主义运动的著作中，虽然人们对言与行的辩证关系的理解各有不同，但给人物和事件做出适当的定性或归类，从一开始就是一件非常重要的事情。在来自两种不同的但互相补充的（至少在这一点上是如此）文化传统的共同压力之下，共产党执政时期的中国历史学家当然会十分重视评价性语言的恰当使用。客观事实的性质由适当的标签予以标明，当这种做法被推向极端时（如在"文化大革命"中），就会彻底抹掉历史学家与神话制造者之间固有的区别。

在齐赫文斯基的个案中，这种情况表现得尤为明显。齐赫文斯基和其他作者在书中虽然对义和团做了总体上的肯定，但中国人指责他们用污蔑性的词汇描写义和团，如愚昧无知、迷信、盲目排外、保守落后、肆意烧杀、一概排斥欧洲文化和最新科学成就、在帝国主义列强全副武装的军队面前无能为力等，相反却高度赞扬沙皇俄国做出种种努力在东北建立和平与秩序，并把优越的西方文明介绍到了这个地区。[43] 为了批驳这本书对义和团的丑化和对世纪之交的俄帝国主义的美化，中国的历史学家们展开了猛烈的反击。他们一再引用列宁在 1900 年写的《中国的战争》一文中对俄国的动机和暴行的尖锐批评。[44] 北京师范大学历史系的师生们整理了不同身份的中国人（有几个是幸存的义和团）为义和团辩护的言论，标题多为反问式，如《究竟是谁杀人放火?》和《"愚昧"、"落后"，还是反帝革命生力军?》。[45]其中一人（解放军战士）在谈话中指出，齐赫文斯基和其他作者诋毁义和团的诬蔑性语言与当时外国人对义和团的定性毫无二致，也是"拳匪"进行"肆意烧杀"的"残暴的仇外暴动"。[46]黑龙江省博物馆的吴文衔指出，苏联修正主义者对沙俄在中国的行动的赞扬和肯定，并不是新发明。他介绍了1905年莫斯科出版的关于修筑中东铁路的一本图片册，书中公开赞扬了沙俄为东北人民带来"西方文明"并在该地区"剿平匪乱"的"业绩"。[47]

277

某些历史学家运用马列主义的分析方法，得出结论说，义和团的行为是帝国主义压迫中国社会的产物。所以，义和团带有某些迷信色彩，正是帝国主义侵略造成的落后状态的直接反映。义和团毁坏外国铁路、电线和商品，与工业革命初期英国工人破坏机器一样，源于对自己的敌人认识不够，同时也是由于他们对帝国主义的经济入侵越来越仇恨。[48]更概括性的看法是，由于"哪里有压迫，哪里就有反抗"是一条颠扑不破的历史规律，所以，义和团运动是鸦片战争以来列强在中国步步侵逼的必然结果。[49]

在反击齐赫文斯基的著作对义和团的否定性描述方面，中国历史学家最有效的武器是针锋相对，向世人揭露，世纪之交采取残忍、野蛮和不文明行动的国家是俄国而非中国。[50]我们在前文已述及，中国人指责占据天津老龙头火车站的俄国军队对平民百姓犯下了暴行。俄国军队还被指控屠杀了天津以东的大市镇北塘的大部分居民;[51]抢劫和毁坏了紫禁城的许多无价之宝，甚至在大便之后用中国书籍和艺术作品上撕下的纸揩屁股;[52]对黑龙江（满洲北部）人民犯下了各种各样令人发指的暴行。

最后的一例主要是指 1900 年夏俄军在黑龙江俄国边境一侧的两个地方对手无寸铁的中国百姓的大屠杀，中国历史学家对此尤其重视。[53] 1858 年的中俄《瑷珲条约》规定，瑷珲（中国边境一侧的城镇）地区中俄两国以黑龙江为界。然而，许多中国人仍住在俄境内的城镇和村庄里。1900 年 6 月底 7 月初，当东北地区义和团的活动加剧之时，俄国政府决定以镇压"骚乱"恢复秩序为借口出兵东北。7 月 13 日，5 艘俄国海军舰艇驶入黑龙江，14 日，俄军强行登岸。当驻守瑷珲的清军抵抗时，冲突就开始了。正是在这种形势下，俄国人在海兰泡（布拉戈维申斯克）和江东六十四屯犯下了大暴行，前者在结雅河（精奇里河）与黑龙江交汇处的北边（这是个值得注意的焦点地方，是"文革"时期的暴力活动和 1969 年中苏紧张关系的发生之地），后者是海兰泡以南的一个地区。[54]

在第一次屠杀发生之前，海兰泡的俄国地方当局宣布将把该城所有的中国居民送往黑龙江对岸（中国境内），他们的房门必须一律打开。7 月 16 日，俄国人把包括妇女和儿童在内的数千名中国人赶到警察局，他们的住宅和店铺随即被抢掠一空。接着，俄国人把附近村庄的中国村民聚拢在一起，对奋起反抗者格杀勿论。由于被扣押的人越来越多，警察局里关不下，所以当天晚上他们被移到结雅河边一家木材厂的庭院里。第二天（7 月 17 日），第一批中国公民（约 3000~3500 人）被哥萨克士兵押往海兰泡以北 6 英里处黑龙江岸边的一个地方，途中掉队的人都被哥萨克士兵乱刀砍死了。当时，黑龙江最窄处仍有 700 英尺，且水流湍急。据当时的一个西方人记载，哥萨克士兵命令中国人游过江去。

278

被迫下水的人很快即被淹死，而惧怕下水的人或被士兵射杀，或被用木棒打死。不到半个小时，江岸上就堆满了中国人的尸体。另据一个中国人记载，中国公民被逼到江边后，俄国骑兵突然出现，用各种武器向江边的人发起进攻。这些人惊慌失措，争相逃命，被淹死在黑龙江中。

另一次屠杀发生在 4 月即被俄国军队占领的江东六十四屯。7 月 17 日，俄国人开始放火焚烧这个地区的村民们的家园。他们把一部分中国居民赶进一间大屋，放火活活烧死。江东六十四屯的其他居民被分批赶到江边，不少人在江中被淹死，没淹死想往对岸游的人都被岸上的冷血杀手打死了。

目睹惨案的瑷珲人说，他们看到俄军在对岸圈围了许多华人，"喧声震野。细瞥俄兵，各持刀斧，东砍西劈，断尸粉骨，音震酸鼻"。伤重者死在岸上，伤轻者死在江里，未受伤而欲游往对岸者都被淹死了，"惨杀溺毙者五千余名"。

亲历这一惨案的一位老人追忆道："俄国兵像往锅里下饺子似的把中国人往江里推，不愿下水的就用刺刀扎，用大斧子砍。推到江里的人有会凫水的，俄国兵看到还开枪打死。这还不算，俄国兵还把三个、两个中国人的辫子拴在一起，然后再推到江里去，他们想尽办法不让有人活着渡过江来。"

俄国人的一项正式报告称："目击者的全部证词令人相信，这实际上不是渡江，而是把中国人赶尽杀绝或淹死。"屠杀发生三星期后在江上看到惨景的一名沙俄军官记述道："很难估计我们这一天赶上了多少尸体，但是……仅在一个小沙嘴上，我们共数出一百五十具尸体。可以想见，中国人的尸体是不少的。"

中国人断言，黑龙江俄国一侧境内发生的大屠杀使 1.5 万余名中国同胞死于非命，使万余人无家可归。大屠杀结束后，俄国人又把炮口转向中国境内的瑷珲及其附近的村庄，在 8 月份经常开炮轰击。据《东三省政略》记载："瑷珲在兵燹以前，居民约五万口，庚子之劫，死于兵者十之二，死于疫者十之三。"[55] 据说，义和团运动期间俄国人在黑龙江以北乌苏里江以东地区（在俄罗斯帝国的管辖范围内）残杀的中国居民不下 20 万。[56]

280

在攻击齐赫文斯基和苏联修正主义的宣传战中，中国的作者们一再引用上述两大惨案。战争就是战争，战争常使大多数人产生恐惧。但是，我们想一想第二次世界大战中被监禁在卡廷森林的波兰军官被集体屠杀、越战期间梅莱的村民遭到滥杀、1982 年萨布拉和沙提拉难民营的两百多名巴勒斯坦男女老幼被残杀等惨剧，就可以理解，用极其残忍的手段肆意滥杀毫无防卫能力（或防卫能力不强）的人的屠杀行动，对世人的感情具有独一无二的震撼力。战争虽然能给人带来灾难和痛苦，但它仍被绝大多数人视为解决冲突的最后一个合法手段，而屠杀行为却完全不同，既不为人们所接受，又不合法，为社会所不容。

因而，对于苏联指责义和团是"肆意烧杀"的"拳匪"之事，中国人最好的反击手段就是公开揭露俄国人屠杀中国公民的事件，提供确凿证据证明，真正的杀人放火者正是自称把西方文明带入东北地区的文明使者的俄国人自己。有位作者反问道："沙俄帝国主义在中国到底是执行了什么'文明使命'，还是推行了赤裸裸的犯罪政策？历史是最好的见证。"[57]

历史也许的确是最好的见证，但只是在某些情况下，而且只有在人们能够对完全开放的问题寻求答案的时候，才是如此。如果问题带有诸多限制，且研究历史的目的不是为了寻求答案，而是为了证实已经确定的立场，那么，历史也许会有所帮助，但不能"见证"任何东西。换言之，中国历史学家在这次宣传战中的目的不在于了解历史真相，而在于支配历史。中苏两国历史学家力图支配历史的原因在于，他们所做工作的本质和目的是政治性质的，而非历史性质的。

这种情况被参加宣传攻势的中国人明确揭示了出来。他们指责齐赫文斯基和该书其他作者没有提及俄国人的任何暴行，而且把俄国人在东北的行动自诩为"文明使命"，这证明齐赫文斯基之流撰写历史著作是为了政治目的。[58] 俄国人的说法使这种指责更加突出了，俄国人断言：中国历史学家迷恋义和团这一研究项目的真正原因，除了义和团可用于煽动人们对苏联的民族主义怒火之外，还在于义和团完全符合中国提倡的"造反有理"和"天下大乱"的宣传需要。中国人反击道，这样的指责和说法彻底暴露了苏联修正主义攻击义和团的邪恶政治动机，并清楚地表明苏联的真正目的在于对抗中国和第三世界各国人民反对苏联社会帝国主义和霸权主义的运动。[59] 因而，"当前史学界的一项重要战斗任务"是揭露苏修的这些动机，批判苏修的"无耻诽谤"。[60]

另一篇更有分量的揭露性文章，以历史事实为依据，发出了如下警告：

> 苏修叛徒集团上台以后，对内复辟资本主义，对外推行扩张主义政策，变成了社会帝国主义。它们为了实现老沙皇未能实现的"世界帝国"的迷梦，百般编造历史，为老沙皇侵华罪行辩护。它们企图用对老沙皇侵

略政策的赞美来为他们的新沙皇殖民主义侵略鸣锣开道。这只能是痴心妄想！我们警告苏修叛徒集团：你们的祖宗老沙皇在世的时候，到处侵略，称霸世界，没有好的下场，被人民打倒了，现在你们继承了老沙皇的衣钵，妄图实现老沙皇未能实现的"世界帝国"的迷梦，结局也不会比老沙皇更好，只能以灭亡而告终！[61]

针对齐赫文斯基和其他作者的指责，中国人为义和团所做的辩护在几个方面都很有趣。第一，与义和团有关的形象设计都被国际化了。我们知道，"文化大革命"时期义和团被视为爱国主义、革命青年和妇女解放的象征。现在，解放的概念有所扩展，涵盖了亚洲、非洲和拉丁美洲的民族解放运动。苏联历史学家对义和团的批评被当作苏联反对第三世界所有人民追求自由和解放的表现形式之一。

第二，与中国共产党其他宣传运动中的用词一样，中国人用于抨击齐赫文斯基著作的语言不但缺乏节制，而且大量运用战斗、作战、斗争、敌人、前线和战斗使命等词汇。[62] 历史论文中的词汇变成了军事用语；历史文章的写作变成了战争的一种形式。

最后，一个最为重要的问题（前文已有所触及）浮现了出来，即历史与政治的关系问题。我们绝对不能戴着有色眼镜看待这个题材，否则一切都将大异其趣。苏联历史学家指责中国历史学家利用历史以达到政治目的，对此，中国历史学家予以反击，是没有任何错误的。双方所有的参与者都清楚，历史与政治是密不可分的。问题的症结不在于撰写脱离政治的历史，而在于撰写反映正确政治观的历史。

然而，一个人只有在具有正确政治观的情况下，才能写

282

出反映正确政治观的历史。正如一位中国历史学家在马克思和恩格斯著作的启发下指出的，历史学是观念形态的东西，它的改变，只能从人们社会关系的改变中，从尖锐复杂的阶级斗争中找到根源。苏联历史学这种修正主义的大倒退，正是当前苏联社会历史大倒退的反映。苏联的所谓"重新分析"历史，实际上就是资产阶级历史学的复辟，"是苏联资本主义复辟在意识形态上的表现"。齐赫文斯基之流违背列宁的教导，恶毒咒骂义和团反帝爱国运动，"是苏联由社会主义蜕化为社会帝国主义的反映"，是为了适应"苏修新殖民主义的……政治需要"。[63]简言之，苏联历史学家生活和工作在一个朝错误方向走的社会中，所以，他们的历史学不可能是正确的。

神话化与可信度

假如最优秀的历史学家也会在无意中制造神话的话，那么，有一点是肯定的，即一流的神话制造者绝不会完全无视历史事实。即使在"文化大革命"时期对义和团的神话化达到新高潮的情况下（更不用提历史上的其他各个阶段了），而且在没有任何中国历史学家鲁莽地对神话化过程公开提出异议的情况下（有些历史学家幸运地没有参与进来），媒体向中国公众展示的义和团的形象也不是完全不符合历史事实的。实际上，这个时期政府主导的美化义和团的活动增加了表面上的历史可信度。[64]正如我们看到的，关于黑龙江大屠杀的文章，补充了俄国方面的许多官方和非官方资料，以及幸存的目击者的证言，使内容更加充实了。1967年春红卫兵活动高潮时期为攻击刘少奇而写的介绍红灯照的文章，广泛引用了亲历者的记载[65]、口号、歌曲[66]以及其他资料。《光明日报》甚至用一个整版的篇幅刊登了摘录自历史文献的有关资料，并注明了出处。[67]

从历史学家的角度来看，这些努力当然还有许多疏漏之处。资料的引用也许很精确，但引用者没有进行认真的分析和鉴别。例如，人们从未想过，能证明红灯照参加过战斗的证据实际上是非常之少的。[68]更为有害的是，神话制造者往往在引用资料时断章取义，以支持自己的论点。前文提及的《光明日报》史料专版上，有一条用于说明义和团和红灯照都是英勇无比的战士的史料："拳民死于教，死于兵，死于法，无不视死如归。"原著中紧随其后的一段话未予摘录，内容是说，义和团不怕死的原因之一是，当神一附体，他们就会进入神志恍惚的状态。[69]（当然，如果神附体是他们具有勇敢精神的原因之一，会使他们的爱国英雄形象大打折扣。）

最后一点，"文化大革命"时期的作者们都毫不难为情地选用有利于自己观点的文献资料。我所看到的文章中，没有一处提到过红灯照的法术，特别是她们御风飞行的奇技。[70]天神附体、刀枪不入和各种法术，尽管是义和团与红灯照的宗教活动的重要组成部分，但是由于这些东西与"文化大革命"时期中国的神话制造者试图塑造的光辉形象不符，所以都被故意遗漏了。[71]

除这些具体的不规范做法外，还有政治动机促成的许多更具综合性的歪曲历史的做法，其后果是：展开了对黑龙江两次大屠杀的讨论；夸大红灯照在义和团运动中的重要性；坚持把义和团的"排外主义"与"反帝爱国主义"混为一谈；坚持把义和团运动当作褒贬时事的工具，而不是理解和　284

解释历史的素材。

然而，我要指出，尽管这种现象给习惯于按照明确的历史研究规则为公众（他们不知道这些规则，不了解或极少了解它们的重要性）重现历史真相的历史学家们造成了困扰，但是，"文化大革命"时期对义和团的描写并不都是胡说八道。这些描写是否完全符合"历史事实"是无关紧要的，重要的是，它们有可能发生过，而且能使许多中国人得到感情上的满足。

20 世纪 80 年代：历史与神话之间的关系再度趋于紧张

当"文化大革命"宣告结束、历史学家再次成为真正的历史学家时，历史与神话之间的区别逐渐显现出来。历史学家对 1900 年黑龙江惨案的重新研究和认识即是一个例证。1977 年 6 月（"文化大革命""正式"结束近一年后）发表的一篇文章表明，批判齐赫文斯基的运动仍在进行中，但它同时透露出一个信息：这次宣传攻势快要结束了。文章一开始，作者就按惯例援引了列宁在《中国的战争》一文中的有关语录，而对大屠杀本身，作者的论述既简短又平淡。文章的整体基调仍是驳斥性的，而且完全缺乏历史感。另一方面，虽然作者在文章的末尾以讽刺的口吻说齐赫文斯基的著作是一部"皇皇巨著"，而且斥责该书是在为"老沙皇"的暴行辩护，但他只提到了该书的书名，没有提主编的姓名。[72]

1980 年和 1981 年，中国社会科学院近代史研究所的学者薛衔天发表了两篇论述黑龙江两大惨案的文章，朝着把两大惨案重新当作历史研究课题的方向迈进了一大步。他的第一篇文章发表在中国的权威史学刊物《历史研究》上。文章重点探讨了最引人注目的问题：在惨案中到底有多少人被杀害？值得注意的是，薛对这个问题的探讨基本上是不偏不倚的。他详细比较了许多互相矛盾的证据，以平实的语言做了全面细致的分析。最重要的是，文章没有明显的政治目的，根本没有提及齐赫文斯基，也没有对列宁顶礼膜拜。作者的分析研究是受真正探索历史问题的精神指导的。[73]

薛的第二篇文章发表于 1981 年的《近代史研究》上，看得出，他明显站在亲华的政治立场上。但是，他的研究方法仍是面向问题的。他为自己提出的问题是，探究俄国发动两次大屠杀的真正动机。他对这个问题的处理是严肃的，符合历史实际的。他没有攻击苏联历史著作中的"谎言"和"捏造"。薛的结论是，苏联的主要目的在于损害中国利益以扩张本国领土。虽然这是一个在政治上很安全的结论，但就历史方面而言，它也是准确的。总之，这个结论得到了作者极有说服力的论证，他引用的历史资料也很过硬，其中包括俄文和日文资料。[74]

薛衔天的两篇文章清楚地表明，伴随着批驳齐赫文斯基历史著作的宣传攻势而进行的神话制造活动已经退潮。当然，在 20 世纪 80 年代，政治对两次大屠杀的研究工作的影响并未完全消失。在极权主义仅仅稍微有所减弱的社会制度中，中国人强烈的爱国主义情绪大大限制了中国历史学家不带任何偏见地研究具有很高政治敏感性的课题的能力。然而，不可否认，对历史事件真正做出重新评价也是有的。

"文化大革命"以后对红灯照的处理也发生了类似的变化，其转折点是 1980 年甘肃省的历史学家王致中发表的一篇文章。王文的主要目的在于揭穿戚本禹和"文革"时期

的其他作者为红灯照树起的"革命化"和"现代化"形象
（他认为这不符合历史事实），但不能由此而断定王完全没
有政治目的。王的文章在两方面都向前迈出了一大步：一是
剥去"文化大革命"时期红灯照获得的高度政治化和神话
化的华彩外衣，二是把他们重新当作历史问题看待（与薛
衔天对黑龙江两次惨案的研究基本相同）。[75]

显然，薛衔天和王致中的文章显示出的新动向并不意味
着完全突破了此前的历史研究模式。不过，如果我们不把真
实的历史和被神话化的历史看作完全对立的两个点，而是看
作一根磁针上的阴阳两极，我们也许会说，中国人对大屠杀
和红灯照的研究重点已从制造神话的一端回到了探求历史真
相的另一端。"文化大革命"期间，政治上无懈可击是主要
的，历史真相的探究是次要的，到了 20 世纪 80 年代，两者
已密不可分，开始了真正的竞争，在纷繁复杂的因素中，有
时前者占主导地位，有时后者占主导地位。[76]

如果在对待大屠杀和红灯照的问题上是如此，那么在对
待义和团运动的问题上也是如此。然而，除历史研究与政治
立场之间的竞争外，还存在两种政治立场之间的激烈竞争：
一种是长期以来共产党从事革命特别是农民革命的过程中形
成的立场，另一种则是后毛泽东时代重新重视现代化的立
场。20 世纪 70 年代末以来，现代化成为以邓小平为核心的
领导集体的主要政策，中国人又充满激情地开始了与外部世
界的交往，这一切都促使某些历史学家对义和团排外主义的
各种行为提出更多的批评。[77]另一方面，还没有一个中国人
准备像周锡瑞那样完全否定义和团的革命（"反封建"）性，
并把义和团运动视为一场勤王运动。[78]

20 世纪 80 年代研究义和团的历史学家在一些具体问题

286

上展开了许多争论，有时反映的是历史研究中的不同看法，[79]有时反映的则是政治或意识形态上的不同立场。[80]80年代还编辑出版了大量的原始资料，其中许多选自档案史料。[81]就政治上很敏感的领域而言，这种做法是最安全的。论述义和团的社会心理的文章，以及民间宗教和宗派思想对义和团运动的影响的文章相继发表，[82]而在"文化大革命"期间，笔杆子们从不承认民间宗教对义和团运动产生过影响。中国的历史学家在80年代还对义和团运动的各个阶段做了深入研究，发表了许多文章。[83]

不过，如下的印象大概不会错（至少从西方历史学家的角度看是如此）：把历史上的义和团与被神话化的义和团剥离开来并非一件容易事。对中国历史学家而言，抛弃"文化大革命"时期赤裸裸地美化义和团的做法是比较容易的，但是，新文化运动时期给义和团贴上的"迷信"标签和20世纪20年代给予义和团的"反帝爱国"美誉是不容易被丢弃的。[84]这两种倾向分别来源于最能体现20世纪中国知识分子责任感的两种理念：一种是无条件相信科学和理性的唯科学主义，另一种理念则极为重视国家主权和破坏国家主权的任何征服力量（首先是帝国主义）。在这些不可抗拒的潮流的限制下，中国的许多历史学家根本不把描述义和团为"迷信"或"反帝爱国"的行为看作制造神话的行为，而是看作准确解读历史的行为，"迷信"说指出了义和团运动最大的缺点，"反帝爱国"说则揭示了该运动的巨大力量。[85]

我认为，上述两种观点由于承载了20世纪的政治和文化重任，所以干扰了历史学家了解义和团运动历史真相的钻研活动。把义和团的宗教信仰和宗教活动斥为"迷信"，就

287

是对义和团采取了不友好的立场，这使人们更难深入了解这些宗教信仰和活动是怎样被义和团采用的，更难确切评估它们在义和团的知识和情感世界中所起的作用。同样，给义和团运动贴上"反帝爱国"的标签，是把促使义和团在特定环境中起而抗争的纷繁复杂的动机过分简单化了（这严重妨碍了对这些动机的深入研究），因为在这种环境中，帝国主义并非唯一的致乱之源，为抵御帝国主义的影响而采取的行动也并不一定都是"爱国主义"和"反帝精神"主导的。

中国历史学家为什么发现他们很难完全摆脱义和团运动的神话色彩？原因在于义和团以最引人注目的方式挑明了20世纪中国历史上文化领域当中最重要的问题：人们是以矛盾的心情看待西方的。[86]人们常以嘲讽的语言表达这种矛盾心情，在本章和前两章中经常提到"文明"行为和"野蛮"行为之间的区别，即是很好的例证。中国人看待西方，有时举"文明"行为为例，有时举"野蛮"行为为例。这种矛盾心情还常常被直接表述出来，例如，教育家蒋梦麟写出了世纪之交他还是个孩子时（在上海）对西方人的观感："在我心目中，洋人就像半神半魔、多面多手的毗瑟挐①，一边是手电筒、轮船和漂亮的洋娃娃，另一边是警察俱乐部、左轮手枪和鸦片烟土。当你看到他的光明面时，他是天使；看到阴暗面时，他是魔鬼。"[87]

288　　　更全面些来讲，在19世纪和20世纪，西方既代表帝国主义，又代表现代化（"财富和权力"的秘密在焉），前者是坏的，后者是好的。两者都是义和团运动的起因和攻击目标。因此，历史上的义和团具有一种内在的潜力，可供后来

---

　　① 印度教主神之一。——译者注

的中国人充分挖掘和利用。当西方被看作侵略者和剥削者（恶魔般的西方）时，对义和团的抵抗行动甚为满意的中国爱国者就对义和团大加赞扬。但当西方被看作现代生活的源泉（天使般的西方）时，义和团像勒德分子①一样毁坏西式电报、铁路和轮船等机器的行为，[88] 就会受到严厉的谴责。中国的一些知识分子（如胡适和早期的陈独秀）认为，19世纪和20世纪中国遇到麻烦的主要根源不是西方帝国主义，而是中国文化深层次的结构性缺陷。对于这些人而言，义和团的排外主义、野蛮蒙昧以及迷信都是中国客观环境的间接反映。

如果说义和团的历史包含了与20世纪中国文化认同方面一些悬而未决的问题相关联的许多实质性主题的话，那么，反之亦然。这是说，自清末以来中国知识分子在认识中国人优缺点（20世纪80年代中后期的"文化热"中争论激烈的一个问题）[89] 的过程中经历的困难，使得历史学家极难客观研究和评价义和团，确定义和团在中国历史上的地位。而且，这个问题在短时间内不大可能得到解决。毕竟，中国人对西方或他们自己的历史抱有爱恨交加的强烈感情不是什么不正常或令人惊奇之事。由于义和团引出了许多特别的问题，所以，只要这种矛盾心情继续存在，义和团就会继续扮演特殊角色，充当制造神话的材料。

---

① 1811～1816年英国手工业工人中参加捣毁机器的人。——译者注

结　论

本书书名使用的 key 一词系从音乐领域借用而来，它的一个含义是指乐曲的音调，另一个含义是指能为某种东西提供导入的设备或手段。这两种含义对我在本书中采用的研究方法而言都是非常重要的。事件、经历和神话是人们了解历史的意义、探寻并最终认识历史真相的不同途径。不过，它们也是人们根据不同的原则塑造历史的不同途径，反映出来的是完全不同的音调或"调子"。某些读者也许已经发觉，这些基调的不同甚至在本书某些章节的写作中都有一定程度的反映，主要的差别表现在第二部分各章与第一和第三部分各章之间，在撰写第二部分时，我尽可能地进入我所描述的人们的情感世界之中，而在撰写另外两部分时，我更倾向于与研究的主题保持一定的距离，做出个人色彩少而"学术"色彩浓的论述。

还有几个问题需要提出来。一个问题与典型性有关。在本书中，为了更清楚地了解历史学家们的所作所为，我考察了世纪之交中国独一无二的历史事件——义和团运动的史实、经历和神话等的突出特点。当然，我假设寓于义和团的

特殊性中的普遍性也适用于其他历史事件。现在是仔细探究
这个假设的时候了。

我首先解决一个可能使某些读者感到困惑的问题。我并
不是对历史的各个方面都感兴趣，而只是对直接影响历史学
家和神话制造者的思想观念的方面感兴趣。这就排除了那些
研究长期的和非个人的（常常是社会的或经济的）历史进
程的史学著作（这些进程由于发展变化极为缓慢，不易为
人们察觉，所以极少左右人们的感情）。与所有的史学著作
一样，包含此类历史进程的著作也采用叙事的形式，[1]以表
达历史学家兼叙事者的观念（历史学家从未放弃他们的观
念）。但是，这些著作几乎没有反映创造和经历了历史的那
些人的观念。任何人要制造18世纪中国通货膨胀和封建时
代末期北欧农业变革的神话，都是令人怀疑的。

如果我们忽视历史发展过程中变化极为缓慢使人不易觉
察的那些方面（无论它们对人们的生活的累积影响有多
大），把注意力完全集中在每个人都经历和体察到其变化的
那些方面，那么，就会有许多事情不受到重视。实际上，当
人们认为历史是"发生事情"的场所时，他们一般考虑的
任何事情都可能得不到重视。因而，对我们而言，真正的问
题是，具有鲜明特点的义和团是否会仍然被用于解说人们对
历史的认识。不出任何人的意料，我对这个问题的回答是非
常肯定的。

我认为，当历史学家从理解和解释过去发生之事及其原
因的目的出发，把义和团视为历史事件，根据历史事实加以
重新塑造时（如本书第一部分），它与其他任何历史阶段一
样，完全适用于叙事性的目的。由于所有重塑活动的中心要
素是历史学家而非直接参与者或神话制造者的思想观念，所

以我们没有理由认为，对于更具有非个人色彩的历史内容（与"事件"和"个人"相对）的重新塑造，不能用于举例说明历史学家的学术观点。无疑，每个历史事件的内容都是独一无二的。而且，某些历史事件（如义和团运动）十分复杂，跨越的时间和空间范围极大，而另外一些事件（一出新的商业性戏剧的首次演出或一位政治领袖的逝世）是比较简单的（尽管其后果也许并不简单）。但是，历史学家是按照相当有特色的一系列原则来重塑这些事件的，我们称之为阐述历史。其中一项最根本的原则是：与神话制造者不同，历史学家寻求理解和解释过去之事。另一项同样重要的原则是：与历史的参与者相反，历史学家事先知道他们要重新塑造的历史事件的结局。第三项原则是：历史学家不受空间的局限。这是历史学家与历史的参与者的另外一个不同之处。与历史事件的原始参与者不同，历史学家具有我所说的宽阔的视野，即辨别历史上不同的个人的经历之间有无联系和把空间和时间跨度很大的大量零散史料组合起来写出历史事件的来龙去脉的能力。

当历史被视为经历时（如本书第二部分），义和团便不再那么直接地适用于叙事性的目的了。在此情况下，中心要素毕竟不是历史学家的观念，而是历史的创造者的想法。我们或许可以肯定地说，无论历史学家的客观动机如何，他们基本上都在做同样的事情，但是，那些直接创造和经历了历史的人却不可能说同样的话。战争、竞选活动、棒球比赛、初恋和期终考试，都牵涉到各种各样不同的经历。不同经历的种类是非常之多的，但每个人的经历是独一无二的。义和团运动的主要经历包括旱灾、降神附体、法术、谣言和死亡等，像义和团运动这样的历史事件怎么能被用于解释过去的普遍经历呢？难道"普遍经历"这一概念不是矛盾的吗？

　　答案有几个层次，虽然这个答案更加复杂一些，但与义和团事件的典型性问题的答案并无实质性不同。就最具体和最特别的层次而言，卷入义和团运动的人的经历同参与其他任何历史阶段的人的经历一样，都是独一无二的。就更广泛的层次而言，结论有所不同：世界历史上有无数次群众运动，其中，宗教和法术扮演着重要角色，排外情绪是驱动力量，谣言和怀疑情绪到处蔓延，战争、杀戮和死亡随处可见。就最广泛（或正式）的层次而言，诸如犹豫不决（没有结果）、感情冲突、多重动机、文化建设和自我意识等现象，存在于所有人的经历之中，而无论其具体的表现形式如何。

　　用于重构不同经验世界的历史资料的种类，因历史环境的差异而有所不同。例如，除了在最表面的层次上之外，我们无法探究义和团的自我意识，因为有文化的义和团员非常之少，而且他们当时没有留下关于自身经历的任何详细的文字材料。[2]另一方面，有许多文献资料涉及义和团的经历的下述方面：因持续干旱和青少年的早夭在人们当中引起的深深的忧虑情绪；中国人和外国人中普遍存在的用以前的文化模式来解释自己的经历的倾向；等等。换言之，我们不可能全面恢复义和团运动的原貌，但我们的确能够恢复相当大的一部分，而且，在比较广泛的层面上，我们能够深入了解历史事实。

　　作为神话的义和团的典型性问题虽然有所不同，但这种不同并非根本性的。主要的不同之处在于，历史的许多内容（我在此指的是人们有意识地参与的历史）没有像神话那样保留下来。如果要像神话一样传至后世（正如本书第三部

292

分的绪论中指出的），一个历史事件或历史人物必须具备后来的人们和政府特别关心的特点和内涵。对于意大利裔的美洲人来说，哥伦布是个非常重要的人物，因为作为美洲的发现者，他象征着意大利人的祖先对美洲人的生活做出了巨大贡献。从另一个角度来看，哥伦布对美洲的土著人而言也是个重要人物，因为他抵达美洲后对当地的印第安人采取的严酷行动，是美洲土著人在其历史上深受欧洲人的祖先压迫的象征。

就中国方面而言，可以举一个完全不同于义和团运动的例子：太平天国运动一直被涂上各种各样的神话色彩。在清末，激进的《民报》称赞太平天国的创始人洪秀全是中国伟大的民族主义革命家之一（与明朝的第一位皇帝和孙中山相提并论）。[3]20 世纪 20 年代初的国民党和毛泽东时代的中国共产党也认定他们在发扬太平天国的革命传统。[4]被神话化的太平天国领袖人物也卷入了中国共产党的政治斗争。例如，能征善战的名将李秀成在 20 世纪 50 年代的史学著作中大受褒扬，但是，由于他在太平军失败后向曾国藩写了自白书（在严刑拷打之下），所以在 60 年代被指斥为本阶级的叛徒，在"文化大革命"时期批判修正主义的过程中一直被当作反面角色使用。[5]在 70 年代末和 80 年代初，中国

293 历史学家在批判广义的"封建专制主义"和毛泽东特有的"家长制作风"时，经常把 1958 年后越来越缺乏民主的毛泽东与洪秀全等历史上的同类政治领袖相提并论。[6]

不言而喻，太平天国也是制造地区性神话的好素材，位于广州附近的太平天国的发源地，尤其如此。孙中山与洪秀全一样，也出生于广东南部地区。据说，孙中山从童年时代起，就一直认同并钦佩太平天国的领袖洪秀全。[7]逃至香港

的难民说，在 20 世纪 50 年代中期，把洪秀全视为群众反抗政府强权的全能代表的广东农民，曾指望他能死而复生，领导他们反对把土地并入合作社。[8] 近期对华南少数民族客家人的研究表明，这个民族中的基督徒对太平天国运动（其创始人都是深受基督教影响的客家人）持积极的看法，因为他们认为太平天国曾对促使他们结成共同体的传统的产生起过促进作用。[9]

虽然对太平天国和义和团的神话化具有完全不同的特点（例如，与义和团不同，太平天国的经历没有与近代中国的文化主体这个争议问题挂上钩），但是，基本的操作过程是相同的。与所有对历史事实进行神话化的实例一样，对太平天国和义和团进行神话化时，对历史事实的重视程度远远比不上对下述问题的重视程度：后来的人是怎样从各自的目的出发对历史事实进行修改和重写的。历史上的某些特殊主题总是被认同、简化、夸大和刻意拔高，使它们成为现在的能量源泉，使得现在和过去能够互相确认和证实。被如此利用的主题也许是、也许不是历史事实的一部分。例如，没有证据表明，真正的红灯照认为她们是在反抗 19 世纪末束缚中国妇女的儒家社会习俗。但是，如果她们被当作神话加以利用，就必须在一定程度上赋予她们这种可能性，即使这不是真的，也一定是可信的。

关于义和团的典型性问题，我的基本结论与本书中探究历史事实的其他途径得出的结论相同。就最具体的层面而言，无论义和团被视为事件、经历还是神话，都是独一无二的。然而，这个独一无二的特点与其他引人注目的历史事件的特点一样，具有广泛的再生性，从而使义和团（在更广泛的层面上）完全能够被用于解说性的目的。我们不通过

294 研究狮子来了解长颈鹿，但是我们可以通过研究狮子或长颈鹿以加深我们对动物王国的了解。

另一个值得进一步探讨的问题与作为了解历史的途径的事件、经历和神话的相对真实性有关。我们能够因为实际经历的历史比历史学家复述的历史更真实一些而认为前者优于后者吗？或者因为历史学家复述的历史更真实一些就认为它优于神话吗？虽然在我成长为历史学家的过程中我会毫不犹豫地做出肯定的回答，但我现在越来越觉得，上述三种途径之间虽有明显的矛盾，但在其各自的范围内，都有相当大的合理性和真实性。

考虑到实际经历的历史与历史学家复述的历史之间的差异性，上面的结论是很容易被接受的。虽然我们看到这两种途径大为不同，但我们可以分别评判其真实性和合理性。当我们初次读到历史学家复述的我们曾经直接参与过的历史（如一场战争或一场社会运动）时，我们可能会感到欣喜，会惊异于历史学家提供的新材料和观点。但是，我们仍会对我们自己当时的经历情有独钟，它是任何历史著作都难触及的，除非随着记忆的消退，我们的实际经历和历史学家复述的历史在我们的头脑中完全混淆了。

关于神话的价值，是一个更为复杂更为难解的问题，虽然处理神话与经历之间的关系比处理神话与历史之间的关系容易一些。正如我们已经看到的（例如在第四章中），在文化真空中实无"经历"可言。当人们遇到"生死大关"时，他们会立即用日常生活中占有重要地位的神话"应对"之。义和团毫不犹豫地把各个守护神确定为他们从童年时代开始就耳熟能详的历史人物和小说中的人物。当他们的法术失败时，他们就用女子为秽物的传统观念推卸责任。基督教传教士几乎是本能地把义和团运动解释为恶魔撒旦的恶行。这种神话化的处理模式在世界历史上普遍存在且成为不可分割的一部分。但是，当某种经历被初次记录下来时（发生后不久），神话化的处理模式似乎不是很清晰。而当过了比较长的时间，我们回顾自己的经历并出于无心地涂上神话色彩时，这种处理模式就变得非常清晰了。经常对个人的经历进行再加工（我称之为对个人生平的神话化），显然会破坏最初的实际经历。戴维斯在《奇迹大观》一书中告诫说："在回忆往事时，无论我们如何力求诚实，我们都会用后来获得的知识对往事加以歪曲。"[10]但是，另一方面，正如巴巴拉·迈尔霍夫坚持认为的那样，[11]对个人生平的神话化处理有其明确的价值，它有助于保存心理认同感和个人的完整性。

　　就神话与历史的关系而言，神话的价值显得更为复杂。历史学家认为他们的职责之一就是把重塑历史的工作与"通俗化"（民众对历史的神话化理解）区别开来。我们不再接受亚伯拉罕·林肯是"伟大的解放者"的简单而又理想化的形象，我们感到有责任指明，尽管林肯本人对奴隶制度极为关注，但他自始至终首先考虑的不是解放黑奴，而是拯救美国。[12]同样，我们对第二次世界大战是"正义之战"的简单化观点提出质疑，坚持提请人们注意以下事实：虽然许多美国人相信，这次战争的目的（至少是部分目的）在于战胜一种以种族歧视为基础的意识形态，但是，美国政府除按照种族界限把军队投入战场外，还以战时紧急状态的名义，有计划地把居住在西海岸的十余万人监禁起来，仅仅因为他们的祖先是日本人。[13]然而，尽管我们竭尽全力正本清源，关于林肯和第二次世界大战的神话的影响力仍未受到触动，这是在认识某些特立独行的人物和非常特别的事件时的一种感情投入。我们这些历史学家在不作为历史学家时也是如此。我们当中最自律的纯粹派无疑经常在准备用有根有据的事实替代存在已久的神话。但是，大多数历史学家在受到其他人（而非他们自己）对历史的神话化理解的包围时都欣然面对。有一种观点认为，历史事实（这是历史学家梦寐以求的）必定比人们想要相信的历史实情更有价值，这种观点本身也许只是一个神话。需要谨记的是，许多不同种类的价值（如道德价值、知识价值、情感价值和审美价值等）和某种关于历史事实的定论对某些人而言很重要，但对其他人而言也许就不那么重要了。

最后一个值得探讨的问题与刚才讨论的问题有关，但性质截然不同。这个问题涉及我作为作者在本书几个部分中的作用。每个部分探讨不同的一类意识（consciousness）：第一部分是历史学家的意识，第二部分是历史的参与者（或历史的见证者）的意识，第三部分是神话制造者的意识。此外，在三个部分中，我作为历史学家兼阐述者的意识也在起作用。在本书第一部分中，没有提出任何问题，因为作者和复述义和团运动的历史学家都是我，具有同样的意识。但在第二和第三部分中，情况如何呢？

在本书的第二部分中，我作为历史学家兼作者，有选择地提出了一些独特的论题：干旱、降神附体、法术等等。我还探讨了义和团自身从来不曾提出的一些问题，如年轻和饥饿（以及对饥饿的担忧）在义和团拜坛仪式的迅速蔓延过程中所起的作用，以及青春期综合征在与红灯照有关的集体幻想中的作用等。同样，在探讨神话的第三部分中，除说明义和团在不同的历史时期是如何被神话化的以外，我还以神话制造者们很可能拒绝接受的方式分析了神话化的过程。换言之，在这两个部分中，在扮演传统历史学家复述历史（这次是复述人们的历史经历和神话化的历史）的角色时，我也引入了个人的观念，它与我正在研究的人们的观念肯定有差异，甚至完全对立。

如果认为这不成其为问题，那将是愚蠢的。关键在于：这个问题有多么严重？答案取决于以下两点：某个人作为历史学家能够做什么；他希望做什么。尽管历史学家显然不能够恢复他人的历史经历的原貌，但是，就实际经历的历史和神话化的历史而言，历史学家完全有可能从中再现某些真实的情景（虽然这些情景不一定是他们所希望再现的），而且，这是一个好方法，与我们在再现研究对象（无论是历史的经历者还是神话制造者）的想法和感受时采用的方法一样好。

我在本书的第二和第三部分中经常这么做。但是，只有在与我最初制定的目标有关的情况下，我才会这么做。因为我从一开始就不想仅仅在书中展示事件、经历和神话的各种实例，而是打算分析研究事件、经历和神话作为了解历史的方式，有哪些独特的特点，所以有必要把我作为历史学家的个人智慧引入研究工作之中。如此一来，我也许已经使得各种不同的意识（如被研究者的意识和研究者的意识等）处在了互相对立的状态。但是，这是不可避免的，而且，就广泛了解历史的角度而言，我认为这种对立状态大有益处。

我在此提出的问题实质上是历史学家的"局外人"现象。这种现象可能有许多具体的表现形式：美国历史学家撰写有关中国历史的著作，男性历史学家重构妇女的经历，白人历史学家研究黑人的历史等。这种现象更广泛的表现形式

297

是：当代人试图解释过去（有时是相当遥远的过去）的人们的经历。在所有这些事例中，由于历史学家不是当事人，所以都有误解和歪曲历史以及曲解研究资料的原意的潜在可能性。正因为如此，"局外人"现象就有可能成为问题。

但是，历史学家的"局外人"特点也可能是个优点。它是让我们不同于历史的直接经历者和历史的神话制造者的因素之一，它使得我们这些历史学家有能力以直接经历者和神话制造者做不到的方式让历史变得通俗易懂并富有意义。换言之，除了冒各种出错的风险试图重新勾画历史的直接参与者和神话制造者的观念外，我们还力求在他们的世界与当代人的世界之间搭起一座桥梁，使二者之间实现一定程度的沟通。翻译家的工作是把一个文本忠实而有意义地从一种语言译成另一种语言。与此相似，历史学家是现实与历史之间的调解人。在二者之间进行调解的复杂过程中，我们必须抑制我们的"局外人"倾向，以了解正在研究的历史人物的意识。但是，在有意义地向现在的读者解释这些意识和想法时，我们不能不投降，承认无法抑制这种倾向。简言之，历史学家与翻译家一样，必须熟悉两种语言，就我们的情况而言，即现在与过去。历史学家需要以敏锐的感觉、尽可能多的诚实求真精神，坚持不懈地在这两个完全不同的领域间来回游走。这种需要正是我们工作中最终的紧张之源。

缩 略 语

ABCFM   American Board of Commissioners for Foreign Missions

CCP   Chinese Communist Party

CIM   China Inland Mission

FRUS   United States. *Papers Relating to the Foreign Relations of the United States*, *1900*. Washington, D. C. : 1902.

GX   Guangxu reign (1875 – 1908)

LMP   Luella Miner Papers (North China Mission). American Board of Commissioners for Foreign Missions, Papers. Houghton Library, Harvard University.

NCH   *North-China Herald and Supreme Court and Consular Gazette*

NYT   *New York Times*

PP: 1900   Great Britain. Parliamentary Papers. *China No. 3 (1900)*. London: 1900.

注　释

中文再版序

[1] 特别参阅 Paul A. Cohen, *Discovering History in China*: *American Historical Writing on the Recent Chinese Past* (New York: Columbia University Press, 1984), chap. 4。

[2] *History in Three Keys*: *The Boxers as Event*, *Experience*, *and Myth* (New York: Columbia University Press, 1997), p. xiv.

[3] 例如，康豹（Paul R. Katz）在其专著 *When Valleys Turned Blood Red*: *The Ta-pa-ni Incident in Colonial Taiwan* (Honolulu: University of Hawaiʻi Press, 2005) 中，就明确地运用了《历史三调》关注的三个方面。

[4] 我努力探讨超越中国史范围的一些历史问题，对此情况，一些不是研究中国历史的史学家的反应是令人欣喜的。有位历史学家评论说："他想找出一条让历史学家们跨越其专题史界限的路径。他传递的信息一直是，历史学家能够而且应该掌握多种语言。研究亚洲的学者能够与研究中世纪的学者对话，研究美国的学者能够与研究欧洲的学者对话。他的书中有许多这样的例子，即时间和文化并不局限于试图理解和解释历史的任何历史学家。"参阅 Greg Dening, "Enigma Variations on *History in Three*

Keys: A Conversational Essay," *History and Theory*: *Studies in the Philosophy of History* 39. 2 (May 2000): 210；另外参阅 Peter Burke 的评论："History of Events and the Revival of Narrative," in Peter Burke, ed., *New Perspectives on Historical Writing*, 2nd ed. (University Park, PA: The Pennsylvania State University Press, 2001), p. 295。

［5］ 中国移民涉及各种各样的"非地域化"。一个具体的例子是杜维明提出的"文化中国论"。实质上，文化中国指的是人们同意在一定的客观意义上用于界定"中国"的一系列价值观、行为模式、思想观念和传统习惯，说得更主观些，是用于界定把自己当作"中国的"且有归属感的那些人。就策略上说，文化中国论为移居海外的中国人提供了在远离中国的地理或政治空间的情况下，谈论、评价甚至界定中国和中国特性的途径。参阅杜维明 "Cultural China: The Periphery as the Center," *Daedalus*: *Journal of the American Academy of Arts and Sciences* 120. 2 (Spring 1991): 1 – 32；Paul A. Cohen, "Cultural China: Some Definitional Issues," *Philosophy East and West* 43. 3 (July 1993): 557 – 563。

［6］ 新疆的维吾尔族人或青海的藏族人（虽然这两个地方无可争议地是政治中国的一部分）很可能反对在文化上把他们视为中国人。与此相反，最近移居加利福尼亚的中国人，虽然已不居住在中国的政治空间，可能更愿意在文化上继续把自己视为中国的一部分。

［7］ 例如，参阅我的论文 "The Tenacity of Culture: Old Stories in the New China," in William C. Kirby, ed., *The People's Republic of China at 60*: *An International Assessment* (Cambridge, MA: Harvard University Asia Center, 2011), pp. 388 – 400。

［8］ 阿玛蒂亚·森虽然没有使用"文化本质化"一词，但他在论文中对文化边界论、文化失调论和文化特异论提出了反驳。参阅其 "East and West: The Reach of Reason," *The New York Review of Books* 47 (July 20, 2000): 33 – 38 (quotation from p. 36)。

[9] 在此我要指出，并非所有的历史学家都接受人类具有共同生存状态的观点。谢和耐（Jacques Gernet）在其关于晚明清初中西文化冲突的优秀研究专著中指出，西方传教士"发现自己置身于完全不同的一种人类中间"。参阅 *China and the Christian Impact: A Conflict of Cultures*, trans. Janet Lloyd（Cambridge: Cambridge University Press, 1985），p. 247。谢和耐在正文中讲得比较含蓄，但在结论部分明确提出了语言决定论，对任何类型的具有重要意义的跨文化研究或跨文化认知造成了威胁（至少是潜在的威胁）。参阅我的评论文章，见 *Harvard Journal of Asiatic Studies* 47. 2（December 1987）: 674–683。

[10] Paul A. Cohen, "Wang T'ao's Perspective on a Changing World," in Albert Feuerwerker, Rhoads Murphey, and Mary C. Wright, eds., *Approaches to Modern Chinese History*（Berkeley: University of California Press, 1967），pp. 158–162.

[11] Arthur H. Smith, *China in Convulsion*, 2 vols.（New York: Fleming H. Revell, 1901），2: 659–660.

[12] 关于近世中国史的一个引人入胜的例子，参阅 S. A. Smith, "Talking Toads and Chinless Ghosts: The Politics of 'Superstitious' Rumors in the People's Republic of China, 1961–1965," *American Historical Review* 111（April 2006）: 405–427。

[13] 这些事例均引自 Richard D. Loewenberg, "Rumors of Mass Poisoning in Times of Crisis," *Journal of Criminal Psychopathology* 5（July 1943）: 131–142。

[14] Andrew Gordon, *Labor and Imperial Democracy in Prewar Japan*（Berkeley: University of California Press, 1991），p. 177.

[15] Loewenberg, "Rumors of Mass Poisoning," pp. 133–134. 来自上海、发表于一份日文报纸的一个报道声称，中国人在撤出上海之前往井里投放了病菌（Ibid., p. 135）。

[16] Nwokocha K. U. Nkpa, "Rumors of Mass Poisoning in Biafra,"

Public Opinion Quarterly 41. 3（Fall 1977）: 332 – 346.

[17] 关于井中投毒谣言引起恐慌的更为充分的讨论，参阅 Cohen, *History in Three Keys*, pp. 167 – 172。

[18] 最初提交于 2001 年 6 月 22 ～ 24 日在伦敦大学亚非学院召开的"1900：义和团、中国与世界"学术研讨会，随后以相同的题目发表于 Robert Bickers and R. G. Tiedemann, eds. , *The Boxers, China, and the World*（Lanham, MD: Rowman and Littlefield, 2007）, pp. 179 – 197。

[19] 参阅 *History in Three Keys*, pp. 296 – 297。

[20] 例如，历史学家杨天石探讨了越王勾践的故事在 1930 年代对蒋介石的影响；长期担任文化部长的茅盾出版了一部著作（《关于历史和历史剧——从〈卧薪尝胆〉的许多不同剧本说起》，作家出版社，1962。——译者），对 1960 ～ 1961 年在中国各地上演的演绎越王勾践故事的各类戏剧进行了研究。参阅 Cohen, *Speaking to History*, pp. 72 – 76, 136, 145 – 155。

[21] 所谓"局外人"，我主要指的是非东亚人。朝鲜人、日本人和越南人在历史上都深受典型的中国文化和中国故事的影响，都熟悉越王勾践的故事。参阅 Cohen, *Speaking to History*, p. 229。当然，主要对中国古代史或中国古代文学感兴趣的西方学者也熟悉这个故事，虽然他们可能没有意识到它在 20 世纪对中国人的重要性。

[22] 指的是公元 73 年受到罗马帝国军队围攻的马撒达山顶堡垒犹太守兵集体自杀事件（马撒达山位于朱迪亚沙漠东边，可以俯视死海）。这是开始于 7 年前的犹太人反抗罗马帝国运动的最后一次行动。

[23] 马撒达和科索沃的例子，参阅 Cohen, *Speaking to History*, 228 – 229, 236 – 239；关于马撒达，参阅 Lewis A. Coser, "Introduction: Maurice Halbwachs 1877 – 1945," in Maurice Halbwachs, *On Collective Memory*（Chicago: University of Chicago Press, 1992）,

pp. 32 – 34；关于科索沃，参阅 Avishai Margalit, *The Ethics of Memory* (Cambridge, MA: Harvard University Press, 2002), pp. 96 – 98。奥巴马演讲内容的节录，见 David Remnick, "The Joshua Generation: Race and the Campaign of Barack Obama," *The New Yorker*, Nov. 17, 2008, 69 – 70。

[24] 我发现，关于故事在智人（现代人类的亚种）早期历史上发挥进化作用的最有启发性和说服力的研究之一是 Michelle Scalise Sugiyama 的论文："Narrative Theory and Function: Why Evolution Matters," *Philosophy and Literature* 25. 2 (October 2001): 233 – 250。他认为，"故事的普遍性表明，那些能够讲故事和加工故事的人比那些讲故事技巧差或不能讲故事的人拥有更大的再生优势，可以把这种能力传给子孙后代"(Ibid., p. 235)。同样有趣的一些论述，参阅 Jonathan Gottschall and David Sloan Wilson, eds., *The Literary Animal: Evolution and the Nature of Narrative* (Evanston, IL: Northwestern University Press, 2005)。

英文版序

301　[1] Wright, "Introduction," 1.

　　[2] Wasserstrom, "The Boxers as Symbol," 10 – 11.

　　[3] Veyne, *Writing History*, 40.

302　[4] 虽然有时候也涉及 20 世纪西方对于义和团的神话化，但这种神话化有其内在的动因。对之加以正确的分析，可使我们深入了解西方人的忧惧和离奇的想象——它们是由本书所强调的事实的模糊性和对这种模糊性的不必要的强化所造成的。

　　[5] 指的是黑泽明导演的一部著名影片的主题，该片描述了 11 世纪日本发生的一桩强奸杀人案及 4 名目击者对该案的不同说法。

　　[6] Darton, *The Great Cat Massacre*, 3.

　　[7] 在这方面，口述史资料是个例外。虽然未出版的口述史资料谈到了 1900 年的情况（主要是河北省和天津地区的情况），而且我

发现这些资料（尤其是 20 世纪 50 年代的访问资料）非常有用，但是，关于 1900 年以前山东情况的口述史资料（有一部分未出版）的内容更广泛，更系统。

第一部分　作为事件的义和团

绪论　历史学家重塑的过去

[1] *NYT*, Mar. 10, 1989, C4.

[2] Carr, *Time*, 9, 16; see also ibid. , 65, 73, 168 – 169, 177。关于怀特的观点，参阅他的文章 "The Question of Narrative in Contemporary Historical Theory," 1 – 33；关于里克尔的观点（怀特在文中对之赞赏有加），参阅 Ricoeur, *Time and Narrative*, Vol. 1。

[3] 卡尔在书的最后部分明确指出了历史学家的叙事不同于历史的直接参与者的叙事一些特点。然而，这些不同是实际上的而非表面上的，作者阐述的是形式而非事实。因而，就实践的层面而言，历史学家有事后的认知，而他们描述的人物却不可能有事后的认知。但是就形式的层面而言，现在的人也能有一种事后的认知——卡尔称之为 "准事后认知"，因为他们能够预测未来结果，并相信他们的预测能够变成现实。参阅 Carr, *Time*, 168 – 177, also ibid. , 60 – 62。

[4] Barnes, *Flaubert's Parrot*, 168.

[5] Lively, *Moon Tiger*, 6.

[6] Boyer and Nissenbaum, *Salem Possessed*, 209.

[7] Levi, *The Drowend and the Saved*, 27.

[8] 在所有的历史研究工作中都存在这个问题。在直言自己要承担超出专业范围的社会和政治责任的学者身上，这一点尤为明显。例如，Gail Hershatter, "The Subaltern." 贺萧是一流的社会历史学

家，她在文中提到了这个问题但没有加以论述。

[9] Elton, *Return to Essentials*, 7.

[10] Elton, *Return to Essentials*, 65.

[11] David McCullough, interviewed in *NYT*, Aug. 12, 1992, C10.

[12] Boyer and Nissenbaum, *Salem Possessed*, 20 – 23.

[13] Esherick, *The Origins*, 269 – 270, 287, 304；Purcell, *The Boxer Uprising*, 247；小林一美：《民众思想》，第 256~257 页。

[14] Boyer and Nissenbaum, *Salem Possessed*, xi.

[15] 关于这方面的情况，巴斯蒂的论述尤为充分，参阅 Bastid-Bruguière, "Currents," 535 – 602, esp. 576 – 602。

[16] 在丁名楠看来（《教案的考察》第 27 页），义和团起义"可以说是中国最大的教案"。丁对鸦片战争至辛亥革命前教案史的时期的划分，见丁文第 39~40 页。

[17] 当然，这不是要生活在当时的人不（使用卡尔所说的"准事后认知"法）对他们经历的事件的深远意义进行推测。关于使馆区被围攻之事，赫德写道："目前的这个事件并非毫无意义，它是本世纪变革的序曲和远东未来发展史的基石：2000 年的中国将与 1900 年的中国大为不同！"（Robert Hart, *Essays*, 49）。托马斯·F. 米拉德评论说，"在决定性的变化发生之时，心理因素"也许会被忽略。他大胆地指出，"从时间的角度言之，未来的历史学家将把中国历史的转折点定到 1900~1906 年之间的某一年"（参阅 Thomas F. Millard, *The New Far East*, 217 – 218）。

[18] Isaacs, *Images of Asia*, 143.

[19] Dunstheimer, "Le movement des Boxeurs," 415.

[20] 李世瑜：《义和团源流》，第 18 页。

[21] 周恩来是在北京欢迎来访的德意志民主共和国的一个代表团时发表这篇谈话的，内容见《人民日报》1955 年 12 月 12 日。

[22] Schwarcz, "Remapping May Fourth," 25. 列文森的文章是对周策纵的 *The May Fourth Movement: Intellectual Revolution in Modern*

China 一书的评论。

[23] 显而易见的例外是总统、将军和其他身处领导岗位的人，他们——尤其是在高科技的电子通信时代——能够及时了解同时发生于许多地方的事情。然而，即使如此，我认为还有许多事情是他们无法及时掌握的，例如，某战地指挥官私人日记里的详细内容，或某个步兵写给母亲的信件，与历史学家事后掌握的资料无法相提并论。

[24] 这是小说家约翰·弗农的话，见 John Vernon, "Exhuming a Dirty Joke," 35。

[25] Boorstin, "The Historian," 28 – 29.

[26] Boorstin, "The Historian," 28 – 29.

[27] 参阅陈振江、程啸编《义和团文献》，书中收录了 150 多件义和团书文揭帖，并做了注释。

[28] Vernon, "Exhuming a Dirty Joke," 35.

第一章　义和团起义：叙事化的历史

[1] 不少材料指出，太平军起义直接和间接造成的死亡人数在 2000 万以上。

[2] 例如，在 1853 年，英国传教界对太平天国的热情鼓舞着戴德生（后来成了 19 世纪最有影响的传教士之一）中断学医，迅速前往中国传教（Dr. and Mrs. Howard Taylor, *Hudson Taylor*, 180 – 184）。关于西方新教对太平天国的反应，参阅 Paul A. Cohen, "Christian Missions," 551。

[3] 另外值得注意的是，与太平天国时期不同，到 1900 年西方与中国之间已建立了电报联系（虽然 1900 年夏与北京的联系中断了），这增加了西方人对中国事态发展的现场感。

[4] 在本章重塑义和团历史的过程中，我更多地利用了第二手资料。周锡瑞的开创性研究使我深受其惠（特别是义和团在山东的发展阶段），凡读过他的书的人都明白此点。在重塑义和团在山东

的历史时，我也深受（与周锡瑞一样）路遥和山东大学其他历史学家收集整理的口述史资料（其中的一部分已于 1980 年正式出版）的影响。我已申明，我的主要目的是举例说明历史学家是如何理解和解释过去的。除此之外，本章的次要目的是对义和团事件进行简明扼要但可信度高的叙述（迄今为止的英文著作尚未达到这个程度），提出不同于周锡瑞的著作和出自中国学者之手的大量著作的解释。参阅 Esherick, *Origins*；另参阅《山东义和团调查》。

[5] 我采用了周锡瑞对"义和"二字的翻译。在论述义和团的英文著作（例如 Tan, *Boxer Catastrophe*, 36 – 37；Purcell, *The Boxer Uprising*, 163）中，这两个字通常被译为"Righteous and Harmonious"或者"Righteous Harmony"。周锡瑞（*Origins*, 154 – 155）令人信服地指出，"义和"二字的真正含义是联合起来共襄义举。正如周锡瑞指出的，当时的英国驻华公使窦纳乐也持同样的观点。窦纳乐说："这个名称的含义是指团民联合起来共襄义举，必要时不惜使用武力。"参见 Sir Claude MacDonald's dispatch to Salisbury, Jan. 31, 1900, PP: 1900, 13。路遥和程啸在《义和团运动》（第 53 页）中提出了类似的解释。

[6] Esherick, *Origins*, 19.

[7] 采取暴力行动是为了自卫还是劫掠，二者间的区别是由年景的好坏决定的。参阅 Perry, *Rebels*。

[8] 特别参阅曹县吴梦周（80 岁）的回忆，1960 年 3 月，《山东义和团调查》，第 19 ~ 20 页；曹县李兆祥（79 岁）的回忆，1960 年 3 月，同上书，第 20 页；单县蔡京勤（82 岁）的回忆，1960 年 3 月，同上书，第 20 ~ 21 页；单县苏玉章（76 岁）的回忆，1960 年 3 月，同上书，第 22 页。

[9] 关于此类集会的更详细的介绍，参阅单县尘庄尘劳汗（80 岁）的回忆，1960 年 3 月，《山东义和团调查》，第 11 页。

[10] 参阅陈振江、程啸《义和团文献》，第 6、138 ~ 140 页；

304

Naquin, *Millenarian Rebellion*, 30 - 31; Esherick, *Origins*, 55, 104 - 109。

[11] 参阅 Paul A. Cohen, "China and Christianity"。

[12] 单县苏玉章 (76 岁) 的回忆, 1900 年 3 月,《山东义和团调查》, 第 22 页。苏说此事发生于光绪二十年 (1894), 周锡瑞 (*Origins*, 113) 说是 1895 年。

[13] 参阅江苏省砀山县 (今属安徽省) 苏贵房 (83 岁) 的回忆, 1960 年 3 月,《山东义和团调查》, 第 25 ~ 27 页。他对发生这场纠纷的原因做了较详细的介绍。

[14] 关于当时教会在巨野县横行无忌的有关情况, 都来源于 1960 年巨野民众的口述史资料 (也许某些方面有所夸大), 参阅以下数人的回忆: 李瑞堂 (78 岁),《山东义和团调查》, 第 34 页; 姚良通和姚来城, 同上书, 第 34 页; 赵显明, 同上书, 第 34 ~ 35 页; 张培经, 同上书, 第 35 页; 袁凤云 (73 岁), 同上书, 第 35 页; 刘米德 (70 岁), 同上书, 第 35 页; 徐体堂, 同上书, 第 35 ~ 36 页; 李文奎 (78 岁), 同上书, 第 36 页; 李信龄 (68 岁), 同上书, 第 36 页。

[15] 研究德国势力范围的经典性著作是石约翰的书 (John E. Schrecker, *Imperialsim*)。石约翰 (*Imperialsim*, 33) 指出, 当德皇威廉数日后初次听到巨野教案的消息时, 感到很高兴, 认为这次事件是德国实现其在山东的侵略野心的"天赐良机"。

[16] Esherick, *Origins*, 123.

[17] 在这个问题上, 我与周锡瑞的看法略有不同。我同意他的观点: 李秉衡受惩罚对山东的地方官起到了警示作用, 对他们处理民教纠纷产生了重大影响 (*Origins*, 134 - 135)。我也同意他的另一观点: 李秉衡受惩罚的影响很可能波及梨园屯这样的偏远小镇, 连普通的中国老百姓都感受到了 (*Origins*, 152)。梨园屯 (在鲁西北) 的民教冲突已持续数十年 (将在下文论述)。但是, 他关于鲁西"一般百姓"对李秉衡的总体态度的看法

（*Origins*, 133），我不太同意。另外值得指出的是，尽管巨野教案的解决方案中做了规定，但李秉衡在被解除山东巡抚的职务后不久，又被授以高官厚禄（Tan, *Boxer Catastrophe*, 104）。

[18] 周锡瑞的 *Origins* 第六章论述了冠县发生之事。另外参阅路遥《冠县梨园屯教案》（第 77~90 页）和他早些时候的《义和团的组织源流》（第 65~97 页）。这两篇文章稍作修改后收入路遥和程啸的《义和团运动》一书中。第二篇文章（范围更宽一些）由 K. C. Chen 和 David D. Buck 翻译成英文发表，题为 "The Origins of the Boxers"。

[19] 此处采用路遥的说法，见《冠县梨园屯教案》，第 82 页。周锡瑞（*Origins*, 151）没有确指是哪一年。

[20] 周锡瑞（*Origins*, 151）主要依据的是郭栋臣（80 岁）的口述史资料。郭是赵三多的文书，他说赵三多开始时不愿意援助十八魁，但最终被徒弟们说服了。（参阅郭的证言，《山东义和团调查》，第 269 页。值得指出的是，周锡瑞在其他地方强烈质疑郭的证言的可靠性，参阅 Esherick, *Origins*, 376n57。）陆景琪主要依据汪云台记述赵三多的活动的未刊资料得出结论，认为，一开始犹豫不决的赵三多在阎书勤一再请求下决定援助十八魁。然而，梅花拳的其他首领表示反对。在这种情况下，赵为了维护梅花拳的名誉，另成立一派，冠以新名称，将梅花拳中愿意参加梨园屯反教活动的拳众吸收进来。新拳会的名称叫"义和拳"。参阅陆景琪《赵三多 阎书勤》，第 211 页。

[21] 正式采用新名称的日期，学者们提出了多种观点，路遥和程啸一一做了评述（《义和团运动》，第 49~53 页）。他们二人认为，应该是 1898 年初（另外参阅 Esherick, *Origins*, 136）。周锡瑞（*Origins*, 153 - 154, 162）认为，赵是被迫采用新名称的。陆景琪则认为，这一变通办法是自愿采取的（参阅前面的注 [20]）。

[22] 为了支持这项政策，张汝梅在 6 月 30 日的一份奏折中声称，义

和拳来源于 19 世纪中期名为"义和拳"的民团。周锡瑞令人
信服地反驳说（*Origins*, 160），张汝梅在编造事实。张的奏折
成了 1899～1900 年的义和团源于政府支持的民团说的基础，这
种说法先由乔治·施达格提出，继由戴玄之强调，但是路遥在
他的许多论著中对此进行了令人信服的批驳。Steiger, *China and
the Occident*, 128－146；戴玄之：《义和团研究》，第 5～19 页，
特别是第 10～11 页；路遥：《组织源流》，第 82～87 页；路遥、
程啸：《义和团运动》，第 54～63 页；路遥编《起源》，第
118～136 页。

[23] 关于 1896～1899 年华北各省"教案"的统计表，见路遥、程啸
《义和团运动》，第 82～84 页。

[24] Esherick, *Origins*, 187.

[25] 参阅《山东义和团调查》，第 120～131 页；Esherick, *Origins*,
219－222。周锡瑞承认白莲教的通俗教义对鲁西北的民间文
化——他认为神拳产生于这种文化背景中——有一定的影响，
但他坚决否认神拳和白莲教之间有任何组织上的联系。路遥和
程啸（《义和团运动》，第 101～108 页）的观点虽与劳乃宣的说
法——19 世纪末的义和拳等同于 18 世纪末的义和拳——相去
甚远，但与周锡瑞的看法——神拳/义和拳主要来源于白莲教传
统——也有所不同。

[26] 要了解详情，参阅 Esherick, *Origins*, 177－181。

[27] 有时候地方官走得比这还要远。光绪二十五年四五月间（1899
年 5 月 10 日至 7 月 7 日），茌平县张官屯民众举行集会，它标
志着神拳在与教民的较量中获得了胜利。集会持续了四天（其
间演了戏，是教民出的钱），共有数千人参加。同情神拳的茌平
县令豫咸（不是巡抚毓贤）出席了集会。在这样的鼓励下，全
县各处都设起了拳厂，每个村庄都有人练习神拳。《山东义和团
调查》，第 81、143～146 页；Esherick, *Origins*, 229。

[28] See, especially, Esherick, *Origins*, 226－229.

306

[29] Elvin, "Mandarins," 118. 伊懋可注意到，除了 1898 年夏末的大水灾造成的难民以外，还有洪泛区的一些季节性移民，他据此得出了如下结论："不应过高估计难民对反教暴力活动的推动作用。"

[30] Esherick, *Origins*, 254; also 253.

[31] 这个口号虽然是在 1898 年秋冠县义和团运动中初次喊出来的，但它并非义和团的首创。这个口号有多种版本，如"灭洋"前面有"保清"或"顺清"等，同一时期在河北和四川大足的反教活动中也曾出现过。廖一中、李德征、张璇如：《义和团》，第 88 页；小林一美：《民众思想》，第 251、253 页。小林一美（《民众思想》，第 250~256 页）对义和团这一最著名的口号的演变情况做了详细论述。小林认为，"清"指的不是大清王朝，而是中国。佐藤公彦从"顺清"、"保清"、"助清"、"兴清"、"扶清"到"扫清"的变化着手，对义和团对国家权力的态度的演变做了不同的解释，参阅佐藤公彦《权力观》，第 895~900 页。

[32] Esherick, *Origins*, 256.

[33] 关于 1899 年 5 月至 1900 年 1 月山东各地拳民攻击教民的详细统计，见 Esherick, *Origins*, 259 - 263。

[34] 这是程啸提出来的，参阅他的《民俗思想》，第 296~301 页。程啸的分析在第三章中介绍得更详细。

[35] Weller, *Resistance*, 84. 关于降神附体仪式在群众运动中的政治作用，魏乐博的著作中多有涉及，特别是在他对广西时期的太平天国运动的分析中。除 *Resistance*（69 - 85）外，还可参阅 Weller, "Popular Tradition, State Control, and Taiping Christianity," 183 - 206。小林一美的解释（《民众思想》，第 244~245 页）与魏乐博类似，但更侧重于义和团。小林一美特别指出，与太平军不同，义和团信奉（和恭请）众多神祇，每个神拥有独立的权威，所以他们既形不成极富魅力的领导层，又变不成一个强大的

军事/行政组织。

[36] 廖一中、李德征、张璇如：《义和团》，第 91～101 页。该书第
95～96 页详述了 1900 年初袁世凯镇压义和团的强硬政策。下面
的民谣（第 101 页）反映了民众对他的仇恨情绪："杀了袁鼋
蛋，我们好吃饭。"卜克斯的被杀并不是事先谋划好的，义和团
可能没有参与此次行动。有些资料说他死于 12 月 30 日。珀塞
尔对造成这种混乱的因素做了分析，并试图消除这种混乱，参
阅 Purcell, *The Boxer Uprising*, 290 – 291, 325。

[37] 直隶是 1900 年中国唯一拥有完整铁路线的省份，计有京津铁
路、芦保铁路和天津向东北方向延伸（路经唐山）的铁路。

[38] 按省份和按年计算准确的人数是不可能的。据赖德烈记述，
1896 年直隶东南部（献县）有皈依耶稣会的教民 43736 人，此
前 6 年，遣使会（该会对直隶其他地区有宗教管辖权）有教民
约 62000 人。季理斐给了一个总数：1905 年全省教民超过
197000 人，但指出义和团遭镇压以后的数年间，直隶信奉天主
教的教民人数有了大幅度的增加。我们由此可以推断，1900 年
的教民总数远远低于 1905 年的人数。在任何时候，新教的教民
都远远少于天主教的教民，后来的情况也未发生实质性的变化
（据司德敷记载，1918～1921 年间，直隶的新教徒只有 22000 余
人，而该省的天主教徒多达 578000 余人）。Latourette, *Christian
Missions*, 319, 323, 537 – 538; MacGillivray, ed., *Protestant
Missions*, 675; Stauffer, ed., *Christian Occupation*, 63。

[39] 廖一中、李德征、张璇如：《义和团》，第 109 页。关于义和团
在直隶东南部冀鲁边界地区设立拳厂的情况，参阅《河北景州、
枣强、衡水》，第 161～168（景州和阜城），183～186（枣强），
187、190（衡水），192（冀县），192～194 页（武邑）。

[40] 较典型的观察来自三河县（北京以东 35 英里）传教士纪力宝
（美国北长老会），他在 5 月中旬的一封信中写道，义和团运动
"正在像烈火一样烧遍整个地区。两个月前，人们对义和团还一

无所知，而现在却活跃着许多义和团（letter, May 16, 1900, in
FRUS, 131）。中村达雄主要依据口述史资料对天津地区义和团
拳坛和拳厂的种类和分布情况做了较详细的考察，参阅中村达
雄《清末天津》，第263～283页，特别是第272～283页。

[41] 虽然当时的文献中没有记载，但口述史资料表明，以其他卦名
命名的团也在天津出现过，"离"字团较多（仅次于"乾"、
"坎"两支），参阅《天津义和团调查》，第35页。关于静海县
设有许多"离"字团坛口的情况，参阅静海县大师兄沈德生
（80岁）的回忆，《天津义和团调查》，第118～119页。另外参
阅廖一中、李德征、张璇如《义和团》，第40～41页。在直隶
南部也有"离"字团，见阜城县门文屯（85岁）的回忆，1966
年2月，《河北景州、枣强、衡水》，第168页。

[42] 此类揭帖见陈振江、程啸《义和团文献》，第73～81、85～91、
94～110、114～124、129～133、171页。在更具有宗教色彩的
语境中，或可将"真主"译为"true master"（参阅 Susan
Naquin, *Millenarian Rebellion*, 216）。1900年夏以义和团名义发
布的提及"真主"的揭帖往往具有强烈的反清色彩，"真主"
被用来特指真命天子，含有"大清不是真正的统治者"之意。

[43] 关于义和团与白莲教有关的论点，程啸提出的一些论据最值得
注意，参阅程啸《民间宗教》，第147～163页。程强调了这种
联系的反清含义，他认为，考虑到公开与非法的白莲教扯上关
系存在着相当大的危险，所以，义和团在揭帖中不提白莲教的
典型偶像（如无生老母），很可能是有意为之。

[44] 参阅佐原笃介、沤隐《拳事》，第250页；《天津义和团调查》，
第35页；Doar, "The Boxers," 106-107。与义和团的女性盟
友红灯照一样，"离"字团也穿红衣（《天津义和团调查》，第
35页）。1900年夏逃离北京的一个中国难民，描述了他南逃过
程中观察到的义和团服饰的变化情况。除红色和黄色外，有些
义和团员头戴黑巾，有些则戴黑白相间或蓝白相间的头巾。

NCH, Ag. 15, 1900, p. 356.

[45] 有时候，几个小村庄会联合起来设一个拳厂，参阅阜城县郭秀行（80 岁）和郭奎章（75 岁）的回忆，1966 年 2 月，《河北景州、枣强、衡水》，第 163～164 页。

[46] 天津西郊高家村原义和团三师兄张金才（83 岁）回忆说，村里的文厂也练拳术（《天津义和团调查》，第 122 页）。但另外的人却回忆说，文厂的人没有参加过战斗（同上书，第 153 页，另外参阅第 125～126、144 页）。京城附近的涿州有义和团的四个坛口，其中一个是隶属于"震"字团的文坛，其成员是富人和文人，是为武团起草文书的。参阅涿州辛汉章（85 岁）的回忆，1973 年 12 月 24 日，《河北义和团调查》，第 005 编，第 7 号。关于直隶南部文团与武团的区别，参阅景县孙连加（78 岁）的回忆，1966 年 2 月，《河北景州、枣强、衡水》，第 169 页；衡水县王老芝的回忆，1966 年 2 月，同上书，第 187 页。20 世纪的红枪会——戴玄之认为红枪会直接来源于义和团——也分为武团和文团。参阅 Tai Hsüan-chih, *The Red Spears*, 33。

[47] 但也有其他情况，比如年长、有文化、拥有大量土地、具有在华北农村能赢得好名声的优点者，亦可担任首领。参阅阜城县袁付舜（80 岁）的回忆，1966 年 2 月，《河北景州、枣强、衡水》，第 164 页；景县义和团运动史料，同上书，第 164 页；阜城县王连元（82 岁）和王大娘（75 岁）的回忆，1966 年 2 月，同上书，第 166 页；景县韩连璧（79 岁）的回忆，1966 年 2 月，同上书，第 166 页；景县孙连加（78 岁）的回忆，1966 年 2 月，同上书，第 167 页；景县牛培钧（54 岁）的回忆，同上书，第 168 页；孙玉生（81 岁）的回忆，1966 年 2 月，同上书，第 168 页。

[48] 关于"红灯照"的各种含义，参阅本书第四章的最后部分。周锡瑞在 *Origins* 第 136 页和其他章节把"红灯照"译为"Red Lantern Shining"；他在《红小将赞》（第 12 页）中译为"Red

Lantern Illuminating"；戚本禹《爱国主义还是卖国主义?》（第10 页）的英译文中译为 "Red Lantern"；小野和子《中国妇女》（第 47~53 页）也译为 "Red Lantern"。为了方便阅读，我在本书中一般译为 "Red Lantern"。"文化大革命" 时期（红灯照被广泛神话化）的中文文章中常去掉 "照" 字，改称 "红灯女儿"（或 "红灯儿女"）。

[49] 关于红灯照的组织状况和运作程序，河北和天津地区的口述史资料讲得最详细，参阅静海县四师姐赵青（72 岁）的回忆，《天津义和团调查》，第 135~136 页；雄县红灯照女子李凤枝（86 岁）的回忆，1973 年 12 月 27 日，《河北义和团调查》，第 011 编，第 14 号。另外参阅《天津义和团调查》，第 40~42、126、134、138、147、149、154、155 页；雄县刘庆堂、孙义（91 岁）和王树春（70 岁）的回忆，《河北义和团调查》，第 011 编，第 14 号；孙庄（县份不详）原红灯照杜大瑞（94 岁）的回忆，同上书，第 011 编，第 14 号。

[50] 参阅本书第九章注释 [11]。

[51] 关于义和团围攻和占领涿州的情况，参阅廖一中、李德征、张璇如《义和团》，第 129~132 页。

[52] Elvin, "Mandarins," 118。

[53] 刘孟扬：《天津拳匪》，第 8~10 页。

[54] William Hopkyn Rees, letter, June 8, 1899, Chichou [Jizhou], excerpted in Purcell, *Boxer Uprising*, 287. See also Ibid. , 285 – 286.

[55] 10 月 2 日出版的《字林西报》（*North China Daily News*）在 1899 年 9 月 21 日采写的一篇新闻中提到了义和团，这是义和团第一次出现于外文报刊上，参阅 Purcell, *Boxer Uprising*, 242。

[56] See, for example, the letters of Luella Miner, sent from Tongzhou on Oct. 31 and Nov. 3, 1899, in LMP, box 2, file 6.

[57] Letter of Dec. 16, 1899, excerpt in Purcell, *Boxer Uprising*, 289.

［58］MacDonald to Salisbury, Jan. 5, 1900, in PP：1900, 3.

［59］1 月 11 日的上谕（译文），同上书，第 9～10 页；英国致总理
　　　衙门照会（1 月 27 日）的英文文本，同上书，第 13～14 页；
　　　See also MacDonald's telegraph to Salisbury, Mar. 10, in Ibid. , 6。
　　　各国公使的照会（意大利公使除外）的中文文本，见《教务教
　　　案档》第 6 辑第 1 册，第 41～44 页。

［60］Purcell, *Boxer Uprising*, 244；Tan, *Boxer Catastrophe*, 61 – 62；
　　　Esherick, *Origins*, 286. 有位御史上奏建议把义和团改成民团，
　　　由于裕禄（珀塞尔误为荣禄）和袁世凯坚决反对，清廷才放弃
　　　了这种想法。

［61］Purcell, *Boxer Uprising*, 245；Esherick, *Origins*, 286.

［62］艾声：《拳匪》，第 448 页；涞水县高洛村阎宝奇（68 岁）的回
　　　忆，1974 年 1 月 4 日，《河北义和团调查》，第 005 编，第 22
　　　号。

［63］Esherick, *Origins*, 284；廖一中、李德征、张璇如：《义和团》，
　　　第 125～129 页。

［64］廖一中、李德征、张璇如：《义和团》，第 129～143 页。

［65］Esherick, *Origins*, 284 – 285；Tan, *Boxer Catastrophe*, 55；廖一
　　　中、李德征、张璇如：《义和团》，第 134 页。

［66］召军队入京保卫使馆的决定是全体一致做出的。参阅
　　　MacDonald's telegraphic dispatch to Salisbury, May 29, 1900, in
　　　PP：1900, 30。

［67］廖一中、李德征、张璇如：《义和团》，第 135～137 页。民众支
　　　持义和团的证据很多，我将在后面的章节中详述。6 月初，聂
　　　士成和杨慕时已注意到了这种支持（同上书，第 139～140 页）。　310
　　　周锡瑞（*Origins*, 288）认为，民众对义和团的支持程度"因毫
　　　无纪律的士兵对无辜村民的虐待而越来越高"。

［68］Esherick, *Origins*, 287.

［69］Purcell, *Boxer Uprising*, 246. 珀塞尔写道："至少可以说，召卫

队入京对排外主义起到了火上浇油的作用，使卫队要保护的人们陷入了更危险的境地。"（*Boxer Uprising*, 248）

[70] 谭春霖写道（*Boxer Catastrophe*, 69）："义和团不但没有被解散，反而不战而胜了。"

[71] 1900 年 6 月 10 日西摩尔在致海军部长的电报中引述了窦纳乐的电文，见 PP：1900，45。

[72] 在"文化大革命"时期，中国的神话制造者们对廊坊之战给予了高度评价，参阅吉扬《大败西摩尔》。

[73] 62 人阵亡，212 人受伤。参阅 Esherick, *Origins*, 288 – 289；Purcell, *Boxer Uprising*, 249。

[74] 正如周锡瑞指出的（*Origins*, 303），"宣战诏书"是一个莫名其妙的文件，它是一道上谕，而不是发给列强的正式文告，没有明确宣布进入战争状态。

[75] 天主教和新教方面都未做全面系统的统计，所以很难得到直接死于义和团起义的外国人的确切数字（例如，1900 年夏在发生于中国其他地方的与义和团无关的反教活动中被杀的外国人，也常被不加区分地包括在义和团造成的外国人死亡数内。其中最严重者为 11 名传教士在浙江被以民团为首的乱民杀害事件）。新教方面的两个记载是一致的：共有 178 名传教士遇害（浙江遇害者除外）。参阅 Smith, *China in Convulsion*, 2：648；MacGillivray, ed., *Protestant Missions*, Appendix, vi – viii。纳特·布兰特称，至少有 186 名新教传教士（包括家属）被杀，多数是英国人，其中又以内地会传教士居多。但是，布兰特没有说明他是怎样得出这个总数的，也未说明浙江遇害的传教士是否包括在内（Brandt, *Massacre*, 269）。

天主教方面没有一致的说法，虽然各家之言大体接近。布兰特（*Massacre*, 269）称，共有 47 名天主教传教士被杀；明恩溥（Smith, *China in Convulsion*, 2：649）则说共有 44 名天主教传教士遇害，并谨慎地指出这个数字也许不全面。另一方面，当时的一份著名的天主教杂志则披露，死于义和团之手的天主教传教士只有 38 人（*Les missions catholiques* 33.1699［Dec.27, 1901］：622 – 624）。周锡瑞（*Origins*, 304 – 306）汇集了最为确切的数字，除极少数例外情况外，我基本同意他的观点。更详细的考述参阅 Latourette, *Christian Missions*, 508 – 519。

［76］ Tan, *Boxer Catastrophe*, 76 92.

［77］ 关于山西义和团运动的中文资料，参阅乔志强编《义和团在山西》。

［78］ 周锡瑞（*Origins*, 304 – 305）给出的数字是 179 名，但他说在山西被杀者为 130 人，在内蒙古被杀者为 49 人，这有些过于精确了。问题在于当时新教传教士的报告没有把两个地区明确区分开来（部分原因可能是山西北部的传教士可以随意越过省界，在两省走动）。因此，明恩溥（Smith, *China in Convulsion*, 2：648）和海思波（Broomhall, ed., *Last Letters*, 24）都说，在山西和"蒙古边界地区"被杀的新教传教士共有 159 人。叶守真（Edwards, *Fire and Sword*, 14 – 16）提供的数字（158 人）几乎相同，虽然是以"山西的殉教者"为题，但显然包括内蒙古在内。

311

［79］ Tan, *Boxer Catastrophe*, 157 – 161；Latourette, *Christian Missions*, 511, 515 – 516. 关于 7 月份俄国人在黑龙江地区残酷屠杀中国平民的情况，参阅本书第九章。关于义和团运动时期的东北档案资料，见《东北义和团档案史料》。

［80］ 关于传教士对保定杀人事件的详细介绍，参阅 Ketler, *Paotingfu*。

［81］ 1900 年，该省的 64 个州县粮食歉收。李文海等编《灾荒》，第 669 ~ 670 页。另外参阅李杕《拳祸记》第 2 卷，第 440、447、450、452 页。

［82］ 河南对义和团的遏制政策似乎是受了湖广总督张之洞的影响，他是积极采取措施阻止义和团向南蔓延的长江中下游封疆大吏

之一。参阅吴应铣《对河南的影响》，第 9~10 页。

[83] Tan, *Boxer Catastrophe*, 157 – 161.

[84] 参阅本书第六章。

[85] 外国人估计，共有 5000 多中国人伤亡。外国人伤亡者在 750~
775 名，其中的 300 多名是日本人。Walsh, "Herbert Hoover,"
40；Duiker, *Cultures in Collision*, 140；*NCH*, July 25, 1900，
p. 168；Robert L. Meade, letter, Tientsin, July 18, 1900.

[86] 幸存者出版了记述使馆之围的大量著作，佛勒铭（Fleming, *The
Siege*）参考和引用了其中的许多图书。

[87] Fleming, *The Siege*, 211；Purcell, *Boxer Uprising*, 252. 据美国公
使康格提供的详细统计，共有 78 名外国人遇害，179 名受伤。
Dispatch to Hay, Sep. 1, 1900, in *FRUS*, 190. 周锡瑞（*Origins*,
306）说只有 14 名外国人伤亡，大错。

[88] 在自杀前写的一份奏折中，李秉衡痛斥了中国军队的表现："所
过村镇，则焚掠一空，以致臣军采买无物，人马饥困。"（译文
见 Tan, *Boxer Catastrophe*, 110）

[89] 对于援军进军北京并解除使馆之围过程的简明生动的描述，参
阅 Fleming, *The Siege*, 177 – 210。

[90] Duiker, *Cultures in Collision*, 184 – 186. 更详细的叙述，参阅李
德征、苏位智、刘天路《八国联军》，第 322~393 页。瓦德西
很难把其他国家的军队完全置于自己的指挥之下，有关情况参
阅 Kelly, *Negotiations*, 53 – 55。

[91] 转引自 Fleming, *The Siege*, 253. 使馆之围被解除两星期后，美
国公使康格从北京报告说："现在这里有 3 万军队。如果他们在
这里过冬，可能会闹饥荒。占领大军正在进行严重破坏，并对
无辜百姓进行可怕的惩罚。"Dispatch to Hay, Aug. 29, 1900, in
FRUS, 199.

[92] 转引自 Kelly, *Negotiations*, 52。德国外交大臣比洛担心德皇的
侵略姿态使列强产生误会，故而竭力阻止这篇演说在报刊上全

312

文发表，但未获成功（同上）。关于德国对义和团危机的强烈反应，亦可参阅 Schrecker, *Imperialism*, 135 – 137。

［93］关于谈判签订《辛丑条约》的情况，英文著作中以谭春霖的 *Boxer Catastrophe*（129 – 156, 215 – 236）和凯利的 *Negotiations* 论述最详。谭春霖（*Boxer Catastrophe*, 162 – 214）还全面考察了终止俄国占领东北的种种外交努力。虽然后来列强退还了部分庚子赔款，或将庚子赔款用于对中国有益的事项，但对满族人的命运已毫无意义了。关于庚子赔款和退款的全面研究，参阅王树槐《庚子赔款》。

［94］这一点是杜赞奇提出来的，参阅 Prasenjit Duara, *Culture, Power, and the State*, 2, 58。

第二部分　作为经历的义和团

绪论　人们经历的过去

［1］Barnes, *Flaubert's Parrot*, 3; see also 90.

［2］Trachtenberg, "'Bullets Tore Holes in the Water,'" *NYT*, June 6, 1994, A15.

［3］转引自 Mrs. Chauncey Goodrich, "*Besieged*," 52。关于北京之围的出版物很多，其中较有思想内容的是 Allen, *Siege*。我看到的最好的手稿是 Luella Miner's journal, in LMP, box 1, file 1。

［4］这是利奥·赫什科维茨的话的大意，他对历史的思考见 Douglas Martin, "A 'Bum' Gleans the Discarded to Find History," *NYT*, July 28, 1990, 23。

［5］人种史专家雷纳托·罗萨尔多写道："生活经历既能使人们产生特殊的洞察力，也能妨碍洞察力的产生。"他曾到菲律宾的吕宋北部与伊隆戈特人一起工作。就个人经历而言，他一开始难以理解伊隆戈特男子在丧失亲人后的那种狂怒情绪和发泄这种情绪的

特殊手段（杀掉一个人，割下死者的头颅）。当罗萨尔多的妻子在野外进行考察研究工作时不幸去世以后，他才理解了伊隆戈特人的这种情绪。Rosaldo, "Introduction," 1-21（esp. 19）.

[6] Fussell, *The Great War*, ch. 2.

[7] Mrs. Chauncey Goodrich *"Besieged"* 对这些情况记述甚详。

[8] Bärbel Bohley, in an interview of 1992, *NYT*, Aug. 12, 1992, A4.

[9] Davies, *World of Wonders*, 141.

[10] Boorstin, "The Historian," 29.

[11] 对巴克纳来说，很不幸的是波士顿输了。1988 年 1 月，有一组人在谢伊体育场制作电视节目。休息时，节目组成员"遥望着白雪覆盖的座位，把穆基·威尔逊的地滚球穿过比尔·巴克纳两腿之间时他们所处的位置指给别人看。现在，那已成为一个重要的历史时刻，就像珍珠港事件、博比·汤姆森的致命失误和埃尔维斯之死一样"。*NYT*, Jan. 17, 1988, S3。

[12] Burns, "How Should History Be Taught?" *NYT*, Nov. 22, 1986, 31. 由于未来的事态发展不可预测，所以历史是有可能向各种方向演变的，戴维·卡尔以哲学语言解说了这种不确定性，参阅 David Carr, *Time*, 29, 173。

[13] Boyer and Nissenbaum, *Salem Possessed*, 25-30. 他们注意到，即使在当时，同样的行为既能被视为着了魔，也能被看作灵魂的觉醒。1692 年夏，波士顿的女佣默西·肖特替人跑腿，来到监狱，监狱里恰好关着塞勒姆的许多巫师，他们正在等待法庭的审讯。不久，默西表现出了稀奇古怪的症状，被人们认定是中了巫术。然而，默西的牧师科顿·马瑟却赞扬说，她的灵魂觉醒了。他没有把这个事件"当作指控巫师有罪的证据，而是利用这个机会向人们进行宗教启蒙"（同上书，第 25 页）。

[14] Hobsbawm, "Introduction," 13.

[15] Personal communication, Shen Tong, Spring 1990. 1990 年 10 月 24 日他在哈佛大学的一次谈话中重申了此点。他强调说，作为一

个参与者，他对 1989 年政治风波没有"全景式"的了解，他只知道自己经历的那些事。

[16] 罗斌争辩说，由于天安门广场非常大，超过 100 英亩，"任何一个目击者都不可能全盘了解 6 月 3 日夜至 6 月 4 日晨在那里发生的复杂而混乱的一系列事件"。Munro, "Remembering," 401.

[17] Journal, June 26, 1900, in LMP, box 1, file 1.

[18] Christopher Martin, *The Boxer Rebellion*; Purcell, *The Boxer Uprising*; Tan, *The Boxer Catastophe*. 英文著作 *Turmoil at Tiananmen* (p. 25) 称义和团起义是以"彻底失败"告终的。

[19] Weber, "History Is What Historians Do," 13.

[20] Madsen, *Morality and Power*, 26.

[21] 当然，我是把那些逃离中国后成为赵文词及其同事们的研究对象的村民们排除在外的。此类村民已不再是直接经历者。他们的主要活动是协助研究人员了解和解释当初的经历，从这个意义上说，他们已成了"历史学家"。特别参阅赵文词对敖美华——赵文词的一个受访者，后成为他的研究助理——的贡献的评述 (*Morality and Power*, xi - xv)。

[22] 沈彤在提及自己参与 1989 年春的政治风波时，对传记意识（或自传意识）与历史意识的区别做了区分。他认为对他而言，"有两个天安门广场"，一个是他亲自经历的天安门广场，充满了混乱和兴奋，仍然保留在他的意识中。另外一个是西方媒体构建的天安门广场，在 6 月 4 日以后迅速在人们的视野中消失。沈把他的经历比作一次"远行"或"旅行"，他指出，虽然政治风波作为一个事件已经"结束"，他对此次事件的参与感，　314　始于 1989 年春季之前，事件结束之后继续留存于心间。Talk, Harvard University, Oct. 24, 1990.

[23] Eva Jane Price, *China Journal*, 237.

[24] *NYT*, Jan. 19, 1991, 10; Mar. 2, 1991, 1; Mar. 10, 1991, E14. 该报的一篇社论称："它好像是以美国为首的联合力量对伊拉克

获得决定性胜利的两场战争而非一场战争。"（*NYT*, Mar. 10, 1991, E14）

[25] Myerhoff, *Number Our Days*, 222.

第二章　干旱和洋人洋物的存在

[1] 齐河县刘振国（80 岁）的回忆，1965 年 12 月，《山东义和团调查》，第 86 页；茌平县于龙兴（80 岁）的回忆，1960 年 3 月，同上书，第 88 页；高唐县张克信（81 岁）的回忆，1960 年 3 月，同上书，第 89～90 页；茌平县张训修（80 岁）的回忆，1960 年 2 月，同上书，第 91～92 页。另外参阅茌平县于勋臣（74 岁）的回忆，1960 年 3 月，同上书，第 88 页；茌平县王玉梅（78 岁）的回忆，1960 年 3 月，同上书，第 89 页；茌平县曹盛瑞（83 岁）的回忆，1966 年 1 月，同上书，第 90 页；茌平县赵洪珠（75 岁）的回忆，1960 年 2 月，同上书，第 91 页；高唐县陈廷献（93 岁）的回忆，1966 年 2 月，同上书，第 92 页。

[2] Esherick, *Origins*, 177; the quotation, from *North-China Herald* missionary correspondents, is in ibid.

[3] 光绪二十五年正月初七日（1899 年 2 月 16 日）溥良奏报，转引自林敦奎《社会灾荒》，第 215～216 页。据溥报告，在黄河以南的洪泛区，条件极其恶劣。

[4] Elvin, "Mandarins," 118.

[5] 林敦奎：《社会灾荒》，第 214～215 页。

[6] 爱德华·弗米尔考察了 1928～1931 年陕西平原中部（关中）因干旱引发的灾荒的情况，详细阐述了及时下雨的意义和重要性（Eduard Vermeer, *Economic Development*, 30）。埃塞俄比亚的经历从不同的角度向我们展示了及时下雨的重要性。这些经历表明，干旱不仅会给经常发生干旱的地区或边际农业区的人们带来饥荒，而且会给雨水比较充足且收成较好的地区的人们带来饥荒（参阅 Wetherell, Holt, and P. Richards, "Droght in the Sahel,"

139）。如同在中国一样，东非的部分地区也经常在旱灾结束后下大雨并发生水灾。索马里的祈雨师祈求上帝降雨救灾但不要引发洪灾以造成损失和破坏。参阅 Baker, "Study of Drought," 76。

[7] 参阅李文海等编《灾荒》，第 650~675 页；《中国近五百年旱涝》，第 220~221、331~332 页。

[8] Bohr, *Famine in China*, xv-xvi, 17, 26. 另外参阅何汉伟《华北的大旱灾》。

[9] 关于 19 世纪 70 年代山东和山西大饥荒的恐怖景象，参阅 Bohr, *Famine in China*, 13-26。在多数社会，饥荒是重复发生的。关于这种现象的历史和心理意义，戴维·阿诺德写道："正是饥荒再次发生的可能性和可怕性，使饥荒成了神话，深深地留在人们的记忆中，使得农民在播种或收割之前都要忧心忡忡地仰望天空，或因要发生战争或干旱的谣言而寝食不安。"（David Arnold, *Famine*, 16）。据说，1900 年夏英国浸礼会传教士法尔定牧师在太原遭到围攻时，提醒人们不要忘记，传教士在以前的"饥荒"中曾救过许多人的命，人们听到这番话后四散而去（Edwards, *Fire and Sword*, 297）。

[10] 周锡瑞考察了其中一些区别（*Origins*, 281-282）。

[11] 这不是说，即使在重大旱灾席卷广大地域的情况下，也不会有一些例外。1900 年 4 月初，冀鲁交界地区下了一场透雨（Esherick, *Origins*, 281）。5 月中旬，三河县（北京以东 35 英里）的传教士纪力宝牧师报告说，一周前京城下的那场雨"没有泽及本县"（Charles A. Killie, letter, May 16, 1900, in *FRUS*, 131）。纪力宝提到的那场雨（在直隶的其他地区也下了）持续时间不长，没有结束直隶的普遍干旱（*NCH*, May 30, 1900, p. 968）。据通讯员报道，天津地区 6 月 7 日下了"一两个小时的大雨"（Ibid., June 20, 1900, p. 1113）。但到 6 月底，通讯员不得不说："没有雨水，没有收成。瘟疫和饥荒不可避免。"（Ibid., July 11, 1900, p. 52）

315

　　到了夏末，尽管华北和西北部分地区的旱情没有缓解（最严重的是山西和陕西），但在另外一些地区（包括直隶中部地区），人们看到了旱情开始缓解的迹象。《天津一月记》，第152页；刘孟扬：《天津拳匪》，第27～28页；仲芳氏：《庚子记事》，第30页；高枬：《日记》，第149～150页；华学澜：《日记》，第108～109页；Luella Miner, journal, Beijing, June 19 and July 4, 1900, in LMP, box 1, file 1。

[12] Arnold, *Famine*, 12 - 13. 阿诺德注意到，有时候（如1521年在葡萄牙，1594～1596年在英格兰，1601～1603年在俄国，1846～1851年在爱尔兰）饥荒极其严重，且持续时间较长，以至于无须以专名名之，只是以"那次饥荒"或"大饥荒"闻名于世（Ibid., 13）。社会学家吉尔伯托·弗里尔为这种现象提供了一个典型的例证，他于1948年写道："当巴西人听到有人提及'旱灾'……他马上会想到塞阿拉［巴西东北部的一个地区，1877年，该地区约有50万人死于饥饿和疾病］和1877年。"Quoted in ibid., 13 - 14。

[13] Dando, *Geography*, 11.

[14] *NYT*, May 5, 1991, sec. 8, p. 5S. 在许多年的失望以后，巴西足球队在1994年的世界杯赛场上打进了半决赛，该队主教练被誉为"结束巴西24年干旱的及时雨"（Ibid., July 12, 1994, B7）。

[15] 例如，一个带来许多生意的律师合伙人（*NYT*, Oct. 22, 1993, B7）。前纽约州州长马里奥·科莫加入了曼哈顿的一家律师事务所。为了否认他将成为该事务所的"及时雨"，他详细解释了这个词的含义："如果你们所指的'及时雨'是能以他的智慧、魅力和社会地位吸引人们走进律师事务所的那种人的话，那么我就不是合格的'及时雨'。"但他又写道："……我的名誉足以使我不用魔法就能使事务所有所收获。"（*NYT*, Feb. 8, 1995, B5）

[16] Dando, *Geography*, 11. G. B. 西尔伯鲍尔对博茨瓦纳靠狩猎和采

集为生的 G/wi 部族进行研究后认为，"尽管人们做出许多努力欲建立客观的标准，但干旱实质上是受害者主观上感受到的一种现象，与人们盼雨不得后的失望情绪、经历的困难和危险程度、对环境的不同认知等等有关"。Siberbauer, "Social Hibernation," 112.

316

[17] Cooke, "Problem of Drought," 7.

[18] 天气尤其是如此。"不确定"是气候学著作中常见的一个词。例如，参阅 W. J. Maunder, *The Uncertainty of Business: Risks and Opportunities in Weather and Climate* 和 *The Human Impact of Climate Uncertainty: Weather Information, Economic Planning, and Business Management*。

[19] Ramage, *Great Indian Drought*, 2 – 4.

[20] 在尼日利亚的部分地区，情况也是如此。那里的人有时也把持续不断的干旱归罪于地方长官或者政府（Bernus, "éleveurs," 146）。

[21] Ocko, "Righting Wrongs," 57, 154; see also 138 – 139, 174. 值得指出的是，在这两个实例中，受到不公正待遇的都是妇女。因为妇女为阴，阴与雨有关，所以妇女受到不公正待遇就会导致干旱。在过去，干旱时节人们用鞭子抽打"阴石"以求雨。Eberhard, *Dictionary*, 323.

关于林氏家族的一个少女成为妈祖（天后娘娘）之事，有一种传说是这样的：公元 10 世纪，福建莆田县持续干旱，造成饥荒。莆田县令宣布，需要一个处女举行求雨仪式。林女被选中了，当她举行了求雨仪式后，立即下起了大雨。Rubinstein, "Revival of the Mazu Cult," 91.

据 16 世纪的阿拉伯旅行家阿里·阿克巴尔记述，中国的每一个城市都有特设的妓女活动区，她们都是因犯重罪而被处死的官员的妻女。她们的特殊职责之一是在干旱发生时祈雨。如果她们祈雨失败，就会被关起来砍头，所以在前往庙里求雨之前，她们一般都会向心爱的人告别，并说出她们最后的愿望。

阿里·阿克巴尔：《中国纪行》，第 107～111 页。非常感谢埃伦·威德默，是他让我注意这些材料的。

[22] 刘大鹏：《日记》，光绪二十七年二月二十八日（1901 年 4 月 16 日），第 13～14 页。

[23] 这首诗的全文见陈振江、程啸《义和团文献》，第 59～61 页。

[24] Prah, "Aspects of Drought," 87.

[25] Hitchcock, "Response to Drought," 91－92, 96.

[26] Ramage, *Great Indian Drought*, 3.

[27] Smith, *Some temporal advantages …*; Prince, *Natural and moral government*.

[28] Boston radio station WEEI, June 19－20, 1988. 据播音员（查尔斯·奥斯古德）说，在俄亥俄，旁观者对祈雨效果的普遍态度是：宁可信其有，不可信其无。

[29] Pomeranz, "Water to Iron," 62－99. 关于早些时候西方人对邯郸祈雨场所的描述，参阅 Arthur H. Smith, *Village Life*, 170。

317　[30] Bohr, *Famine in China*, 33－34.

[31] 在佛教看来，宰杀动物是污秽行为，会使众佛愤怒。因而，在干旱时期，严厉禁止杀生。

[32] 佚名：《遇难日记》，第 161 页；佚名：《庸扰录》，第 247 页；刘孟扬：《天津拳匪》，第 8 页；馆陶县令的禀报，光绪二十六年六月二十日（1900 年 7 月 16 日），见《山东义和团案卷》上册，第 435 页；Courtenay H. Fenn, "A Remarkable Disaster," *The Evangelist*, in Mrs. S. P. Fenn, comp., "Peking Siege-Book," 15－16。内地会传教士奥格伦报告说，在她和丈夫传教的山西省永宁县，县官"急于……得到雨水，当他在庙里的求雨活动失败后，他甚至悄悄地问我丈夫，怎样向天神和地神祈雨"（Ogren, "A Great Conflict of Sufferings," 65; see also Forsyth, comp. and ed., *China Martyrs*, 148－150）。1900 年夏，长江中下游各省（尤其是湖北省）也出现了旱灾，地方官和民众也

进行了祈雨活动，人们必须吃斋，不得屠宰和买卖家畜。参阅 *NYT*, June 13, 1900, p. 1063（宜昌，湖北）；June 27, 1900, p. 1155（随州，湖北）；July 18, 1900, p. 120（宜昌），p. 141（两江）。

[33] *NYT*, Dec. 8, 1900, A1, A10. 同样的题目（"许多人越来越担心来年的生活"）见 *NYT*, Dec. 16, 1900, 26。

[34] 与此相关的是戴维·阿诺德的结论："旋风在孟加拉国给人们造成的灾难要比在佛罗里达沿海地区造成的灾难大得多，——不是因为两地的旋风有内在的不同，而是因为某些社会更容易受到饥荒和自然灾害的打击"（*Famine*, 7）。关于阿诺德的观点，加利福尼亚、亚利桑那和内华达的情况可为佐证：1990 年 12 月，这些州都在为抗旱（连续干旱的第五个年头）做准备。种柑橘的农夫准备不惜一切代价买水，其他农夫准备改用水较少的农作物，城市居民浇草地、洗车、游泳池和家庭淋浴的用水量受到严格限制。在帝制中国晚期，如果华北平原在任何时候发生类似的旱灾，大范围的饥荒几乎是不可避免的。参阅 *NYT*, Dec. 25, 1900, 1, 7。

[35] 印度大旱灾最终夺去了 200 万人的生命，其中大部分是少年儿童和老人。Ramage, *Great Indian Drought*, 2 – 4。

[36] Letters of Oct. 31, 1899, in LMP, box 2, file 6. 美国公使康格也持同样的观点（参阅下面注 [61]）。See also *NCH*, Feb. 28, 1900, p. 354。

[37] 佐原笃介、沤隐：《拳事》，第 244 页；袁昶：庚子五月二十二日（1900 年 6 月 18 日）奏稿，见《义和团》第 4 册，第 162 页；李文海等编《灾荒》，第 668 页。在 1900 年 5 月 29 日的一封信中，芳泰瑞夫人也注意到了持续干旱与传染病在京城的流传之间的联系，见 Mrs. S. P. Fenn, comp., "Peking Siege-Book," 7（inset）。在直隶西北部怀安县教书的唐晏于 4 月 29 日乘火车从天津前往北京。据他记载，由于自上年秋天以来一直无雨，

318 　　田地都荒芜了。到京城后，他看见到处都是义和团。见唐晏《庚子西行》，第 471 页。由于干旱，京城周围的农村地区一片赤贫。相关的描述，参阅 Emma Martin, diary, May 26, 1900, 35。

[38] Bainbridge, "Besieged," 3 - 4. 7 月初，北京官员高枬的友人们写信告诉他，直隶已有许多人开始进入严重的饥饿状态〔"饿鬼太多"，高枬：《日记》，光绪二十六年六月九日（1900 年 7 月 5 日），第 150 页〕。

[39] 高枬：《日记》，光绪二十六年五月十九日（1900 年 6 月 15 日），第 145 页。

[40] 柳溪子：《津西》，第 75 页。

[41] 王凤基（79 岁），《天津义和团调查》，第 144 页。《北华捷报》在天津的通讯员写道："连续十个月的干旱及人们对饥荒的担忧……对义和团的宣传具有无法估量的价值。食品短缺的情况极其严重，以至于许多人对政治骚乱发生了兴趣。"*NCH*, June 20, 1900, p. 1113; also ibid., p. 1125.

[42] 刘孟扬：《天津拳匪》，第 8～10 页。与刘孟扬的记述类似的描述，见《天津政俗沿革记》，第 961 页。

[43] Corbin, "The Shansi Mission," 3.

[44] 佐原笃介、沤隐：《拳事》，第 244 页；县志资料，见乔志强编《义和团在山西》，第 135～137、142～148 页；李文海等编《灾荒》，第 665～667 页。内地会传教士奥利维亚·奥格伦描述了山西永宁的情况："对义和团，人们迅速从忧惧转为信任。义和团来了以后，那些原本对我们造成威胁的饥民暂停了行动，因为他们重新集结起来要彻底消灭我们并使老天再次降雨。"转引自 Forsyth, comp. and ed., *China Martyrs*, 151.

[45] Esherick, *Origins*, 281.

[46] 《天津一月记》，第 152 页。关于降雨后天津地区的义和团员回家种地的其他例证，参阅刘孟扬《天津拳匪》，第 28 页；袁昶

《日记》，第 348 页。

[47] 巨野县于克义（78 岁）的回忆，1960 年 2 月，《山东义和团调查》，第 66 页。另外参阅巨野县袁銮玉的回忆，1960 年，同上书，第 66 ~ 67 页。

[48] 林敦奎:《社会灾荒》，第 220 页。陈振江也特别强调了自然灾害（尤其是旱灾）对义和团运动的产生和发展所起的重要作用。参阅他的《华北游氏》。

[49] Bird, Journal entry. 前一天（1900 年 6 月 24 日），贝如意在太谷给她的兄弟写了一封信，其中有云："农村形势发展到这种地步，如果还不下雨，会有什么后果呢？看来安定局面是维持不下去了。"（ibid.）

[50] Letter of July 1, 1900, ibid. 另参阅 Bird's Letter of July 2, 1900, ibid。7 月 11 日，同样在太谷传教的来浩德在日记中写道："天气依旧非常炎热和干燥，如果再下一场透雨，事情就好解决了。"（Dwight H. Clapp, dairy letter）。

[51] 露美乐的信。在 1900 年 7 月 14 日的一封信中，露美乐表达了类似的看法："天气太干燥，到处都是饥肠辘辘的人。"转引自 Edwards, *Fire and Sword*, 296。

[52] Price, *China Journal*, 231; see also 236. 她的丈夫贾侍理也有类似的看法（diary entry, excerpted in Edwards, *Fire and Sword*, 269）。

[53] Excerptedin Forsyth, comp. and ed., *China Martyrs*, 148 – 149; see also her "Conflict of Sufferings," 65 – 66. 另参阅 Broomhall, ed., *Martyred Missionaries*, 18, 77。

[54] Quoted in Forsyth, comp. and ed., *China Martyrs*, 367.

[55] Letter, Tung Cho [Tongzhou], May 25, 1900.

[56] Journal, May 29 and 30, 1900, LMP, box 1, file 1.

[57] Journal, June 19, 1900, ibid. 早在 5 月 7 日，北京地区就下过一场小雨。这次雨后，北京的美部会传教士贝西·尤因表达过类

似的看法："现在义和团将忙于［耕种］，不会有时间骚扰教民了。"（Bessie Ewing, letter of May 11, 1900）另参阅 Ewing's prior letter of Apr. 9, 1900。她在这封信中指出，一年半以来，北京地区一直没有足够的降雨，农民无法种庄稼（ibid.）。北京地区的其他传教士对干旱与洋人遭受威胁之间的关系的评述，参阅 Bessie McCoy, letter, May 28, 1900, in Mrs. S. P. Fenn, comp., "Peking Siege-Book," 1; Courtenay H. Fenn, letter, May 3, 1900, in ibid., 3 (excerpted from *New York Tribune*)。

［58］ Simcox, letter, Apr. 12, 1900, Paotingfu ［Baoding］, China Supplement (Oct. 1900), 279, excerpted toward end of Mrs. S. P. Fenn, comp., "Peking Siege-Book," (n. p.); Pitkin, letter, June 2, 1900, in Sarah Boardman Goodrich, "Journal," June 6, 1900, 6–7; Miner, "Last Rites."

［59］ From the account of Dr. G. W. Guinness, as excerpted in Forsyth, comp. and ed., *China Martyrs*, 219.

［60］ Smith, *China in Convulsion* 1: 219.

［61］ Conger to Secretary of State John Hay, May 8, 1900, *FRUS*, 122. 在此之前，康格曾把干旱与鲁西北的一大堆问题（包括与拳民有关的骚乱）联系在一起。参阅 Conger's dispatch to Hay, Dec. 7, 1899, ibid., 77。

［62］ MacDonald to Salisbury, May 21, 1900, in PP: 1900, p. 105.

［63］ Bird, journal entry, June 25, 1900; 另参阅 Clapp, diary letter, Taigu, Shanxi, July 7 and 15, 1900; Luella Miner, journal, Beijing, June 25, 1900, in LMP, box 1, file 1。

［64］ Luella Miner, journal, Beijing, June 17, 1900, in LMP, box 1, file 1.

［65］ Luella Miner, journal, Tongzhou, June 7, 1900, in LMP, box 1, file 1.

［66］ Luella Miner, journal, Beijing, June 23, 1900, in LMP, box 1, file

1；Clapp, diary letter, Taigu, Shanxi, July 13, 1900。另外参阅来浩德的评述。他在对山西其他地方的传教士的安全表示担忧后说："噢，这对可怜的中国来说是非常严重的事情！但是，它最终是有利于天国的。我对此深信不疑。多年以来我一直感到，撒旦定会在某一天为害中国，现在它终于来了。这也是接受考验和筛选的时候。"（diary letter, Taigu, Shanxi, July 6, 1900）玛丽·波特·盖姆维尔在使馆之围被解除后写道："就这个夏季发生的事情而言，给人们留下的最深刻的印象是：上帝洞悉一切，最后的结果就是上帝的意愿。"Mary Porter Gamewell, "History," 64。

［67］ Sarah Boardman Goodrich, letter, Tung Cho［Tongzhou］, May 28, 1900.（我引用了原件中的一个称呼："上帝的士兵"）张格物则称，"军事思维模式"是"传教事业中固有的要素"。参阅 Murray Rubinstein, "The Wars They Wanted," 271。

［68］ 奥利维亚·奥格伦的说法是例外，他在 1899 年 6 月就说，山西永宁百姓已经陷入了"干旱"造成的"饥荒"中。参阅正文。

［69］ *The Boxer Rising*, 9.

［70］ Esherick, *Origins*, 299. 原文见《义和团史料》上册，第 18 页；320
陈振江、程啸：《义和团文献》，第 34 页。另外两个内容几乎相同的揭帖，见《义和团文献》，第 30～33 页；佐原笃介、沤隐：《拳乱》，第 112 页。周锡瑞译成英文的这个揭帖，有一个较短的文本口头流传于冀鲁交界地区。参阅河北省南宫县梨园屯张治贞（84 岁）的回忆，1960 年，《山东义和团调查》，第 315～316 页；陈振江、程啸：《义和团文献》，第 31～32 页。

［71］ 陈振江、程啸：《义和团文献》，第 32 页。第一首打油诗最初流传于山东和直隶，后来流传到了河南各地。李林：《拳祸记》，第 2 卷，第 447 页；吴应铣：《对河南的影响》，第 8 页；《义和团运动时期河南人民的反帝斗争》，第 155 页。

［72］ 陈振江、程啸：《义和团文献》，第 15～16 页。

[73] 陈振江、程啸：《义和团文献》，第 18 页。主要流传于天津的一个内容相似的揭帖，见《义和团文献》，第 19～20 页。有时候，揭帖是以玉皇大帝直接向义和团训示的形式出现的。在其中的一个揭帖（其原始的中文文本已无存）中，玉皇大帝历数了洋鬼子的种种罪恶（包括不信奉中国的圣人之教，亵渎众神）后训示道："天意命汝等先拆电线，次毁铁路，最后杀尽洋鬼子。今天不下雨，乃因洋鬼子捣乱所致。"这张揭帖最初于 1900 年 4 月 29 日张贴在北京西城，此处引述的英文译本见 PP：1900，p. 105；重印于 Allen, *Siege*, 18－19。回译成中文的文本（及注解），见陈振江、程啸《义和团文献》，第 14～17 页。

[74] 陈振江、程啸：《义和团文献》，第 49 页。另一张把矛头指向教民的揭帖初现于直隶西部的正定府，随后流传至山西。乔志强编《义和团在山西》，第 3～4 页。

[75] 除前文引述者外，另一些例子见乔志强编《义和团在山西》，第 1、4～5 页；《山西省庚子年教难》，第 510 页；陈振江、程啸：《义和团文献》，第 22～23、26～28、41～42、47～48、49～50、84 页。关于此处所引揭帖中的逻辑关系，有个外国人做了另外一种解释："义和团的宣传鼓动者声称……［'铁路、电报及洋鬼子的其他发明'］是导致长期干旱的原因。他们说笨重的火车头和轰轰隆隆的火车在龙头上压过，伤了龙气，所以天上无云。"Bainbridge, "Besieged," 3－4.

[76] 参阅他们对流传于山西的一张揭帖的分析（《义和团文献》，第 47～48 页）。李文海和刘仰东持类似的观点，参阅他们的《社会心理分析》，第 4～5 页。

[77] Esherick, *Origins*, 300. 他还认为"义和团在农村几乎得到普遍支持"（*Origins*, 289）。罗兰·艾伦断言，义和团运动的领导人真正相信华北的旱灾"是由洋人的出现和洋教的邪恶影响造成的"（Allen, *Siege*, 6）。

321 [78] Emma Martin, diary, May 15, 1900, 29.

[79] 包括两个阵营中一些最谨慎和最敏锐的观察者。刘孟扬（《天津拳匪》，第7页）认为，只有20%的中国民众不相信义和团的说辞；袁昶（《日记》，第346～347页）认为，义和团运动的重心转到直隶以后，民众普遍支持义和团。关于赫德对此问题的观察，参阅本书第三章。

[80] Deuteronomy 11: 13 – 21.

[81] 两个例子均引自 Arnald, *Famine*, 15。

[82] Gottlieb, "Menstrual Cosmology," 62 – 64.

[83] Hitchcock, "Response to Drought," 92.

[84] Arnold, *Famine*, 15 – 16. 1993 年，洪水在美国中西部部分地区泛滥成灾，克林顿总统曾访问一个受灾严重的地区，得梅因市的一位妇女对此的反应是："他对付不了上帝和大自然。他将做他能做的事。但发生水灾的原因在于上帝希望它发生。" *NYT*, July 15, 1993, B10。

[85] Geertz, "Thick Description," 12.

[86] Arnold, *Famine*, 77.

[87] Cohn, *Prusuit*, 212.

[88] 伊懋可注意到了这种相似性，见 Elvin, "Mandarins," 121。

[89] Dikötter, *Discourse of Race*, esp. ch. 2.

[90] 关于"汉奸"标签的使用，参阅 Kwong, "The T'i-Yung Dichotomy," 264 – 268。

[91] Elvin, "Mandarins," 134n71; Entenmann, "Clandestine Catholics," 23.

[92] 参阅本书第九章注 [84]。陈振江的观点是一个重要的例外，参阅本章注 [48]。

[93] 例如：参阅本书第三章注 [65]；据某些材料记载，1897 年 11 月 1 日发生的巨野教案是原来的一个盗匪为报复巨野县令、断送县令的仕途而发动的（Esherick, *Origins*, 126, 371n9）。

[94] Boyer and Nissenbaum, *Salem Possessed*, 2.

[95] Chalmers Johnson, *Peasant Nationalism*. 柯文简述了这些争论，参阅 Paul A. Cohen, *Discovering History*, 169-172。

[96] "文革"回忆录的两个大不相同的例子是：Gao Yuan, *Born Red*；Yang Jiang, *Six Chapters*。1914~1918 年间西线英军写的许多东西都收藏在帝国战争博物馆。富塞尔在其名著中广泛地使用了这些材料，参阅 Fussell, *The Great War and Modern Memory*。关于梅诺基奥的庭审证言，参阅 Ginzburg, *Cheese*。

[97] 已经出版的主要口述史证言见《山东义和团调查》。另外参阅路遥、程啸《义和团运动》，第 365~385、393~428 页；《河北景州、枣强、衡水》。山东大学历史系收集的口述史资料还有许多没有正式出版，仍存在该系资料室。1987 年访问南开大学时，我查阅和复印了天津市一些单位收集的大量口述史资料（未刊稿），其中包括 20 世纪 70 年代初、中期在河北某些地方进行调查时收集的资料（《河北义和团调查》）和关于天津地区的情况的一份详细报告（内附访问记录）。这份报告是在访问（1958 年）1114 人（包括 123 名原义和团员）的基础上写成的，操作者为南开大学历史系 1956 级师生和天津历史博物馆、天津市文化局的有关人员。此项调查报告由 1956 级师生加以整理，于 1960 年 8 月油印成册（《天津义和团调查》）。

当然，口述史资料也有不少局限性。例如，20 世纪 50 年代在天津地区进行的调查访问与 70 年代初、中期在河北的调查访问相比，后者的可信度就打了折扣，因为受访者的年龄是个问题。另外，第二次调查访问是在"文化大革命"时期进行的，当时，中国各地对义和团的经历都极力予以神话化，这种客观形势无疑会对采访者和受访者产生影响，这也减弱了此次调查访问的可信度。路遥是山东口述历史调查的主要推动者，是《山东义和团调查资料》一书的主编。1987 年 9 月 5 日，我与路遥教授进行了一次坦率的谈话。谈话中，他承认了调查访问工作存在的其他局限性：20 世纪 60 年代使用的方法和技术

非常原始（山东的大部分调查访问是这一时期进行的）；作为
采访主力的学生们没有录音机，他们不得不快速记录，致使一
些原始记录难以辨认。另外还有方言造成的语言障碍，有时候，
这个问题可能会非常严重，例如，访问者听不清接受访问的农
民说的是义和团还是义和拳，由于农民是文盲，又不能要求他
（或她）写出字来。关于 20 世纪 60 年代山东口述史调查工作程
序的详细介绍，参阅 Kwong，"Oral History，" 34 – 37。

[98] Stauffer, ed., *Christian Occupation*，38. 1889 年的确切数字是
37287 人。

[99] Latourette, *Christian Missions*，329；Paul A. Cohen，" Christian
Missions，" 557.

[100] 在华的新教传教士数量由 1889 年的 1296 人增加至 1900 年的
2818 人，增加了一倍多（Latourette，*Christian Missions*，606；
Wehrle，*Britain*，12）。天主教传教士的数量增加较少，从 1890
年的 639 人增加到了 1900 年的 886 人（Latourette，*Christian
Missions*，329；Cohen，"Christian Missions，" 554）。

[101] 这在很大程度上是德国天主教圣言会的快速发展所致，该会传
教士由 1887 年的 4 人增加到了 1901 年的 43 人。Esherick，
Origins，93.

[102] 铁路在满洲的发展（部分是由俄国人主办的）更为广泛，是
1900 年夏义和团攻击的一个主要目标。山西省内没有铁路。
山东的铁路建设始于 1899 年，第一条线路直到义和团起义被
镇压之后才告完成。参阅 Schrecker，*Imperialism*，105 – 124。虽
然在 1897～1900 年间中国的铁路建设掀起了历史上 "第一个
真正的高潮"，但到 1900 年，全国只有 665 英里长的铁路线。
而美国在 1894 年就建成了大约 175000 英里长的铁路。
Huenemann，*Dragon*，47，60，76.

[103] 后者是伊懋可的估计（"Mandarins，" 120）。登州（蓬莱）位
于山东半岛北部沿海地区，许多年来一直是美国新教的重要传

323 　　　教中心。虽然登州也经历了"义和团疯狂"——既有谣言流传，又有人练拳，但在该市显然没有设拳坛，也没有人被杀。Pruitt, *Daughter of Han*, 151.

[104] Elvin, "Mandarins," 120.

[105] 在 1692 年的塞勒姆，所有被指控的巫师中，绝大多数是外来者，其中 80% 的人居住在塞勒姆村的村界以外。Boyer and Nissenbaum, *Salem Possessed*, 190.

[106] 天津西郊原义和团员刘宝同（78 岁）回忆说："那年［1900年］我们都逃荒去了，回来都炒稗子吃，地里没有庄稼啊。"《天津义和团调查》，第 146 页。另外参阅景县藩树春（74 岁）的回忆，1966 年 2 月，《河北景州、枣强、衡水》，第 176 页。

[107] 山西的干旱持续到了 1901 年春季，造成了大饥荒。参阅胡思敬《驴背集》，第 524 页；刘大鹏：《日记》，第 11、13～14、16 页。1901 年初，干旱造成的饥荒在陕西省更为严重，参阅唐晏《庚子西行》，第 485 页；另外参阅胡思敬《驴背集》，第 527 页，以及 Forsyth, comp. and ed., *China Martyrs*, 8。

[108] See Nancy Scheper-Hughes, *Death without Weeping*, esp. 128 - 166.

[109] 阿诺德（*Famine*, 19）曾对"饥荒恐躁症"进行过评论，他指出："危机持续的时间越长，程度越严重，正常的秩序就会越败坏，不正常的和令人恐惧的东西就越逞强。"科尔宾（《山西布道团》，第 3 页）认为，"长期干旱"是导致山西民众行为大变的主要原因："虽然山西人平时性格平和，不伤害别人，在华北是出了名的，但在 1900 年，他们被义和团的疯狂唤起了激情。"

第三章　降神附体

[1] 茌平县谢家贵（86 岁）的回忆，1965 年 12 月，《山东义和团调查》，第 200 页（其他人关于山东省降神附体仪式的回忆，参阅

第 200 ~ 203 页）；佐原笃介、沤隐：《拳事》，第 238 ~ 239 页；一个不知名的县官的信函（节录），北京，同上书，第 251 页（我的译文与邓斯特海默的法文译文略有不同，参阅 Dunstheimer, "Religion et magie," 360 – 361；直隶南部原义和团员关于降神附体的口述史资料，参阅衡水县王老芝［86 岁］的回忆，1966 年 2 月，《河北景州、枣强、衡水》，第 185 页）；《安泽县志》，第 140 页；与贾仙居的谈话记录，见乔志强编《义和团在山西》，第 150 页。

［2］陈把义和团描述为"……本世纪世界上最重要的宗教起义"（Ch'en, "Nature and Characteristics," 287）。

［3］例如：参阅李文海、刘仰东《社会心理分析》；程啸《民间宗教》；徐绪典《义和团源流》。

［4］据山东省荏平县的一位老人讲，义和团面向东南叩头，是因为山东肥城有桃花山（不论从鲁西北的荏平来看，还是从 1900 年义和团极为活跃的华北其他地方来看，此山都位于东南方），山上有 72 洞，每个洞中都有神仙（荏平县王玉梅［78 岁］的回忆，1960 年 3 月，《山东义和团调查》，第 199 页）。在中国民间文化中，72 是个吉利的数字。参阅 Elliott, *Spirit Medium Cults*, 170；Eberhard, *Dictionary*, 262。

324

［5］宗教性的降神行为比较普遍，有学者对 488 个社会的人种史资料进行了研究，结果表明有 437 个社会（或 90% 的社会）存在一种或多种"制度化的降神附体的文化形式"（Bourguignon, "Introduction," 9 – 11）。对撒哈拉沙漠以南的非洲地区降神附体情况的如下描述同样适用于义和团："降神附体……指的是一个人被另一个人的灵魂或神灵所附体的那种状态。在被'附体'期间……这个人的心智处于迷乱状态，会表现出如下的一种或多种情状：像附体的那个灵魂或神灵那样讲话和行事；进入昏迷状态；讲话模糊不清；浑身抽搐不止；狂舞乱跳；口吐白沫；等等。这个人在恢复神智后，一般不记得自己被附体时的言行。"

Greenbaum, "Societal Correlates," 42.

[6] 管鹤：《拳匪》，第 477 页。关于降神行为的另一项记述（不局限于某个地方），参阅佐原笃介、沤隐《拳事》，第 271 页。

[7] 天津西郊三师兄张金才（83 岁）的回忆，《天津义和团调查》，第 123 页。

[8] Naquin, *Shantung Rebellion*, 100.

[9] 他们的拳术名叫"少林神打"，参阅陈振江、程啸《义和团文献》，第 63 页。程啸考察了清代的其他许多秘密会社（义和团的前身），这些团体也搞画符念咒、降神附体，并自称刀枪不入。参阅程啸《民间宗教》，第 153～156 页。

[10] Kuhn, "Maoist Agriculture."

[11] Benton, *Mountain Fires*, 213.（本顿把大刀译成"Great Knives"而不是"Big Swords"。）本顿还在书中提到了当地流传的道家的一个信条：吃朱砂能使人刀枪不入（*Mountain Fires*, 240）。正如我们将要在第四章看到的，"脏"东西——衣服、水，等等——也被义和团视为破坏他们的刀枪不入术的有力武器。

[12] Ibid., 257.

[13] Tai Hsüan-chih, *The Red Spears*, esp. 41–58. 戴玄之在书中提到了活跃于 20 世纪的其他许多团体——它们也有以降神附体为主要内容的刀枪不入仪式。一些学者（以戴玄之为代表）认为红枪会来源于义和团。

[14] Ibid., 65. 戴玄之认为铁关罩来源于 1900 年的红灯照。

[15] Ibid., 65. 请注意，这种刀枪不入的仪式与 1774 年王伦叛乱时使用的仪式颇为相似。

[16] Duara, *Culture*, 123.

[17] 有人估计，1990 年中国约有 6000 万人在练习气功。关于 20 世纪 80 年代初开始席卷全中国的气功热，参阅 *NYT*, Sept. 4, 1990, A4。南希·N. 陈对气功在当代中国的一些运作方式进行了深入分析，参阅 Nancy N. Chen, "Urban Spaces"。

[18] Myron L. Cohen, "Being Chinese," 125.

[19] Eberhard, *Guilt and Sin*, 21.

[20] Smith, *Village Life*, 172. 与此相同，20 世纪 20 年代末安徽省南陵县大旱期间，"一座神像因疏于职守而受到了县令的审问和宣判，并被放到烈阳之下晒烤。经受各种各样的戏弄和侮辱之后，它被砸成了碎片"。Shryock, *Temple of Anking*, 97；see also Duara, *Culture*, 283n55.

[21] Myron L. Cohen, "Being Chinese," 129.

[22] 关于中国的灵媒，我主要参考了下述论著：Elliott, *Spirit Medium Cults*；Potter, "Cantonese Shamanism"；Jordan, *Gods*, 67 – 86；Kleinman, *Patients and Healers*；Anagnost, "Politics and Magic"；Margery Wolf, *A Thrice-Told Tale*；Seaman, "In the Presence of Authority"；Gould-Martin, "Ong-ia-kong"；Jerome Ch'en, *Highlanders*。

[23] Potter, "Cantonese Shamanism," 326；see also ibid. , 327, 337.

[24] 例如，在新加坡和中国台湾，通过斋戒也许就能通灵，但在其他许多环境中，斋戒似乎不起任何作用（参阅 Elliott, *Spirit Medium Cults*, 51 – 56, 149 – 157；Jordan, *Gods*, 78 – 84）。在中国的某些地区（如广西的浔州地区和广东的广州地区），被附体的人的灵魂有时会畅游神灵的世界。Potter, "Cantonese Shamanism," 322；Weller, *Resistance*, 71 – 72.

[25] 关于此点，雷蒙德·弗思在一篇序言中做了更全面的说明，参阅 Beattie and Middleton, eds. , *Spirit Mediumship*, xi（preface of Raymond Firth）。

[26] 波特（Potter, "Cantonese Shamanism," 345）把广州地区的灵媒视为"村民们心目中黑暗的超自然世界中的高级女术士。她统治着黑暗的世界，那里充斥着失败者、不满者、不正常者和被剥削者的恶毒的鬼魂。她在农村社会中的重要职责是阻止这些仇恨世人的危险角色报复村里的人"。

[27] 关于灵媒通灵过程的描述，参阅 Gould-Martin，"Ong-ia-kong,"
46－4；Potter，"Cantonese Shamanism," 322－329，334－336；
Elliott，*Spirit Medium Cults*；63－65；Jordan，*Gods*，75－76。

[28] 这当然是义和团最著名的口号——"扶（或保）清灭洋"的两
个主要含义之一。天津地区流传的一首歌谣的前两行词句
（"义和团，把国保，要打鬼子，红灯照"）也表达了同样的意
思。参阅《天津义和团调查》，第157页。

[29] Bourguignon，"An Assessment," 326－327.

[30] Weller，*Resistance*，76－77. 小林一美对义和团的降神附体等活
动进行了较广泛的论析，而且推而广之，论及义和团思想领域
中与借神灵之力有关的其他方面。参阅小林一美《民众思想》，
第245~250页。

[31] Weller，*Resistance*，78.

[32] Weller，*Resistance*，76－77.

[33] Horton，"Types of Spirit Possession," 19. 贝蒂以类似的笔触指
出，以前在东非尼奥罗人（布尼奥罗人的一支）中举行的以降
神附体仪式为主要内容的公共集会和盛宴"也许……可以说是
尼奥罗人的一种传统戏剧"（Beattie，"Spirit Mediumship in
Bunyoro," 168）。降神附体作为一种娱乐形式的其他例子，参
阅 Colson，"Spirit Possession," 88；Southall，"Spirit Possession,"
235。

[34] Beattie and Middleton，"Introduction," xxviii. 刘易斯对人类学家
过分强调（在他看来是如此）降神附体仪式的"情感表达或戏
剧表演"特性的倾向提出了尖锐的批评，参阅 Lewis，*Ecstatic
Religion*，22－23。

[35] Jordan，*Gods*，78－84. 埃利奥特（Elliott，*Spirit Medium Cults*，
62）注意到，新加坡的灵媒崇拜者既看重童乩的治病效果，也
喜欢童乩举行仪式时的那种热闹场景。

[36] Jordan，*Gods*，79－80.

［37］Margery Wolf, *A Thrice-Told Tale*, 103. 由于马杰里·沃尔夫对自
　　　虐身体的目的是这样理解的，所以她反对用"苦行"一词概括
　　　之。像乔丹和沃尔夫一样，珀-阿恩·伯格利认为，西藏灵媒
　　　降神附体时的一些引人注目的行为（如投掷烧红的木炭等）的
　　　目的在于向"围观者显示神的威力，使人们相信神是确实存在
　　　的"（Per-Arne Berglie, "Spirit-Possession," 165）。

［38］Johnson, "Actions," 30 – 31. 学者们普遍注意到了戏剧对义和
　　　团降神附体仪式的影响。多尔对中国戏剧颇为了解，所以他的
　　　著作尤其具有丰富的内涵，参阅 Doar, "The Boxers"。周锡瑞
　　　（*Origins*, 63 – 67, 328 – 331）提出了一些有价值的观点，堪与
　　　陈志让的看法相提并论，参阅陈志让具有开创意义的论文：
　　　"The Nature and Characteristics of the Boxer Movement," 298 –
　　　299。我认为，伊懋可是第一个用"政治戏剧"的概念解释义
　　　和团的宗教行为与中国戏剧和小说之间的互动关系的学者，参
　　　阅 Mark Elvin, "Mandarins," 124。

［39］布吉尼翁指出，人们举行降神附体仪式有一个共同的心理学基
　　　础，所以此类仪式在世界各地普遍存在，但是，举行降神附体
　　　仪式时的行为举止却有不同的文化模式，所以必须用人种学的
　　　方法分别加以研究。参阅 Bourguignon, "Introduction," 13 – 15。

［40］关于此类表演的情况，参阅 Tanaka, "Social and Historical
　　　Context"。

［41］刘孟扬：《天津拳匪》，第 8 页。陈独秀写道："义和拳神来之
　　　时，言语摹仿戏上的说白，行动摹仿戏上的台步。"（《克林德
　　　碑》，第 454～455 页）

［42］陈独秀（《克林德碑》，第 454～455 页）指出，传统戏剧是导
　　　致义和团起义的五个重要因素之一。1904 年，梁启超的朋友蒋
　　　智由（观云）曾把义和团的军事失败归咎于他们从戏台上的武
　　　生那里学来的作战招式（Doar, "The Boxers," 94 – 95）。演员
　　　与战士角色的混淆（蒋智由的观察）使我们想起了戴维·约翰

逊论及的演员和术士角色的混淆（David Johnson，"Actions，"29–31）。

[43] 当然，这个结论并非放之四海而皆准。参加义和团的退役士兵在一定程度上接受过正规的军事训练，甚至有可能打过仗。

327

[44] Seaman, "In the Presence of Authority," 71.

[45] Yang, *Religion in Chinese Society*, 22.

[46] Tsai, "Historical Personalities," 35.

[47] Elliott, *Spirit Medium Cults*, 76–77.

[48] Duara, *Culture*, 139–148；另参阅 Watson，"Standardizing the Gods"。

[49] Doar, "The Boxers," 111–118. 除了是战神之外，关帝还是演员的保护神，而戏剧对义和团又有很大的影响力，对于这两个事实之间的关系，多尔进行了有趣的论述。

[50] Duara, *Culture*, 139.

[51] De Groot, *Religious System*, 6：1277–1278；剑柄上有"军将头"的五把短剑的插图，见第 1278 页。

[52] 这两篇祷告词（以及另外两篇）的全文，见 Elliott, *Spirit Medium Cults*, 170–171。另外一篇类似的祷告词（也是请求"天兵"下凡相助），见 De Groot, *Religious System*, 1273。关于三太子，参阅 Elliott, *Spirit Medium Cults*, 76–77。

[53] Beattie, "Spirit Mediumship," 167.

[54] Middleton, "Spirit Possessions," 225–226. 另参阅 Beattie and Middleton, "Introduction"（xxviii）。他们注意到，非洲的实例与古希腊降神附体仪式上的古典戏剧可能有相似之处。

[55] Margery Wolf, *A Thrice-Told Tale*, 8, 94 and passim.

[56] 当今的中国大陆社会可能也存在这类现象，有关证据参阅 Anagnost, "Politics and Magic"。关于清末和民国时期巫术在中国各地流行的情况，参阅 Sutton, "Pilot Surveys"。

[57] 刘孟扬：《天津拳匪》，第 7 页。

[58] 柳溪子：《津西》，第 75 页。民众普遍相信义和团超凡神术的
其他证据，参阅杨天宏《义和团"神术"》，第 195 页。另外参
阅 Esherick, *Origins*, 67。

[59] Hart, *Essays*, 8. 有位年轻的美国传教士在拜会了北京和保定之
间义和团活跃地区的官员和士绅后于 5 月向罗兰·艾伦报告说：
"义和团的迷信言论在这些人的头脑中留下了极深的印象。他们
能够平静和理智地谈论其他事情，但一提到义和团，他们就像
疯子一样痴狂，对义和团关于超自然神力的最幼稚最荒谬的言
论深信不疑。"Allen, *Siege*, 25.

[60] Letter of July 10, 1900. 贝如意的同事露美乐以类似的笔调评论
说，义和团运动在山西"像洪水一样横扫全境"（letter of July
2, 1900）。美部会的一位传教士在叙述了山西永宁流传的关于
义和团的一些牵强附会的传言后写道："人们原先对义和团的担
心和怀疑很快被完全的信任所取代，他们转眼间就成了义和团
的追随者。"（Ogren, "Conflict of Sufferings," 65）奈杰尔·奥
利芬特在日记中写道，北京居民对京城义和团首领的"非凡的
法力""极为钦佩"（Nigel Oliphant, *Diary*, 26）。

[61] 参阅《山东义和团调查》，第 200～203 页；《天津义和团调
查》，第 123、126、128、133、136、145、147 页。

[62] 陈振江不但强调了后一群体的重要性，而且走得更远，把 19 世
纪末叶的华北概括为"游民社会"，参阅他的《华北游民》，第
230～245 页。

[63] 仲芳氏：《庚子记事》，第 25 页；天津拳民李元善（79 岁）的
回忆，《天津义和团调查》，第 133 页；另外参阅上书第 47 页；
涿县辛汉章（85 岁）的回忆，1973 年 12 月 24 日，《河北义和
团调查》，第 005 编，第 7 号，第 2 页。有时候，富户并不是自
愿捐粮捐钱的。涞水县流传的一首歌谣云："大师兄要附体，见
了财主就要米。二师兄要上坛，不给米就得给钱。"涞水县石亭
公社刘庆（83 岁）和梁春（86 岁）的回忆，1974 年 1 月 1 日，

328

同上书，第 005 编，第 7 号。

据记载，有些拳民不接受捐赠的食品和粮食，说他们有魔锅，锅中的食物"常盈不竭"（《天津一月记》，第 142 页）。与此类似，管鹤（《拳匪》，第 470 页）记载说，支持义和团的团体中有一团体名为沙锅罩，其成员在练成功夫后，能在空锅中"致食物不绝"。另外参阅小林一美《民众思想》，第 248～249 页。

[64] 天津拳民孙少棠（75 岁）的回忆，《天津义和团调查》，第 146 页。

[65] 仲芳氏（《庚子记事》，第 22 页）记载说，北京的义和团为了报复以前的仇人，往往误指他们是"二毛子"（教民或与洋人关系密切的人），或一人，或全家，都搜出来杀死，甚至连幼童也不放过。刘孟扬（《天津拳匪》，第 20、22、35 页）记述了天津义和团的类似行为。有位原义和团员解释说，义和团在处死教民前要严格按照程序行事："那时候有的人为了报私仇，就去告××人是直眼［教民］，咱们要信他一面之辞，不就冤枉好人了吗？所以经过调查，说明这人真是二毛子，又有恶迹，这才杀。"独流李振德（81 岁）的回忆，《天津义和团调查》，第 126 页。

贝如意写道："现在，如果某人想除掉仇家，只需说他受雇于洋人放火烧房或在井中投毒即可，他立刻就会被杀死，根本不加审问。通过这种办法，许多与我们毫无关系的人都被杀死了。"（letter, July 9, 1900, Taigu, Shanxi；另参阅 Bird's letters of July 6 and 10, and her journal entries of July 3, 5, 6, 9, 15）。义和团失败后，山西的教民也使用这种方法，指控他们不喜欢的人，即使这些人与义和团毫不相干。参阅刘大鹏《琐记》，光绪二十七年四月五日（1901 年 5 月 22 日），第 16 页。

[66] 参阅天津地区原义和团员王凤基的回忆（本书第二章注［41］）。

[67] 士绅的记述中经常提到义和团对北京和天津居民采取的一些强

制措施。例如：参阅管鹤《拳匪》，第 471、474 ~ 479 页；刘孟扬《天津拳匪》，第 8 ~ 11、13、18、23、31 ~ 32 页；《天津一月记》，第 143、147 ~ 148 页；唐晏《庚子西行》，第 472 ~ 474 页。在这方面，义和团与 20 世纪 60 年代末的红卫兵有相似之处，批评"文化大革命"的学者们已注意到了这一点。参阅 Wang Hsueh-wen, "A Comparison"。

[68] 刘孟扬：《天津拳匪》，第 19 页。

[69] Johnson, "Actions," 31 – 32. 作为"实际生活"被戏剧化的例证，林培瑞在观察 1989 年春天安门广场示威的学生们时已经注意到，随着各单位的示威者举着本单位的旗帜鱼贯而行，一队队绝食者高喊"我们不怕死"的口号互相呼应，他几乎认为自己正在观看一出中国戏剧。Perry Link's informal comments at Four Anniversaries conference, Annapolis, Sept. 1989.

[70] Dhomhnaill, "Why I Choose to Write in Irish," 28; Gould-Martin, "Ong-ia-kong," 62n3.

[71] 程啸：《民俗信仰》，第 296 ~ 301 页。关于祖师会和义和团与祖师会在实践层面的相似性，另外可参阅胡珠生《义和团的前身是祖师会》，第 8 页；Esherick, *Origins*, 56 – 57。华北的中国人在文化和（或）社会层面更容易接受降神附体仪式，关于此点，下述事实亦可为证：当五旬节派教会于 20 世纪初在中国安营扎寨以后，主要的本地教会——真耶稣教会、耶稣家庭和灵恩会——或者在华北建立起来，或者以华北为主要的传教区。丹尼尔·贝斯认为，义和团的降神附体活动与五旬节派教会的一项重要的宗教仪式——请圣灵"附体"（发生于接受圣灵洗礼之时，能给人带来超自然的力量）——颇为相似（参阅 Daniel Bays, "Indigenous Protestant Churches," 141n27）。另外一点也值得注意：按照程啸的分析，真耶稣会（中国五旬节教派最大的一个分支）有排外的倾向（ibid., 135, 138）。

[72] 独流镇王连发（82 岁）的回忆，1976 年 3 月 16 日，《河北义和

329

团调查》，第 003～007 编，第 2 号。"童子军"的现代含义在此处显然不适用。直隶南部的一位口述史受访者回忆说，有天夜里 200 名山东义和团来到景州，其中一半是大人，一半是 14～16 岁（按西方的算法，是 13～15 岁）的少年，叫"娃娃队"。参阅景县孙连加（78 岁）的回忆，1966 年 2 月，《河北景州、枣强、衡水》，第 175 页。其他人也有同样的说法，参阅景县曹世安（83 岁）的回忆，1966 年 2 月，同上书，第 178 页；景县孙玉声（81 岁）的回忆，1966 年 2 月，同上书，第 180 页。当时的一本爱国小册子称，攻打洋兵的一支义和团为"义和童子"（Toynbee, ed., *Half the World*, 324）。其他关于义和团是少年儿童的记述，参阅佐原笃介、沤隐《拳事》，第 238～239、251、271 页；1959 年 8 月与贾仙居的谈话记录，见乔志强编《义和团在山西》，第 150 页；刘孟扬：《天津拳匪》，第 8 页；《天津一月记》，第 145、148 页。当时的洋人也有类似的记述，例如，贝如意写道："就义和团运动在山西的情况而言，最可怕的事情之一是少年儿童参与其中。杀人之事往往是由少年儿童带头的（Rowena Bird, journal, June 28, 1900）。露美乐称山西义和团运动的"主力军是儿童"（Louise Partridge, letter of July 2, 1900）。聂凤英（内地会传教士，山西）写道："这些'儿童义和团'确实非常凶恶，是一帮恶徒。我们在英格兰根本不知道撒旦的魔力会这样毒害儿童的心智。"（Edith Nathan, letter of July 12, 1900, in Broomhall, ed., *Last Letters*, 34）。明恩溥概括道："义和团运动的蔓延主要是由少年儿童推动的，他们就像被人施了催眠术，着了魔。"（Smith, *China in Convulsion* 2：661）据目睹了 6 月 12 日义和团在廊坊进攻西摩尔援军战况的人记载，"许多"进攻者是"孩童"（转引自 Fleming, *The Siege*, 77）。

学者们也不例外。伊懋可（Elvin, "Mandarins," 123）把义和团运动描述为"一场少年儿童的宗教战争，他们受到了成

330

年人的操纵"。特别注意到义和团是青少年的其他著述有小林一
美的《民众思想》，第 245～246 页；Jerome Ch'en，"Nature and
Characteristics，" 296，298，and "Origin，" 81；Dunstheimer，
"Religion et magie，" 342，345 – 346，358 – 359。

[73] Boyer and Nissenbaum，*Salem Possessed*，28 – 29.

[74] Rawski，"Problems，" 406.

[75] 特哈尔论述了这个理念，参阅 Barend J. Ter Haar，"Images of
Outsiders"。

[76] Elliott，*Spirit Medium Cults*，46 – 47. 另参阅 Margery Wolf，*A
Thrice-Told Tale*，107. 乔丹（Jordan，*Gods*，71）声称："人们认
为，童乩的自然寿命本来较短（因而称为"童"），但被延长
了，以便为神灵服务。"对灵媒的其他称呼（带"童"字）的
简要论述，参阅 Jordan，*Gods*，67 – 68n10；De Groot，*Religious
System*，6：1269。

[77] 佐原笃介、沤隐：《拳事》，第 271 页。关于义和团招收男童之
事，两位作者在《拳事》的另一节中做了另外一种解释。这种
解释显然是以把义和团运动当作叛乱（受白莲教煽惑的叛乱）
为前提的。他们指出，数年以后，当义和团势力扩张时，先前
招收的孩童都已训练有素，对义和团的事业也极忠诚，一旦首
领召唤，就会一呼百应，揭竿而起。参阅《拳事》，第 239 页。

[78] Letter of May Nathan，late July 1900，in Broomhall，ed.，*Last
Letters*，38.

[79] Ogren，"Conflict of Sufferings，" 72（emphasis supplied）.

[80] Dunstheimer，"Religion et magie，" 342；侯斌：《义和团的组
织》，第 68～69 页。

[81] Field，"Spirit Possession，" 7. 例如，祖鲁人请神附体时经常"戒
食，结果人也变得消瘦下来"（S. G. Lee，"Spirit Possession，"
140）。另一方面，阿卢尔人的做法显然是个例外，与菲尔德的
总结不符。在阿卢尔人中，患病者和治病的灵媒"事先都不戒

食"（Southall, "Spirit Possession," 244）。

[82] Leonard, "Spirit Mediums," 170. 在某些社会环境中，槟榔子也许可以用于请神，但伦纳德的研究表明，在帕劳不是这样。

[83] Pressel, "Umbanda," 310.

[84] Siikala, "Siberian Shaman's Technique," 112.

[85] Elliott, *Spirit Medium Cults*, 62; see also ibid., 47. 埃利奥特称，童乩通灵前降低体温的做法是从实践中总结出来的（ibid., 62）。据乔丹考察（Jordan, *Gods*, 76），台湾的一些童乩在通灵之前也清理掉胃里的所有食物。

[86] Emily Brontë, *Wuthering Heights*, 395 – 396. 在小说的最后一章中，希思克利夫的行为还显示了神志恍惚状态的其他特征，包括不正常的言谈和呼吸等。他的情绪在这重要关头的变化也显示了人被慢慢饿死时的一些心理"特征"，舍佩尔－休斯曾对这些特征做过论析和分类（Nancy Scheper-Hughes, *Death without Weeping*, 138）。

331 [87] 菲尔德（Field, "Spirit Possession," 7）明确持此观点。然而，它到底是如何发生的，人们并不十分了解（Björkqvist, "Esctasy," 76 – 77）。

[88] 《呼啸山庄》里忠诚可靠的仆佣纳莉·迪安在希思克利夫死了以后说："他并不是故意绝食——那是他得了那种怪病的结果，并非得病的原因啊。"（Emily Brontë, *Wuthering Heights*, 405）。

[89] 经常处于贫困和饥饿状态的南非班图族支系恩古尼人中也存在这种情况。通过对恩古尼人的研究，古斯勒（Gussler, "Social Change," 115 – 123）发现，在易得"降神病"和营养不良之间确有重大关联。

[90] 费利西塔斯·D. 古德曼对学者们（包括她本人在内）近来在这一领域的研究成果进行了总结，参阅 Felicitas D. Goodman, *Ecstasy*, 39。古德曼没有对饥饿造成的痛苦进行特别解释。另外值得注意的是，关于玛雅人的"幻象追求"，有越来越多的著

述论及放血、内啡呔的释放、自残时毫无痛感和降神附体之间复杂的互动关系。例如，参阅 Furst, "Fertility"; Schele and Miller, *Blood of Kings*, 177。

[91] Shack, "Hunger," 39. 布吉尼翁认为，奥吉布瓦人和古拉格人对于饥饿的担忧有两种形式，一种是"客观的"（社会的），一种是"主观的"（个人的）。她认为，人们是把降神附体当作自我补偿的一种方式来使用的：或者提高社会地位较低的人的社会地位（或加强其实力）——所谓"客观性的实际补偿"；或者使经历个人饥困的人得到情感上的满足（来源于降神附体经历本身）——所谓"主观性的自我补偿"。参阅 Bourguignon, "An Assessment," 327 – 329。

[92] Shack, "Hunger," 39. 关于这一点，参阅舍佩尔－休斯对"饥饿引起的疯狂状态"的论述（Scheper-Hughes, *Death Without Weeping*, esp. 128 – 166）。

[93] 在此，我不希望读者误解我把宗教经历仅仅视为缓解忧惧情绪的一种手段。实际上，我完全赞同 I. M. 刘易斯（Lewis, *Ecstatic Religion*, 24）的下述表达："我的出发点……是：世界各地的许多人确实相信世上有神灵。……我的目的不是要为宗教辩解。相反，我的目的在于辨析促使人们沉迷于宗教之中的特别的社会条件和其他条件。"

[94] 这个词是程啸首先使用的，参阅他的《民俗信仰》，第297页。

[95] 具体例证见本书第二章。然而，在与饥饿有关的降神附体活动中，使用这样的惩治手段并非普遍现象。参阅 Bourguignon, "An Assessment," 328 – 329。

第四章　法术与妇女秽物败法

[1] 刘孟扬：《天津拳匪》，第12～13、16页。

[2] 艾声：《拳匪》，第449～450页。

[3] 庚子五月二十二日（1900年6月18日）奏疏，见《义和团》第

332

4 册，第 162 页；在庚子六月中（1900 年 7 月 7～16 日）的一份奏折中，袁昶（1900 年 7 月 28 日，他因公开反对朝廷扶持义和团的政策而被处死）写道，进攻使馆二十余日，洋兵死者寥寥，而义和团的尸骨却遍布于东交民巷口（同上书，第 163 页）。中国士绅嘲笑义和团刀枪不入的其他例证有：杨典诰《庚子大事记》，第 79、88 页；刘孟扬《天津拳匪》，第 39 页；柳溪子《津西》，第 81～82 页；艾声《拳匪》，第 460 页；《遇难日记》，第 163、171 页；唐晏《庚子西行》，第 486 页；叶昌炽《日记》，第 443～444 页；管鹤《拳匪》，第 490 页；鹿完天《北京事变》，第 434 页（鹿是循道公会的中国信徒）。对义和团持同情态度且对他们的刀枪不入言论表示赞赏的例证，参阅刘以桐《民教相仇》，第 183～196 页，特别是第 183、185、191 页。

[4] Journal, Beijing, June 14, 1900, in LMP, box 1, file 1. 奈杰尔·奥利芬特描述了 6 月 14 义和团与英国海军陆战队在京城发生的一场遭遇战（很可能与麦美德记述的是同一场战斗）。据他讲，英军开火后，义和团"都伏在地上，按照他们的习惯祈求刀枪不入，海军陆战队以为他们在请求饶命，遂停止射击。继而，他们的一个首领挥舞一把长柄战斧冲上前来，被一名中士开枪打死，其他人见此情景，败退而走"。Nigel Oliphant, *Diary*, 13.

[5] 转引自 Forsyth, comp. and ed., *China Martyrs*, 276; 另外参阅罗约翰（苏格兰长老会传教士）的记述（ibid., 302 - 303）。《北华捷报》天津通讯员在 6 月 8 日的通讯中报道说，天津的许多洋人正在急切地等待着义和团的进攻，这样他们就能打破义和团刀枪不入的神话了（"中国各阶层的人都相信"这种神话）。*NCH*, June 20, 1900, p. 1113.

[6] 杨天宏：《义和团"神术"》，第 194 页。

[7] Douglas, *Purity*, 58.

[8] 杨天宏：《义和团"神术"》，第 197 页。

[9] 艾声：《拳匪》，第 444 页。另有一例说明义和团的刀枪不入术

不是用于战斗而是用于展示的。天津地区原义和团员李长庆回忆说，他们村来了个"韩捣蛋"，他用火枪"打人的背上，果然打不进去，韩就说这是神助，于是大家就相信了"。天津南开区原义和团二师兄李长庆（77 岁）的回忆，《天津义和团调查》，第120 页。另外一个例子，参阅天津北郊原义和团二师兄王恩普的回忆，《天津义和闭调查》，第143 页。与某些诋毁义和团的人不同，艾声是把他认为可信的或不可信的说法区别看待的："吾邑拳党谓余曰：'拳师在某村以红头绳系巨碌碡，咒数语，提之而行，众惊异，拳师云："此不足以尽吾技，吾能以细绳拴教堂脊，曳之应手而倒。"神乎不神？'余曰：'此戏术也，止能提碌碡，不能曳教堂。如能曳倒，何不早办？盖以碌碡欺人也。'"艾声：《拳匪》，第458 页。另外参阅刘孟扬《天津拳匪》，第8 页。艾声的同乡提到的那个拳师很可能就是天津义和团首领张德成。据一位原义和团员（张的同乡）讲，张德成自吹能用一根红绳把碌碡挂在树梢上，见独流镇李振德（81 岁）的回忆，《天津义和团调查》，第125 页。

[10] Brody, "Lucking Out: Weird Rituals and Strange Beliefs," *NYT*, Jan. 27, 1991, S11.　　333

[11] Brody, "Lucking Out: Weird Rituals and Strange Beliefs," *NYT*, Jan. 27, 1991, S11.

[12] Douglas, *Purity*, 68, 72.

[13] Sarah Boardman Goodrich, letter, Tongcho [Tongzhou], May 25, 1900. 另参阅 Goodrich's letters of May 28, May 30, and June 3, 1900。

[14] 参阅本书第二章注 [66]。

[15] 古斯塔夫·亚霍达认为，"迷信"——在我看来，宗教仪式和法术也是如此——"至少能使人们主观上感觉到能够预知和把握未来"，因而缓解人们面对充满不确定性的险恶环境而生出的忧虑。Gustav Jahoda, *Psychology of Superstition*, 130, 134.

[16] 值得注意的是，其他文化环境中的人们也依靠刀枪不入之术在战斗中保护自己。1980年，名为 Yan Tatsine 的一支伊斯兰教派发动宗教起义，反抗尼日利亚安全部队。据说，起义者利用仪式、文身、常胜符咒和"魔沙"保护自己避开敌人的子弹（Lubeck, "Islamic Protest," 370, 386）。关于这些材料的引用，我得感谢利德温·卡普特恩斯。早在20世纪初，信奉卡夸人的预言和预言大师伦贝的卢格巴拉人在举行一些特殊的仪式后，会"狂暴地"返回战场，并"相信'雅凯'（Yakan）水的力量能把子弹变成水"。Middleton, "Spirit Possession," 227–228.

[17] 陈振江、程啸：《义和团文献》，第153~154页。

[18] 《天津一月记》，第148~149、151页。天津海关官员杜德维家雇用的中国厨师经常向杜德维夫人讲义和团"多么神奇"、"打不死"，"如果子弹碰巧射进他们的身体，他们也能轻而易举地把子弹从嘴里取出来"。Mrs. E. B. Drew, diary, 14.

[19] 刘孟扬认为，洋炮"闭住"的真正原因是洋人暂时停止了放炮。参阅刘孟扬《天津拳匪》，第31、34页。

[20] 唐晏：《庚子西行》，第471页；另外参阅仲芳氏《庚子记事》，第12页。据内地会传教士奥利维亚·奥格伦记述，在山西，人们纷纷传言：一旦洋兵发动进攻，义和团就会"飞到天上，避开子弹"。Ogren, "A Great Conflict of Sufferings," 72; see also ibid., 65.

[21] 《天津一月记》，第148、151页。6月末，有人对刘孟扬说（《天津拳匪》，第24页），某洋楼上有许多洋人，曹福田在楼下掏出一把铜钱往楼上一掷，洋人首级尽皆坠落。这个人还对刘说，他亲眼看到曹福田用木棍向上一指，就将楼上一群洋人的首级取了下来。他告诉刘："吾亲眼得见，并非虚言。"

[22] 天津团民李元善（79岁）的回忆，《天津义和团调查》，第134页。由于"枪"既指"火枪"又指"矛"，所以有时很难确定到底指的是哪种枪。

[23] 静海县义和团大师兄沈德生（80 岁）的回忆，《天津义和团调查》，第 119 页。

[24] 《遇难日记》，第 163 页；刘孟扬：《天津拳匪》，第 9、36 页。有个团民说，他们在离开天津到北京参加战斗之前，都到红灯照大首领黄莲圣母处，向她讨了符，说可以避枪炮。郭世荣（75 岁）的回忆，《天津义和团调查》，第 138 页。

[25] 静海县红灯照四师姐赵青（72 岁）的回忆，《天津义和团调查》，第 136 页；另外参阅上书第 41 页；《天津一月记》，第 146 页；刘孟扬：《天津拳匪》，第 36 页。黄莲圣母原名林黑儿，在"文化大革命"时期对义和团运动进行神话化的过程中，她变成了中心人物（参阅本书第九章）。关于林黑儿的简要但资料丰富的传记，参阅廖一中《林黑儿》。

[26] 刘以桐：《民教相仇》，第 183、185 页。另外参阅上书第 190～191 页，刘在此处记载，团民口中念念有词，挥动小旗，就保护住了京城西单附近的一家粮店。

[27] 唐晏：《庚子西行》，第 472 页。

[28] 同上书。另一个关于拳民放火只烧教民之家的例子（这次在直隶任丘县），参阅佐原笃介、沤隐《拳事》，第 250 页。

[29] 仲芳氏：《庚子记事》，第 12 页。另外参阅杨典诰《庚子大事记》，第 79 页。

[30] 刘以桐：《民教相仇》，第 183～184 页。关于此事的另外一种略有不同的记载，参阅管鹤《拳匪》，第 468 页。

[31] 刘孟扬：《天津拳匪》，第 8 页。

[32] 孙少棠（75 岁）的回忆，《天津义和团调查》，第 147 页。

[33] 杨典诰：《庚子大事记》，第 82 页。

[34] 《天津一月记》，第 147 页。

[35] 杨典诰：《庚子大事记》，第 82 页。在此，我谨向韩书瑞表示感谢，因为我借用了她的话语：洋人的技术是"使世界变小"的"魔法"。红灯照自称能在空中飞行，义和团自吹能点燃洋人在

海上的轮船。韩书瑞认为，这些在当时很可能被视为一种"均衡器"——是对洋炮的魔力（以及能把看不见的信息远距离传送到任何地方的电报的能力）的一种回应。

[36] 刘孟扬：《天津拳匪》，第 17 页。持极端怀疑态度的管鹤对红灯照的御风之术做了大不相同的记述。据管鹤记载，天津居民都说，必须刮西北风，才能烧毁天津的外国租界，但连日都刮东南风。红灯照尽管使用了法术，终未能改变风向。管鹤：《拳匪》，第 478 页。义和团与传教士看法完全一致的例子是（参阅本书第二章），传教士也相信他们是超自然力量改变风向的受益者。参阅本章注 [69]。

[37] 据胡思敬（《驴背集》，第 488 页）记载，红灯照用铜盘盛满水置于神前，边绕盘行走，边叫"飞"字不绝。她们说练习 48 天，即能飞行空中。另一记载略有不同，说只需 5 天即能掌握飞行术，参阅《天津一月记》，第 141 页。"文化大革命"期间，一位原红灯照女子回忆说，红灯照每两天举行一次仪式，所有的红灯照都围着一个铜盆转。但是，由于是在"文化大革命"期间提到红灯照，所以她避而不谈这种仪式的真正目的——求法术。雄县李凤枝（86 岁）的回忆，1973 年 12 月 27 日，《河北义和团调查》，第 011 编，第 14 号。20 世纪 50 年代末（当时意识形态方面的限制还不太严格）在天津地区收集的口述史资料中，有位退休的铁路工人（非义和团员）回忆说，尽管他开始时不大相信红灯照的飞行术，但他确实在夜里看到红灯在空中。李凤德（75 岁）的回忆，《天津义和团调查》，第 149 页。

[38]《天津一月记》，第 141 页。据刘孟扬记载（《天津拳匪》，第 37 页），某日天津有人传言（许多人都深信不疑），红灯照已用法术把日本国首都烧掉了一半。

[39]《遇难日记》，第 163 页。另一项关于红灯照纵火法力的记述，参阅袁昶《日记》，第 346 页。

335

[40] 《天津一月记》，第 149 页。戴玄之（Tai Hsüan-chih，*The Red Spears*，112）也称，当红枪会的刀枪不入之术失灵时，"大师兄则说其人心不诚，或犯了色戒，触怒神灵，法不附体所致"。虽然 19 世纪 90 年代中期活跃于鲁西南的大刀会不搞降神附体仪式，但他们也基本上是这样解释刀枪不入术失灵的原因的。如果有人被刀砍破了（称为"漏刀"），师父就说那是因为他心不诚。菏泽县刘昌如（72 岁）的回忆，1960 年，《山东义和团调查》，第 16 页。

[41] 静海县大师兄沈德生（80 岁）的回忆，《天津义和团调查》，第 119~120 页。天津的另一位原义和团员说，首领经常告诫大家不要贪财，不要拿不属于自己的东西，"如果贪了财到前线打仗就避不了了刀枪"。郭世荣（75 岁）的回忆，《天津义和团调查》，第 137 页。另外参阅上书第 47 页。

[42] 刘孟扬：《天津拳匪》，第 36 页。

[43] 《天津一月记》，第 148 页。另外参阅刘孟扬《天津拳匪》，第 24、32 页。仲芳氏（《庚子记事》，第 24 页）记载说，在北京，有人问义和团，人数如此众多，时间如此之久，为何不能灭洋制胜。他们只是说，日期未到，日期到时，自然灭尽洋人。

[44] 《天津一月记》，第 152 页。

[45] 刘以桐：《民教相仇》，第 186 页。

[46] 仲芳氏：《庚子记事》，第 13~14 页。据美国大使康格报告，除店铺外，"有三千余间民宅被烧毁，许多人葬身火海"。Conger's dispatch to Hay, June 18, 1900, in *FRUS*, 151.

[47] Oliphant, *Diary*, 25 – 26.

[48] 天津的一位原义和团员解释说，义和团禁止接近妇女是"怕冲了神法不灵"。天津西郊义和团三师兄张金才（83 岁）的回忆，《天津义和团调查》，第 123 页。

[49] See Eberhard, *Dictionary*, 309.

[50] Esherick, *Origins*, 54.

336 ［51］ Naquin, *Shantung Rebellion*, 100 – 101.

［52］ 鲁迅：《阿长》，第 367 页。关于这个主题的有趣描述，参阅 Eberhard, *Dictionary*, 202 – 203。

［53］ 太平军的禁令包括禁止夫妻同住一室（至少在理论上是如此）。在有关义和团的资料中看不到禁止夫妻接触的记载，这可能是因为许多义和团员只是孩子。有一个例外：直隶南部的一位原义和团员说，要成为义和团，就"不能和妻同床"。衡水县王老芝（86 岁）的回忆，1966 年 2 月，《河北景州、枣强、衡水》，第 186 页。

［54］ 参阅 Buckley and Gottlieb, "A Critical Appraisal," 6；Delaney, "Mortal Flow," 89；Beyene, *From Menarche*, 106 – 107（关于希腊的禁忌）。巴克利和戈特利布（"A Critical Appraisal," 24, 32）还指出，月经是污物的观点是一种文化理念，但并不为各个社会所普遍接受。例如，马来西亚沙巴州的龙古人就不认为月经是污物，他们认为行经期的女祭司能够与神灵直接沟通（参阅 Apell, "Menstruation among the Rungus of Borneo," 10 – 11）。虽然加利福尼亚西北部的尤罗克印第安男子普遍认为，来月经的妇女与神灵是互不相容的，但近来的研究表明，至少有一部分尤罗克妇女认为月经完全是有益的，她们在行经期间能够与神灵沟通（Buckley, "Menstruation," 197）。夏洛特·弗斯提出了一个相关的问题：在中国社会，"妇女身上的污物有破坏力"的观念深入人心，不但反映了男人的信仰，而且是妇女的经历的写照。参阅 Charlotte Furth, "Blood, Body, and Gender," 44。

［55］ Tai Hsüan-chih, *The Red Spears*, 50.

［56］ Elliott, *Spirit Medium Cults*, 48 – 49.

［57］ Ahern, "Power and Pollution," 280 – 281. 另参阅 Margery Wolf, *Women*, 95。中国人对妇女身上的污物有独特的认识（如在台湾妇女的葬礼上举行的血碗经仪式中体现出来的那样），关于这些

认识的引人入胜的描述，参阅 Seaman，"The Sexual Politics"。

[58] Ahern，"Power and Pollution," 281；see ibid.，278.

[59] 值得强调的是，在义和团的世界中，妇女身上的污物所具有的破坏力体现出来的是男性的一系列神话和怪异想象。由于我们重塑这些神话和怪异想象的材料都是男性留下的，所以我们只能推测当时的中国妇女在多人程度上认同这些神话和怪异想象。

[60] 前者见《天津一月记》，第 142 页；后者见管鹤《拳匪》，第470 页。

[61] 刘以桐：《民教相仇》，第 187 页。

[62] Douglas，*Purity*，102. 道格拉斯还写道："以秽物败法可以故意为之，但意图不等于效果，妇女更有可能是在无意中充当败法者的。"（Ibid.，113）

[63] 刘孟扬：《天津拳匪》，第 16 页；《天津一月记》，第 153 页。有位原义和团员回忆说，他们在铁路附近与洋人的马队打仗时，看到为首的两匹马上是妇女。然而，他认为义和团死伤惨重的原因在于河东苇塘里藏有洋人的奸细，也开枪打他们。天津南开区义和团二师兄李长庆（77 岁）的回忆，《天津义和团调查》，第 121 页。

[64]《天津一月记》，第 151 页。

[65]《天津一月记》，第 145 页。

[66] Freri，*Heart of Pekin*，29–30.

[67] 刘以桐：《民教相仇》，第 184、191、193～194 页；华学澜：《日记》，第 109 页；仲芳氏：《庚子记事》，第 28 页。洋人利用孕妇破坏义和团刀枪不入法术的其他例子，见刘以桐《民教相仇》，第 189 页。华学澜记载了"万女旐"之事，他是在晚饭后与朋友闲聊时听说的，是否确有其事，他难以断定。当时，稀奇古怪的传言非常多，没有一个是真实的。虽然如此，我认为，在 1900 年夏华北的那种充满骚动、彷徨和忧虑的环境中，义和团和老百姓大多会相信这些传言。在这种情况下，人们更

337

愿意放弃正常的判断标准，相关论述参阅本书第五章。

[68] Vinchon, "La culte," 132 – 133. 赵文词在直隶其他地方访问了经历过义和团运动的中国天主教家庭的后代，他也听到了类似的故事。他说，有证据表明，圣母玛利亚从义和团的包围中解救天主教徒的故事主要发生在东吕镇的天主教社区。东吕是保定以南的一个小镇，最近建成了中国最大的教堂——"中国圣母堂"。Personal communication, August 1, 1995.

[69] 据玛丽·波特·盖姆维尔记载，有一天，大风把烈火从翰林院刮向英国公使馆，但大风突然停了下来："1900 年前说服大海的那个声音又让这狂风安静了下来"（Mary Porter Gamewell, "History," 61）。萨拉·博德曼·古德里奇记述了使馆区被围攻期间发生的事情："我们的祈祷大有收获，至少有两次，当大火眼看要蔓延到我们的房屋时，风却突然改变方向，使我们避开了火劫。"（Goodrich, "Journal," June 28, 1900, p. 29）被困在北京西什库教堂的樊国梁主教记载说，6 月 15 日义和团撤离时点燃了教堂以南的民宅，但教堂和躲在教堂里的人却"受到了上帝的保护，他改变了风向，让风朝有利于我们的方向刮"（Bishop Favier, diary, June 15, 1900, in Freri, ed., *Heart of Pekin*, 26）。

与此相似，1900 年 7 月，数千名义和团员威胁要攻击直隶东南部郭家庄的天主教徒，庄里的传教士祈求上苍降下暴雨，在村庄四周形成大水防线，阻止义和团进庄。他的祈祷见了成效，暴风雨袭来，义和团进攻受阻。教徒们都相信，这场暴风雨是圣母玛利亚赐予的。Vinchon, "La culte," 133.

[70] Vinchon, "La culte," 132 – 133.

[71] Ying-ho Chiang, "Literary Reactions," 100；刘以桐：《民教相仇》，第 194 页。据刘记载（同上书，第 194 页），6 月 28 日，朝内支持义和团最力的端王亲自攀到西什库教堂顶上，擒获并处死了鬼王，因而，义和团歼灭守教堂的其他人已不是难事。

338

仲芳氏对樊国梁的描述（《庚子记事》，第 28 页）虽不像刘以桐的描述那样离奇，但也说有一个"老鬼子"在教堂内，专用他的邪术伤人。看来，当时的人们普遍相信这个传言（尽管内容各不相同）。

[72] 当时的洋人也明确承认这一点。6 月 15 日，身处北京的都春圃、明恩溥和厚巴德在一封信中写道："整个昨天，到处都有人纵火，空气中弥漫着浓烈的烟雾，这是义和团经常用以对付我们的最危险的武器。"转引自 Sarah Boardman Goodrich, June 18 entry of "Journal," 18（着重号为原文所加）。W. E. 班布里奇认为纵火是义和团"最爱用的武器"（W. E. Bainbridge, "Besieged in Peking," 24）。在使馆被围攻期间，防火是被围者日常活动中的重要内容。参阅 Emma Estelle Martin, diary, June 21, 1900, pp. 55 - 56。

[73] 刘孟扬：《天津拳匪》，第 24、32 页；《天津一月记》，第 148 页。

[74] 引自天津的一张揭帖，见陈振江、程啸《义和团文献》，第 41 页。另外的例子见上书第 18、20、22 页；乔志强编《义和团在山西》，第 5～6 页。世界各地似乎都存在以避灾为由传播信息的现象，美国的连锁信中就经常有避灾的主题。

[75] 见陈振江、程啸《义和团文献》，第 143 页。此咒来自山东神拳的避枪炮火咒，咒文见上书第 143 页。1900 年夏，此咒以这样或那样的形式广泛流传于京津地区。我的译文没有刻意追求原文的韵律。义和团令天津居民贴于门上的另一个咒文，见《义和团文献》，第 170～171 页。

[76] 例如：参阅杨典诰《庚子大事记》，第 84 页；仲芳氏《庚子记事》，第 12 页；刘以桐《民教相仇》，第 185、187 页；华学澜《日记》，第 102 页；《天津一月记》，第 148 页；管鹤《拳匪》，第 475 页。义和团命令人们彻夜烧香的原因也许在于他们相信，人们不睡觉就能防止妖邪入室（参阅唐晏《庚子西行》，第 473 页；华学澜《日记》，第 102 页）。在北京和天津那种充满忧惧

和恫吓的环境中，当地的官绅们发现，他们还是遵从义和团的命令为好（有时是担心，如不遵从，仆人们也许会向义和团汇报）。6 月 14 日，仲芳氏（《庚子记事》，第 13 页）如此写道："予家自昨夜起，每夜子时向东南焚香虔祷，敬求皇天后土，默佑萱堂康健，眷口平安。"另外参阅管鹤《拳匪》，第 475 页。

[77] 例如，6 月 14 日天津的三个教堂被焚毁后，义和团传令各家各户吃斋三日（刘孟扬：《天津拳匪》，第 13 页；另外参阅第 11 页）。另有人记载说，义和团曾传令天津男女七日内只吃蔬食（《天津一月记》，第 147 页）。

[78] 例如：参阅杨典诰《庚子大事记》，第 84 页；唐晏《庚子西行》，第 473 页；仲芳氏《庚子记事》，第 12 页；《天津一月记》，第 148 页。

339 [79] 这是不常见的禁令之一，参阅刘孟扬《天津拳匪》，第 11 页。

[80] 例如：参阅刘孟扬《天津拳匪》，第 13 页；仲芳氏《庚子记事》，第 12 页；刘以桐《民教相仇》，第 187 页。

[81] 例如，天津原义和团员孙少棠回忆说，义和团曾命令各家在窗户或烟囱上贴上红纸（《天津义和团调查》，第 147 页）。武雅士写道："在中国，红色不仅仅代表快乐，它还是一种保护色，是避邪的东西。"参阅 Arthur P. Wolf, "Chinese Kinship and Mourning Dress," 193 - 194；另参阅 Watson, "Of Flesh and Bones," 167 - 168。

[82] 杨典诰：《庚子大事记》，第 87 页。另外参阅华学澜《日记》，第 104 页。

[83] 这张揭帖的文本见乔志强编《义和团在山西》，第 3 页。关于天津洋人和教民使用抹污血妖术的记载，参阅刘孟扬《天津拳匪》，第 11 页；关于北京的类似事例，以及义和团采取反击措施的情况，参阅杨典诰《庚子大事记》，第 86 页；关于山西的情况，参阅刘大鹏《琐记》，第 35 页。义和团的敌人常被指责用狗血在各家大门上画红圈，如不破此妖术，门内的居民将在

7 天之内自相残杀而死。狗血（尤其黑狗的血）常被视为妇女经血的象征。参阅 Eberhard, *Dictionary*, 186; Naquin, *Shantung Rebellion*, 101; Seaman, "The Sexual Politics," 392。

[84] 仲芳氏：《庚子记事》，第 13、19、21~22 页。在门上写"红天宝剑"四字，还可避灾避难（如劫难）。参阅陈振江、程啸《义和团文献》，第 171~172 页。

[85] 管鹤：《拳匪》，第 475 页；刘孟扬：《天津拳匪》，第 11、19 页。天津居民接到自相矛盾的命令的另外一个例子，见刘孟扬《天津拳匪》，第 30 页。

[86] 杨典诰：《庚子大事记》，第 88 页。

[87] 刘孟扬：《天津拳匪》，第 13 页。管鹤（《拳匪》，第 476 页）记载了他和家人逃离天津时的经历，他妻子乘坐的轿子上蒙了红布，这样义和团就不会认为她不洁而将她杀害。

[88] 管鹤：《拳匪》，第 474 页。

[89] 《天津一月记》，第 147~148 页。

[90] 《天津一月记》，第 147 页。不让妇女的脚沾地的原因可能在于地上"尽是脏东西"（艾亨语，参阅 Ahern, "Power and Pollution," 270）。

[91] Eberhard, *Dictionary*, 261.

[92] 陈振江、程啸：《义和团文献》，第 46~47、112~114 页。山西也流传着一张包含这些命令的揭帖，但文字略有不同，参阅乔志强编《义和团在山西》，第 5~6 页。华学澜（《日记》，第 111 页）记载说，他和朋友感到义和团的禁令不堪忍受，在七月七日这天依然生火煮饭吃，但家中女眷严格遵行。他还听说，这天北京城内外有许多家庭没有生火做饭。

[93] 《天津一月记》，第 147 页。我采取的是意译之法，为的是表现原诗的韵律："妇女不梳头，砍去洋人头，妇女不裹脚，杀尽洋人笑呵呵。"在义和团的要求下，涿州民众也在唱类似的歌谣（陈振江、程啸：《义和团文献》，第 131 页）。在广东南部地

340

区，姑娘在出嫁前要举行梳头仪式以为成年的标志（参阅 Topley，"Marriage Resistance，" 67，82 – 83；also Stockard，*Daughters*，72）。因而，义和团所说的"不梳头"可能（尽管是推测）还有另外一个意思——"不结婚"。只要不结婚，女子身上就不会有污秽之物，这样就消除了客观环境中妨碍义和团的法术发挥效力的重大因素，从而促进中国人的排外事业。在"文化大革命"时期，红灯照被严重神话化（参阅本书第九章），"不梳头"成了青年造反和妇女摆脱儒家道德枷桎的鲜明标志。

[94] 这个比喻是鲁比·沃森向我建议的，在此谨向他表示感谢。

[95] 红灯照无疑是 1900 年最著名和最活跃的女性组织，且是唯一一个完全由少女和女童组成的团体，但是，有关文献中也有青灯照、蓝灯照和黑灯照的记载，青灯照和蓝灯照显然是由寡妇组成的（《天津义和团调查》，第 40 页；刘孟扬：《天津拳匪》，第 9 页；刘大鹏：《琐记》，第 30 页）。刘大鹏记载说，太原地区还有一个女性教民组成的团体，名为白灯照，法术高强，能压制住义和团和红灯照的法术。他注意到了义和团用其他办法杀死或惩罚这些妇女的一些例子（《琐记》，第 30 页）。

[96] 《遇难日记》，第 163 页。在更广泛的层面上，李希圣记述说义和团"自谓不如"红灯照（李希圣：《国变》，第 18 页）。据仲芳氏记载（《庚子记事》，第 24 页），街巷哄传"不畏脏秽之物"的义和拳"黑团"于 7 月 21 日进入北京："其人皆用黑帕蒙头，青衣青裤，黄布褡包，手执宝剑，不畏脏秽之物，枪炮不能近身。"

[97] 刘以桐：《民教相仇》，第 182 页；陈振江、程啸：《义和团文献》，第 24 ~ 25 页。此项请求的原件翻拍的照片，见《义和团》第 1 册，插图第 1 页。

[98] 关于山东的红灯照，参阅《山东义和团调查》，第 17、66 ~ 67、80、85 页。关于山西的红灯照，当时的太原居民刘大鹏记述甚

详，参阅他的《琐记》，第 29～30 页。

[99] 刘孟扬：《天津拳匪》，第 9 页。设有红灯照坛口的一些村镇的名单，见《天津义和团调查》，第 40 页。1900 年春夏，天津少女练习红灯照似乎成了一种风尚（参阅《天津一月记》，第 141 页）。练习者需经过各种艰苦磨炼，参阅静海县四师姐赵青（72 岁）的回忆，《天津义和团调查》，第 135～136 页。

[100] 刘孟扬：《天津拳匪》，第 9 页；另外参阅第 37 页。义和团不看妇女，有两种情况：其一，义和团禁止团民看妇女或与妇女接触，因为妇女是污秽之源；其二，就红灯照而言，团民不看她们是由于敬畏。但是，义和团不看妇女到底是由于哪种情况，界限并不是很明确。独流镇一位原义和团员说，虽然独流有红灯照，但"我们没见过，那时团民有规矩，不能乱看女人家"。独流刘振德（81 岁）的回忆，《天津义和团调查》，第 126 页。另外参阅天津西郊三师兄张金才（83 岁）的回忆，同上书，第 123 页。

20 世纪 70 年代在河北省收集的口述史资料中也可看到这种敬畏情绪和厌恶污秽情绪混杂的现象。一位原红灯照女子说，义和团每日都到红灯照的坛口，在观音老母的画像前行礼。当义和团要行礼时，大师姐就把门关上，把观音的画像挂在外面。义和团行礼完毕，就大声喊："请起。"雄县李凤枝（86 岁）的回忆，1973 年 12 月 27 日，《河北义和团调查》，第 011 编，第 14 号。

一位原义和团员回忆说："破围子时，红灯照没跑这来，平时有规矩，不许这来。"雄县孙义（91 岁）的回忆，无日期，同上书，第 011 编，第 14 号。另外两人的回忆也证实红灯照和义和团的训练场是分开的，雄县王树春（70 岁）的回忆，无日期，同上书，第 011 编，第 14 号；涿州辛汉章（85 岁）的回忆，1973 年 12 月 24 日，第 005 编，第 7 号。涞水县（石亭公社）刘庆（83 岁）和梁春（86 岁）的回忆也提到了

341

禁止看妇女的命令，1974 年 1 月 1 日，同上书，第 005 编，第 7 号。在某些地方和某些情况下，不让义和团员接触妇女的禁令可能没有被遵守。有位年纪很老的原红灯照女子说，在她所在的村里，义和团大师兄的儿媳是红灯照的大师姐，两个团体在一处吃饭。孙村（不知属于哪个县）杜大瑞（94 岁）的回忆，无日期，同上书，第 011 编，第 14 号。

[101] 陈振江、程啸：《义和团文献》，第 75 页。袁昶在 1900 年 7 月 18 日的日记中记载的是"红灯罩"（袁昶：《日记》，第 346 页）。红灯照与其他练习刀枪不入术的团体是一回事，山东的传教士和口述史资料提供者都这么认为，参阅 Esherick, *Origins*, 227。

[102] 陈振江、程啸：《义和团文献》，第 78 页；内容相似的其他文本，参阅第 73 ~ 95 页。

[103] 当时确有一些人把义和团与白莲教联系在一起。最出名者为劳乃宣，他颇具影响力的《义和拳教门源流考》和其他著作，见《义和团》第 4 册，第 431 ~ 439、449 ~ 474、477 ~ 490 页。周锡瑞（*Origins*, 220）指出，"当时最仇视义和团的人……往往强调义和团来源于白莲教"。就义和团而言，也许的确如此，但对红灯照的评论不是这样。

[104] 一般来说，中国妇女将会在阴间遭受巨大的痛苦和折磨，除非家里的男性成员在她们的葬礼上正式宣布她们是圣洁的（Grant, "Spiritual Saga," 226）。在"目莲救母"的故事中，这种通过仪式宣布圣洁是重要的一个环节，正如格兰特和其他作者所指出的那样（参阅 Johnson, ed., *Ritual Opera*）。这在台湾妇女葬礼上的血碗经仪式中也是一个重要环节。在这仪式中，男子会采取难以想象的可怕行动：他们象征性地喝下鲜血（好比是他们出生时母亲流的血），从而使母亲摆脱"作为一个妇女的各种桎梏，获得新生"。Seaman, "The Sexual Politics," 395.

342

[105]　例如：参阅静海县四师姐赵青（72 岁）的回忆，《天津义和团调查》，第 135 页；刘孟扬《天津拳匪》，第 9 页；袁昶《日记》，第 346 页。赵青回忆说，她加入红灯照时只有十二岁（11 周岁）。李凤枝加入红灯照时只有十三岁（12 周岁）。李的母亲不放心女儿成为红灯照，就提出一个前提条件：她到女儿所在的红灯照坛口当厨师（她做到了）。雄县李凤枝（86 岁）的回忆，1973 年 12 月 27 日，《河北义和团调查》，第 011 编，第 14 号。

[106]　在 20 世纪 90 年代的欧洲，少女经历初潮的平均年龄是 12.8 岁；1840 年是 16.5 岁；1880 年是 16 岁（Rees, "Menarche"; Hughes and Jones, "Intake," 329; see also Frisch, "Demographic Implications"）。有很多因素影响月经初潮的时间（如遗传因素、社会经济条件、健康状况和福利水平、营养、锻炼方式，等等），营养到底起了多大作用，难以确定。但是，人们似乎有一个共识：营养不良（尤其是蛋白质摄入量过少）会延迟少女初潮时间。有一个由多国科学家组成的研究小组，根据 1983 年在中国 65 个农业大县收集的调查资料，对中国农村少女的初潮时间进行了研究，结果表明，当时中国农村少女的初潮年龄平均为 17 岁（Chen Junshi et al., Diet, 750）。（感谢哈佛大学公共卫生学院的沃尔特·C. 威利特博士，是他建议我注意此项研究成果的。）关于中国农村少女（特别是汉族少女）初潮年龄的其他研究成果——依据的也是 20 世纪 80 年代收集的资料，但取样范围较小——表明，她们的平均初潮年龄较小，从 13.83 岁到 14.40 岁不等（席焕久等：《月经初潮年龄的研究》；沈悦等：《家庭因素》；W. S. Lin et al., "The Menarcheal Age of Chinese Girls"）。无论这些数字中哪个数字更接近于实际情况，我们似乎都有理由做这样的推测：在 1900 年前后的中国，大部分农村地区的饮食都远差于 20 世纪 80 年代，所以那时农村少女的初潮年龄肯定比现在大，与 19 世纪

欧洲少女的初潮年龄相当。

[107] 艾亨的一位受访者告诉她："月经只有生孩子时流的血的1%。"（Ahern, "Power and Pollution," 270）。托普利指出（Topley, "Marriage Resistance," 73），在中国，传统观点认为妇女怀孕分娩的所谓"污秽期"较长，从怀孕后的第5个月直到分娩后的第100天（总共8～9个月），这意味着已婚妇女在怀孕分娩期的大部分时间都处在严重的"污秽"状态。

[108] Grant, "Spirital Saga," 227. 格兰特注意到的另外一个例子是刘香女，虽然她结了婚，但正如丹尼尔·奥弗迈耶所指出的，那不是一个"正常的婚姻"。奥弗迈耶认为，刘香女看重的是"沉思冥想而非性爱和子女"。因而，在讲述刘香女故事的《宝卷》中可以看到"强烈的抗婚意识"。参阅 Overmyer, "Values," 251。奥弗迈耶转述了刘香女的故事，见 Overmyer, "Values," 245 – 250。关于女子抗婚以保持纯洁和投身宗教的主题，中国的天主教文献中也有记述，参阅 Entenmann, "Clandestine Catholics"。

[109] Topley, "Marriage Resistance," 67 – 88, esp. 75, 79. 斯托卡德在详细论述广东南部缫丝地区各种各样的抗婚策略的著作中，修正了托普利以前的一些观点。

[110] 唯一的例外是红灯照女子赵青的口述史资料。赵青的回忆为我们提供了许多信息。但是，在谈到她（以及子牙镇——静海县的一个集镇，是她的家乡——其他女孩）参加红灯照的动机时，她的说法与20世纪50年代共产党的标准答案相一致，所以我们不知道她的话有多大的可信度。赵说，她参加红灯照的部分原因是为了反叛父母，她是个独生女，父母在她6岁时就给她订了娃娃亲，她不满意这门亲事；部分原因是学好红灯照后可以打洋人。静海县四师姐赵青的回忆，《天津义和团调查》，第135页。在"文化大革命"初期批判刘少奇的运动中，赵青（在青字上面加了个草字头，变成了"菁"）又被请

343

出来代表红灯照讲话。在这种情况下，她的话无疑是按照党的路线讲的。参阅赵菁《义和团是革命的！》。

[111] 刘孟扬：《天津拳匪》，第 19～20 页。

[112] 佐原笃介、沤隐：《拳事》，第 272 页；Ying-ho Chiang，"Literary Reactions,"291。

[113] 管鹤：《拳匪》，第 487～488 页。还有人记载说黄莲圣母是个妓女，见《大津一月记》，第 146 页。黄莲圣母到底是什么样的人，还不清楚。与管鹤之言略有不同的记述，参阅刘孟扬《天津拳匪》，第 56 页。《天津一月记》（第 158 页）的作者记载说，黄莲圣母没有被外国军队俘获，而是战死了。廖一中考察了关于林黑儿命运的各种说法（《林黑儿》，第 100～101 页注 [8]）。

[114] 《拳匪纪略》"京图"：4a－b；《京津拳匪纪略》"京图"：4a－b。

[115] 关于 1900 年夏人们的恐惧心态，管鹤（《拳匪》，第 488 页）的记载颇能说明问题。当时，他住在青县（天津以南）的刘家。刘翁读过一些书。有一天，刘翁叫管鹤走出屋子看红灯照。他指着空中的一片黑云对管说："此中无数红衣女子，即红灯罩也。"管什么也没看到，但过往行人指天画地，确切不移，都说他们在天上看到了红灯罩。刘翁也在随声附和。管鹤对此颇为不解，后来才意识到"刘翁实为保身计，故不觉以假面孔向余也"。叶昌炽（《日记》，第 441 页）在五月八日（1900 年 6 月 4 日）的日记中也有类似的记载。

[116] 在此，我谨向安·S. 阿纳格诺斯特表示感谢，是他把莱维－施特劳斯的"引力场"理论运用于对当代中国的"巫师及其法术"的研究工作当中并得到社会认可的。参阅 Ann S. Anagnost，"Politics and Magic,"47；also Lévi-Strauss，"The Sorceror,"162。

第五章　谣言和谣言引起的恐慌

[1] 这个典故源于古籍《战国策》："夫市之无虎明矣，然而三人言 344

而成虎。"

[2] 叶昌炽：《日记》，（1900 年）五月二十八日（6 月 24 日），第 453 页；刘孟扬：《天津拳匪》，第 11 页；C. W. Price, diary, between June 15 and 23, 1900（当时贾侍理在山西汾州府），见 Edwards, *Fire and Sword*, 269 – 270（注意与红灯照的法术的相同之处：用扇子改变风的方向和力度）；管鹤：《拳匪》，第 469 页；刘大鹏：《琐记》，第 41 页。（关于黑风口，参阅陈振江、程啸《义和团文献》，第76 ~ 77 页；Naquin, *Millenarian Rebellion*, 12）

[3] Rosnow, "Inside Rumor," 484 – 496（引文引自第 488 页）。显然，研究谣言的专家们对下面这个问题尚未达成一致意见：当评判谣言的人对谣言的内容介入程度较深时，他们对谣言的评判是否审慎和谨严？（see ibid. , 487）

[4] 转引自 Goleman, "Anatomy of a Rumor," C5；另参阅 Rosnow and Fine, *Rumor*, 11, 81 – 93, 131。

[5] Rosnow, "Inside Rumor," 488.

[6] 李文海、刘仰东：《社会心理分析》，第 10 ~ 11 页。

[7] Pruitt, *Daughter of Han*, 151.

[8] 管鹤：《拳匪》，第 468 页。

[9] 刘大鹏：《琐记》，第 39 ~ 42 页。

[10] *NCH*, June 13, 1900, p. 1064（also ibid. , June 20, 1900, p. 1113）；Newton letter，摘自不知报纸名称的剪报，见 Mrs. S. P. Fenn, "Peking Siege-Book," 10（插页）。

[11] Letter, May 4, 1900, in LMP, box 2, file 6.

[12] 据刘孟扬《拳匪》第 11 页记载，义和团命令各家各户持续焚香以后，天津各香店的香被抢购一空。

[13] 同上书，第 19 页。

[14] Journal, Beijing, Aug. 1, 1900, in LMP, box 1, file 1.

[15] 这是谣言四起的一个共同因素。1992 年 9 月，佛罗里达州戴德

县的人们就是不接受官方公布的关于直接死于安德鲁飓风的人只有 14 名的统计数字。有位考察损失情况的工程师说："飓风造成的破坏十分严重,你不可能相信还会有人幸存下来。"有谣言说,在佛罗里达城的一个集体墓地中埋葬了 1000 具尸体。*NYT*, Sept. 5, 1992, 6.

[16] 刘孟扬:《天津拳匪》,第 10 页。

[17] 天津北郊义和团二师兄王恩普的回忆,见《天津义和团调查》,第 144 页。

[18] Goodrich, "Journal," June 30 and July 8, 1900, pp. 32, 42 – 43; Martin, diary, July 27, 1900, p. 83.

[19] 《天津一月记》,第 153 ~ 154 页。

[20] 已出版的书籍有: Toynbee, ed. , *Half the World*, 324 – 325; Thomson, *China and the Powers*, facing p. 122; Fitzgerald, *Horizon History*, 354;张海鹏编《近代史图集》,第 106 页。

[21] 参阅廖一中《张德成》。

[22] 虽然不是以谣言的形式出现,但类似的幻想在原天津西郊义和团三师兄张金才（83 岁）的回忆中也有所反映。他说:"我们义和团每战必胜,指到什么东西,什么东西就起火燃烧。就因为这个,当时的洋人确实怕我们,派人来同我们讲和。"见《天津义和团调查》,第 124 页。

[23] 《天津一月记》,第 158 页。廖一中在《张德成》（第 93 ~ 94 页）中指出,天津陷落后张德成确实回到了独流镇,希望能够重振旗鼓,不久被地方士绅统领的民团所杀。另外参阅陈振江、程啸《义和团文献》,第 28 ~ 29 页;曾经是张德成的部下的独流人李振德的回忆,见《天津义和团调查》,第 129 ~ 130 页。据刘大鹏记载,1901 年初在太原流传过义和团坚不可摧之类的谣言。据传,义和团再度活跃起来,都在夜间练拳习武,以免被人发现,见刘大鹏《日记》,光绪二十七年一月二十一日（1901 年 3 月 11 日）,第 12 页。

345

[24] 管鹤：《拳匪》，第469页。天津陷落后流传的故事也反映了类似的愿望。当时，人们传说各处还有许多红灯照在活动，其中一个例证是，独流的许多船的船尾仍悬挂着红灯照。由此推演出的谣言说，当洋人看到这些红灯照时，都十分惊恐，失声叫道："怎么红灯照又起来了？"此后，洋人再未来过独流。独流（非义和团）李廷槐（78岁）的回忆，见《天津义和团调查》，第154页。

[25] 李文海、刘仰东：《社会心理分析》，第13～14页。"二十五条和约"全文见陈振江、程啸《义和团文献》，第53页。陈和程指出，1900年夏，中国的许多地区都有此类伪造的条约在流传，庚子年六月初（6月底7月初），浙江绍兴也出现了洋人求和签约的传言。

[26] 刘孟扬：《天津拳匪》，第8页。

[27] 转引自 Edwards, *Fire and Sword*, 269。与贾侍理在同一个布道团的贝如意也有类似的评论（Rowena, Bird, journal, June 25, 1900; see also Corbin, "Shansi Mission," 3）。

[28] Ogren, "Conflict of Sufferings," 65.

[29] Allen, *Siege*, 67 – 68.

[30] Butler, "Dame Rumor," 24.

[31] 杰弗里·S. 维克托对1988年纽约詹姆斯顿因有关魔鬼撒旦的谣言而引起的大恐慌所做的研究表明："威胁性的谣言……具有相互矛盾的效果：既能满足人们想了解不确定之事的有关情况的迫切需要，又增加了人们的群体性忧虑。" Jefferey S. Victor, *Satanic Panic*, 40 – 41; also ibid., 38.

[32] Goleman, "Anatomy of a Rumor," C1.

[33] 孔飞力专门研究了1768年中国发生的以剪辫子为重点的巫术大恐慌，参阅 Philip Kuhn, *Soulstealers*。特哈尔论述了1876年的一次剪辫子恐慌，参阅 Ter Haar, *White Lotus Teachings*, 263 – 266。

［34］ 佐原笃介、沤隐：《拳乱》，第 116 页。

［35］ 刘大鹏：《琐记》，第 39～40、42 页。关于 1900 年夏太原假警
讯频传的情况，参阅调查人员 1959 年 8 月与 80 岁的贾仙居
（1900 年她在太原）的谈话记录，见乔志强编《义和团在山
西》，第 150 页。贝如意在她 1900 年 7 月 10 日的日记中记载
说，当洋兵即将抵达的消息传来时，墩坊村陷入了恐慌之中。　346
她写道："许多人投井自杀了。"

［36］ 唐晏：《庚子西行》，第 474 页。

［37］ 洪寿山：《时事》，第 94 页。

［38］《直隶总督裕禄等折》，光绪二十六年六月二十八日（1900 年 7
月 24 日），见《义和团档案史料》第 1 册，第 366 页。

［39］ 刘孟扬：《天津拳匪》，第 50 页。摄影记者詹姆斯·里卡尔顿
写道："每个城门口都有许多男女老少挤作一团，争先恐后逃
往僻远的村庄。"（James Ricalton, *China*, 232）在天津之战最
激烈的日子里，当城里极端混乱之时，某洋行的中国账房先生
（他已将全家人迁到供职的洋行）的一位友人跑来说，洋兵已
经失败退走，官兵和义和团快到了。友人叫他赶快带家人逃离
外国租界。账房先生携家眷欲逃，但发现洋兵已经封锁了街
道。他们返回藏身之处时，才知道友人所言，都是谣传。见佚
名《遇难日记》，第 170 页。

［40］ Gamewell, "History," 50. 盖姆维尔在第 52 页又写道："6 月 9
日星期六是义和团的欢庆日。据传（好像是真的），皇太后已
降旨，清军可以杀掉京城的所有洋人。"

［41］ Letter, originally printed in the *New York Tribune*, excerpted in Mrs.
S. P. Fenn, "Peking Siege-Book," 3.

［42］ 费启浩的陈述引自 Luella Miner, *Two Heroes of Cathay*, 见 Eva
Jane Price, *China Journal*, 264。

［43］ 费启浩侥幸逃脱险境，后来进入奥伯林学院学习。贝如意 7 月
31 日在山西太谷遇害。

［44］ Rosnow, "Inside Rumor," 486.

［45］ Jahoda, *Superstition*, 133.

［46］ Fussell, *Wartime*, 36. 富塞尔认为故事是战争时期我们应付"难以捉摸的现实"的重要手段。阿纳托尔·布鲁亚瓦尔认为故事是人们应付严重疾病（这是另外一种具有重大危险和不确定性的人生境遇）的一种比较重要的手段。把他们的看法进行一番比较是很有趣的。布鲁亚瓦尔写道："我的第一次生病经历是一系列断断续续的惊厥，我的本能反应是把它当作故事，以便加以控制。在紧急状况下我们往往要编故事。我们描述发生之事，仿佛要遏制灾难的发生。病人的故事能使他不因疾病而放弃生的希望。就像小说家一样，他把他的忧虑化为理想。"Anatole Broyard, "Good Books".

［47］ 参阅不知报纸名称的剪报，见 Mrs. S. P. Fenn, "Peking Siege-Book," 3 – 16, 50。7 月 15 日的《纽约时报》声称："北京的洋人全部遇害"（第 3 版）。《纽约论坛报》指责《纽约时报》刊登不负责任的新闻报道，其中一例是《纽约时报》7 月 16 日的头版头条，题为《北京惨案的详情——洋人在进行英勇抵抗后全部遇难——妇女先遭枪杀》。

［48］ Blake, "Collective Excitement."

［49］ Victor, *Satanic Panic*, 18 – 19. 另参阅 Cohn, "Myth of Satan"。维克托（第 47 页）还指出，关于魔鬼撒旦的谣言最有可能被因经济上的压力而深感忧虑和把自己的麻烦视为替人受过的美国人所轻信。法国不景气的加来港的代理市长也做过类似的分析。他认为，1992 年秋加来市突然出现群体性歇斯底里的深层次原因是人们"越来越缺乏安全感，越来越担心未来的生活"。造成此一事件的主要因素是种族主义而非撒旦崇拜主义。替罪羊是有突尼斯血统的一个黑皮肤男青年，他被指控犯有绑架、强奸、杀人和挖取金发碧眼儿童的内脏等罪行。但是这些指控最后都未找到确实证据。*NYT*, Oct. 30, 1992, A3.

347

[50] 参阅 Cohen, *China and Christianity*, 45 - 48;《谨遵圣谕辟邪全图》是一部最全面的反教宣传材料汇编,1861~1899 年极为流行,见王明伦编《反洋教》。

[51] Cohen, *China and Christianity*, 55, 305n33.

[52] 美国驻华公使镂斐迪 (Frederick F. Low) 的话,见上书第 231 页。

[53] Ter Haar, "Images of Outsiders."

[54] 天津北郊的义和团二师兄王恩普的回忆,见《天津义和团调查》,第 143 页。

[55] 刘以桐:《民教相仇》,第 184 页。

[56] 同上书,第 195 页。在受到围攻期间,外国人确实经常以马肉为生。

[57] 管鹤:《拳匪》,第 471 页,另参阅第 489 页。天津地区原义和团员回忆往事时,许多人都使用了"直眼"这个称呼,见《天津义和团调查》,第 118~147 页。

[58] 叶昌炽:《日记》,庚子年五月二十八日 (6 月 24 日) 和五月二十五日 (6 月 21 日),第 453 页。

[59] 龙顾山人 (郭则沄):《庚子诗鉴》,第 131 页。

[60] Sarah Boardman Goodrich, "Journal," June 15, 1900, p. 13. 据古德里奇记载,这些姑娘"非常勇敢,拒绝说谎。……她们当中有些被杀害了,有些逃走了"。

[61]《天津一月记》,第 151 页。

[62]《庸扰录》,五月十三日 (1900 年 6 月 9 日),第 250 页。

[63]《庸扰录》,五月十三日 (1900 年 6 月 9 日),第 250 页。

[64] 我未能直接查阅恽毓鼎的日记。李文海和刘仰东的《社会心理分析》第 13 页引用了日记的内容。李和刘引用恽毓鼎的日记论证世纪之交流传的两类根本不同的谣言的区别。按他们的划分,第一类谣言反映了义和团的"迷信思想",传的都是不可能发生的一些事情 (如红灯照空中飞行或义和团使海上的外国

轮船自燃等）；第二类谣言是对教民的指控，虽然未必是真的，却是有可能发生的。

[65] 关于这些传奇，参阅 Brunvand, *Vanishing Hitchhiker*；Ellis, "Introduction"。

[66] 参阅 Campion-Vincent, "The Baby-Parts Story"；Victor, *Satanic Panic*, 73 – 75 and passim；Rosnow and Finc, *Rumor*, 21 – 22, 42ff。

[67] 浸礼会传教士叶守真的话，转引自 Forsyth, comp. and ed., *China Martyrs*, 367；刘孟扬：《天津拳匪》，第11页；义和团的揭帖，见乔志强编《义和团在山西》，第3页；蓟州（属顺天府）营都司谢殿恩的禀报，光绪二十六年五月三十日（1900年6月26日），见《义和团档案史料》第1册，第193页；刘大鹏：《琐记》，第35、46页；Rowena Bird, letter, July 10, 1900；Pruitt, *Daughter of Han*, 151。

348 [68] 乔志强编《义和团在山西》，第3页。

[69] 刘大鹏：《琐记》，第35、46页。用人尿消除害人法术的法力的做法，参阅 Ter Haar, *White Lotus Teachings*, 265。作者指出，这是"针对用清水施行法术而采取的合乎逻辑的反击方法"（Ibid., 176；also 265）。

[70] 刘大鹏：《琐记》，第35页；叶守真的话，见 Forsyth, comp. and ed., *China Martyrs*, 367；Smith, *China in Convulsion* 2：659 – 660。

[71] 刘大鹏：《琐记》，第35页。

[72] Theodora M. Inglis, letter, Beijing, May 30, 1900, in Mrs. S. P. Fenn, "Peking Siege-Bood," 1 – 2.

[73] Elvin, "Mandarins," 134n80.

[74] Smith, *China in Convulsion* 2：659 – 660. 美国驻华公使康格1900年5月8日致国务卿海约翰的一份电报中报告了投毒的指控，见 *FRUS*, 122。关于投毒的指控，在直隶各处都有，证据如下：陈振江、程啸：《义和团文献》，第23、41、107～109页；

Charles A. Killie, letter, Sanhe county, May 16, 1900, *FRUS*, 131；*NCH*, May 30, 1900, pp. 966 - 967；ibid. , June 6, 1900, p. 1022；Luella Miner, letter, Tongzhou, May 4, 1900, in LMP, box 2, file 6；《直隶总督裕禄折》，光绪二十六年四月十九日（1900 年 5 月 17 日），见《义和团档案史料》第 1 册，第 91 页；蓟州营都司谢殿恩的禀报，同上节，第 193 页；杨典诰：《庚子大事记》，第 86 页；Bessie McCoy, letter, May 28, 1900, in Mrs. S. P. Fenn, comp. , "Peking Siege-Book," 1；Theodora M. Inglis, letter, Beijing, May 30, 1900, ibid. , 1 - 2；Allen, *Siege*, 25。山西的证据如下：叶守真的话，见 Forsyth, comp. and ed. , *China Martyrs*, 367；Ogren, "Conflict of Sufferings," 65；刘大鹏：《琐记》，第 34 ~ 35、42、45 ~ 47 页；Forsyth, comp. and ed. , *China Martyrs*, 65；Herbert Dixon（英国浸礼会教士）, diary, July 11, 1900, in ibid. , 51；《山西省庚子年教难》，第 510 页；Rowena Bird, letter, Taigu, July 6, 1900；Bird, journal, Taigu, July 3 and 6, 1900；山西巡抚毓贤折，光绪二十六年六月十二日（1900 年 7 月 8 日）和光绪二十六年六月十四日（1900 年 7 月 10 日），见《义和团档案史料》第 1 册，第 263、281 页。山东的证据如下：Pruitt, *Daughter of Han*, 151。

[75] 陈振江、程啸：《义和团文献》，第 107 页，另参阅第 23、41、108 页；《山西省庚子年教难》，第 510 页；乔志强编《义和团在山西》，第 5 页；刘大鹏：《琐记》，第 34 ~ 35 页。陈和程指出（第 23 页），这些药方中开列的中草药，具有和胃、补肾、解毒和收敛的功能。

[76] 刘大鹏：《琐记》，第 46 页。

[77] 1900 年 7 月 6 日的信。贝如意在 7 月 9 日的一封信中写道："现在，有人如想除掉自己的仇人，只需举报他受雇于洋人纵火烧房或往井中投毒，这样，他就会立即被处死。许多与我们毫无

关系的人就这样无辜被杀了。"另参阅 Bird, journal, July 3 and 6。

[78] Elvin, "Mandarins," 118 - 119.

[79] *NCH*, Jan. 6, 1893, p. 10.

[80] *NCH*, June 25, 1897, pp. 1126, 1129, 1136; Sept. 3, 1897, p. 448; Sept. 10, 1897, pp. 486 - 487.

[81] *NCH*, Sept. 24, 1897, pp. 579 - 580; Oct. 8, 1897, p. 654; Dec. 19, 1898, p. 1147. 当预言灾难要临头的具体日子平安度过后，谣言引起的恐慌会有特别明显的缓减。1872 年的洪水恐慌就是如此。1988 年纽约詹姆斯敦魔鬼撒旦引起的恐慌也是如此。5 月 13 日是预言要绑架和杀害一位金发碧眼的少女以祭神的日子，也是要发生其他可怕事情的日子。当这一天平静地过去后，人们就不再相信一段时间以来使他们惶恐不安的种种传言了，他们甚至嘲笑自己此前的担忧。参阅 Victor, *Satanic Panic*, 36, 41 - 42。伊懋可（"Mandarins," 122 - 123）指出，1900 年夏，"有一个奇怪的现象：头脑简单的轻信盲从之后，紧接着是常识重新得到肯定"。例如，人们起初对义和团的奇言怪行极有兴趣，以后却越来越怀疑了。

[82] Philip Kuhn, *Soulstealers*; Ter Haar, "Images of Outsides" and *White Lotus Teachings*, 173 - 195, 263 - 281. 1900 年夏，湖北省的武汉、宜昌和其他地区突然出现了对迷拐儿童之事的恐慌。原因有二：一是干旱引起的忧虑情绪，二是关于儿童的谣言——为了确保正在修筑的京汉铁路的贯通，必须把儿童埋在路基下面。人们指责洋人施了"催眠术"，只需摸着孩子，就能完全控制他们。*NCH*, June 13, 1900, pp. 1063, 1065; June 20, 1900, p. 1111; June 27, 1900, pp. 1157 - 1158; July 4, 1900, p. 14.

[83] Ter Haar, "Images of Outsides."

[84] 参阅 Victor, *Satanic Panic*, 52 - 53, 65, 73 - 75, 76, 123 - 130;

349

Campion-Vincent，"Baby-Parts Story"。

［85］这些例子均引自 Loewenberg，"Rumors"。

［86］Gordon, *Labor*, 177. 我能参考这本书，得感谢松阪庆久。后来，双方的关系有了很大的改善。1995 年 1 月神户地震发生后，媒体上未见日本人与朝鲜裔关系紧张的报道。相反，两个种族的成员互相帮助，共渡难关。*NYT*, Jan. 22, 1995, 8.

［87］Nkpa，"Rumors."当然，战争时期井中投毒的谣言四处流传，并不意味着投毒事件真的不会发生。第二次世界大战时期臭名昭著的日本生物实验部队——731 部队的一名军医承认，他们曾协助有关单位向中国的河流和井水中投毒（*NYT*, Mar. 17, 1995, A12）。另外值得注意的是，虽然井中投毒的谣言在大家的生存都岌岌可危的情况下最易流传开来，但在灾难较小的情况下也会出现。华志坚指出，五四运动时期，上海的一些反日暴力活动就是由关于日本公民在向上海的水源和食品中投毒的传言促成的。参阅 Jeffrey Wasserstrom, *Student Protests*, 70。

第六章　死亡

［1］艾声:《拳匪》，第 456 页。

［2］天津原义和团员李元善（79 岁）的回忆，见《天津义和团调查》，第 133 页。20 世纪上半叶，经常有人指责义和团乱杀人，所以在口述史资料中看到为义和团辩护的言论是不足为奇的。另参阅涿县辛汉章（85 岁）的回忆，1973 年 12 月 24 日，见《河北义和团调查》，第 005 编，第 7 号，第 3 页。

［3］Allen, *Siege*, 292-293. 美国特派员柔克义 9 月访问了北京，他的观察也很细致:"在天津与北京之间，公路两侧数英里的田地都被中国人弃置不顾了。……偶尔也能看到几个农民躲在玉米或高粱地里，试图收割一些成熟的庄稼，但是，他们被路上或河里行进的外国士兵发现后，就会受到枪击。我在路边看到了几具尸体，显然是被这样射杀的农民。" Willam W. Rockhill's dispatch to

350

Hay, Shanghai, Oct. 1, 1900, in *FRUS*, 250. 艾伦和柔克义提到的庄稼是在夏天雨水的滋润下长成的。4 个月前，江南教师唐晏乘火车从天津到北京，"则一望赤土，不见寸草，盖自去秋不雨，至于是矣"。唐晏：《庚子西行》，第 471 页。

[4] 刘孟扬：《天津拳匪》，第 23 页，另参阅第 20～21 页。关于义和团碎尸和焚尸的嗜好，明恩溥认为与他们相信一种传言有关。这种传言谓（他说当时流传极广）："除非采取强有力的措施加以防止"，被杀的教民会在三天内死而复生。Smith, *China Convulsion* 2：660.

[5] 洪寿山：《时事》，第 100 页。他提供的被杀人数和被烧户数是以"百万"计，而非以"千"计。我认为这个数字水分很大，所以翻译时做了相应的调整。

[6] Sarah Boardman Goodrich, "Journal," Aug. 20, 1900, 78.

[7] Isaacs, *Images of Aisa*, 139 - 140.

[8] 何伟亚对洋人报复行动的开创性研究使我们在对心理因素的了解方面往前迈进了一大步，但我们仍缺乏详述所发生之事的权威著作。参阅 James Hevia, "Leaving a Brand"。中国方面，参阅李德征、苏位智、刘天路《八国联军》，第 322～393 页。

[9] 艾声：《拳匪》，第 448、461、464 页。天主教徒关于高洛村惨案的报告（细节有所不同），参阅 Freri, *Heart of Pekin*, 8 - 10。在河北地区的口述史资料中，有个自称是高洛村义和团首领的孙子的人说，5 月 12 日的事件是义和团与教民间的一场械斗，双方都死伤惨重。他说，仅教民的孩子当中，就有数十个被杀。由于所有的教民尸体都被埋在一座大坟中，所以说不清到底死了多少。涞水县高洛村阎宝奇（68 岁）的回忆，1974 年 1 月 4 日，见《河北义和团调查》，第 005 编，第 22 号。另一个例子是义和团把遇害的教民扔到井中。参阅枣强县屈九江（79 岁）的回忆，1966 年 2 月，见《河北景州、枣强、衡水》，第 186 页。

[10] 管鹤：《拳匪》，第 483 页。天津地区的一个义和团员后来回忆

说，在他的家乡高家村以南有个没有墓碑的万人坑。当教民（"直眼"）被抓获后，就在万人坑中被处死。天津西郊义和团三师兄张金才（83 岁）的回忆，见《天津义和团调查》，第123 页。

[11] 刘孟扬：《天津拳匪》，第 28 页。

[12] Ogren, "Conflict of Sufferings," 83. 中国教民在义和团手中受折磨的其他许多实例，参阅 Forsyth, comp. and ed., *China Martyrs*, 346 – 382。

[13] Fenn, diary, 87.

[14] 刘孟扬：《天津拳匪》，第 18、24 页。

351

[15] Ricalton, *China*, 197 – 198. See also *NCH*, July 11, 1900, 52, 82. 某巡回演出的马戏团的代理人在战事初起时身处天津，后来逃到了上海。他描述了 7 月 2 日离开时天津的情形："浑浊的白河两岸躺着数百具残缺不全的中国人的尸体，有些无头，有些四肢不全。"（Ibid., 83 – 84）《北华捷报》报道说："浮桥边每天都拥塞着 50 ~ 100 具尸体，正在引起瘟疫流行。"（Ibid., July 18, 1900, 141; July 25, 1900, 198）

[16] Ricalton, *China*, 195; also 193.

[17] 管鹤：《拳匪》，第 482 页。据仲芳氏记载，在北京街头，6 月底被杀害的教民不计其数，皆弃尸于宽敞之地，无衣无棺。由于夏天炎热，尸体腐烂，臭气熏天，百步之外都能闻到。由于死者的亲人不敢认领埋葬，尸体只有任凭腐烂净尽。7 月 28 日反义和团的官员徐用仪被处死后也出现了类似的情景。他的尸体无人收敛，直到第二天下午，始行抬移。当时天气极热，蛆虫满地，臭味熏人。见仲芳氏《庚子记事》，第 17 ~ 18、30 页。仲芳氏说徐被杀的时间是 8 月 11 日，有误。

[18] Emma Martin, diary, 107.

[19] Oliphant, *Diary*, July 12, 1900, 115.

[20] Herbert Hoover, "Inside the Circle" (corrected typed draft).

［21］ 仲芳氏：《庚子记事》，第 30~31 页。

［22］ 唐晏：《庚子西行》，第 478 页。

［23］ Luella Miner, journal, Beijing, Aug. 16, 1900, in LMP, box 1, file 1.

［24］《天津一月记》，第 156~157 页。里卡尔顿（*China*, 232－234）对洋兵进入天津后难民逃跑的情景做了同样的描述。

［25］ 刘孟扬：《天津拳匪》，第 43 页；另外参阅第 40~42 页。

［26］ 刘孟扬：《天津拳匪》，第 48 页。

［27］ 刘孟扬：《天津拳匪》，第 55 页。

［28］ 佐原笃介、沤隐：《拳事》，第 288~289 页。

［29］ Luella Miner, journal, Beijing, Aug. 16, 1900, in LMP, box 1, file 1. 奇怪的是，仅仅在一周之前，灰心丧气的麦美德在日记中写下了这样的想法："使贫困而混乱的中国保持长久和平的唯一途径是这些外国军队前来北京，施行报复，让中国最僻远的山区村庄都记住教训。"（Ibid., Aug. 8, 1900）

［30］ Steel, *Through Peking's Sewer Gate*, 54.

［31］ 在为抢掠行为辩护的传教士中，最具说服力的是李约翰，参阅 Gilbert Reid, "Ethics of Loot"。关于义和团运动时期美国传教士对武力的辩护，曾引起马克·吐温和芬利·彼得·邓恩（"杜利先生"）的讽刺，参阅 Miller, "Ends and Means," 273－280。

［32］ 韩德把美军在北京的行为称为"模范行为"，参阅 Michael Hunt, *A Special Relationship*, 99。日军的军纪也颇受当时的有关人士的称赞，这些人对俄国人和德国人提出了尖锐的批评（Ibid.; see also Hunt's "Forgotten Occupation," 525－526）。

［33］ 谭春霖写道："德军的暴行使得中国人对他们的憎恨和害怕远远超过了对其他外国军队的仇视和惧怕。"Tan, *Boxer Catastrophe*, 145.

［34］ 高绍陈：《永清》，第 421~439 页，特别是第 429~431 页。

［35］ 柳溪子：《津西》，第 95~102 页（引文引自第 95 页）。

[36] 天津北郊义和团二师兄王恩普的回忆，见《天津义和团调查》，第143页。

[37] 除了已引用的詹姆斯·里卡尔顿和麦美德的判断外，埃玛·马丁写道："联军尤其是士兵在中国的行为是极为残暴的。" Emma Martin, letter, Jan. 12, 1900, 转引自 Hunter, *Gospel*, 171。

[38] 因1994年卢旺达政府军的大屠杀而失去亲人的一个图西族12岁孤儿告诉记者："他们［士兵们］对我们说，我们是虫子。""然后他们就开始杀我们了。"（*NYT*, Sept. 16, 1994, A3）纳塔利·泽蒙·戴维斯就16世纪天主教徒与新教徒之间的宗教暴力冲突写道："严峻的事实是，杀人者必须忘掉被杀者都是人。"（Natalie Zemon Davies, *Society*, 181）对于非人化现象（包括有趣的看法：一个人出于自我保护的目的而对他人给予非人化对待时，他本人也得非人化）的精辟阐述，参阅 Bernard, Ottenberg, and Redl, "Dehumanization"。

[39] Laurie Lee, *A Moment of War*, 161.

[40] 杨慕时：《电文》，第347页；艾声：《拳匪》，第447页。

[41] Herbert Hoover, "History, June," 3. 中国人围攻使馆一周后，胡佛把义和团描述为"成群结队的狂热之徒，他们现在也手持洋枪，更令人恐惧，因为他们具有清兵缺乏的东西——进攻的勇气"。（"Inside the Circle"）韩德的论述证实了胡佛的观察。韩德写道："在天津，由于中国人不像洋人认为的那样怯懦，所以美国人遭受了重大损失。"（Michael Hunt, "Forgotten Occupation," 502）关于义和团的"狂热"所具有的战斗力的有关情况，参阅 *NCH*, Aug. 1, 1900, 224。

[42] Interview with Lieutenant von Krohn, *NCH*, July 25, 1900, 201. 另参阅 Fleming, *The Siege*, 77。

[43] Allen, *Siege*, 288.

[44] 《遇难日记》，第171页。一位原义和团员提供了另外一种说法（可能描述的是同一场战斗）："我们在城里［天津］打仗时，

义和团很吃亏。义和团在前，官兵在后，打起仗来，两面开枪，义和团腹背受敌，伤亡很大。"天津西郊李九恩（78 岁）的回忆，见《天津义和团调查》，第 132 页。

[45] 刘孟扬：《天津拳匪》，第 39 页。

[46] 柳溪子：《津西》，第 87~88 页。柳溪子在此处指的是发生在北洼大寨的战斗，后来有人介绍刘十九的生平时描述过战斗情况，见《天津义和团调查》，第 112 页，同书第 98~100 页叙述得更详细。刘宝同（78 岁，以前是刘十九属下的义和团员）回忆说，当地农民第二年再到战场时，看到四处都是死人骨头，同上书，第 146 页。第二次世界大战的主要参战者也是年轻人，保罗·富塞尔写道，重伤员中"最普遍的叫喊声是'妈妈！'"（Paul Fussell, *Wartime*, 52）赫尔曼·梅尔维尔的话摘自他的诗《向弗吉尼亚进军》，转引自上书。

[47] 麦美德的报道以 "Ti-to and the Boxers：A True Story of a Young Christian's almost Miraculous Escape from Death at the Hands of Bold Cut-throats" 为题发表在 *The Ram's Horn* 杂志上。此处的引文引自 LMP, box 4, file 1。

[48] Butler, "Dame Rumor," 24.

[49] Ricalton, *China*, 221.

[50] Letter, Beijing, Aug. 18, 1900, in Steel, *Through Peking's Sewer Gate*, 21.

[51] Upham, "Log," July 17, 1900.

[52] Ibid., Aug. 14, 1900.

[53] Steel, *Through Peking's Sewer Gate*, 21, 23.

[54] Kinman, letter, Yokohama, Dec. 4, 1900. 为避免给读者留下金曼具有夸大敌人刀枪不入和美国海军陆战队不堪一击的倾向的印象，我引用他的另一封信为证。1899 年 6 月 27 日，他在写于菲律宾甲米地的信中说："关于在这些战斗中我方只有 15 或 20 人死亡、3000 或 4000 人受伤的说法完全是无耻的谎言。几乎在每

一次战斗中我方都要死数百人，但第二天的报纸上只说死了 20 或 30 人。"（Ibid.）

[55] Fussell, *Wartime*, 61.

[56] Goodrich, "Journal," 27; see also Emma Martin, diary, 71.

[57] Upham, "Log," June 29, 1900. 厄珀姆在第二天（6 月 30 日）的日记中详述了另一起射击孔死亡事件后评论说："那些中国佬的枪法奇准，他们能够在不用狙击镜的情况下以开 6 枪击中 5 枪的命中率击中三英寸见方的射击孔。"

[58] Steel, *Through Peking's Sewer Gate*, 54, 55 - 56, 64.

[59] Hoover, "Inside the Circle."

[60] Martin, diary, 44.

[61] 胡佛写道："随着援军的抵达和大屠杀恐惧的消除，中心区的人们又重见天日了。"（"中心区"指的是外国租界内的中心地带，在围攻的第一阶段，外国平民聚集在这儿。）参阅 Hoover, "Inside the Circle"。胡佛还认为，6 月 26 日援军的抵达标志着围攻行动第一阶段的结束。他写道："命运注定还要我们坚持 18 天，但是，驻军给人们带来了切实的安全感，使严峻的形势大为缓解，接下来的事就是军事战术和外交交涉问题了。"（Hoover, "History, June," 10 - 11）

[62] Martin, diary, June 24, 1900, 57 - 58.

[63] 唐晏：《庚子西行》，第 473 页。这位妇女所说的话的要义是颇为有趣的。在她说这些话的时候，被杀的洋人确实不算多，在京城及其周围地区更少（这很可能是她立论的依据）。另一方面，尽管妇女和儿童被杀的人数有可能比男人多（正如那位妇女所言），但我们缺乏确凿的证据证实这种说法。

[64] Hoover, "The Period from May 28th."

[65] Hoover, "Inside the Circle." 显然，躲在家中的人并非都无危险。有几个洋人是在自家床上被子弹击中的（Drew, diary, 40）。

354

[66] Hoover, "Inside the Circle."

[67] See the entries in Bishop Alphonse Favier's diary for June 23, 25, July 7, 23, in Freri, *Heart of Pekin*, 32 – 33, 39, 45.

[68] Diary, July 10 and 11, 1900, ibid., 40.

[69] Diary, Aug. 12, 1900, ibid., 52.

[70] Diary, July 1, Aug. 2, 5, and 15, 1900, ibid., 36, 49, 54; see also ibid., 38, 44, 46, 50, 51.

[71] 保卫西什库教堂的43名法国和意大利海军陆战队员，是从驻扎在使馆区的大约450名士兵中挑选出来的。参阅 Duiker, *Cultures in Collision*, 101。

[72] 虽然被包围的外国人的数量有准确的统计数字，但中国人的数字却有许多种不同的估计。被围初期，使馆区约有880名外国人。艾伦声称，当新教传教士6月20日撤离美以美会总堂时，带来了1700名中国教民（有人推测，他们大多数是新教徒）。他还说，虽然《泰晤士报》记者莫理循估计天主教徒共约1200人，但是被围期间中国劳工组织的负责人之一确切地告诉他，这个数字接近2000人，英国使馆的大多数传教士也同意这一估计。如果我们接受2000名天主教徒这个数字，那么可以计算出围攻开始阶段使馆区共有4580人。明恩溥说被围困的人中有1662名天主教徒，那么，在其他人的数量不变的情况下，使馆区的人口总数就是4242个。麦美德给出的数字更低，她在日记中曾提到："这儿有将近4000人。"根据这些数字，我推测被围困在使馆区内的中国人有2900～3700个。Allen, *Siege*, 85 – 86, 104; Smith, *China in Convulsion* 1: 359; Miner, diary, July 19, 1900, in LMP, box 1, file 1.

[73] Miner, diary, July 18, 1900, in LMP, box 1, file 1.

[74] Favier, letter, Tianjin, Sept. 1900, in Freri, *Heart of Pekin*, 12.

[75] Miner, diary, July 19, 1900, in LMP, box 1, file 1.

[76] Oliphant, *Diary*, 66; Allen, *Siege*, 256. 外国人在记叙这段历史

时往往忽略了被围困的中国人，例如，玛丽·波特·盖姆维尔列举了被围期间上帝保佑他们的 10 个明证，其中之一是："尽管出现了传染病，但没有暴发时疫。人们的健康状况普遍良好，尽管有一些儿童患了病，并有 6 个不幸夭折。"这当然是单指外国儿童的死亡率，如果把中国儿童计算在内，肯定会远远超过 6 个。Gamewell, "History," 61.

[77] 麦美德写道："［中国］天主教教民中有 70 名儿童不幸夭折，他们的卫生条件远不如我们，他们的神父不关心他们。"Miner, diary, Aug. 2, 1900, in LMP, box 1, file 1. See also Smith, *China Convulsion* 1：320.

[78] 这条材料引自鹿完天《北京事变》，第 418 页。

[79] Oliphant, *Diary*, July 1, 1900, 66.

[80] Miner, diary, Aug. 5, 1900, in LMP, box 1, file 1.

[81] 鹿完天：《北京事变》，第 407、409 页。

[82] Ricalton, *China*, 241.

[83] 仲芳氏：《庚子记事》，第 14 页。据美国驻华公使康格报告，死亡人数比较大。Dispatch to Hay, June 18, 1900, *FRUS*, 151.

[84] 仲芳氏：《庚子记事》，第 15 页。

[85] 同上书，第 22 页；另参阅第 25 页。

[86] 管鹤：《拳匪》，第 475 页。

[87] 同上书，第 477、490 页。

[88] 《遇难日记》，第 169～170 页。关于 1900 年夏天津外国人社区内对奸细的普遍担忧，杜德维夫人写道："人们经常担心会有奸细潜入租界，或者奸细已混迹于我们的仆佣之中。人们普遍不信任中国人。"(Mrs. E. B. Drew, diary, 22)

[89] 《天津一月记》，第 143 页。

[90] 管鹤：《拳匪》，第 476～477 页。

[91] 叶昌炽：《日记》，光绪二十六年五月二十七日（1900 年 6 月 23 日），第 446 页。

[92] 管鹤：《拳匪》，第 476 页。

[93] 同上书，第 489 页。

[94] 刘孟扬：《天津拳匪》，第 15 页。

[95] 参阅第三章注释 65。

[96] 仲芳氏：《庚子记事》，第 25 页；另参阅杨典诰《庚子大事记》，第 83 页。

[97] 杨典诰：《庚子大事记》，第 86 页；仲芳氏：《庚子记事》，第 12～13 页；Guy Alitto, *Last Confucian*, 29。据高枬记载，不时有读洋书的人被杀，见高枬《日记》，光绪二十六年六月五日（1900 年 7 月 1 日），第 149 页。

[98] 刘孟扬：《天津拳匪》，第 10 页；管鹤：《拳匪》，第 471 页。从北方逃至上海的一位中国难民说，东洋车改名的命令发自北京的义和团，华北各地遵命行事（*NCH*, Aug. 15, 1900, p. 356）。天津地区其他改名的例子，原义和团员孙少棠（75 岁）做了例举，见《天津义和团调查》，第 146 页。

[99] 刘孟扬：《天津拳匪》，第 32～33 页。刘还详述了义和团抢劫天津专卖洋货的其他许多商行的情况。

[100] Pruitt, *Daughter of Han*, 152.

[101] 管鹤：《拳匪》，第 474 页。

[102] 刘孟扬：《天津拳匪》，第 40～41 页。

[103] 管鹤：《拳匪》，第 475～476 页。

[104] 同上书，第 475 页。正如我们所知，管鹤和家人几天后确实逃走了。

[105] 仲芳氏：《庚子记事》，第 30 页。

[106] Martin, Diary, June 11–13, 1900, 45.

[107] Goodrich, "Journal," June 19, 1900, 20–21. 外国传教士在寻求自身安全时经历的痛苦是被迫"抛弃"追随他们的教民，麦美德对此深有体会，参阅 Miner, journal, Tungchow [Tongzhou], June 7, 1900, in LMP, box 1, file 1。

[108] 参阅 Clapp, diary letter, Taigu, July 13 – 14, 1900; Bird, journal, Taigu, July13, 1900。

[109] Eva Jane Price, *China Journal*, 231 – 232. See also her letter of Aug. 1, ibid. , 235 – 236.

[110] Partridge, letter.

[111] Letter, June 2, 1900, Baoding, in Goodrich, "Journal," 6 – 7.

[112] Letter, Tianjin, Aug. 3, 1900 （拼写和标点符号均保持原状）。

[113] Allen, *Siege*, 23 – 24.

[114] Journal and letter, Taigu, July 13, 1900.

[115] 欲了解详情，参阅 Forsyth, comp. and ed. , *China Martyrs*, 68 – 69。

[116] 这首诗名为《二十世纪》，见 Hoffman, *Hang-Gliding from Helicon*, 121。

356

第三部分　作为神话的义和团

绪论　被神话化的过去

[1] Keegan, *Face of Battle*; Fussell, *The Great War*, 特别是第二章关于在战壕中热情召唤生命的部分（"穴居世界"）。类似的研究成果有：Linderman, *Embattled Courage*; Fussell, *Wartime*。

[2] Schwarcz, "Remapping May Fourth," 23.

[3] Schwarcz, "Remapping May Fourth," 24.

[4] García Márquez, *The General in His Labyrinth*. 关于玻利瓦尔沉湎女色的说法引自记者对加西亚·马尔克斯的一篇专访，*NYT*, June 26, 1989, C13.

[5] Greenhouse, "Protecting Its Mystique," *NYT*, May 27, 1993, A1, A24.

[6] Januszczak, *Sayonara, Michelangelo*.

[7] G. R. 埃尔顿谈到了"神话的破灭给人们带来的担忧"（Elton, *Return to Essentials*, 6）。虽然加西亚·马尔克斯声称《迷宫中的将军》"绝对肯定"是"如实描述了玻利瓦尔"，但是，哥伦比亚前总统贝利萨里奥·贝坦科尔则说"该书使他'备感沮丧'，也使他'极度痛苦和悲哀'，它将迫使读者'一边流泪，一边重新审视这个世界'"（*NYT*, June 26, 1989, C17）。有张宣告将于 1990 年 12 月 6 日在波士顿市伊莎贝拉·斯图尔特·加德纳博物馆举办一场讲座的传单称："对许多人来说，对西斯廷教堂天顶的修缮，使它失去了最高贵的品质。"最高法院法官威廉·H. 伦奎斯特在 1993 年 5 月 25 日的一封信中，代表"最高法院绝大多数法官"表示，他们对美国国会图书馆如此匆忙地决定开放马歇尔法官的档案感到震惊和失望。*NYT*, May 26, 1993, D21.

[8] Marilynne Robinson, "Writers," 34.

[9] Slotkin, *Gunfighter Nation*.

[10] Bickers, "History, Legend," 81 – 84.

[11] 关于对近代中国人的历史观念和中国人把鸦片战争视为"被迫走向'近代化'的漫长过程的开端"等问题的深入探讨，参阅 Jiwei Ci, *Dialectic*, 25 – 27, 248 – 249n1。

[12] 我在此特别指的是历史的神话化。个人生平事迹的神话化虽在后面的章节中略有述及，但在全书中不占任何分量，它在许多重要方面都与其他形式的神话化不同，最大的不同之处在于它在神话化的过程中把主观意识与客观事实糅合成为一体。

[13] 关于人们迄今为止一直对法国大革命抱有矛盾看法这一现象的论述，参阅 Barker, "Teaching," 17 – 18。

[14] 20 世纪 60 年代美国出现的对性别、种族和环境等因素所起作用的新看法，已在很大程度上改变了美国西部新一代历史学家观察问题的视角。参阅 Bernstein, "Unsettling the Old West"; Brinkley, "The Western Historians"。

357

[15]　Hobsbawm，"Introduction，" 13.

[16]　这与科学哲学家对于科学理论的创造所持的观点并无太大不同。
　　　　最著名的是托马斯·S. 库恩的观点，参阅 Thomas S. Kuhn，*The
　　　　Structure of Scientific Revolution*。玛丽·赫西把自己在一些文章中
　　　　所持的立场总结如下："科学理论是适应我们对于大自然的实践
　　　　需要的一种特殊神话。" Mary Hesse，"Arlstotle's Shadow." *NYT*，
　　　　Oct. 22，1989，24E.

[17]　Alpern，"New Myths，" 35. 阿尔珀恩此处特指的是历史学家非
　　　　故意地制造神话的行为，有别于非历史学家故意制造神话的行
　　　　为。这种故意行为在美国发生的非洲中心主义问题的争论中起
　　　　了重要作用。有些学者认为，把非洲中心论的材料纳入中学和
　　　　大学课程，显然是为了"增强黑人学生的自尊心而非告诉他们
　　　　历史真相"；另外一些学者则认为，增加黑人学生的自尊心很可
　　　　能是非洲中心学说的副产品，而不是其主要目的。Marriott，
　　　　"Afrocentrism，" *NYT*，Aug. 11，1991，18.

[18]　Wilford，*Columbus*，249 - 262（quotes from 249，252）。1991 年
　　　　夏，为纪念哥伦布登上美洲大陆 500 周年，费城市议会投票决
　　　　定把特拉华大街（将近 4 英里长）更名为克里斯托弗·哥伦布
　　　　大街，这时候，关于哥伦布的各种不同神话所引起的情感冲突
　　　　凸现出来了。美籍意大利后裔极力争取更改街名，但是，在
　　　　"制止更名联盟" 中颇为活跃的一位阿帕切族印第安人则说，
　　　　他们印第安人不希望把荣誉给予一个主张 "奴役有色人种" 的
　　　　人（*NYT*，Aug. 25，1991，27L）。一年后，一群土著美国人在波
　　　　士顿抗议示威，引出了准备在哥伦布纪念日举行游行庆祝活动
　　　　的组织指挥者的如下一段话："我们是意大利裔美国人，他们夺
　　　　走了我们的所有英雄。……哥伦布是我们拥有的最后一位英
　　　　雄。……他发现了美洲。他们为什么不放过他呢？"（*NYT*，
　　　　Oct. 11，1992，18）

[19]　威尔福德（*Columbus*，ix - x）指出，"哥伦布去过的地方和做过

的事情都不很清楚，有关的航海图既少又模糊，有关的记载则充满矛盾。"历史学家柯义耕就此问题与威尔福德展开争论，他认为，"事实上，我们对他［威尔福德］所谓的'神秘的'历史的了解是相当全面的"。Richard L. Kagan, "Discovery of Columbus," 27.

[20] 引起这场争论的主要著作是伯纳尔的多卷本研究成果（仍在陆续出版中）: Bernal, *Black Athena*。

[21] Jeremie Barmé, "Beijing Days," 43；另参阅他的 "Confession, Redemption, and Death," 78。

[22] Orville Schell, "Introduction," 12.

[23] 非常感谢魏昂德（Andrew Walder）为我提供了这个例子，这是1990 年 6 月 9～10 日他在剑桥采访一位工人活动家时获悉的。虽然19 世纪末"刀枪不入"的说法（与其他公式化的有关身体不受伤害的暗示不同）更普遍地流行于大刀会而非义和团（Esherick, *Origins*, 228），但到 20 世纪，人们基本上把"刀枪不入"与义和团联系在一起。

[24] Greene, *Hsiang-Ya Journal*, xiii.

[25] 刘心武:《后毛泽东时代的文学"新"在何处?》。

[26] Myerhoff, *Number Our Days*, 37. 在更广泛的层面上，谢利・E. 泰勒争论说，头脑健康的标志在相当大的程度上是进行"有创造性的自我欺骗"的能力，而不是对准确性的关注（Shelley Taylor, *Positive Illusions*）。戴维・卡尔虽然承认个人在"叙写和经常修改"自己的生平经历的过程中非常注重一致性，但他不大愿意像迈尔霍夫或泰勒那样不重视当事人的真实经历和诚实性，参阅 Carr, *Time*, 75－78, 98－99, 171－172。

[27] Boyer and Nissenbaum, *Salem Possessed*, 22.

[28] Ying-ho Chiang, "Literary Reactions," Part 1, esp. 18, 96－100, 147n12.

[29] 参阅本书第五章注释 20。

［30］"编者的话"，见张士杰《红缨大刀》，第 2 页。蔚刚在《义和
团故事》一文中详细论述了流传颇广的义和团故事在形成爱国
主义精神和正确的社会主义价值观方面的重要性。

［31］老舍：《老舍文集》第 12 卷，第 109～181 页；老舍在《后记》
中详细叙述了写作这个剧本时的有关情况，同上书，第 182～
186 页。该剧的另一个名字是《义和团》，最初发表于《剧本》
合刊本（1961 年 2～3 月）。

［32］不按典型模式描写义和团的作品有冯骥才和李定兴合写的长篇
历史小说《义和拳》（出版于 1977 年），这部小说着重描写了
1900 年 7 月张德成和其他人保卫天津的经过。王德威指出了这
部小说在对义和团的处理方面的一些模糊性，参阅 Wang,
Fictional Realism, 296–298。

［33］《5·19 长镜头》（最初发表于 1986 年），译文见 Barmé and
Jaivin, eds., *New Ghosts, Old Dreams*, 265–278, esp. 275–276。

［34］我在此处依赖的是白杰明的概括和分析，参阅 Barmé, "Wang
Shuo," 51–60。按字面翻译，王朔这篇小说名为《千万别把我
当人》。英译者译成 "No Man's Land"，见 "Wang Shuo," 52–
53。

［35］关于这次访问的简要介绍，见 Buck, "The 1990 International
Symposium," 116～117。威县政府和县委为庆贺纪念馆的落成，
印发了小册子《赵三多和他领导的义和团》，内有关于赵三多
纪念馆的更多信息。

［36］最主要的一个例子是极其成功的教育计划——"正视历史和我
们自己"。一份宣传材料称，该计划旨在"以纳粹灭绝人性的
大屠杀和亚美尼亚的种族大屠杀为例，让青年们了解，当道德
沦丧时会发生什么样的事情"。

［37］Allen, *Siege*, 261–263. 他们确实制造了纪念章以纪念这段经
历，但使用了另外一种设计图案。

［38］Miner, journal, Beijing, Aug. 16, 1900, in LMP, box 1, file 1.

［39］ Seligson，"Bewitched."

［40］ 或者是从历史中获得动力，防止类似的事件在现实中重演。1992 年 11 月初，柏林和德国其他城市举行了大规模游行示威活动，纪念"打砸抢之夜"（1938 年 11 月 9 日夜晚，纳粹分子在德国各地捣毁和抢掠了犹太人的许多住宅、商店和教堂）54 周年，抗议自德国统一以来各地发生的主要针对中东和东南亚新移民的排外暴力活动。*NYT*, Nov. 9, 1992, A1, A8.

［41］ Seligson，"Bewitched," 10. "前事不忘，后事之师"当然也是纳粹大屠杀纪念活动的主题。

［42］ *NYT*, June 19, 1988, 1S, 6S.

［43］ 举一个著名的例子，沙马的著作《市民》主要论述的是作者所谓的"棘手的革命暴力问题"（Schama, *Citizens*, xv）。

［44］ 乔文：《八国联军》，《人民日报》（海外版）1990 年 8 月 20 日，第 2 版。另外参阅《人民日报》1990 年 8 月 15 日，第 1 版；1990 年 8 月 16 日，第 4 版。

第七章　新文化运动与义和团

［1］ Levenson, *Confucian China* 1：123. 我们可把他的观点与胡适的看法进行比较。1925 年胡适在燕京大学演讲时说（第二年整理成了文字稿）："二十五年前，传教事业的主要敌人是愚昧的迷信。二十五年后，传教事业的难关是开明的理性主义。"胡适：《教会教育》，第 730 页。另外参阅这篇讲话的英译文："The Present Crisis in Christian Education," 435。

［2］ Cohen, *China and Christianity*, 267 – 268.

［3］ 参阅李希圣《国变》；恽毓鼎：《崇陵传信录》，第 52 页；洪寿山：《时事》；柴萼：《庚辛》。另外参阅下述报刊的有关报道：《申报》1900 年 7 月 1 日和 8 月 19 日，见《义和团》，第 4 册，第 171～174 页；《国闻报》，未注明日期，见《义和团》，第 4 册，第 174～176 页；《中外日报》1900 年 6 月 17 日和 18 日，见

《义和团》，第 4 册，第 183～185 页。

[4] 洪寿山：《时事》，第 90 页。另请注意下面两项史料的篇名：袁
昶《乱中日记残稿》；刘孟扬《天津拳匪变乱纪事》。

[5] 刘孟扬：《天津拳匪》，第 7 页；洪寿山：《时事》，第 90 页。

[6] 恽毓鼎：《崇陵传信录》，第 47 页。

[7] 例如，刘孟扬：《天津拳匪》，第 13 页。

[8] 袁昶：《日记》，第 346 页。

[9] 刘孟扬：《天津拳匪》，第 7 页。

[10] 主要根据新闻报道写成的著作，参阅堀内哲男《义和团运动》。
具有改良意识的中国人对义和团的否定态度也经常见于诗歌和
小说中，参阅 Ying-ho Chiang, “Literary Reactions,” 96 - 100,
147n12, 271 - 327。

[11] Alitto, *Last Confucian*, 22. 梁坚信义和团是场大灾难，所以冒着
很大的危险公开呼吁采取行动予以取缔，即使在义和团得到慈
禧太后的支持以后，他仍不改初衷（Ibid., 27）。

[12] 康有为：《拳匪之乱为复圣主而存中国说》，转引自 Kung-chuan
Hsiao, *A Modern China*, 237。

[13] 梁启超：《小说与群治》，第 9 页；Lyell, *Lu Hsün's Vision*, 61。　**360**
梁启超此文的主要目的不在于斥责小说本身，而在于提醒人们
注意小说在形成公众的态度和信仰方面拥有巨大的能量。

[14] See Don C. Price, “Popular and Elite Heterodoxy.”

[15] 孙中山等一小部分早期革命家为义和团辩护。孙的观点见
Kuang-chung Chen, “A Semiotic Phenomenology,” 73 - 74；另参
阅 Don C. Price, “Popular and Elite Heterodoxy” 以及本书第八
章。

[16] 邹容：《革命军》，第 331～364 页，特别是第 332、349 页。邹
容的《革命军》有英文译本，见 Tsou Jung [Zou Rong], *The
Revolutionary Army*。

[17] 鲁迅：《阿 Q 正传》，第 120 页。

［18］鲁迅：《狂人日记》。

［19］See Duara, "Knowledge and Power."

［20］《义和团征服了洋人》的作者署了个假名：只眼。该文发表于《每周评论》第 1 期（1918 年 12 月 22 日）的"随感录"栏目中。该文作者似乎是陈独秀，参阅《独秀文存》第 2 卷，第 1~2 页。

［21］Chiang Monlin, *Tides*；关于王星拱，参阅 Lutz, *Chinese Politics*, 34 – 35；胡适：《教会教育》，第 730 页（另参阅 Hu Shih, "The Present Crisis," 435）。胡适在 1914 年 7 月 26 日的日记中写道："吾每读史至鸦片之役，英法之役之类，恒谓中国直也；至庚子之役，则吾终不谓拳匪直也。"胡适：《留学日记》第 2 卷，第 315 页。

［22］我们知道，关羽、张飞和赵云是《三国演义》中的人物，"猴王"孙悟空出自《西游记》，黄三泰出自《彭公案》，黄天霸出自《施公案》。后两部作品是 19 世纪十分受欢迎的小说，描绘的是为民作主、惩恶扬善的清官。

［23］陈独秀：《克林德碑》，第 449 ~ 458 页，特别是第 453 ~ 455、458 页。

［24］鲁迅：《随感录》，第 37 篇，第 514 ~ 515 页。

［25］陈铁生：《拳术》，第 218 ~ 219 页。

［26］鲁迅的应答文就发表在陈文之后，见第 219 ~ 221 页。

［27］Schneider, *Ku Chieh-kang*, 124.

［28］转引自 Hayford, *To the People*, 12.

［29］在邓小平时代，这种倾向在中国知识分子中仍很普遍。1989 年政治风波期间存在"学生们厌恶各阶级联合"的现象。有学者对此进行分析后指出，部分原因源于学生们"认为自己在道德上和政治上优于文化水平低下的民众的精英意识"。Perry and Fuller, "China's Long March," 669. 另参阅 Myron L. Cohen, "Being Chinese," 113 – 114; Link, *Evening Chats*, 106 – 107.

[30] 孔迈隆写道（"Being Chinese," 129 – 130）："对迷信的攻击是那些文化圈外的人（出身不同，或自我界定不同，或者二者兼而有之）控制和重新塑造社会的一种努力。在一个互相敌视的环境中，共产党和非共产党所做的这些努力都被渲染到相当高的程度，足以使人们认为整个历史进程是一场文化战争。"中国政府不时地发动批判"迷信"和其他对国家利益有害的民间宗教信仰和活动，详细情况参阅 Duara, "Knowledge and Power"。洪长泰描述了"破除迷信运动"中对寺庙和神、佛塑像的破坏情况，参阅 Chang-tai Huang, *Going to the People*, 160。

361

[31] "文化大革命"时期的例外之一是，义和团和红灯照受到了纽约和旧金山市美籍华人的热烈赞扬。洛杉矶的华人组建了一支红卫兵。纽约出现了一个名为"义和拳"的组织，并于 1970 年 2 月开始出版发行双语杂志《团结报》（*Getting Together*, 双月刊，有时是月刊）。该杂志第二期题为《义和拳》的社论明确表述了该组织的立场："义和拳的战士没有被洋人的武器所吓倒，因为他们相信，决定战争胜负的更重要的因素是人们的团结和齐心，而不是武器。……义和拳……相信被解放的妇女具有平等的地位和极大的潜能。成千上万的被解放妇女参加红灯照等组织，与男子并肩作战，抗击洋人。……太平天国和义和拳的爱国志士们点燃的星星之火，引发了解放中国人民和世界人民的伟大运动的燎原烈火。" *Getting Together*, 1.2（Apr. 1970）：2（English-language section）。

[32] Shoup, "In Peking."

[33] 对这幅漫画的评论，参阅 Utley, "American Views," 122。

[34] Leyda, *Dianying*, 4 – 6.

[35] 佩因的小说连载了 10 期。随后，小说改名为《龙与十字架》正式出版单行本。当时的外国人倾向于把义和团和大刀会混为一谈的共同特点，在《青年之友》的一则新闻中得到了明确的证实，见 *The Youth's Companion* 74：25（June 21, 1900）：322。

[36] Isaacs, *Images of Asia*, 106.

[37] Foster, "China and Chinese," 382.

[38] Foster, "China and Chinese," 436 - 438.

[39]《生活》杂志用图片资料考察分析了1966年秋出现"共产主义
红卫兵的青年狂热分子"的历史背景，内容共有三个部分，第
一部分讲的主要是"嗜杀成性的义和团起义"（"Behind Mao's
Red Rule：The 100 Violent Years."*Life*, Sept. 23, Sept. 30 and
Oct. 7, 1966）。威特克（Witke, *Comrade Chiang Ch'ing*, 349）分
析了1967年红卫兵袭击英国驻华使馆代办办公室的"排外行
为"，认为这似乎"在重演义和团欲把所有外国势力清扫出中
国的梦幻剧"。

第八章　反对帝国主义与义和团神话的重构

[1] 新文化运动对传统文化的批判和1919年5月4日在中国首都爆
发的政治性示威所表露的民族主义情绪，常常被合称为"五四
运动"或"五四时代"。关于由此引发的许多问题的深刻分析，
参阅 Furth, "May Fourth in History"。

362　[2] Ku Hung-ming [Gu Hongming], *Papers*, 80, 94 - 95. 辜鸿铭认为
义和团是一支爱国力量，他们"能使全世界相信，中国人并非不
愿意打仗"。辜自己承认，他的看法与赫德爵士的观点相去不远。
用辜的话来说，赫德的同胞都认为，"当他［赫德］预言'义和
团主义'将来会在中国大行其道时，他的神志完全失常了"
（ibid. , 78）。关于辜的更多情况，参阅 Arkush, "Ku Hung-
ming"。赫德（*Essays*, 4, 53 - 54）非常明确地称义和团为爱国
者。使馆区被围期间，奥地利驻华使馆代办纳色恩也把义和团视
为"爱国者"，认为他们对外国人发泄怒火完全正当，参阅
Mackerras, *Western Images*, 69 - 70。

[3] 初次发表于1900年10月22日，后收录于 Ku Hung-ming, *Papers*,
96。

[4] 《主客平议》，译文见 Schwartz, *In Search of Wealth and Power*, 142。

[5] Schiffrin, *Sun Yat-sen*, 275；陈匡时：《开智录》，第 875 页。

[6] "义和团有功于中国。"《〈开智录〉》上刊登的这篇文章是野原四郎的《义和团运动》研究的主要内容。据陈匡时考证，此文作者贯公是郑贯一的笔名（陈匡时.《〈开智录〉》，第876页）。关于对其他称赞义和团爱国精神的改良派和革命派人士的论述，参阅 Don C. Price, "Popular and Elite Heterodoxy"。另外参阅（特别是革命派的情况）久保田文次《义和团评价》。

[7] 逸仙：《支那保全分割合论》，第 601 页，译文见 Schiffrin, *Sun Yat-sen*, 312。

[8] Rankin, *Elite Activism*, 285.

[9] 《安徽俗话报》第 13～15 期，1905 年。另外参阅 Feigon, *Chen Duxiu*, esp. 60 – 68。

[10] 正如我们看到的，在义和团运动结束后的那个阶段，陈对爱国主义和反对帝国主义的许多问题都保持着警惕。然而，当时他的敏感性似乎更多地趋向于帝国主义强加给中国的种种耻辱，而非义和团对帝国主义的英勇抵抗。关于五四以后陈对义和团的看法的转变问题，参阅 Richard C. Kagan, "From Revolutionary Iconoclasm," 71 – 72；Carrère d'Encausse and Schram, *Marxism and Asia*, 223 – 224。

[11] Lutz, *Chinese Politics*, 131. 关于"反帝同盟"通电全国的电文，参阅 Wieger, ed., *Chine moderne* 5：228。

[12] 陈独秀：《错误的观念》。

[13] 陈独秀：《教训》，第 17 页。

[14] 彭述之：《帝国主义》，第 646 页。

[15] 蔡和森：《国民革命》。

[16] 研究五卅运动最为全面详尽的英文著作是 Rigby, *The May 30 Movement*；中文著作参阅李健民《五卅惨案》。

[17] 唐兴奇：《五卅运动》。另外参阅 Rigby, *The May 30 Movement*, 121。

[18] 关于这一点，特别请参阅 Wasserstrom, "The Boxers as Symbol"。

[19] 瞿秋白：《义和团运动》。另外参阅 Rigby, *The May 30 Movement*, 121 – 123。

[20] 李大钊：《孙中山》。李的文章写于 1926 年 3 月 12 日，刊载于《国民新报》的评论特刊。重印于李大钊《李大钊选集》，第 537 页。另外参阅 Meisner, *Li Ta-chao*, 174。

363 [21] 龙池：《废约运动》，第 1727 页。

[22] Lutz, *Chinese Politics*, 131. 我没有看到《非基督教特刊》。

[23] Lutz, *Chinese Politics*, 133.

[24] Spence, *To Change China*, 179.

[25] Wieger, ed. , *Chine moderne* 6：265.

[26] 外国也有这样一个前例：使馆区被围期间，《旧金山记事报》发表了一幅题为《真正的"义和团"》的漫画，描绘的是外国列强力求打垮中国以便瓜分之。参阅 *The Literary Digest* 21：2 (July 14, 1900)：34; see also Utley, "AmericanViews," 117。

[27] I. Hu, "Did the Boxer Uprising Recur in 1925?" (esp. 33, 38).

[28] 当地媒介有能力左右当地的舆论，例如，1927 年 3 月底南京发生国民党军队排外事件后，威廉·F. 普罗梅于 4 月 4 日在上海报道说："上海……笼罩在当地英国报纸发动的反国民党宣传攻势的浓厚气氛中。记者们推波助澜，为这种气氛所左右。" William F. Prohme, "Outrages at Nanking".

[29] 转引自 Wasserstrom, "The Boxers as Symbol," 20。

[30] Rigby, *The May 30 Movement*, 146 – 147. 与此相似，在中国基地的一名英国海军军官在 1925 年 1 月 17 日的日记中写道："上海的骚乱愈演愈烈。……还有其他严重的问题，如汉口出现的排外行动。看上去似乎要发生另一次义和团暴动。" 转引自 Bickers, "History, Legend," 84。

[31] Wasserstrom, "The Boxers as Symbol," 20. 华志坚引述了当时一位德国记者的观察：每当"居于上海的西方人（尤其是老辈人）提到［中国人］对西方人的仇恨时，脑海里总会想起义和团运动的往事，它就像中世纪一个难以捉摸的幽灵"。转引自 *The Living Age* 326（Sept. 1, 1925）: 241。

[32] Letter from Frederick Hough, Shanghai, July 28, 1927, in *The Nation* 125: 3252（Nov. 2, 1927）: 478 - 479. 霍夫指出："照相机确实不会撒谎，但一个不诚实的摄影家拍不出真实的照片。"

[33] 参阅 Wasserstrom, "The Boxers as Symbol," 26。

[34] *China in Chaos*, 1.

[35] Ibid., 15, 42 - 43（新闻报道，1927 年 1 月 6 日写于湖北大冶），43 - 44, 51（1927 年 3 月 21 日写于上海）。

[36] 虽然我在此处把重点放在西方人和 20 世纪 20 年代的 10 年上面，但芮恩施曾报告说，1919 年夏五四运动期间，"自认为受到了全力攻击的日本人试图给示威活动贴上排外的标签，促使人们回忆起义和团时期的往事"。Paul S. Reinsch, *An American Diplomat*, 371.

[37] 引自 Rigby, *The May* 30 *Movement*, 112。

[38] 天生：《洋义和团》。

[39] Lutz, *Chinese Politics*, 65 - 66, 145.

[40] Wieger, ed., *Chine moderne* 6: 242.

[41] 引自 Rigby, *The May* 30 *Movement*, 72。

[42] Wieger, ed., *Chine moderne* 6: 205.

[43] Hu Shih [Hu Shi], "The Present Crisis," 434 - 435, 437. 7 月 29 日，胡适在北京接受《巴尔的摩太阳报》采访时再次阐述了民族主义与义和团运动的显著差异："中国的这场民族主义运动与上世纪末年盲目回击外国侵略的行动截然不同。这次我们采取的不是盲目行动，而是自觉地提出民族主义的主张。"引自 Rigby, *The May* 30 *Movement*, 107。

364

[44] 蔡元培：《宣言》；1925 年 7 月 27 日，北京收到了以通信方式发自巴黎的一个法语文本，见 Wieger, ed., *Chine moderne* 6：232 – 235。

[45] 致许广平信，1925 年 6 月 13 日，引自 Rigby, *The May* 30 *Movement*, 109。

[46] 例如，1900 年曾被围困在使馆区的麦美德就是这样一个人。1927 年初，她认为中国"正处在一场真正的革命的阵痛中"，发生之事与"1900 年的动乱"截然不同（Luella Miner, letter, Tsinan [Jinan], Jan. 1, 1927, in LMP, box 2, file 1）。甚至在讨论反教活动给外国人造成的"重大苦难"时，麦美德也坚持认为，它与"义和团运动没有丝毫相同之处"（letter, Tsinan, Feb. 5, 1927, ibid.）。与这种"自由"言论略有不同的是路易丝·乔丹·米尔恩的小说《北京故事》（1926 年）。米尔恩没有拉大义和团与中国民族主义（对此她坚决支持）之间的距离，相反，她把义和团视为这种民族主义力量的爱国先驱。她甚至再向前迈了一步，把原本归于义和团身上（并且经常推而广之，归于中国人身上）的一些缺点转移到了西方人身上："我们给了中国残酷的非正义的亚罗战争 [第二次鸦片战争]；我们给了中国数以千计的野蛮、贪婪、残暴、欺诈、阴谋诡计的实例，致使成千上万的中国人加入了新的爱国主义行列，这种爱国主义已不再创造和平，而是激发出怨恨、反抗和自卫。"Louise Jordan Miln, *It Happened in Peking*, 224；福斯特在"China and the Chinese"一文（第 425 页）引用了这段话，但他把亚罗战争（Arrow War）错写为亚罗法律（Arrow Law）了。

[47] 华志坚的"The Boxers as Symbol"一文提供了这种观点（他称之为"持同情立场"的观点）的其他许多实例。

[48] Hu Shih [Hu Shi], "The Present Crisis," passim.

[49] High, "China's Anti-Christian Drive."

[50] "China's War of Independence." *The Nation* 124. 3211 (Jan. 19,

1927）: 54.

[51] "China-Vaccinated." *The Nation* 124. 3216 (Feb. 23, 1927): 198.

[52] 关于南京事件的详细说明，参阅 Lutz, *Chinese Politics*, 232 - 245。卢茨在第 234 页写道，南京事件发生后，中外双方"都有许多人感到了义和团运动的阴影"。外国方面的一个例证是出版了 *China in Chaos*（前文已述及）。

[53] "Yellow Peril or White?" *The Nation* 124 (Apr. 13, 1927): 387.

[54] "'Bolshevist' China," *The Nation* 124 (Apr. 20, 1927): 420.

[55] Aron, "How the West Was Lost," 3 - 6. 关于丹尼尔·布恩的许多带有神话色彩的传说，在有关美国国家起源的一些相互矛盾的神话故事中经常见到。利奥·马克斯认为，这些神话故事仍在对我们的集体想象力发挥着重大影响。马克斯写道："因此，白人横跨大西洋的移民活动既代表着'文明'对野蛮、落后（或'蒙昧主义'）的胜利，又标志着旧大陆压迫人的、过度发展的、等级森严的社会体制向'自然的'和开放的体制的复归。"Leo Marx, *The Pilot*, xii.

365

[56] Chang-tai Hung, "Female Symbols of Resistance," 173.

第九章 "文化大革命"与义和团

[1] 关于"意识形态霸权"（意大利共产党创建人葛兰西提出的一个概念）的详细阐述，参阅 Shue, "Powers of State," 214 - 218。

[2] 利用义和团运动攻击苏联的做法持续到了 20 世纪 80 年代初期，超越了"文化大革命"的结束，所以不能单纯视之为"文化大革命"现象。

[3] 戚本禹：《爱国主义还是卖国主义?》。此处引用的是这篇文章的英文译文，见 *Beijing Review*, 15 (Apr. 7, 1967): 5 - 16。与所有具有重大政治意义的文章一样，戚的这篇文章很快传遍了全国。它占据了 1967 年 4 月 1 日《人民日报》的第 1、2 版全版和第 3 版的一部分，并成为以后数星期该报每天的中心议题。关于写作

这篇文章的背景，参阅 Schram, ed. , *Chairman Mao*, 337n4；
Goldman, *China's Intellectuals*, 146。1967 年 8 月 31 日，毛与阿尔
巴尼亚军事代表团谈话时，把戚文的发表当作"文化大革命"
发展过程中一个"重要阶段"开始的标志，见 Selden, ed. ,
People's Republic of China, 558。

[4] Terril, *White-Boned Demon*, 272 – 273.

[5] 详情请看 Chi Pen-yu [Qi Benyu], "Patriotism or National
Betrayal?" 5 – 6；Witke, *Comrade Chiang Ch'ing*, 234 – 236。林达
探讨了其他可能的动机，见 Leyda, *Dianying*, 273。

[6] 该剧作者姚莘农还改编出了最初的电影剧本。影片的导演和制作
人不顾他的反对，擅自加进了几场戏，包括全新的结尾。事实证
明，这个结尾是毛主义者后来抨击该影片的主要依据，参阅
Ingalls, "Introduction," 14, 17 – 19。

[7] Ingalls, "Introduction," 19.

[8] Goldman, *China's Intellectuals*, 75, 147；Witke, *Comrade Chiang
Ch'ing*, 234. 关于刘对这部影片的评价，戈德曼转引了戚本禹的
说法，威特克依据的是江青本人的讲述。刘是否真的说影片是
"爱国的"，尚不得而知。《清宫秘史》被戚本禹的文章正式否定
后，毛出人意料地命令（1967 年 5 月）在全国再次放映这部影
片，配之以大规模的宣传，揭露其恶毒的本质。Witke, *Comrade
Chiang Ch'ing*, 235 – 236；Ingalls, "Introduction," 17, 22.

[9] Chi Pen-yu [Qi Benyu], "Patriotism or National Betrayal?" 7, 9 –
12.

[10] 两本这样的政治漫画集是：1967 年 5 月上海出版的《打倒刘少
奇漫画集》；1967 年 4 月上海出版的《打倒刘少奇连环漫画
册》。

[11] 在义和团的思想领域，红灯照的地位也不重要（这在第四章中
已有详述）。另请参阅小林一美《民众思想》，第 247 ~ 248、
257 页。提到红灯照的西方著作有：Esherick, *Origins*, 297 –

298；Purcell, *Boxer Uprising*, 165, 233, 235, 238；Ch'en, "Nature
and Characteristics," 296, 298, 303；Dunstheimer, "Religion et
magie"。研究中国妇女的日本著名历史学家小野和子在专著中
用了一章的篇幅描述红灯照，但这一章只有几页长（第47~53
页），参阅 Ono Kazuko, *Chinese Women in a Century of Revolution*。
中国的学术界对红灯照也不太重视。在包括各个时期（"文化
大革命"时期除外）义和团研究文章的一份47页长的目录索
引中，关于红灯照的文章只有两篇。目录索引是吴士英编的
《报刊文章索引》，两篇文章是：宋家珩、潘钰《妇女群众》；
王致中《"红灯照"考略》。下列著作中也零星地提到了红灯
照：陈振江、程啸《义和团文献》、《天津义和团调查》、《河北
义和团调查》、《山东义和团调查》。

[12] 见《义和团运动》（全书86页），第11、28页；又见该书英文
译本 *The Yi Ho Tuan Movement of* 1900（共128页）第20、43
页。

[13]《义和团在天津》，第58~61页。

[14] 例如：武文英《红灯照》；革命历史研究所等《"红灯照"》。

[15] 参阅红灯照战斗队《从〈修养〉到〈清官秘史〉》。

[16] Mackerras, *The Chinese Theatre*, 207；Bell Yung, "Model Opera,"
147；Mackerras, *The Performing Arts*；Mowry, *Yang-pan hsi*, 60 -
63, and passim. 马克林认为《红灯记》是样板戏中"最著名
的"一出戏（Mackerras, *The Chinese Theatre*, 207）。

[17]《红灯记》，第362页。

[18] *The Story of the Modern Peking Opera "The Red Lantern,"* 35, 42 -
43. 威特克推测（*Comrade Chiang Ch'ing*, 153），江青是根据
"红灯照"命名该剧的，在世纪之交，红灯照在她的家乡山东
省也曾出现过。

[19] 北京师范大学井冈山公社中文系联合大队《挺进报》编辑部：
《无产阶级文艺》，第8页；*Current Background*（American

Consulate General, Hong Kong) 831 (July 24, 1967): 19。

[20] 例如，1936 年江青（当时名叫蓝苹）特别想出演夏衍的新剧
《赛金花》中的主角赛金花。与《清宫秘史》一样，《赛金花》
的剧情也是以义和团起义为背景展开的。由于女主人公利用她
与洋人中的高层人士的特殊关系救了许多中国人的生命，所以，
该剧在 20 世纪 30 年代上演以后（当时中国正在与日本作战）
被人们普遍视为爱国戏剧。夏衍对江青不很欣赏，选择另一演
员出演赛金花，这使江青十分恼火。现在，赛金花被江青视为
"叛国娼妓"，作者不负责任地让她"为中国代言"，抹杀了义
和团发动的"英勇无畏的群众运动"的重大作用（Terril,
White-Boned Demon, 102 - 103）。20 年后，在批倒批臭田汉、夏
衍和其他老一辈剧作家的运动中，随着《清宫秘史》的被否定
（这是"翻案"活动的序曲），《赛金花》被定为卖国作品（可
以想象这是江青大力"支持"的结果），参阅穆欣《反动思
想》。另外参阅 Gray and Cavendish, *Chinese Communism*, 103。

[21]《赞"红灯照"》。

367 [22] 复旦大学历史系二红卫兵：《继承和发扬》。讨论这个问题的其
他文章也把红灯照和红卫兵做了比较，参阅上海体育战线革命
造反司令部和鲁迅兵团东方红战斗队《接过"红灯照"闹革
命》；华东师大历史系和红海潮：《"红灯照"名扬天下》。对红
灯照与红卫兵所做的详细比较，参阅《"红灯照"的革命造反
精神好得很》。

[23] 例如：《"红灯照"的革命造反精神万岁》；赵菁《义和团是革
命的!》，第 4 版；武文英《红灯照》。

[24] Rodzinski, *A History of China* 1: 376n.

[25] 关于这个问题，需要强调指出，"文化大革命"中的神话制造
者对义和团与"文化大革命"所做的比较同严肃的历史学家所
做的比较是截然不同的。关于后者的名单，参阅 Blunden and
Elvin, *Cultural Atlas*, 154 - 155。

［26］ 柯夫：《从"切洋街"到"反帝路"》。关于当时义和团改街名的情况，参阅 *NCH*, Aug. 15, 1900, p. 356。

［27］ 孙达人：《"红灯照"》。

［28］ 早期的一份红卫兵宣言借用著名小说《西游记》的故事，宣称革命者是"猴王"，将用来源于"战无不胜的毛泽东思想"的"超自然力量"和"法术"，"推翻旧世界，把它打得粉碎，造成天下大乱，越乱越好!" *Peking Review* 9：37（Sept. 9, 1966）: 21.

［29］ 具体例证很多，参阅陈振江、程啸《义和团文献》。如果这些书文揭帖（非常符合白莲教的精神）被看作义和团文献，那么可以有力地证明，白莲教对义和团运动的宣传内容产生了影响。如果这些书文揭帖被视为利用 1900 年春夏义和团在华北起义之机公开宣扬自己的主张的白莲教和其他教派的文献，那么它们就不是义和团文献。关于这个问题，历史学家们有不同的看法。陈振江和程啸明确认定它们是义和团文献，而周锡瑞（*Origins*, 300 – 301, 405 – 406n89）则持相反的观点。

［30］ 除前文提及的外，我看到，在攻击"中国的赫鲁晓夫"称赞《清官秘史》的批判大潮中，提到红灯照的最后一篇文章（内容更多地涉及义和团）是肖任武的《伟大的义和团运动》。

［31］ "Down with Ch'i Pen-yu"; "Information about Ch'i Pen-yu."

［32］ Goldman, *China's Intellectuals*, 166.

［33］ 例如：《红小将赞》，第 3 版（译文见 *Survey of the China Mainland Press* 3934 [May 8, 1967]: 12；肖任武《伟大的义和团运动》；武文英《红灯照》；孙达人《"红灯照"》。

［34］ 湖南省动力机厂工人理论小组：《义和团反帝反封批孔孟》。另外参阅天津铁路第一中学理论研究小组《义和团反帝扫清朝》。其他既反孔又讲述义和团运动的文章只是附带地提一下红灯照，例如：历史系七二级工农兵学员《反帝反封》；吴雁南《反孔斗争》。

368

[35] 关于第二次世界大战期间中国话剧利用女性形象反对"帝国主义"和"封建主义"的情况，参阅 Chang-tai Hung, "Female Symbols of Resistance," 170。

[36] 我简述的林黑儿的传奇故事主要来源于刘蓉和徐芬的《红灯女儿颂》。关于详细情况，参阅湖南省动力机厂工人理论小组《义和团反帝反封批孔孟》；天津铁路第一中学理论研究小组《义和团反帝扫清朝》。有些材料说林黑儿是船工之女而非儿媳。

[37] 神化红灯照首领的并不仅仅是中国人。1919 年，梅特罗电影公司制作了一部影片，名叫《红灯照》。影片讲述了义和团运动时期一位混血的中国姑娘和一位美国新教传教士的儿子的爱情悲剧。影片取材于伊迪丝·惠里的一部小说，是一部大制作：从加利福尼亚各地雇来了 800 名中国人充当"临时演员"，在纳济莫娃工作室定制了服装。影片中有一场戏是这样的（*Moving Picture World*, Mar. 22, 1919, p. 1634）：画面上"突然奇迹般地出现了一位红灯照女神［可能是林黑儿］，她坐在 16 个男人抬的豪华大轿上。……对中国人而言，这意味着她将成为救世主。义和团利用这个机会把她置于队伍的最前列（像圣女贞德一样），队伍的目的是要把欧洲人从中国赶出去"。转引自 Leyda, Dianying, 30 – 31；另参阅 Jones, *Portrayal*, 15。

[38] 最近的一个例子是 1989 年的政治风波。华志坚论述了五卅惨案中示威学生遇难的情况（Wasserstrom, *Student Protests*, 110 – 111）。

[39] See Solomon and Masataka Kosaka, eds., *Soviet Far East*, especially the chapters by Solomon and Kosaka, Harry Gelman, and Yao Wenbin.

[40] 均转引自 Pollack, *Sino-Soviet Rivalry*, 19 – 20。

[41] 这本书由苏联科学院出版社出版。虽然齐赫文斯基的书可能被《参考消息》节选刊载，或者被全文翻译，内部出版，但从未公开出版过中文翻译本。该书的英译本姗姗来迟（1983 年），未赶上批判大潮。我看到的中文批判文章似乎是以俄文原版为

依据的。我未看到俄文原著，但我细读过英文译本，如果译文
忠实于原著的话，那么我认为中国人一点也没有夸大俄文原著
对义和团的描述。

［42］把批判这部书的重点放在其他主题上而非义和团问题上的中文
著作，参阅宋斌《大俄罗斯沙文主义》，第86～94页，译文见
Selections from People's Republic of China Magazines（Hong Kong：
American Consulate General），850（Dec. 16, 1975）：23 - 35；内
蒙古大学蒙古史研究室： 《谎言》，第98～109页，译文
Selections from People's Republic of China Magazines 885（Aug. 23,
1976）：19 - 39；吴寅年：《霸权主义的"杰作"》，第121～131
页，译文 *Selections from People's Republic of China Magazines* 878
（July 6, 1976）：16 - 32。

［43］例如：参阅北京师大历史系二年级开门办学小分队《伟大的反
帝革命斗争》；戈天、弓柱《文明使者还是侵略强盗?》；吴文
衔《沙俄武装》，第29～30页；晋岩《沙俄侵占东北》，第90
页；孙克复、关捷《义和团运动的光辉》，第68～70页；历史
系七三级批修小组《义和团反帝精神》。

［44］例如：参阅戈天、弓柱《文明使者还是侵略强盗?》，第23页；
吴文衔《沙俄武装》，第31页；石岚《无耻的背叛》，第95～
96页；晋岩《沙俄侵占东北》，第90页；孙克复、关捷《义和
团运动的光辉》，第69页；董万仑《"江东六十四屯"和老沙
皇的侵华暴行》，第92页；毕泗生《斥苏修》，第69页。

［45］北京师大历史系：《伟大的反帝革命斗争》。

［46］同上书，第62页。另外参阅孙克复、关捷《义和团运动的光
辉》，第68～69页；吴文衔：《沙俄武装》，第30页。

［47］吴文衔：《沙俄武装》，第25页。文章涉及的书籍（内含彩色
照片）名为《修筑东清铁路图片册（1897～1903）》。

［48］石岚：《无耻的背叛》，第97页；钟锷：《谎言掩盖不了历史》，
第67页。

369

［49］ 例如：参阅毕泗生《斥苏修》，第 69 页；历史系七三级《义和
团反帝精神》，第 51～52 页；吴文衔《沙俄武装》，第 29 页。

［50］ 中国政府在 1990 年 8 月提醒全世界不要忘记 1900 年夏义和
团运动时期洋人在北京所犯下的暴行（参阅第三部分的绪
论）。

［51］ 北京师大历史系：《伟大的反帝革命斗争》，第 61 页。这条材
料的提供者是天津地区一个共产党支部的支部书记，他口述了
据说 1900 年天津地区流传很广的一首打油诗：“天津卫，北京
城，洋毛子害人可不轻。横抢竖夺还不算，杀人放火家常饭。”

［52］ 戈天、弓柱：《文明使者还是侵略强盗？》，第 21～22 页。另外
参阅孙克复、关捷《义和团运动的光辉》，第 71 页；历史系七
三级《义和团反帝精神》，第 53 页。

［53］ 这些大屠杀确实发生过，中国人对这些大屠杀的描述并不比西
方学者的叙述更骇人听闻，尽管某些细节有所不同。特别应参
阅 Lensen, *The Russo-Chinese War*, 89－103。伦森的叙述是以大
量的俄文资料为基础的。

［54］ 下面关于俄国在海兰泡和江东六十四屯所犯暴行的描述，主要
依据的是：董万仑《“江东六十四屯”和老沙皇的侵华暴行》，
第 90～91 页；钟锷《谎言掩盖不了历史》。“文化大革命”时
期还有许多文章论述这些大屠杀，应特别参阅吴文衔《沙俄武
装》，第 31 页；历史系七三级《义和团反帝精神》，第 53 页；
晋岩《沙俄侵占东北》，第 87 页。

［55］ 《东三省政略》，转引自董万仑《“江东六十四屯”和老沙皇的
侵华暴行》，第 91 页。

［56］ 同上书。

［57］ 钟锷：《谎言掩盖不了历史》，第 68 页。另外参阅吴文衔《沙
俄武装》，第 31 页。

370　［58］ 戈天、弓柱：《文明使者还是侵略强盗？》，第 20、23～24 页。

［59］ 石岚：《无耻的背叛》，第 98 页；孙克复、关捷：《义和团运动

的光辉》，第 73 ~ 74 页；历史系七三级：《义和团反帝精神》，第 53 页；晋岩：《沙俄侵占东北》，第 86 页。与此略有不同的是，有人指责齐赫文斯基和苏联的其他修正主义史学家攻击义和团是为了打击当代亚洲、非洲和拉丁美洲的民族解放运动，以及支持这一运动并坚持马列主义路线的中国和其他社会主义国家。参阅魏宏运《英雄驱虎豹》，第 75 ~ 76 页。

[60] 孙克复、关捷：《义和团运动的光辉》，第 68 页。

[61] 董万仑：《"江东六十四屯"的历史》，第 100 页。另外参阅高援朝《东北人民》，第 75 页。

[62] 关于公社化运动时期使用军事语言问题的论述，参阅 T. A. Hsia, *Metaphor*, 1 – 15；关于"文化大革命"中的使用军事语言的问题，参阅 Dittmer and Chen, *Ethics*, 29 – 33。

[63] 钟锷：《谎言掩盖不了历史》，第 72 页。

[64] 1989 年政治风波之后的情况也是如此。例如，参阅《北京风波纪实》。编者在前言中写道："这本画册的大量图片可能对读者了解这场风波的始末、真相和目前北京的情况有所帮助。"对中国政府关于政治风波所做解释的"真实性"表示严重"关注"的文章，参阅 Wasserstrom, "Afterword," 269。

[65] 特别应参阅赵菁《义和团是革命的！》。

[66] 例如：参阅吴文英《红灯照》，第 4 版；《"红灯照"赞》；孙达人《"红灯照"》。

[67] 革命历史研究所等：《"红灯照"》，第 4 版。

[68] 王致中：《"红灯照"考略》，第 65 ~ 67 页。在天津的口述史资料中，有一些证据表明红灯照参加了战斗。但是，这些证据带有严重的神话化倾向。因此，在讲述与俄国兵在天津老龙头火车站进行恶战的义和团的英雄气概时，李元善老人肯定地说："那次打老龙头车站，红灯照那些小闺女们，我们管她们叫'刽子手'，意思是杀洋人。"天津原义和团员李元善（79 岁）的回忆，见《天津义和团调查》，第 134 页。

[69] 材料引自艾声《拳匪》，第447页。

[70] 关于红灯照的法术及其在义和团运动中的作用的有趣分析，参阅王致中《"红灯照"考略》，第64～66页。

[71] 当时的有些材料说林黑儿有治病的法术，并有证据表明她在成为红灯照首领之前可能是娼妓，由于这些事有损于她的形象，所以都不予公开。见王致中《"红灯照"考略》，第67～68页。另外参阅本书第四章。

　　"文化大革命"之前和结束之后共产党的著述中虽然经常颂扬红灯照参加反帝斗争的英雄气概，但没有对她们的宗教色彩和法术进行掩饰。参阅黄宁《义和团》；铭青《义和团》，第32～38页；天津静海县红灯照四师姐赵青（72岁）的口述，见《天津义和团调查》，第135～136页；穆文祯（77岁）的回忆，天津，非团民，见《天津义和团调查》，第154～155页；宋家珩、潘钰《妇女群众》；李俊虎《黄莲圣母》；金家瑞《义和团史话》，第100页；廖一中《林黑儿》。"文革"时期与"文革"前后，论者对太平天国宗教问题的处理也不相同，参阅 Weller, "Historians and Consciousness," 741 – 744。

[72] 郦图：《历史的铁案》。1978年出版了一本用政治化的语言叙述大屠杀的书，但书中未提齐赫文斯基的著作，参阅黎光、张璇如《东北》，第89～92页。

[73] 薛衔天：《海兰泡惨案死难人数》。

[74] 薛衔天：《江东六十四屯惨案》。

[75] 王致中：《"红灯照"考略》，第63～69、85页。

[76] 由于种种原因（有些是不言自明的），"文化大革命"结束后的几年间，论述黑龙江大惨案的文章远远多于论述红灯照的文章。仍带有强烈政治色彩的研究大惨案的著作有：黑龙江省博物馆历史部等编《黑龙江义和团》，第23～26页；《沙俄侵华史》，第291～294页。更具学术价值的著作，参阅下述资料汇编：姚秀芝、卫香鹏编《惨案资料》；《海兰泡与江东六十四屯惨案外

371

文资料》；石光清真《流血悲剧》。

[77] 早期的两个例子是：王致中《封建蒙昧主义》；《如何评价义和团》。参阅 Buck, ed. , *Recent Chinese Studies*, 7 – 8。

[78] Esherick, *Origins*, xvi.

[79] 对研究义和团的学者们 20 世纪 80 年代在一系列争议问题上的立场的总结和评述，参阅《第二次义和团运动史学术讨论会简介》；孙占元：《义和团运动研究》。

[80] 例如，1985~1986 年政治风向的变化表明，1967 年戚本禹提出的"爱国主义"还是"卖国主义"的老问题，将近 20 年后仍然在争议中。参阅廖宗麟《谈庚子》，第 3 版，译文见 *Foreign Broadcast Information Service Daily Report*：*China*，No. 238：K9 – K12（Dec. 11, 1985）；江维范和韩希白：《爱国与卖国问题》，第 3 版，译文见 *Foreign Broadcast Information Service Daily Report*：*China*，No. 054：K7 – K9（Mar. 20, 1986）。另外参阅孙祚民的文章：《义和团运动评价》（译文见 Buck, ed. , *Recent Chinese Studies*, 196 – 218。他对孙的评价见同书"编者序言"，第 7~8 页）。孙的文章旨在反驳王致中的非正统观点，孙坚决认为农民是中国历史发展的最大动力。

[81] 例如，参阅《山东义和团案卷》、《山东义和团调查》、《义和团史料》、《筹笔偶存》。

[82] 关于义和团运动时期义和团和华北广大民众的社会心理状况，参阅李文海、刘仰东《社会心理分析》。关于民间宗教对义和团的影响，特别应参阅陈振江、程啸《义和团文献》。另外参阅程啸《民间宗教》。

[83] 例如，参阅《义和团运动与近代中国社会》中的文章。

[84] 李文海和刘仰东在他们研究义和团运动时期社会心理状况的杰作中继续使用"迷信"一词来论述义和团的观念。戚其章在 1980 年指出，虽然历史学家对义和团的反封建本质有不同看法，但义和团运动的"反帝爱国"本质是"大家都认可的"

372

（戚其章：《义和团运动评价》，第 97 页）。1990 年，孙占元在评述前十年中国研究义和团运动的有关情况的文章中写道："学术界较为一致的看法认为义和团运动是一次反帝爱国运动，论争的焦点集中于义和团属不属于旧式的农民战争（或称农民革命）、义和团是不是一次对外民族战争等问题。"（《义和团运动研究》，第 72 页）甚至持有非正统观点的王致中在呼吁更准确地认识义和团的反帝性质和作用的同时，也接受了我提到的所有反帝文章的观点："它［义和团］在中国人民反帝斗争长河中起了不可磨灭的作用。"（王致中：《反帝作用》，第 56 页）有一本论述义和团的专著受到了好评，且未引起反帝文章的批评，它就是廖一中、李德征、张璇如合著的《义和团》。

[85] 历史学家和马克思主义理论家黎澍也倾向于认为"反帝"是后来的历史学家强加于义和团身上的一个标签。他在 1980 年的一次讲话中说："义和团的口号是'灭洋'。我们同情 80 多年前的这些遭受外国侵略者压迫和凌辱的农民，把'灭洋'解释为反帝，是合乎情理的。但他们当时对'灭洋'的认识无疑是错误的。洋不可能灭。"黎澍：《中西文化问题》。

[86] 就此点而言，黎澍在 1980 年召开的纪念义和团起义 80 周年的研讨会上几乎没有提义和团，是颇有深意的。他利用这个机会讲了两个更大的问题：中国人应该怎样看待西方文化（即"体"和"用"的关系）？中国文化和西方文化将来应该怎样融合成一个新的文化体系？参阅黎澍《中西文化问题》。

[87] Chiang Monlin［Jiang Menglin］, *Tides*, 43.

[88] Wasserstrom, "'Civilization' and Its Discontents."

[89] 1983～1984 年兴起的"文化热"的重大事件之一是六集电视系列片《河殇》的播出（1988 年夏）。该片以最前卫的方式解说了中国文化的本质。关于这部电视片及其引发的争议，参阅 Wakeman, "All the Rage"；关于更加全面的说明，参阅 Su Xiaokang and Wang Luxiang, *Deathsong*。关于在当代中国"身为

中国人"所涉及的种种问题的精彩论述，参阅 Myron Cohen,
"Being Chinese," 125 – 133。

结　论

[1] 里克尔坚决认为，布罗代尔和年鉴学派其他成员的著作虽然自称
是非叙事性的，但实质上包含着叙事的结构。特别应参阅
Ricoeur, *Time and Narrative*, vol. 1, ch. 6（关于"历史意图"的论
述）。另外参阅 Carr, *Time*, 8 – 9, 175 – 177。

[2] 口述史资料使我们充分了解了一些义和团员的亲身经历，但这些
材料显然不足以让我们了解他们的自我意识，因为它们不是当时
留下来的，也因为它们在很大程度上反映的是询问者而非被询问
者的观念和意识。被捕义和团员的供词散见于北京故宫博物院内
第一历史档案馆所藏档案材料中。这些供词（如果我查阅的一
些供词具有代表性的话）都很简短，很程式化，没有太大的参考
价值。例如，郭东原的供词，光绪二十六年闰八月十一日（1900
年 10 月 4 日），见军机处录副奏折：农民运动，第 1763 卷。

　　就表面的事实而言，我们知道一些义和团员以前参加过中日
甲午战争，另外一些也许参加过红枪会（Perry, *Rebels*, 153,
200）。我们还从山东的口述史资料中获悉了 20 世纪 60 年代许多
被询问者的职业。然而，这些材料均不能向我们提供那种与个人
的生平经历密切相关的信息（包括参加义和团之前和义和团失
败后的生活经历），而此类信息在当时外国人的一些著述中是随
处可见的，例如，Steel, *Through Peking's Sewer Gate* (including the
introduction by George W. Carrington); Eva Jane Price, *China
Journal*; Miner, papers (the journal in particular)。

[3] Don C. Price, "Popular and Elite Heterodoxy."

[4] 芮玛丽论述了蒋介石领导下的国民党越来越远离太平天国的革命
精神、越来越重视稳定和秩序以及革命色彩越来越淡的历史事
实，参阅 Mary C. Wright, "From Revolution to Restoration"。

［5］ Uhalley, "Li Hsiu-ch'eng"; Harrison, *Peasant Rebellions*, 128.

［6］ Sullivan, "The Controversy," 2‒3, 14.

［7］ Schiffrin, *Sun Yat-sen*, 23.

［8］ Harrison, *Peasant Rebellions*, 260.

［9］ Constable, "Christianity."

［10］ Davies, *World of Wonders*, 58.

［11］ Myerhoff, *Number Our Days*, 37, 222.

［12］ 1862 年 8 月 22 日，林肯在致霍勒斯·格里利的信中写道："我在这场斗争中的最高目标是拯救联邦，而不是拯救或摧毁奴隶制。如果我能在不解放任何奴隶的情况下拯救联邦，我愿意这样做。"参阅 *The People Shall Judge* 1: 768‒769。

［13］ 被拘押监禁的人中近 75% 是美国公民。德国裔美国人、意大利裔美国人以及居住在美国的德国或意大利公民只有在有充分理由被认定是敌人的间谍时才会遭到拘押。

文献目录

阿里·阿克巴尔:《中国纪行》,三联书店,1988。

艾声:《拳匪纪略》(简称《拳匪》),见《义和团》第 1 册,第 441~464 页。

《安徽俗话报》,1905 年。

《安泽县志》,1932 年版,节录部分见乔志强编《义和团在山西地区史料》,第 140~141 页。

《北京风波纪实》,北京出版社,1989。

北京师大历史系二年级开门办学小分队:《伟大的反帝革命斗争不容污蔑:河北省廊坊地区工农兵和义和团运动参加者怒斥苏修攻击义和团的谬论》(简称《伟大的反帝革命斗争》),见《北京师范大学学报》1975 年第 2 期,第 60~66 页。

北京师范大学井冈山公社中文系联合大队《挺进报》编辑部:《无产阶级文艺的一盏红灯——赞革命现代京剧样板戏〈红灯记〉》,见《人民日报》1967 年 5 月 29 日,第 8 版。

毕泗生:《伟大的反帝爱国斗争不可侮:斥苏修对义和

团运动的恶毒攻击》（简称《斥苏修》），见《山东师院学报》1975 年第 6 期，第 68～72 页。

　　蔡和森：《义和团与国民革命》（简称《国民革命》），见《向导周报》第 81 期，1924 年 9 月 3 日，第 652～654页。

　　蔡元培：《蔡元培向各国宣言》（简称《宣言》），1925年 7 月 30 日，见罗家伦编《革命文献》第 18 卷，台北：正中书局，1957，第 36～41 页。

　　柴萼：《庚辛纪事》（简称《庚辛》），见《义和团》第1 册，第 301～333 页。

　　陈独秀：《独秀文存》，香港：远东图书公司，1965。

　　陈独秀：《二十七年以来国民运动中所得教训》（简称《教训》），见《新青年》第 4 期，1924 年 12 月 20 日，第15～22 页。

　　陈独秀：《克林德碑》，见《新青年》第 5 卷第 5 期，1918 年 11 月，第 449～458 页。

　　陈独秀：《我们对于义和团两个错误的观念》（简称《错误的观念》），见《向导周报》第 81 期，1924 年 9 月 3日，第 645～646 页。

　　陈匡时：《〈开智录〉与义和团》（简称《〈开智录〉》），见《义和团运动与近代中国社会国际学术讨论会论文集》，第 875～883 页。

　　陈铁生：《拳术与拳匪》（简称《拳术》），见《新青年》第 6 卷第 2 期，1919 年 2 月，第 218～219 页。

　　陈振江、程啸：《义和团文献辑注与研究》（简称《义和团文献》），天津人民出版社，1985。

　　陈振江：《华北游民社会与义和团运动》（简称《华北

游民》），见《义和团运动与近代中国社会国际学术讨论会论文集》，第 230~245 页。

程啸：《民间宗教与义和团揭帖》（简称《民间宗教》），见《历史研究》1983 年第 2 期，第 147~163 页。

程啸：《民俗信仰与拳民意识》（简称《民俗信仰》），见《义和团运动与近代中国社会国际学术讨论会论文集》，第 284~311 页。

戴玄之：《义和团研究》，台北：中国学术著作奖助委员会，1963。

《第三次义和团运动史学术讨论会简介》，见《人民日报》1986 年 6 月 2 日。

丁名楠：《关于中国近代史上教案的考察》（简称《教案的考察》），《近代史研究》1990 年第 1 期，第 27~46 页。

董万仑：《"江东六十四屯"的历史和老沙皇的暴行录：痛斥苏修为老沙皇侵华辩护》（简称《"江东六十四屯"的历史》），见《延边大学学报》1976 年第 1 期，第 93~101 页。

董万仑：《"江东六十四屯"和老沙皇的侵华暴行：驳苏修为老沙皇侵华罪行的无耻辩护》（简称《"江东六十四屯"和老沙皇的侵华暴行》），见《文史哲》1976 年第 1 期，第 85~92 页。

冯骥才、李定兴：《义和拳》（2 卷），人民文学出版社，1977。

复旦大学历史系二红卫兵：《继承和发扬"红灯照"的革命造反精神》（简称《继承和发扬》），见《文汇报》1967 年 4 月 14 日，第 4 版。

复旦大学历史系沙俄侵华史编写组：《沙俄侵华史》

（修订版），上海人民出版社，1986。

高枬：《高枬日记》，见《庚子记事》，第143～246页。

高绍陈：《永清庚辛纪略》（简称《永清》），见《义和团》第1册，第417～439页。

高援朝：《义和团时期东北人民的抗俄斗争：简评齐赫文斯基之流的无耻谰言》，见《吉林师大学报》1976年第2期，第70～73、75页。

戈天、弓柱：《是文明使者还是侵略强盗？——从义和团反抗沙俄侵略的兵器和一张沙俄的反革命"告示"谈起》（简称《是文明使者还是侵略强盗？》），见《文物》1975年第3期，第19～24页。

革命历史研究所等：《"红灯照"的革命造反精神万岁》（简称《"红灯照"》），见《光明日报》1967年4月27日，第4版。

故宫博物院明清档案部编《义和团档案史料》（2卷），中华书局，1959。

管鹤：《拳匪闻见录》（简称《拳匪》），见《义和团》第1册，第465～492页。

《海兰泡与江东六十四屯惨案外文资料》，薛衔天等译，见《近代史资料》1981年第1期，第122～145页。

何汉伟：《光绪初年（1876～1879）华北的大旱灾》（简称《华北的大旱灾》），香港中文大学出版社，1980。

《河北地区义和团运动调查记录》（简称《河北义和团调查》），山东未刊口述史资料，藏南开大学。

黑龙江省博物馆历史部等编《黑龙江义和团的抗俄斗争》（简称《黑龙江义和团》），黑龙江人民出版社，1978。

《"红灯照"的革命造反精神好得很》，见《北京日报》

1967 年 4 月 27 日，第 4 版。

《"红灯照"赞》，见《解放日报》1967 年 4 月 23 日。

红灯照战斗队：《从〈修养〉到〈清宫秘史〉的卖国主义必须彻底批判》（简称《从〈修养〉到〈清宫秘史〉》，见《红灯照》1967 年 5 月 9 日。Reprinted in *Hongweibing ziliao*（Red Guard materials），8：2149. Washington，D. C.：Center for Chinese Research Material，Association of Research Libraries，1975.

红卫兵上海市第三司令部虹口体校毛泽东思想红卫兵总部编《打倒刘少奇连环漫画册》，上海，1967 年 4 月。

红卫兵上海市东风造反兵团编《打倒刘少奇漫画集》，上海，1967 年 5 月。

《红小将赞》，见《光明日报》1967 年 4 月 27 日，第 3 版。

洪寿山：《时事志略》（简称《时事》），见《义和团》第 1 册，第 85～103 页。

侯斌：《试论义和团的组织及其源流》（简称《义和团的组织》），见《山东大学文科论文集刊》1980 年第 1 期，第 62～73 页。

胡适：《胡适留学日记》（简称《留学日记》，4 卷），台北：台湾商务印书馆，1959。

胡适：《胡适文存》（4 卷），台北：台湾商务印书馆，1959。

胡适：《今日教会教育的难关》（简称《教会教育》），见《胡适文存》第 3 卷，第 728～736 页，台北：远东图书公司，1953。

胡思敬：《驴背集》，见《义和团》第 2 册，第 481～

533 页。

胡珠生：《义和团的前身是祖师会》，见《历史研究》1958 年第 3 期，第 8 页。

湖南省动力机厂工人理论小组：《义和团反帝反封批孔孟》，见《长沙日报》1974 年 12 月 28 日，第 3 版。

华东师大历史系和红海潮：《"红灯照"名扬天下——红卫兵威震全球》（简称《"红灯照"名扬天下》），见《文汇报》1967 年 4 月 14 日，第 4 版。

华学澜：《庚子日记》，见《庚子记事》，第 99～141 页。

黄宁：《义和团》，开明书店，1950。

吉扬：《义和团大败西摩尔》（简称《大败西摩尔》），见《中国人民反帝斗争的故事》，上海人民出版社，1974，第 91～100 页。

翦伯赞等编《义和团》（4 册），神州国光社，1951。

江维范、韩希白：《也谈庚子事变中的爱国与卖国问题》（简称《爱国与卖国问题》），见《光明日报》1986 年 3 月 5 日，第 3 版。

金家瑞：《义和团史话》，北京出版社，1980。

《谨遵圣谕辟邪全图》，In *The Cause of the Riots in the Yangtse Valley: A "Complete Picture Gallery."* Hankow, 1891.

晋岩：《义和团运动时期沙俄侵占东北的罪行和中国人民的反抗》（简称《沙俄侵占东北》），见《天津师院学报》1975 年第 5 期，第 86～90 页。

《京津拳匪纪略》，香港：香港书局，1901。

军机处录副奏折，第一历史档案馆，故宫博物院，北京。

开封师范学院历史系和中国科学院河南分院历史研究所合写：《义和团运动时期河南人民的反帝斗争》，见中国科学院山东分院历史研究所编《义和团运动六十周年纪念论文集》，中华书局，1961，第 147~166 页。

克复：《从"切洋街"到"反帝路"》，《人民日报》1967 年 4 月 24 日，第 4 版。

堀川哲男：《义和团运动与中国的知识分子》（简称《义和团运动》），见《岐阜大学研究报告——人文科学》第 15 卷，1967 年 2 月，第 35~42 页。

劳乃宣：《义和拳教门源流考》，见《义和团》第 4 册，第 431~439 页。

老舍：《神拳》，见《老舍文集》第 12 卷，人民文学出版社，1987，第 109~186 页。

黎光、张璇如：《义和团运动在东北》（简称《东北》），吉林人民出版社，1981。

黎澍：《中西文化问题》，见《历史研究》1989 年第 3 期，第 50~55 页。

李大钊：《孙中山先生在中国民族革命史上之位置》（简称《孙中山》），见《国民新报》，1926 年 3 月。重印于《李大钊选集》，人民出版社，1962，第 537~544 页。

李德征、苏位智、刘天路：《八国联军侵华史》（简称《八国联军》），山东大学出版社，1990。

李杕：《拳祸记》（2 卷），序言写于 1905 年。

李健民：《五卅惨案后的反英运动》（简称《五卅惨案》），台北：中研院近代史研究所，1986。

李俊虎：《"红灯照"的领袖——黄莲圣母》（简称《黄莲圣母》），见《天津日报》1961 年 8 月 5 日。

李世瑜：《义和团源流试探》，《历史教学》1979 年第 2 期，第 18～23 页。

李文海等编《近代中国灾荒纪年》（简称《灾荒》），湖南教育出版社，1990。

李文海、刘仲东：《义和团运动时期社会心理分析》（简称《社会心理分析》），见中国义和团运动史研究会编《义和团运动与近代中国社会》，四川省社会科学院出版社，1987，第 1～25 页。

李希圣：《庚子国变记》（简称《国变》），见《义和团》第 1 册，第 9～44 页。

历史系七二级工农兵学员：《反帝反封破纲常：义和团的反孔斗争》（简称《反帝反封》），见《中山大学学报》1975 年第 1 期，第 93～96 页。

历史系七三级批修小组：《义和团反帝精神万代传：斥苏修林彪一伙污蔑攻击义和团的谬论》（简称《义和团反帝精神》），见《贵阳师院学报》1976 年第 4 期，第 51～53 页。

郦图：《历史的铁案：沙俄侵占江东六十四屯的罪行》（简称《历史的铁案》），见《南京大学学报》1977 年第 2 期，第 75～81 页。

梁启超：《论小说与群治之关系》（简称《小说与群治》），见梁启超《饮冰室文集（之十）》第 4 册，台北：台湾中华书局，1960，第 6～10 页。

辽宁省档案馆、辽宁社会科学院历史研究所编《东北义和团档案史料》，辽宁人民出版社，1981。

廖一中、李德征、张璇如：《义和团运动史》（简称《义和团》），人民出版社，1981。

廖一中:《林黑儿》,见林增平、李文海编《清代人物传稿》下编第 3 卷,辽宁人民出版社,1987,第 98~101页。

廖一中:《张德成》,见林增平、李文海编《清代人物传稿》下编第 3 卷,辽宁人民出版社,1987,第 92~94页。

廖宗麟:《谈庚子事变中的爱国与卖国问题》(简称《谈庚子》),见《光明日报》1985 年 11 月 27 日,第 3 版。

林敦奎:《社会灾荒与义和团运动》(简称《社会灾荒》),见《义和团运动与近代中国社会国际学术讨论会论文集》,第 213~219页。

刘大鹏:《潜园琐记》(简称《琐记》),见乔志强编《义和团在山西地区史料》,第 26~76页。

刘大鹏:《退想斋日记》(简称《日记》),见乔志强编《义和团在山西地区史料》,第 11~25页。

刘孟扬:《天津拳匪变乱纪实》(简称《天津拳匪》),见《义和团》第 2 册,第 1~71页。

刘蓉、徐芬:《红灯女儿颂》,见《天津师院学报》1975 年第 2 期,第 78~82、77页。

刘心武:《后毛泽东时代的文学"新"在何处?》,1987年 10 月 6 日在哈佛大学的演讲。

刘以桐:《民教相仇都门闻见录》(简称《民教相仇》),见《义和团》第 2 册,第 181~196页。

柳溪子:《津西毖记》(简称《津西》),见《义和团》第 2 册,第 73~138页。

龙池:《废约运动与九七纪念》(简称《废约运动》),见《向导周报》第 170 期(1926 年 9 月 10 日),第 1726~1727页。

龙顾山人（郭则沄）：《庚子诗鉴》，见《义和团史料》第 1 册，第 28~154 页。

鲁迅：《阿 Q 正传》，见《鲁迅选集》第 1 卷，第 76~135 页。

鲁迅：《阿长与"山海经"》（简称《阿长》），见《鲁迅选集》第 1 卷，第 363~370 页。

鲁迅：《狂人日记》，见《鲁迅选集》第 1 卷，第 8~21 页。

鲁迅：《鲁迅选集》（4 卷），外语出版社，1956。

鲁迅：《随感录》，第 37 篇，见《新青年》第 5 卷第 5 期，1918 年 11 月，第 514~515 页。

陆景琪：《赵三多阎书勤》，见戴逸、林言椒编《清代人物传稿》下编第 1 卷，辽宁人民出版社，1984，第 210~217 页。

鹿完天：《庚子北京事变纪略》（简称《北京事变》），见《义和团》第 2 册，第 395~438 页。

路遥编《义和团运动起源探索》（简称《起源》），山东大学出版社，1990。

路遥、程啸：《义和团运动史研究》（简称《义和团运动》），齐鲁书社，1988。

路遥等编《山东义和团调查资料选编》（简称《山东义和团调查》），齐鲁书社，1980。

路遥：《冠县梨园屯教案与义和团运动》（简称《冠县梨园屯教案》），《历史研究》1986 年第 5 期，第 77~90 页。

路遥：《义和团的组织源流》（简称《组织源流》），齐鲁书社编辑部编《义和团运动史讨论文集》，齐鲁书社，1982。

铭青:《义和团》,时代书局,1950。

南开大学历史系 1956 级编《天津地区义和团运动调查报告》(简称《天津义和团调查》),1960 年油印本,无日期。

内蒙古大学蒙古史研究室:《谎言改变不了历史:驳苏修篡改我国准噶尔部历史的无耻谰言》(简称《谎言》),见《历史研究》1976 年第 2 期,第 98~109 页。

[彭] 述之:《帝国主义与义和团运动》(简称《帝国主义》),《向导周报》第 81 期,1924 年 9 月 3 日,第 646~652 页。

戚本禹:《爱国主义还是卖国主义?——评反动影片〈清宫秘史〉》(简称《爱国主义还是卖国主义?》),《北京周报》第 15 期,1967 年 4 月 7 日,第 5~16 页。原文最初发表于《红旗》1967 年第 5 期,第 9~23 页。

戚本禹:《爱国主义还是卖国主义?——评反动影片〈清宫秘史〉》(简称《爱国主义还是卖国主义?》),见《红旗》第 5 期,1967 年 3 月,第 9~23 页,转载于《人民日报》1967 年 4 月 1 日,第 1~3 版。

戚其章:《关于义和团运动评价的若干问题》(简称《义和团运动评价》),见《东岳论丛》1980 年第 4 期,第 97~104 页。

乔文:《八国联军在北京的暴行》(简称《八国联军》),见《人民日报》(海外版)1990 年 8 月 20 日,第 2 版。

乔志强编《义和团在山西地区史料》(简称《义和团在山西》),山西人民出版社,1980。

[瞿] 秋白:《义和团运动之意义与五卅运动之前途》

（简称《义和团运动》），见《向导周报》第 128 期，1925
年 9 月 7 日，第 1167～1172 页。

《拳匪纪略》，上海书局，1903。

《人民日报》。

山东大学历史系中国近代史教研室编《河北景州、枣
强、衡水地区义和团调查资料选编》（简称《河北景州、枣
强、衡水》，见《山东大学文科论文集刊》第 1 期，1980
年，第 157～194 页。

《山西省庚子年教难前后记事》（简称《山西省庚子年
教难》），见《义和团》第 1 册，第 493～523 页。

上海体育战线革命造反司令部、鲁迅兵团东方红战斗
队：《接过"红灯照"闹革命——无私无畏永向前》（简称
《接过"红灯照"闹革命》），见《文汇报》1967 年 4 月 14
日，第 4 版。

沈悦、沈波、徐维衡、李愉：《家庭因素对女儿初潮年
龄的影响》（简称《家庭因素》），见《人类学学报》第 7
卷第 2 期，1988 年 5 月，第 128～132 页。

石光清真：《黑龙江省的流血悲剧》（简称《流血悲
剧》），金宇钟译，见《近代史资料》1981 年第 1 期，第
146～176 页。

石岚：《无耻的背叛：斥齐赫文斯基之流对义和团运动
的诽谤》（简称《无耻的背叛》），见《历史研究》1975 年
第 5 期，第 95～98 页。

宋斌：《大俄罗斯沙文主义的活标本：评齐赫文斯基主
编的〈中国近代史〉》（简称《大俄罗斯沙文主义》），见
《历史研究》1975 年第 5 期，第 86～94 页。

宋家珩、潘钰：《义和团运动中的妇女群众》（简称

《妇女群众》），见《山东大学学报》（历史版）1960 年第 2 期，第 54 ~ 60 页。

孙达人：《"红灯照"革命造反精神颂》（简称《"红灯照"》），见《光明日报》1967 年 4 月 27 日。

孙克复、关捷：《义和团运动的光辉永存：三评齐赫文斯基主编的〈中国近代史〉》（简称《义和团运动的光辉》），见《辽宁大学学报》1975 年第 6 期，第 68 ~ 74 页。

孙占元：《十年来义和团运动研究述评》（简称《义和团运动研究》），见《新华文摘》1990 年第 9 期，第 69 ~ 72 页。节选自《山东社会科学》1990 年第 3 期。

孙祚民：《关于义和团运动评价的几个问题》（简称《义和团运动评价》），见《义和团运动史讨论文集》，齐鲁出版社，1982，第 185 ~ 206 页。Translated in Buck, ed., *Recent Chinese Studies of the Boxer Movement*, 196 – 218.

唐兴奇：《五卅运动之意义》（简称《五卅运动》），见《向导周报》第 121 期，1925 年 7 月 16 日，第 1115 ~ 1116 页。

唐晏：《庚子西行记事》（简称《庚子西行》），见《义和团》第 3 册，第 467 ~ 487 页。

天津市历史研究所天津史话编写组编《义和团在天津的反帝斗争》（简称《义和团在天津》），天津人民出版社，1973。

天津铁路第一中学理论研究小组：《义和团反帝扫清朝：红灯照批儒破礼教》（简称《义和团反帝扫清朝》），见《天津日报》1974 年 9 月 24 日，第 2 版。

《天津一月记》，见《义和团》第 2 卷，第 141 ~ 158 页。

《天津政俗沿革记》，《义和团史料》，第 961~963 页。

天生：《对于洋义和团之所感》（简称《洋义和团》），见《国闻周报》第 2 卷第 22 期，1925 年 6 月 14 日，第 2 页。

田久保文次：《义和团评价与革命运动》（简称《义和团评价》），见《思想》第 17 卷，1976 年 11 月，第 1~33 页。

王明伦编《反洋教书文揭帖选》（简称《反洋教》），齐鲁书社，1984。

王树槐：《庚子赔款》，台北：中研院近代史研究所，1974。

王致中：《封建蒙昧主义与义和团运动》（简称《封建蒙昧主义》），见《历史研究》1980 年第 1 期，第 41~54 页。

王致中：《"红灯照"考略》，见《社会科学》（甘肃）1980 年第 2 期，第 63~69、85 页。

王致中：《论义和团运动的反帝作用》（简称《反帝作用》），见《社会科学》（甘肃）1983 年第 3 期，第 56~66 页。

王致中：《也谈如何评价义和团运动》（简称《如何评价义和团》），见《光明日报》1980 年 8 月 19 日。

蔚刚：《义和团故事的时代精神和艺术特点》（简称《义和团故事》），见《中国近代文学论文集（1949~1979）：戏剧、民间文学卷》，中国社会科学出版社，1982，第 557~565 页。

魏宏运：《独有英雄驱虎豹：驳齐赫文斯基对义和团革命精神的诽谤》（简称《英雄驱虎豹》），见《南开大学学报》1976 年第 3 期，第 74～76 页。

吴士英：《义和团运动史报刊文章索引》，见《义和团运动史论文选》，中华书局，1984，第 545～592 页。

吴文衔：《沙俄武装镇压黑龙江义和团的罪证——〈修筑东清铁路图片册（1897～1903）〉》（简称《沙俄武装》），见《文物》1975 年第 3 期，第 25～33 页。

吴文英：《红灯照》，见《北京日报》1967 年 4 月 27 日，第 4 版。

吴雁南：《义和团运动和反孔斗争》（简称《反孔斗争》），见《吉林师大学报》1976 年第 3 期，第 60～62、81 页。

吴寅年：《霸权主义的"杰作"：评莫斯科出版的〈中国近代史〉》（简称《霸权主义的"杰作"》），见《历史研究》1976 年第 2 期，第 121～131 页。

吴应铣：《义和团起义及其后果——对河南的影响》（简称《对河南的影响》），陶飞亚译，见《义和团研究会通讯》第 3 期，1987 年 4 月，第 5～15 页。

席焕久、谷学静、李泽山、王辉亚、孙潮、林奇：《月经初潮年龄的研究》，见《人类学学报》第 6 卷第 3 期，1987 年 8 月，第 213～221 页。

小林一美：《义和团的民众思想》（简称《民众思想》），见《中国近现代史讲座（2）：义和团运动》，东京：东京大学出版会，1978，第 237～266 页。

肖任武：《伟大的义和团运动》，见《光明日报》1967 年 8 月 30 日。

徐绪典：《义和团源流刍议》（简称《义和团源流》），见《山东大学文科论文集刊》1980 年第 1 期，第 23～35

页。

薛衔天：《海兰泡惨案死难人数究竟有多少?》（简称《海兰泡惨案》），见《历史研究》1980 年第 1 期，第 173～176 页。

薛衔天：《江东六十四屯惨案研究》（简称《江东六十四屯惨案》），见《近代史研究》1981 年第 1 期，第 235～254 页。

杨典诰：《庚子大事记》，见《庚子记事》，第 79～98 页。

杨慕时：《庚子剿办拳匪电文录》（简称《电文》），见《义和团》第 4 册，第 329～362 页。

杨天宏：《义和团"神术"论略》（简称《义和团"神术"》），见《近代史研究》1993 年第 5 期，第 189～204 页。

姚秀芝、卫香鹏编《海兰泡与江东六十四屯惨案资料》（简称《惨案资料》），见《近代史资料》1981 年第 1 期，第 101～121 页。

野原四郎：《义和团运动的评价》，见《专修史学》1968 年第 1 期，第 1～24 页。

叶昌炽：《缘督庐日记钞》（简称《日记》），王季烈编，见《义和团》第 2 册，第 439～480 页。

《义和团有功于中国说》，见《开智录》，1901 年。重印于张枬、王忍之编《辛亥革命前十年间时论选辑》第 1 卷第 1 册，第 59～60 页。

《义和团运动与近代中国社会》，四川省社会科学院出版社，1987。

逸仙（孙中山）：《支那保全分割合论》，见《江苏》第 6 期，1903 年 11 月。重印于张枬、王忍之编《辛亥革命前十年间时论选辑》第 1 卷第 2 册，第 601 页。

《庸扰录》，见《庚子记事》，第 247~265 页。

《遇难日记》，见《义和团》第 2 册，第 159~173 页。

袁昶：《乱中日记残稿》（简称《日记》），见《义和团》第 1 册，第 335~349 页。

恽毓鼎：《崇陵传信录》，见《义和团》第 1 册，第 45~55 页。

《赞"红灯照"》，见《文汇报》1967 年 4 月 14 日。转载于《人民日报》1967 年 4 月 17 日，第 3 版。

张海鹏编《简明中国近代史图集》（简称《近代史图集》），长城出版社，1984。

张枏、王忍之编《辛亥革命前十年间时论选辑》，香港：三联书店，1962。

张士杰：《红缨大刀》，少年儿童出版社，1961。

赵菁：《义和团是革命的!》，见《光明日报》1967 年 4 月 24 日，第 4 版。

《赵三多和他领导的义和团》，威县，1986 年。

只眼：《义和团征服了洋人》，见《每周评论》第 1 期，1918 年 10 月 22 日。

中村达雄：《清末天津县的乡镇结构与义和团组织》（简称《清末天津》），见《义和团运动与近代中国社会国际学术讨论会论文集》，第 263~283 页。

中国近代史丛书编写组：《义和团运动》，上海人民出版社，1972。

中国社会科学院近代史研究所、中国第一历史档案馆编《筹笔偶存》，中国社会科学出版社，1983。

中国社会科学院近代史研究所《近代史资料》编辑室

编《庚子记事》，中华书局，1978。

中国社会科学院近代史研究所《近代史资料》编辑室编《山东义和团案卷》（2卷），齐鲁书社，1981。

中国社会科学院近代史研究所《近代史资料》编辑组编《义和团史料》（2卷），中国社会科学出版社，1982。

中国义和团研究会编《义和团运动与中国社会国际学术讨论会论文集》，齐鲁书社，1992年。

中研院近代史研究所编《教务教案档》，7辑21卷，1860～1912年，台北：中研院近代史研究所，1974～1981年。

中央气象局气象科学研究院：《中国近五百年旱涝分布图集》，地图出版社，1981。

钟锷：《谎言掩盖不了历史：驳苏修诬蔑义和团和美化老沙皇的谬论》（简称《谎言掩盖不了历史》），见《理论学习》1975年第5期，第66～72、62页。

仲芳氏：《庚子记事》，见《庚子记事》，第9～77页。

邹容：《革命军》，见柴德赓等编《辛亥革命》第1册，上海人民出版社，1957，第331～364页。

佐藤公彦：《义和团员众的权力观》（简称《权力观》），见《义和团运动与近代中国社会国际学术讨论会论文集》，第884～903页。

佐原笃介、沤隐：《拳乱纪闻》（简称《拳乱》），见《义和团》第1册，第105～234页。

佐原笃介、沤隐：《拳事杂记》（简称《拳事》），见《义和团》第1册，第235～299页。

Ahern, Emily M. "The Power and Pollution of Chinese Women." In Wolf, ed., *Studies in Chinese Society*, 269–290.

Alitto Guy. *The Last Confucian*: *Liang Shu-ming and the Chinese Dilemma of Modernity*. Berkeley: University of California Press, 1979.

Allen, Roland. *The Siege of the Peking Legation*. London: Smith, Elder, 1901.

Alpern, Stanley B. "The New Myths of African History. " *Bostonia* 2 (Summer 1992): 34 – 40, 68 – 69.

American Board of Commissioners for Foreign Missions (hereafter, ABCFM) (Congregationalist). Papers. Houghton Library, Harvard Universiry.

Anagnost, Ann S. "Politics and Magic in Contemporary China. " *Modern China* 13. 1 (Jan. 1987): 41 – 62.

Apell, Laura W. R. "Menstruation among the Rungus of Borneo: An Unmarked Category. " In Buckley and Gottlieb, eds. , *Blood Magic*, 94 – 112.

Arkush, R. David. "Ku Hung-ming (1857 – 1928). " *Papers on China* 19 (Dec. 1965): 194 – 238.

Arnold, David. *Famine*: *Social Crisis and Historical Change*. Oxford: Basil Blackwell, 1988.

Aron, Stephen. "How the West Was Lost: The Transformation of Kentucky from Daniel Boone to Henry Clay. " Ph. D diss. , University of California, Berkeley, 1990.

Bainbridge, W. E. "Besieged in Peking. " In Lou Hoover Papers, Boxer Rebellion: Diaries, Herbert Hoover President Library.

Baker, S. J. K. "A Background to the Study of Drought in East Africa. " In Dalby, Church, and Bezzaz, eds. , *Drought in*

Africa 2 / Sécheresse en Afrique 2, 74 −82.

Barker, Nancy Nicholas. "Teaching the French Revolution." *Perspectives* 28. 4 (Apr. 1990): 17 −18.

Barmé, Geremie. "Beijing Days, Beijing Nights." In Jonathan Unger, ed., *The Pro-Democracy Protests in China: Reports from the Provinces*, 35 −58. Armonk, N. Y. : M. E. Sharpe, 1991.

Barmé, Geremie. "Confession, Redemption, and Death: Liu Xiaobo and the Protest Movement of 1989." In George Hicks, ed., *The Broken Mirror: China after Tian'anmen*, 52 −99. Chicago: St. James Press, 1990.

Barmé, Geremie. "Wang Shuo and Liumang ('Hooligan') Culture." *Australian Journal of Chinese Affairs* 28 (July 1992): 23 − 64.

Barnes, Julian. *Flaubert's Parrot*. New York: Vintage, 1990.

Bastid-Bruguière, Marianne. "Currents of Social Change." In Fairbank and Liu, eds., *The Cambridge History of China* 11: 535 −602.

Bays, Daniel H. , ed. *Christianity in China: The Eighteenth Century to the Present*. Stanford: Stanford University Press, 1996.

Bays, Daniel H. "Indigenous Protestant Churches in China, 1900 − 1937: A Pentecostal Case Study." In Steven Kaplan, ed., *Indigenous Responses to Western Christianity*, 124 − 143. New York: New York University Press, 1995.

Beattie, John and John Middleton, eds., *Spirit Mediumship and Society in Africa*. New York: Africana Publishing, 1969.

Beattie, John. "Spirit Mediumship in Bunyoro." In

Beattie and Middleton, eds. , *Spirit Mediumship and Society in Africa*, 159 −170.

"Behind Mao's Red Rule: The 100 Violent Years. " *Life*, Sept. 23, Sept. 30 and Oct. 7, 1966.

Benton, Gregor. *Mountain Fires: The Red Army's Three-Year War in South China*, 1934 − 1938. Berkeley: University of California Press, 1992.

Berglie, Per-Ame. " Spirit-Possession in Theory and Practice: Séances with Tibetan Spirit-Mediums in Nepal. " In Holm, ed. , *Religious Ecstasy*, 151 −166.

Bernal, Martin. *Black Athena: The Afroasiatic Roots of Classical Civilization*. Multivolume work (in progress). New Brunswick, N. J. : Rutgers University Press, 1987—.

Bernard, Viola W. , Perry Ottenberg, and Fritz Redl. "Dehumanization. " In Nevitt Sanford, Craig Comstock et al. , eds. , *Sanctions for Evil: Sources of Social Destructiveness*, 102 −124. San Francisco: Jossey-Bass, 1973.

Bernstein, Richard. " Unsettling the Old West: Now Historians Are Bad-Mouthing the American Frontier. " *New York Times Magazine*, Mar. 18, 1900, 34 −35, 56 −59.

Bernus, Edmond. "Les éleveurs face à la Sécheresse en Afrique Sahélienne: Exemples Nigériens. " In Dalby, Church, and Bezzaz, eds. , *Drought in Africa 2 / Sécheresse en Afrique 2*, 140 −147.

Beyene, Yewoubdar. *From Menarche to Menopause: Reproductive Lives of Peasant Women in Two Cultures*. Albany: State University of New York Press, 1989.

Bickers, Robert A. "History, Legend, and Treaty Port Ideology, 1925 −1931." In Bickers, ed. , *Ritual and Diplomacy*: *The Macartney Mission to China*, *1792 −1794*, 81 −92. London: British Association for Chinese Studies in association with Wellsweep Press, 1993.

Bird, Rowena. Letters, Journal. In Alice M. Williams Miscellaneous Papers (Shansi Mission), file 12, ABCFM, Papers.

Björkqvist, Kaj. "Esctasy from a Physiological Point of View." In Holm, ed. , *Religious Esctasy*, 74 −86.

Blake, Reed H. "The Relationship between Collective Excitement and Rumor Construction." *Rocky Mountain Social Science Journal* 6 (1969): 119 −126.

Blunden, Caroline and Mark Elvin. *Cultural Atlas of China*. New York: Facts on File, 1983.

Bohr, Paul Richard. *Famine in China and the Missionary*: *Timothy Richard as Relief Administrator and Advocate of National Reform*, 1876 −1884. Cambridge: East Asian Research Center, Havard University, 1972.

" 'Bolshevist' China. " *The Nation* 124 (Apr. 20 , 1927): 420.

Boorstin, Daniel J. "The Historian: 'A Wrestler with the Angel. ' " *New York Times Book Review* (hereafter, *NYTBR*), Sept. 20 , 1987, 1, 28 −29.

Bourguignon, Erika. "An Assessment of Some Comparisons and Implications." In Bourguignon, ed. , *Religion*, *Altered States of Consciousness*, *and Social Change*, 321 −339.

Bourguignon, Erika, ed. *Religion, Altered States of Consciousness, and Social Change.* Columbus: Ohio State University Press, 1973.

Bourguignon, Erika. "Introduction: A Framework for the Comparative Study of Altered States of Consciousness." In Bourguignon, ed., *Religion, Altered States of Consciousness, and Social Change*, 3 −35.

Boxer Rising, The: A History of the Boxer Trouble in China (reprinted from Shanghai Mercury). 2d ed. Shanghai: Shanghai Mercury, 1901.

Boyer, Paul and Stephen Nissenbaum. *Salem Possessed: The Social Origins of Witchcraft.* Cambridge: Harvard University Press, 1974.

Brandt, Nat. *Massacre in Shansi.* Syracuse: Syracuse University Press, 1994.

Brinkley, Alan. "The Western Historians: Don't Fence Them In." *NYTBR*, Sept. 20, 1992, 1, 22 −27.

Brody, Jane E. "Lucking Out: Weird Rituals and Strange Beliefs." *New York Times*, Jan. 27, 1991, S11.

Brontë, Emily. *Wuthering Heights* (1874). New York: Pocket Books, n. d.

Broomhall, Marshall, ed. *Last Letters and Further Records of Martyred Missionaries of the China Inland Mission.* London: Morgan and Scott, 1901.

Broomhall, Marshall, ed. *Martyred Missionaries of the China Inland Mission with a Record of the Perils and Sufferings of Some Who Escaped.* London: Morgan and Scott, 1901.

Broyard, Anatole. "Good Books about Being Sick."

NYTBR, Apr. 1, 1990, 28.

Brunvand, Jan Harold. *The Vanishing Hitchhiker: American Urban Legends and Their Meanings.* New York: Norton, 1981.

Buck, David D., ed. *Recent Chinese Studies of the Boxer Movement.* Armonk, N. Y. : M. E. Sharpe, 1987.

Buck, David D. "The 1990 International Symposium on the Boxer Movement and Modern Chinese Society. " *Republican China* 16: 2 (Apr. 1991): 113 -120.

Buckley, Thomas and Alma Gottlieb. "A Critical Appraisal of Theories of Menstrual Symbolism. " In Buckley and Gottlieb, eds. , *Blood Magic*, 3 -50.

Buckley, Thomas and Alma Gottlieb, eds. *Blood Magic: The Anthropology of Menstruation.* Berkeley: University of California Press, 1988.

Buckley, Thomas. "Menstruation and the Power of Yurok Women. " In Buckley and Gottlieb, eds. , *Blood Magic*, 187 - 209.

Burns, Michael. "How Should History Be Taught?" *New York Times*, Nov. 22, 1986, 31.

Butler, Smedley D. "Dame Rumor: The Biggest Liar in the World. " *American Magazine* 111 (June 1931): 24 -26, 155 -156.

Campion-Vincent, Véronique. "The Baby-Parts Story: A New Latin American Legend. " *Western Folklore* 49. 1 (Jan. 1990): 9 -25.

Carr, David. *Time, Narrative, and History.* Bloomington: Indiana University Press, 1986.

Carrère d' Encausse, Hélène and Stuart R. Schram.

Marxism and Asia: An Introduction with Readings. London: Allen Lane, 1969.

Ch'en, Jerome. *The Highlanders of Central China: A History, 1895 - 1937*. Armonk, N. Y. : M. E. Sharpe, 1992.

Ch'en, Jerome. "The Nature and Characteristics of the Boxer Movement: A Morphological Study. " *Bulletin of the Oriental and African Studies* 23. 2 (1960) : 287 - 308.

Ch'en, Jerome. "The Origin of the Boxers. " In Ch'en and Nicholas Tarling, eds. , *Studies in the Social History of China and South-East Asia: Essays in Memory of Victor Purcell*, 58 - 84. Cambridge: Cambridge University Press, 1970.

Chen Junshi, T. Colin Campbell, Li Junyao, and Richard Peto. *Diet, Life-style, and Mortality in China: A Study of the Characteristics of 65 Chinese Counties*. Oxford: Oxford University Press, 1990 (jointly published in the United States by Cornell University Press and in China by the People's Medical Publishing House).

Chen, Kuang-chung. "A Semiotic Phenomenology of the Boxers' Movements: A Contribution to a Hermeneutics of Historical Interpretation. " Ph. D. diss. , University of Illinois, Urbana-Champaign, 1985.

Chen, Nancy N. "Urban Spaces and Experiences of Qigong. " Papers presented at Association for Asian Studies annual meeting, Los Angeles, Mar. 1993.

Chiang Monlin [Jiang Menglin]. *Tides from the West: A Chinese Autobiography*. New Haven: Yale University Press, 1947.

Chiang Ying-ho. "Literary Reactions to the Keng-tzu Incident (1900). " Ph. D. diss., University of California, Los Angeles, 1982.

China in Chaos. Shanghai: *North-China Daily News* and *North-China Herald*, 1927.

China Records Project. Divinity School Library, Yale University.

"China's War of Independence. " *The Nation* 124. 3211 (Jan. 19, 1927): 54.

"China—Vaccinated. " *The Nation* 124. 3216 (Feb. 23, 1927): 198.

Ci, Jiwei. *Dialectic of the Chinese Revolution: From Utopianism to Hedonism.* Stanford: Stanford University Press, 1994.

Clapp, Dwight H. Diary letter. In Alice M. Williams Miscellaneous Papers (Shansi Mission), file 12, ABCFM, Papers.

Cohen, Myron L. "Being Chinese: The Peripheralization of Traditional Identity. " *Daedalus* 120. 2 (Spring 1991): 113 – 134.

Cohen, Paul A. *China and Christianity: The Missionary Movement and the Growth of Chinese Antiforeignism*, 1860 – 1870. Cambridge: Harvard University Press, 1963.

Cohen, Paul A. "Christian Missions and Their Impact to 1900. " In Fairbank, ed. , *The Cambridge History of China* 10: 543 – 590.

Cohen, Paul A. *Discovering History in China: American Historical Writing on the Recent Chinese Past.* New York:

Columbia University Press, 1984.

Cohn, Norman. "The Myth of Satan and His Human Servants." In Mary Douglas, ed., *Witchcraft Confessions and Accusations*, 3 −16. London: Tavistock, 1970.

Cohn, Norman. *The Pursuit of the Millennium: Revolutionary Millenarians and Mystical Anarchists of the Middle Ages*. Rev. and expanded ed. New York: Oxford University Press, 1970.

Colson, Elizabeth. "Spirit Possession among the Tonga of Zambia." In Beattie and Middleton, eds., *Spirit Mediumship and Society in Africa*, 69 −103.

Constable, Nicole. "Christianity and Hakka Identity." In Bays, ed., *Christianity in China*.

Cooke, H. J. "The Problem of Drought in Botswana." In Hinchey, ed., *Symposium on Drought in Botswana*, 7 −20.

Corbin, Paul Leaton. "The Shansi Mission (June 1907)." In Miscellaneous Personal Papers, Manuscript Group No. 8, box no. 5 (Irrenius J. Atwood folder), China Records Project.

Dalby, David, R. J. Harrison Church, and Fatima Bezzaz, eds., *Drought in Africa 2 / Sécheresse en Afrique 2*. London: International Africa Institute, 1977.

Dando, William A. *The Geography of Famine*. London: Edward Armold, 1980.

Darton, Robert. *The Great Cat Massacre and October Episodes in French Cultural History*. New York: Vintage, 1985.

Davies, Natalie Zemon. *Society and Culture in Early Modern France*. Stanford: Stanford University Press, 1975.

Davies, Robertson. *World of Wonders*. New York: Penguin,

1981.

De Groot, J. J. M. *The Religious System of China: Its Ancient Forms, Evolution, History and Present Aspect, Manners, Customs and Social Institutions Connected Therewith* (1892 – 1910). 6 vol. Rpt. , Taipei: Literature House, 1964.

Delaney, Carol. "Mortal Flow: Menstruation in Turkish Village Society. " In Buckley and Gottlieb, eds. , *Blood Magic*, 75 –93.

Dhomhnaill, Nuala Ní. "Why I Choose to Write in Irish: The Corpse That Sits Up and Talks Back. " *NYTBR*, Jan. 8, 1995, 3, 27 –28.

Dikötter, Frank. *The Discourse of Race in Modern China.* Stanford: Stanford University Press, 1992.

Dittmer, Lowell and Chen Ruoxi. *Ethics and Rhetoric of the Chinese Cultural Revolution.* Berkeley: Center for Chinese Studies, Institute of East Asian Studies, University of California, 1981.

Doar, Bruce. "The Boxers and Chinese Drama: Questions of Interaction. " *Papers on Far Eastern History* 29 (Mar. 1984): 91 –118.

Douglas, Mary. *Purity and Danger: An Analysis of the Concepts of Pollution and Taboo.* New York: Routledge, 1991.

"Down with Ch'i Pen-yu. " *Survey of the Chinese Mainland Press* 4158 (Apr. 16, 1968): 14 –15. Translated from *Wen'ge Fengyun* 3 (Mar. 1968).

Drew, Mrs. E. B. Diary. In Lou Hoover Papers, Boxer Rebellion: Diairies, Herbert Hoover Presidential Library.

Duara, Prasenjit. *Culture, Power, and the State: Rural North China, 1900 – 1942*. Stanford: Stanford University Press, 1988.

Duara, Prasenjit. "Knowledge and Power in the Discourse of Modernity: The Campaigns against Popular Religion in Early Twentieth-Century China." *Journal of Asian Studies* 50. 1 (Feb. 1991): 67 – 68.

Duiker, William J. *Cultures in Collision: The Boxer Rebellion*. San Rafael, Calif. : Presidio, 1978.

Dunstheimer, G. G. H. "Le movement des Boxeurs: Documents et études publiés depuis la deuxième Guerre mondiale." *Revue historique* 231. 2 (April-June 1964): 387 – 416.

Dunstheimer, G. G. H. "Religion et magie dans le movement des Boxeurs d'après les texts chinois." *T'oung Pao* 47. 3 – 5 (1959): 323 – 367.

Eberhard, Wolfram. *A Dictionary of Chinese Symbols: Hidden Symbols in Chinese Life and Thought*. Translated by G. L. Campbell. London: Routledge, 1986.

Eberhard, Wolfram. *Guilt and Sin in Traditional China*. Berkeley: University of California Press, 1967.

Edwards, E. H. *Fire and Sword in Shansi: The Story of the Martyrdom of Foreigners and Chinese Christians*. Edingburgh and London: Oliphant Anderson and Ferrier, 1903.

Elliott, Alan J. A. *Chinese Spirit Medium Cults in Singapore* (1955). Rpt. , London: Athlone, 1990.

Ellis, Bill. "Introduction." *Western Folklore* 49. 1 (Jan. 1990): 1 – 7.

Elton, G. R. *Return to Essentials: Some Reflections on the Present State of Historical Study.* Cambridge: Cambridge University Press, 1991.

Elvin, Mark. "Mandarins and Millenarians: Reflections on the Boxer Uprising of 1899 – 1900. " *Journal of the Anthropological Society of Oxford* 10. 3 (1979): 115 – 138.

Entenmann, Robert E. "Christian Virgins in Eighteenth-Century Sichuan. " In Bays, ed. , *Christianity in China.*

Entenmann, Robert E. "Clandestine Catholics and the State in Eighteenth-Century Szechwan. " *American Asian Review* 5. 3 (Fall 1987): 1 – 45.

Esherick, Joseph W. *The Origins of the Boxer Uprising.* Berkeley: University of California Press, 1987.

"Eulogy of Red Young Fighters, An. " American Consulate General, *Survey of China Mainland Press* (Hong Kong) No. 3934 (May 8, 1967): 12 (translation of *Guangming ribao* editorial of Apr. 27, 1967).

Ewing, Bessie. Letters. In Charles E. and Bessie Ewing Papers (North China Mission), box 3, file 23, ABCFM, Papers.

Fairbank, John, K. and Kwang-Ching Liu, eds. *The Cambridge History of China*, vol. 11: *Late Ch'ing, 1800 – 1911*, Part 2. Cambridge: Cambridge University Press, 1978.

Fairbank, John, K. ed. *The Cambridge History of China*, vol. 10: *Late Ch'ing, 1800 – 1911*, Part 1. Cambridge: Cambridge University Press, 1978.

Feigon, Lee. *Chen Duxiu: Founder of the Chinese Communist*

Party. Princeton: Princeton University Press, 1983.

Fenn, Courtenay Hughes. Diary. In Miscellaneous Personal Papers. Manuscript Group No. 8, box no. 69, China Records Project.

Fenn, Mrs. S. P. , comp. "Peking Siege-Book." In Miscellaneous Personal Papers. Manuscript Group No. 8, box no. 68, China Records Project.

Field, M. J. "Spirit Possession in Ghana." In Beattie and Middleton, eds. , *Spirit Mediumship and Society in Africa*, 3 –13.

Fitzgerald, C. P. *The Horizon History of China*. New York: American Heritage, 1969.

Fleming, Peter. *The Siege at Peking* (1959). Rpt. , Hong Kong: Oxford University Press, 1986.

Forsyth, Robert Coventry, comp. and ed. *The China Martyrs of 1900: A Complete Roll of the Christian Heroes Martyred in China in 1900 with Narratives of Survivors*. London: Religious Tract Society, 1904.

Foster, John Burt. "China and the Chinese in American Literature, 1850 – 1950." Ph. D. diss. , University of Illinois, 1952.

Freri, J. ed. *The Heart of Pekin: Bishop A. Favier's Diary of the Siege, May-August 1900*. Boston: Marlier, 1901.

Frisch, Rose E. "Demographic Implications of the Biological Determinants of Female Fecundity." *Social Biology* 22. 1 (1975): 17 –22.

Furst, Peter T. "Fertility, Vision Quest, and Auto-Sacrifice: Some Thoughts on Ritual Blood-Letting among the

Maya. " In Merle Greene Robertson, ed. , *The Art, Iconography, and Dynastic History of Palenque, Part Ⅲ* : *The Proceedings of the Segunda Mesa Redonda de Palenque*, 181 – 193. Pebble Beach: Calif. : Robert Louis Stevenson School, 1976.

Furth, Charlotte. "Blood, Body, and Gender: Medical Images of the Female Condition in China, 1600 – 1850. " *Chinese Science* 7 (1986): 43 – 66.

Furth, Charlotte. "May Fourth in History. " In Benjamin I. Schwartz, ed. , *Reflections on the May Fourth Movement: A Symposium*, 59 – 68. Cambridge: East Asian Research Center, Harvard Univesity, 1972.

Fussell, Paul. *The Great War and Modern Memory*. New York: Oxford University Press, 1975.

Fussell, Paul. *Wartime: Understanding and Behavior in the Second World War*. New York: Oxford University Press, 1989.

Gamewell, Mary Porter. "History of the Peking Station of the North China Mission of the Woman's Foreign Missionary Society of the Methodist Episcopal Church. " In Miscellaneous Personal Papers, Manuscript Group No. 8, box no. 73, China Records Project.

Gao, Yuan. *Born Red: A Chronicle of the Cultural Revolution*. Stanford: Stanford University Press, 1987.

García Márquez, Gabriel. *The General in His Labyrinth*. Translated by Edith Grossman. New York: Knopf, 1990.

Geertz, Clifford. " Thick Description: Toward an Interpretive Theory of Culture. " In Geertz, *The Interpretation of Cultures*, 3 – 30. New York: Basic Books, 1973.

Getting Together (*Tuanjiebao*). New York, N. Y. Feb. 1970 et seq.

Ginzburg, Carlo. *The Cheese and the Worms: The Cosmos of a Sixteenth-Century Miller.* Translated by John and Anne Tedeschi. Baltimore: Johns Hopkins University Press, 1980.

Goldman, Merle. *China's Intellectuals: Advise and Dissent.* Cambridge: Harvard University Press, 1981.

Goldstein, Jonathan, Jerry Israel, and Hilary Conroy, eds. , *American Views of China: American Images of China Then and Now.* Bethlehem, Pa. : Lehigh University Press, 1991.

Goleman, Daniel. "Anatomy of a Rumor: It Files on Fear. " *New York Times*, June 4, 1991, C1, C5.

Goodman, Felicitas D. *Ecstasy, Ritual, and Alternate Reality: Religion in a Plrualistic World.* Bloomington: Indiana University Press, 1988.

Goodrich, Mrs. Chauncey. "Besieged in Pekin. " *The Youth's Companion* 75. 5 (Jan. 31, 1901): 52 – 53.

Goodrich, Sarah Boardman. "Journal of 1900 " and letters. In Miscellaneous Personal Papers, Manuscript Group No. 8, box no. 88, China Records Project.

Gordon, Andrew. *Labor and Imperial Democracy in Prewar Japan.* Berkeley: University of California Press, 1991.

Gottlieb, Alma. "Menstrual Cosmology among the Beng of Ivory Coast. " In Buckley and Gottlieb, eds. , *Blood Magic*, 55 – 74.

Gould-Martin, Katherine. "Ong-ia-kong: The Plague God as Modern Physician. " In Arthur Kleinman, Peter

Kunstadter, E. Russell Alexander, and James L. Gate, eds. , *Culture and Healing in Asian Societies*: *Anthropological*, *Psychiatric*, *and Public Health Studies*, 41 – 67. Boston: G. K. Hall, 1978.

Grant, Beata. "The Spiritual Saga of Woman Huang: From Pollution to Purification. " In Johnson, ed. , *Ritual Opera*, *Operatic Ritual*, 224 – 311.

Gray, Jack and Patrick Cavendish. *Chinese Communism in Crisis*: *Maoism and the Cultural Revolution*. New York: Praeger, 1968.

Great Britain, Parliamentary Papers. China No. 3 (1900) : Correspondence Respecting the Insurrectionary Movement in China. London: Her Majesty's Stationery Office, 1900. Cited as PP: 1900.

Greenbaum, Lenora. " Societal Correlates of Possession Trance in Sub-Saharan Africa. " In Bourguignon, ed. , *Religion*, *Altered States of Consciousness*, *and Social Change*, 39 – 57.

Greene, Ruth Altman. *Hsiang-Ya Journal.* Hamden, Conn. : Archon, 1977.

Greenhouse, Linda. "Protecting Its Mystique. " *New York Times*, May 27, 1993, A1, A24.

Gussler, Judith D. "Social Change, Ecology, and Spirit Possession among the South African Nguni. " In Bourguignon, ed. , *Religion*, *Altered States of Consciousness*, *and Social Change*, 39 – 57.

Harrison, James P. *The Communists and Chinese Peasant Rebellion*: *A Study in the Rewriting of Chinese History*. New York: Atheneum, 1971.

Hart, Robert. "*These from the Land of Sinim*": *Essays on the Chinese Question*. London: Chapman and Hall, 1901.

Hayford, Charles W. *To the People*: *James Yen and Village China*. New York: Columbia University Press, 1990.

Hershatter, Gail. "The Subaltern Talks Back: Reflections on Subaltern Theory and Chinese History." *Positions*: *East Asia Cultures Critique* 1. 1 (Spring 1993): 103 – 130.

Hesse, Mary. "Aristotle's Shadow." *New York Times*, Oct. 22, 1989, 24E.

Hevia, James. "Leaving a Brand on China: Missionary Discourse in the Wake of the Boxer Movement." *Modern China* 18. 3 (July 1992): 304 – 332.

High, Stanley. "China's Anti-Christian Drive." *The Nation* 120. 3128 (June 17, 1925): 681 – 183.

Hinchey, Madalon T., ed. *Symposium on Drought in Botswana*. Gabarone, Botswana: Botswana Society in collaboration with Clark University Press, 1979.

Hitchcock, R. K. "The Traditional Response to Drought in Botswana." In Hinchey, ed., *Symposium on Drought in Botswana*, 91 – 97.

Hobsbawm, Eric. "Introduction: Inventing Traditions." In Hobsbawm and Terence Ranger, eds., *The Invention of Tradition*, 1 – 14. Cambridge: Cambridge University Press, 1983.

Hoffman, Daniel. "The Twentieth Century." In Hoffman, *Hang-Gliding from Helicon*: *New and Selected Poems*, *1948 – 1988*. Baton Rouge: Louisiana State University Press, 1988.

Holm, Nils G. ed. *Religious Ecstasy*: *Based on Papers Read at* the Symposium on Religious Ecstasy Held at Åbo, Finland, on the 26th – 28th of August 1981. Stockholm: Almqvist and Wiksell International, 1982.

Hoover, Herbert. "History, June, 17th. to 23rd. , 1900." In Lou Hoover Papers, Boxer Rebellion: Drafts, Herbert Hoover Presidential Library.

Hoover, Herbert. "History of Inside the Circle" (corrected typed draft). In Lou Hoover Papers, Boxer Rebellion: Drafts, box no. 14, Herbert Hoover Presidential Library.

Hoover, Herbert. "The Period from May 28th. to June 17th." In Lou Hoover Papers, Boxer Rebellion: Drafts, Herbert Hoover Presidential Library.

Hoover, Lou. Papers Concerning Boxer Rebellion. Herbert Hoover Presidential Library, West Branch, Iowa.

Horton, Robin. "Types of Spirit Possession in Kalabari Religion." In Beattie and Middleton, eds. , Spirit Mediumship and Society in Africa, 14 – 49.

Hsiao, Kung-chuan. A Modern China and a New World: K'ang Yu-wei, Reformer and Utopian, 1858 – 1927. Seattle: University of Washington Press, 1975.

Hsia, T. A. Metaphor, Myth, Ritual and the People's Commune. Berkeley: Center for Chinese Studies, Institute of International Studies, University of California, 1961.

Huenemann, Ralph Wm. The Dragon and the Iron Horse: The Economics of Railroads in China, 1876 – 1937. Cambridge: Council on East Asian Studies, Harvard University, 1984.

Hughes, R. E. and Eleri Jones. "Intake of Dietary Fibre

and the Age of Menarche. " *Annals of Human Biology* 12. 4 (1985): 325 – 332.

Hu, I. "Did the Boxer Uprising Recur in 1925?" *Chinese Studies' Monthly* 21. 3 (Jan. 1926): 33 – 38.

Hung, Chang-tai. " Female Symbols of Resistance in Chinese Wartime Spoken Drama. " *Modern China* 15. 2 (1989): 149 – 177.

Hung, Chang-tai. *Going to the People: Chinese Intellectuals and Folk Literature, 1918 – 1937*. Cambridge: Council on East Asian Studies, Harvard University, 1985.

Hunter, Jane. *The Gospel of Gentility: American Women Missionaries in Turn-of-the-Century China*. New Heaven: Yale University Press, 1984.

Hunt, Michael. "The Forgotten Occupation: Peking, 1900 – 1901. " *Pacific Historical Review* 48. 4 (Nov. 1979): 501 – 529.

Hunt, Michael. *The Making of a Special Relationship: The United States and China to 1914*. New York: Columbia University Press, 1983.

Hu Shih [Hu Shi] . " The Present Crisis in Christian Education. " *Religious Education* 20. 6 (Dec. 1925): 434 – 438.

" Information about Ch'i Pen-yu. " *Survey of the China Mainland Press* 4159 (Apr. 17, 1968): 4 – 5. Translated from *Hong Dianxun*, Mar. 27, 1968.

Ingalls, Jeremy. "Introduction. " In Yao Hsin-nung, *The Malice of Empire*, 11 – 29. Translated by Jeremy Ingalls. Berkeley: University of California Press, 1970.

Isaacs, Harold. *Images of Asia: American Views of China and*

India. New York: Capricorn, 1962.

Jahoda, Gustav. *Psychology of Superstition*. Harmondsworth, Middlesex, Eng. : Penguin, 1969.

Januszczak, Waldemar. *Sayonara, Michelange: The Sistine Chapel Restored and Repackaged*. Reading, Mass. : Addison-Wesley, 1990.

Johnson, Chalmers. *Peasant Nationalism and Communist Power: The Emergence of Revolutionary China, 1937 – 1945*. Stanford: Stanford University Press, 1962.

Johnson, David. "Actions Speak Louder Than Words: The Cultural Significance of Chinese Ritual Opera." In Johnson, ed. , *Ritual Opera, Operatic Ritual*, 1 – 45.

Johnson, David, Andrew J. Nathan, and Evelyn S. Rawski, eds. , *Popular Culture in Late Imperial China*. Berkeley: University of California Press, 1985.

Johnson, David, ed. *Ritual Opera, Operatic Ritual: "Mulien Rescues His Mother" in Chinese Popular Culture*. Berkeley: Chinese Popular Culture Project, University of California, 1989.

Jones, Dorothy B. *The Portrayal of China and India on the American Screen, 1896 – 1955: The Evolution of Chinese and Indian Themes, Locales, and Characters as Portrayed on the American Screen*. Cambridge, Mass. : Center for International Studies, MIT, 1955.

Jordan, David K. *Gods, Ghosts, and Ancestors: The Folk Religion of a Taiwanese Village*. Berkeley: University of California Press, 1972.

Kagan, Richard C. "From Revolutionary Iconoclasm to National Revolution: Ch'en Tu-hsiu and the Chinese Communist Movement." In F. Gilbert Chan and Thomas H. Etzold, eds. , *China in the 1920s: Nationalism and Revolution*, 55 – 72. New York: New Viewpoints, 1976.

Kagan, Richard L. "The Discovery of Columbus." *NYTBR*, Oct. 6, 1991, 3, 27 – 29.

Keegan, John. *The Face of Battle: A Study of Agincourt, Waterloo, and the Somme*. New York: Viking, 1976.

Kelly, John S. *A Forgotten Conference: The Negotiations at Peking, 1900 – 1901*. Geneva: Librairie E. Droz, 1963.

Ketler, Issac C. *The Tragedy of Paotingfu: An Authentic Story of the Lives, Services, and Sacrifices of the Presbyterian, Congregational, and China Inland Missionaries who Suffered Martyrdom at Paotingfu, China, June 30th and July 1, 1990*. New York: Fleming H. Revell, 1902.

Kinman, Harold. Letters. In Personal Collection 331 (Kinman), History and Museum Division, Marine Corps (Navy Department), Personal Papers.

Kleinman, Arthur. *Patients and Healers in the Context of Culture: An Exploration of the Borderland between Anthropology, Medicine, and Psychiatry*. Berkeley: University of California Press, 1980.

Kuhn, Philip A. "Maoist Agriculture and the Old Regime." In Marie-Claire Bergère and William Kirby, eds. , *China's Mid-Century Transitions: Continuity and Change on the Mainland and on Taiwan, 1945 – 1955*. Cambridge: Harvard

University Press, forthcoming.

Kuhn, Philip A. *Soulstealers: The Chinese Sorcery Scare of 1768*. Cambridge: Harvard University Press, 1990.

Kuhn, Thomas S. *The Structure of Scientific Revolution*. 2d ed. Chicago: University of Chicago Press, 1970.

Ku Hung-ming [Gu Hongming]. *Papers from a Viceroy's Yamen: A Chinese Plea for the Cause of Good Government and True Civilization in China*. Shanghai: Shanghai Mercury, 1901.

Kwong, Luke S. K. "Oral History in China: A Preliminary Review." *Oral History Review* 20. 1 −2 (Spring-Fall 1992): 23 −50.

Kwong, Luke S. K. "The T'i-Yung Dichotomy and the Search for Talented in Late-Ch'ing China." *Modern Asian Studies* 27. 2 (1993): 253 −279.

Latourette, Kenneth Scott. *A History of Christian Missions in China*. London: Society for Promoting Christian Knowledge, 1929.

Lee, Laurie. *A Moment of War: A Memoir of the Spanish Civil War*. New York: New Press, 1991.

Lee, S. G. "Spirit Possession among the Zulu." In Beattie and Middleton, eds. , *Spirit Mediumship and Society in Africa*, 128 −156.

Lensen, George Alexander. *The Russo-Chinese War*. Tallahassee: Diplomatic Press, 1967.

Leonard, Anne P. "Spirit Mediums in Palau: Transformations in a Traditional System." In Bourguignon, ed. , *Religion, Altered States of Consciousness, and Social Change*, 129 −177.

Levenson, Joseph. *Confucian China and Its Modern Fate*, vol. 1, *The Problem of Intellectual Continuity*. Berkeley: University of California Press, 1958.

Levenson, Joseph. "The Day Confucius Died." *Journal of Asian Studies* 20. 2 (Feb. 1961): 221 −226.

Levi, Primo, *The Drowend and the Saved*. Translated by Raymond Rosenthal. New York: Summit, 1988.

Lewis, I. M. *Ecstatic Religion: A Study of Shamanism and Spirit Possession*. 2d ed. London: Routledge, 1989.

Leyda, Jay. *Dianying: An Account of Films and the Film Audience in China*. Cambridge, Mass. : MIT Press, 1972.

Linderman, Gerald F. *Embattled Courage: The Experience of Combat in the American Civil War*. New York: Free Press, 1987.

Link, Perry. *Evening Chats in Beijing: Probing China's Predicament*. New York: Norton, 1992.

Lin, W. S. , A. C. N. Chen, J. Z. X. Su, F. C. Zhu, W. H. Xing, J. Y. Li, and G. S. Ye. "The Menarcheal Age of Chinese Girls." *Annals of Human Biology* 19. 5 (1992): 503 − 512.

Liu, Xinwu. "Zooming in May 19." Translated by Geremie Barmé. In Barmé and Linda Jaivin, eds. , *New Ghosts, Old Dreams: Chinese Rebel Voices*, 265 −278. New York: Times Books, 1992.

Lively, Penelope. *Moon Tiger*. New York: Harper and Row Perennial Library, 1989.

Loewenberg, Richard D. "Rumors of Mass Poisoning in

Times of Crisis." *Journal of Criminal Psychopathology* 5 （July 1943）：131 −142.

Lubeck, Paul M. "Islamic Protest under Semi-Industrial Capitalism: 'Yan Tatsine Explained." *Africa* 55. 4 （1985）：369 − 389.

Lutz, Jessie Gregory. *Chinese Politics and Christian Missions: The Anti-Christian Movements of 1920 − 1928*. Notre Dame, Ind. : Cross Cultural Publications, 1988.

Lu Yao. "The Origins of the Boxers." Translated by C. C. Chen and David D. Buck. In Buck, ed. , *Recent Chinese Studies of the Boxer Movement*, 42 −86.

Lévi-Strauss, Claude. "The Sorceror and His Magic." In Lévi-Strauss, *Structural Anthropology*, 161 − 180. Translated by Claire Jacobson and Brooke Grundfest Schoepf. Garden City, N. Y. : Anchor, 1967.

Lyell, William A. , Jr. *Lu Hsün's Vision of Reality*. Berkeley: University of California Press, 1976.

MacGillivray, D. , ed. *A Century of Protestant Missions in China （1807 − 1907）, Being the Centenary Conference Historical Volumes*. Shanghai: American Presbyterian Mission Press, 1907.

Mackerras, Colin. *The Chinese Theatre in Modern Times: From 1840 to the Present Day*. Amherst: University of Massachusetts Press, 1975.

Mackerras, Colin. *The Performing Arts in Contemporary China*. London: Routledge and Kegan Paul, 1981.

Mackerras, Colin. *Western Images of China*. Oxford: Oxford University Press, 1989.

Madsen, Richard. *Morality and Power in a Chinese Village.* Berkeley: University of California Press, 1984.

Marriott, Michael. "Afrocentrism: Balancing or Skewing History?" *New York Times*, Aug. 11, 1991, 1, 18.

Martin, Christopher. *The Boxer Rebellion.* London: Abelard-Schuman, 1968.

Martin, Douglas. "A 'Baum' Gleans the Discarded to Find History." *New York Times*, July 28, 1990, 23.

Martin, Emma Estelle. Diary. In Miscellaneous Personal Papers, Manuscript Group No. 8, box no. 137, China Records Project.

Marx, Leo. *The Pilot and the Passenger: Essays on Literature, Technology, and Culture in the United States.* New York: Oxford University Press, 1988.

Maunder, W. J. *The Human Impact of Climate Uncertainty: Weather Information, Economic Planning, and Business Management.* London: Routledge, 1989.

Maunder, W. J. *The Uncertainty of Business: Risks and Opportunities in Weather and Climate.* London: Methuen, 1986.

Meade, Robert L. Letters. In Personal Collection 147 (Leonard), History and Museum Division, Marine Corps (Navy Department), Personal Papers.

Meisner, Maurice. *Li Ta-chao and the Origins of Chinese Marxism.* Cambrige: Harvard University Press, 1967.

Middleton, John. "Spirit Possession among the Lugbara." In Beattie and Middleton, eds., *Spirit Mediumship and Society in Africa*, 220 −231.

Millard, Thomas F. *The New Far East*. New York: Scribner's, 1906.

Miller, Stuart Creighton. "Ends and Means: Missionary Justification of Force in Nineteenth-Century China." In John K. Fairbank, ed. , *The Missionary Enterprise in China and America*, 249 - 282. Cambridge: Harvard University Press, 1974.

Miln, Louise Jordan. *It Happened in Peking*. New York: Frederick A. Stockes, 1926.

Miner, Luella. Journal, letters. In Luella Miner Papers (North China Mission), box 1, file 1; box 2, file 1, 6; box 4, file 1, ABCFM, Papers. Cited as LMP.

Miner, Luella. "Last Rites for the Pao-ting-fu Martrys." *The Advance*, Aug. 1, 1901.

Miner, Luella. "Ti-to and the Boxers: A True Story of a Young Christian's almost Miraculous Escape from Death at the Hands of Bold Cut-throats." In Luella Miner Papers (North China Mission), box 4, file 1, ABCFM, Papers.

Missions catholiques, Les: *Bulletin hebdomadaire illustré de l'Oeuvre de la Propagation de la Foi*. Lyons, 1868 et seq.

Mowry, Hua-yuan Li. *Yang-pan hsi*: *New Theater in China*. Berkeley: Center for Chinese Studies, University of California, 1973.

Mu Hsin [Xin]. "On the Reactionary Thought of the Play, *Sai Chin Hua*: Dissecting and Analyzing a So-Called 'Famous Play' of the Thirties." *Current Background* 786 (May 16, 1966): 15 -36. Translated from *Guangming ribao*, Mar. 12, 1966.

Munro, Robin. "Remembering Tiananmen Square: Who

Died in Beijing, and Why. " In Suzanne Ogden, Kathleen Hartford, Lawrence Sullivan, and David Zweig, eds. , *China's Search for Democracy*: *The Student and the Mass Movement of 1989*, 393 −409. Armont: N. Y. : M. E. Sharpe, 1992.

Myerhoff, Barbara. *Number Our Days*. New York: Simon and Schuster, 1978.

Naquin, Susan. *Millenarian Rebellion in China*: *The Eight Trigrams Uprising of 1813*. New Haven: Yale University Press, 1976.

Naquin, Susan. *Shangdong Rebellion*: *The Wang Lun Uprising of 1774*. New Haven: Yale University Press, 1981.

Nkpa, Nwokocha K. U. "Rumors of Mass Poisoning in Biafra. " *Public Opinion Quaterly* 41. 3 (Fall 1977): 332 −346.

North-China Herald and Supreme Court and Consular Gazette. Cited as *NCH*.

Ocko, Jonathan. "Righting Wrongs: Concepts of Justice in Late Imperial China. " Unpublished manuscript.

Ogren, Olivia. " A Great Conflict of Sufferings. " In Broomhall, ed. , *Last Letters and Further Records of Martyred Missionaries of the China Inland Mission*, 65 −83.

Oliphant, Nigel. *A Diary of the Legations in Peking during the Summer of 1900*. London: Longmans, Green, 1901.

Ono Kazuko. *Chinese Women in a Century of Revolution*, *1850 − 1950*. Edited by Joshua A. Fogel. Stanford: Stanford University Press, 1989 (original Jananese edition 1978).

Overmyer, Daniel L. " Values in Chinese Sectarian Literature: Ming and Ch'ing *Pao-chüan*. " In Johnson, Nathan, and Rawski, eds. , *Popular Culture in Late Imperial China*, 219 – 254.

Paine, Ralph D. *The Cross and the Dragon*. New York: Scribner's, 1912.

Paine, Ralph D. *The Cross and the Dragon*. Serialized in ten installments in *The Youth's Companion*, beginning 85. 49 (Dec. 7, 1911): 661 – 663, concluding 86. 6 (Feb. 8, 1912): 72 – 73.

Partridge, (Mary) Louise. Letters. In Alice M. Williams Miscellaneous Papers (Shansi Mission), file 12, ABCFM, Papers.

People Shall Judge, The: *Readings in the Formation of American Policy*. 2 vols. Chicago: University of Chicago Press, 1949.

Perry Elizabeth J. and Ellen V. Fuller. "China's Long March to Democracy." *World Policy Journal* (Fall 1991): 663 – 685.

Perry, Elizabeth J. *Rebels and Revolutionaries in North China, 1845 –1945*. Stanford: Stanford University Press, 1980.

Pollack, Johathan D. *The Sino-Soviet Rivalry and Chinese Security Debate*. Santa Monic, Calif. : Rand Corporation, 1982.

Pomeranz, Kenneth. "Water to Iron, Widows to Warlords: The Handan Rain Shrine in Modern Chinese History." *Late Imperial China* 12. 1 (June 1991): 62 –99.

Potter, Jack M. "Cantonese Shamanism. " In Wolf, ed. , *Studies in Chinese Society*, 321 –345.

Prah, K. K. "Some Sociological Aspects of Drought. " In Hinchey, ed. , *Symposium on Drought in Botswana*, 87 –90.

Pressel, Esther. " Umbanda in São Paolo: Religious Innovation in a Developing Society. " In Bourguignon, ed. , *Religion, Altered States of Consciousness, and Social Change*, 264 – 318.

Price, Don. C. "Popular and Elite Heterodoxy toward the End of the Ch'ing. " In Kwang-Ching Liu and Richard Shek, eds. , *Heterodoxy in Late Imperial China*. Berkeley: University of California Press, forthcoming.

Price, Eva Jane. *China Journal, 1889 – 1900: An American Missionary Family during the Boxer Rebellion*. New York: Scribner's, 1989.

Prince, Thomas. *The natural and moral government and agency of God in causing droughts and rains: A sermon at the South Church in Boston, Thursday Aug. 24, 1749. Being the day of the general thanksgiving, in the province of the Massachusetts, for the extraordinary reviving rains, after the most distressing drought which have been known among us in the memory of any living*. Boston: Kneelan and Green's, 1749.

Prohme, William F. " The Outrages at Nanking. " *The Nation* 124. 3223 (Apr. 13 , 1927): 388.

Pruitt, Ida. *A Daughter of Han: The Autobiography of a Chinese Working Woman*. Stanford: Stanford University Press, 1967 (pbk. Rpt.).

Purcell, Victor. *The Boxer Uprising: A Background Study*. Cambridge: Cambridge University Press, 1963.

Ramage, C. S. *The Great Indian Drought of 1899*. Boulder, Colo. : Aspen Institute for Humanistic Studies, 1977.

Rankin, Mary Backus. *Elite Activism and Political Transformation in China: Zhejiang Province, 1865 – 1911.* Stanford: Stanford University Press, 1986.

Rawski, Evelyn S. "Problems and Prospects." In Johnson, Nathan, and Rawski, eds. , *Popular Culture in Late Imperial China*, 399 – 417.

Red Lantern, The. Translated by Yang Hsien-yi and Gladys Yang. In Walter J. Meserve and Ruth I. Meserve, eds. , *Modern Drama from Communist China*, 328 – 368. New York: New York University Press, 1970.

Rees, Margaret. "Menarche When and Why?" *The Lancet* 342. 8884 (Dec. 4, 1993): 1375.

Reid, Gilbert. "The Ethics of Loot." *The Forum* 31. 5 (July 1901): 581 – 586.

Reinsch, Paul S. *An American Diplomat in China.* Garden City, N. Y. : Doubleday, Page, 1922.

Ricalton, James. *China Through the Stereoscope: A Journey Through the Dragon Empire at the Time of the Boxer Uprising.* New York: Underwood and Underwood, 1901.

Ricoeur, Paul. *Time and Narrative*, vol. 1. Translated by Kathleen Mclaughlin and David Pellauer. Chicago: University of Chicago Press, 1984.

Rigby, Richard W. *The May 30 Movement: Events and Themes.* Folkstone, Kent: Dawson, 1981.

Robinson, Marilynne. "Writers and the Nostalgic Fallacy. " *NYTBR*, Oct. 13, 1985, 1, 34 – 35.

Rodzinski, Witold. *A History of China*, vol. 1. Oxford:

Pergamon, 1979.

Rosaldo, Renato. "Introduction: Grief and a Headhunter's Rage." In Rosaldo, *Culture and Truth: The Remaking of Social Analysis*, 1 −21. Boston: Beacon Press, 1989.

Rosnow, Ralph L. and Gary Alan Fine. *Rumor and Gossip: The Social Psychology of Hearsay*. New York: Elsevier, 1976.

Rosnow, Ralph L. "Inside Rumor: A Personal Journey." *American Psychologist* 46. 5 (May 1991): 484 −496.

Rubinstein, Murray. "The Revival of the Mazu Cult and of Taiwanese Pilgrimage to Fujian." In *Harvard Studies on Taiwan: Papers of the Taiwan Studies Workshop*, vol. 1 (Cambridge: Fairbank Center for East Asian Research, Harvard University, 1995), 89 −125.

Rubinstein, Murray. "The Wars They Wanted: American Missionaries' Use of The Chinese Repository before the Opium War." *The American Neptune* 48. 4 (Fall 1988): 271 −282.

Schama, Simon. *Citizens: A Chronicle of the French Revolution*. New York: Knopf, 1989.

Schele, Linda and Mary Ellen Miller. *The Blood of Kings: Dynasty and Ritual in Maya Art*. New York: George Braziller, in association with Kimbell Art Museum, Fort Worth, 1986.

Schell, Orville. "Introduction." In *Children of the Dragon: The Story of Tiananmen Square*. Compiled by Human Rights in China. New York: Collier, 1990.

Scheper-Hughes, Nancy. *Death without Weeping: The Violence of Everyday Life in Brazil*. Berkeley: University of California Press, 1992.

Schiffrin, Harold Z. *Sun Yat-sen and the Origin of the Chinese Revolution*. Berkeley: University of California Press, 1970.

Schneider, Laurence A. *Ku Chieh-kang and China's New History: Nationalism and the Quest for Alternative Traditions*. Berkeley: University of California Press, 1971.

Schram, Stuart, ed. *Chairman Mao Talks to the People: Talks and Letters, 1956 −1971*. New York: Pantheon, 1974.

Schrecker, John E. *Imperialism and Chinese Nationalism: Germany in Shantung*. Cambridge: Harvard University Press, 1971.

Schwarcz, Vera. "Remapping May Fourth: Between Nationalism and Enlightenment." *Republican China* 12. 1 (Nov. 1986): 20 −35.

Schwartz, Benjamin I. *In Search of Wealth and Power: Yen Fu and the West*. Cambridge: Harvard University Press, 1964.

Seaman, Gary. "In the Presence of Authority: Hierarchical Roles in Chinese Spirit Medium Cults." In Arthur Kleinman and Tsung-yi Lin, eds. , *Normal and Abnormal Behavior in Chinese Culture*, 61 −74. Dordrecht, Holland: D. Reidel, 1981.

Seaman, Gary. "The Sexual Politics of Karmic Retribution." In Emily Martin Ahern and Hill Gates, eds. , *The Anthropology of Taiwanese Society*, 381 −396. Stanford: Stanford University Press, 1981.

Selden, Mark, ed. *The People's Republic of China: A Documentary History of Revolutionary Change*. New York: Monthly Review Press, 1979.

Seligson, Susan. "Bewitched, Bothered⋯and Bewithced:

Three Hundred Years of Salem's Dark History. " *New England Monthly*, *Sept.* 1990, 10 −12.

Shack, William A. " Hunger, Anxiety, and Ritual: Deprivation and Spirit Possession among the Gurage of Ethiopia. " *Man: The Journal of the Royal Anthropological Institute*, II. S. , 6. 1 (Mar. 1971): 30 −43.

Shen Tong. Talk, Harvard University, Oct. 24, 1990.

Shoup, Samantha Whiple. " In Peking. " *The Independent* 52. 2697 (Aug. 9, 1900): 1901.

Shryock, John. *The Temple of Anking and Their Cults: A Study of Modern Chinese Religion.* Paris: Librairie Orientaliste Paul Geuthner, 1931.

Shue, Vivienne. " Powers of State, Paradoxes of Dominion: China 1949 −1979. " In Kenneth Lieberthal, Joyce Kallgren, Roderick MacFarquhar, and Frederic Wakeman, Jr. , eds. , *Perspectives on Modern China: Four Anniversaries*, 205 −225. Armonk, N. Y. : M. E. Sharpe, 1991.

Siberbauer, G. B. " Social Hebernation: The Response of the G/wi Band to Seasonal Drought. " In Henchey, ed. , *Symposium on Drought in Botswana*, 112 −120.

Siikala, Anna-Leena. " The Siberian Shaman's Technique of Ecstasy. " In Holm, ed. , *Religious Ecstasy*, 103 −121.

Slotkin, Richard. *Gunfighter Nation: The Myth of the Frontier in 20th-Century America.* New York: Atheneum, 1992.

Smith, Aaron. *Some temporal advantages in keeping covenant with God: considered and applied in two discourses from Lev. 26, 3, 4. Delivered June 15th 1749. Being a day of publick fasting, on occasion of extream drought.* Boston: S. Kneeland, 1749.

Smith, Arthur H. *China in Convulsion.* 2 vols. New York: Fleming H. Revell, 1901.

Smith, Arthur H. *Village Life in China: A Study in Sociology.* New York: Fleming H. Revell, 1899.

Solomon, Richard H. and Masataka Kosaka, eds. *The Soviet Far East Military Buidup: Nuclear Dilemmas and Asian Security.* Dover, Mass. : Auburn House, 1986.

Southall, Aidan. "Spirit Possession and Mediumship among the Alur." In Beattie and Middleton, eds. , *Spirit Mediumship and Society in Africa*, 232 −272.

Spence, Jonathan. *To Change China: Western Advisers in China, 1620 −1960.* Boston: Little, Brown, 1969.

Stauffer, Milton T. , ed. *The Christian Occupation of China: A General Survey of the Numerical Strength and Geographical Distribution of the Christian Forces in China Made by the Special Committee on Survey and Occupation, China Continuation Committee, 1918 − 1921.* Shanghai: China Continuation Committee, 1922.

Steel, Richard A. *Through Peking's Sewer Gate: Relief of the Boxer Siege, 1900 − 1901.* Edited by George W. Carrington. New York: Vantage, 1985.

Steiger, George Nye. *China and the Occident: The Origin and Development of the Boxer Movement.* New Haven: Yale University Press, 1927.

Stockard, Janice E. *Daughters of the Canton Delta: Marriage Patterns and Economic Strategies in South China, 1860 − 1930.*

Stanford: Stanford University Press, 1989.

Story of the Modern Peking Opera " The Red Lantern," The. Peking: Foreign Languages Press, 1972.

Sullivan, Laurence R. " The Controversy over ' Feudal Despotism' : Politics and Historiography in China, 1978 - 1982. " *Australian Journal of Chinese Affairs* 23 (Jan. 1990): 1 - 31.

Sutton, Donald. "Pilot Surveys of Chinese Shamans, 1875 - 1945: A Special Approach to Social History. " *Journal of Social History* 15.1 (Fall 1981): 39 -50.

Su Xiaokang and Wang Luxiang. *Deathsong of the River: A Reader's Guide to the Chinese TV Series Heshang.* Translated by Richard W. Bodman and Pin P. Wan. Ithaca, N. Y. : Cornell East Asian Series, 1991.

Tai Hsüan-chih. *The Red Spears, 1916 - 1949.* Translated by Ronald Suleski. Ann Arbor: Center for Chinese Studies, University of Michigan, 1985.

Tanaka, Issei. " The Social and Historical Context of Ming-Ch'ing Local Drama. " In Johnson, Nathan, and Rawski, eds. , *Popular Culture in Late Imperial China*, 143 -160.

Tan, Chester C. *The Boxer Catastrophe.* New York: Columbia University Press, 1955.

Taylor, Dr. and Mrs. Howard. *Hudson Taylor in Early Years: The Growth of a Soul.* 2d ed. London: Morgan and Scott, 1912.

Taylor, Shelley E. *Positive Illusions: Creative Self-Deception and the Healthy Mind.* New York: Basic Books, 1989.

Ter Haar, Barend J. "Images of Outsiders: The Fear of

Death by Mutilation. " Unpublished paper.

Ter Haar, Barend J. *The White Lotus Teachings in Chinese Religious History*. Leiden: E. J. Brill, 1992.

Terrill, Ross. *The White-Boned Demon: A Biography of Madame Mao Zedong*. New York: William Morrow, 1984.

Thomson, H. C. *China and the Powers: A Narrative of the Outbreak of 1900*. London: Longmans, Green, 1902.

Tikhvinsky, S. L. , ed. *Modern History of China*. Moscow: Progress Publishers, 1983. Translation of *Novaia istoriia Kitaia*. Moscow: Soviet Science Publishing House, 1972.

Topley, Marjorie. " Marriage Resistance in Rural Kwangtung. " In Margery Wolf and Roxane Witke, eds. , *Women in Chinese Society*, 67 −88. Stanford: Stanford University Press, 1975.

Toynbee, Arnold, ed. *Half the World: The History and Culture of China and Japan*. New York: Holt, Rinehart and Winston, 1973.

Trachtenberg, Alan. "Bullets Tore Holes in the Water. " *New York Times*, June 6, 1994, A15.

Tsai, Wen-hui. "Historical Personalities in Chinese Folk Religion: A Functional Interpretation. " In Sarah Allan and Alvin P. Cohen, eds. , *Legend, Lore, and Religion in China: Essays in Honor of Wolfram Eberhard on His Seventieth Birthday*, 23 −42. San Francisco: Chinese Materials Center, 1979.

Tsou Jung [Zou Rong]. *The Revolutionary Army: A Chinese Nationalist Tract of 1903*. Translated by John Lust. The Hague: Mouton, 1968.

Turmoil at Tiananmen: *A Study of U. S. Press Coverage of the Beijing Spring of 1989*. Cambridge: Joan Shorenstein Barone Center on the Press, Politcs, and Public Policy, John F. Kennedy School of Government, Harvard University, 1992.

Uhalley, Stephen, Jr. "The Controversy over Li Hsiu-Ch'eng: An Ill-Timed Centenary." *Journal of Asian Studies* 25. 2 (Feb. 1966): 305 – 317.

United States. *Papers Relating to the Foreign Relations of the United States, 1900*. Washington, D. C. : GPO, 1902. Cited as *FRUS*.

Upham, Oscar J. "Log of siege [sic] of Pekin." In Personal Collection 504 (Upham), History and Museum Division, Marine Corps (Navy Department), Personal Papers.

Utley, Jonathan G. "American Views of China, 1900 – 1915: The Unwelcome but Inevitable Awakening." In Goldstein, Israel, and Controy, eds. , *American Views of China*, 114 – 131.

Vermeer, Eduard B. *Economic Development in Provincial China*: *The Central Shaanxi since 1930*. Cambridge: Cambridge University Press, 1988.

Vernon, John. "Exhuming a Dirty Joke." *NYTBR*, July 12, 1992, 1, 34 – 35.

Veyne, Paul. *Writing History*: *Essay on Epistemology*. Translated by Mina Moore-Rinvolucri. Middleton, Conn. : Wesleyan University Press, 1984. Original French ed. Published 1971.

Victor, Jefferey S. *Satanic Panic*: *The Creation of a*

Contemporary Legend. Chicago: Open Court, 1993.

Vinchon, Albert, S. J. "La culte de la Sainte Vierge du Tche-li sud-est: Rapport présent au Congrès marial de 1904." *Chine, Ceylan, Madagascar: Lettres missionaires français de la Compagnie de Jésus (Provincial de Champagne)* 18 (Mar. 1905): 125 - 133.

Wakeman, Frederic, Jr. "All the Rage in China." *New York Review of Books*, Mar. 2, 1989, 19 - 21.

Walsh, Tom. "Herbert Hoover and the Boxer Rebellion." *Our Heritage in Documents* (Spring 1987): 34 - 40.

Wang, David Der-Wei. *Fictional Realism in Twentieth-Century China: Mao Dun, Lao She, Shen Congwen.* New York: Columbia University Press, 1992.

Wang Hsueh-wen. "A Comparison of the Boxers and the Red Guards." *Issues and Studies: A Monthly Journal of World Affairs and Communist Problems* 4. 1 (Oct. 1967): 1 - 14.

Wasserstrom, Jeffrey. "Afterword: History, Myth, and the Tales of Tiananmen." In Wasserstrom and Elizabeth J. Perry, eds. , *Popular Protest and Political Culture in Modern China: Learning from 1989*, 224 - 280. Boulder: Westview, 1992.

Wasserstrom, Jeffrey. "'Civilization' and Its Discontents: The Boxers and Luddites as Heroes and Villains." *Theory and Society* 16 (1987): 675 - 707.

Wasserstrom, Jeffrey. *Student Protests in Twentieth-Century China: The View from Shanghai.* Stanford: Stanford University Press, 1991.

Wasserstrom, Jeffrey. "The Boxers as Symbol: The Use and Abuse of the Yi He Tuan." Unpublished paper, 1984.

Watson, James L. "Of Flesh and Bones: The Management of Death Pollution in Cantonese Society." In Maurice Bloch and Jonathan Parry, eds. , *Death and the Regeneration of Life*, 155 - 186. Cambridge: Cambridge University Press, 1982.

Watson, James L. "Standardizing the Gods: The Promotion of T'ien Hou ('Empress of Heaven') Along the South China Coast, 960 - 1960." In Johnson, Nathan, and Rawski, eds. , *Popular Culture in Late Imperial China*, 292 -324.

Weber, Eugen. "History Is What Historians Do." *NYTBR*, July 22, 1984, 13 -14.

Wehrle, Edmund S. *Britain, China, and the Antimissionary Riots, 1891 - 1900*. Minneapolis: University of Minnesota Press, 1966.

Weller, Robert P. "Historians and Consciousness: The Modern Politics of the Taiping Heavenly Kingdom." *Social Research* 54. 4 (Winter 1987): 731 -755.

Weller, Robert P. "Popular Tradition, State Control, and Taiping Christianity: Religion and Political Power in the Early Taiping Rebellion." 见李齐芳编《中国近代政教关系国际学术研讨会论文集》, 台北: 淡江大学历史系, 1987, 第 183 ~ 206 页。

Weller, Robert P. *Resistance, Chaos, and Control in China: Taiping Rebels, Taiwanese Ghosts, and Tiananmen*. Seattle: University of Washington Press, 1994.

Wetherell, H. J. , Holt, and P. Richards. "Droght in the

Sahel: A Broader Interpretation, with regard to West Africa and Ethiopia. " In Hinchey, ed. , *Symposium on Drought in Botswana*, 131 −141.

White, Hayden. "The Question of Narrative in Contemporary Historical Theory. " *History and Theory* 23. 1 (Feb. 1984): 1 − 33.

Wieger, Léon, ed. *Chine moderne*, vols. 5 − 6. Hien-hien [Xianxian]: Imprimerie de Hien-hien, 1924 −1925.

Wilford, John Noble. *The Mysterious History of Columbus: An Exploration of the Man, the Myth, the Legacy*. New York: Knopf, 1991.

Witke, Roxane. *Comrade Chiang Ch'ing*. Boston: Little, Brown, 1977.

Wolf, Arthur P. "Chinese Kinship and Mourning Dress. " In Maurice Freedman, ed. , *Family and Kinship in Chinese Society*, 189 −207. Stanford: Stanford University Press, 1970.

Wolf, Arthur P. ed. *Studies in Chinese Society*. Stanford: Stanford University Press, 1978.

Wolf, Margery. *A Thrice-Told Tale: Feminism, Postmodernism, and Ethnographic Responsibility*. Stanford: Stanford University Press, 1992.

Wolf, Margery. *Women and the Family in Rural Taiwan*. Stanford: Stanford University Press, 1972.

Wright, Mary C. "From Revolution to Restoration: The Transformation of Kuomintang Ideology. " *Far Eastern Quarterly* 14. 4 (Aug. 1955): 515 −532.

Wright, Mary C. "Introduction: The Rising Tide of

Change. " In Wright, ed. , *China in Revolution: The First Phase*, *1900 - 1913*, 1 - 63. New Haven: Yale University Press, 1968.

Yang, C. K. *Religion in Chinese Society: A Study of Contemporary Social Functions of Religion and Some of Their Historical Factors*. Berkeley: University of California Press, 1961.

Yang Jiang. *Six Chapters from My Life " Downunder. "* Translated by Howard Goldblatt. Seattle: University of Washington Press, 1984.

"Yellow Peril or White?" *The Nation* 124 (Apr. 13, 1927): 387.

Yi Ho Tuan Movement of 1900, The. Peking: Foreign Languages Press, 1976.

Youth's Companion, The. 1900, 1911 −1912.

Yung, Bell. "Model Opera as Model: From Shajiabang to Sagabong. " In Bonnie S. McDougall, ed. , *Popular Chinese Literature and Performing Arts in the People's Republic of China*, *1949 - 1979*, 144 - 164. Berkeley: University of California Press, 1984.

索 引

（页码为边码）

主要外国人名地名对照表

Ahern, Emily	艾亨，埃米莉
Allah	安拉
Allen Rolland	艾伦，罗兰
Alpern, Stanley B.	阿尔珀恩，斯坦利·B.
Anagost, Ann S.	阿纳格诺斯特，安·S.
Anzer, Johann Baptist von	安治泰
Arabian Peninsula	阿拉伯半岛
Arnold, David	阿诺德，戴维
Bainbridge, W. E.	班布里奇，W. E.
Barmé, Geremie	白杰明
Barnes, Julian	巴恩斯，朱利安
Bastid-Bruguière	巴斯蒂
Bays, Daniel	贝斯，丹尼尔
Betancour, Belisario	贝坦科尔，贝利萨里奥
Berglie, Per-Arne	伯格利，珀-阿恩
Bettie, John	贝蒂，约翰
Biarfra	比夫拉
Bird, Rowena	贝如意
Bohemia	波希米亚

Bolvarí, Simón	玻利瓦尔，西蒙
Boone, Daniel	布恩，丹尼尔
Boorstin, Daniel J.	布尔斯廷，丹尼尔，J.
Botswana	博茨瓦纳
Bourguignon, Erika	布吉尼翁，埃丽卡
Boyer, Paul	博耶，保罗
Braithwaite, Geoffrey	布雷思韦特，杰弗里
Brandt, Nat	布兰特，纳特
Bremerhaven	不莱梅港
Brezhnev, Leonid	勃列日涅夫
Brooks, S. M.	卜克斯
Broomhall, Marshall	海思波
Broyard, Anatole	布鲁亚瓦尔，阿纳托尔
Buckner, Bill	巴克纳，比尔
Bush, George	布什，乔治
Cantin, Amy	坎廷，艾米
Capa, Robert	卡帕，罗伯特
Carr, David	卡尔，戴维
Ceará	塞阿拉
Ch'en, Jerome	陈志让
Chaffee, Adna	查飞
Chow Tse-tsung	周策纵
Clapp, Dwight	来浩德
Cohen, Lisa	科恩，利萨
Cohen, Paul A.	柯文
Cohen, Myron L.	孔迈隆
Cohn, Norman	科恩，诺尔曼
Columbus	哥伦布
Conger, Edwin H.	康格
Curzon, Lord	寇仁勋爵

Forget, Robert	福格特，罗伯特
Furth, Charlotte	弗斯，夏洛特
Fussell, Paul	富塞尔，保罗
Gamewell, Mary Porter	盖姆维尔，玛丽·波特
Gaselee, General	盖斯利将军
George III	乔治三世
Goliath	歌利亚
Goodman, Felicitas	古德曼，费利西塔斯
Goodrich, Sara Boardman	古德里奇，萨拉·博德曼
Gould-Martin, Katherine	古尔德－马丁，凯瑟琳
Greene, Ruth Altman	格林，鲁思·奥尔特曼
Gujarat	吉尔拉特
Hart, Robert	赫德
Henle, Richard	韩理
Hershatter, Gail	贺萧
Hesse, Mary	赫西，玛丽
Hevia, James	何伟亚
High, Stanley	海伊，斯坦利
Hiroshima	广岛
Hitler	希特勒
Hobart, W. T.	厚巴德
Hobsbawm, Eric	霍布斯鲍姆，埃里克
Hoffman, Daniel	霍夫曼，丹尼尔
Hoover, Herbert	胡佛，赫伯特
Horner, Charles A.	霍纳，查尔斯·A.
Horton, Robin	霍顿，罗宾
Hung, Chang-tai	洪长泰
Hunt, Michael	韩德
Iowa	艾奥瓦州
Issacs, Harold	伊萨克斯，哈罗德

Lutz, Jessie	卢茨，杰西
MacDonald, Claude	窦纳乐
MacFarquhar, Roderick	马若德
MacGillivray, D.	季理斐
Madsen, Richard	赵文词
Malawı	马拉维
Márquez, Gabriel García	马尔克斯，加布里埃尔·加西亚
Marshall, Thurgood	马歇尔，瑟古德
Martin, Emma	马丁，埃玛
Marx, Karl	马克思，卡尔
Marx, Leo	马克斯，利奥
Massachusetts	马萨诸塞
Mather, Cotton	马瑟，科顿
Mathews, Frances Aymar	马修斯，弗朗西斯·艾马
Mayer, Dale C.	迈耶，戴尔·C.
McCullough, David	麦卡洛，戴维
McDaniel, Laura,	麦克丹尼尔，劳拉
Menocchio	梅诺基奥
Michelangelo	米开朗琪罗
Middleton, Thomas	米德尔顿，约翰
Millard, Thomas F.	米拉德，托马斯·F.
Miller, Arthur	米勒，阿瑟
Miln, Louise Jordan	米尔恩，路易丝·乔丹
Miner, Luella	麦美德
Munro, Robin	罗斌
Myerhoff, Barbara	迈尔霍夫，巴巴拉
Naquin, Susan	韩书瑞
Nathan, Edith	聂凤英
Newton, Grace	牛顿，格雷斯
Nies, Francis Xavier	能方济

Sadan	撒旦
Salem Village	塞勒姆村
Scheiner, Irwin	沙伊纳，欧文
Schell, Orville	谢尔，奥维尔
Scheper-Hughes, Nancy	舍佩尔－休斯，南希
Schrecher, John E.	石约翰
Schwarcz, Vera	舒衡哲
Schwartz, Benjamin	史华慈
Scott, Naoma Upham	斯科特，奥玛·厄珀姆
Seymour, Edward	西摩尔
Shack, William A.	沙克，威廉·A.
Shatila	沙提拉
Short, Mercy	肖特，默西
Siberia	西伯利亚
Singapore	新加坡
Smalley, Martha Lund	斯莫利，马撒·伦德
Smith, Arthur H.	明恩溥
Somme	索姆河
St. Vincent	圣文森特
Stauffer, Milton	司德敷
Steel, Richard	斯蒂尔，里查德
Steiger, George	施达格，乔治
Stendal	司汤达
Stenz, George E.	薛田资
Sudan	苏丹
Tan, Chester C.	谭春霖
Taylor, Hudson	戴德生
Taylor, Schelley E.	泰勒，谢利·E.
TerHaar, Barend J.	特哈尔，巴伦德·J.
Tewksbury, Elwood G.	都春圃
Thomas, Roy	托马斯，罗伊
Tikhvinsky, S. L.	齐赫文斯基

译后记

　　《历史三调》于 1997 年由美国哥伦比亚大学出版社出版后，作者柯文先生请雷颐先生介绍译者。承蒙雷颐先生抬爱，柯文先生最后确定由我承担此书的翻译工作。此书纳入刘东先生主编的"海外中国研究译丛"，于 2000 年 10 月由江苏人民出版社出版。唯因当时政治、经济条件所限，原书部分内容被删节，插图未翻译收录，印刷所用纸张亦不够精良，加上我缺乏经验，没有请柯文先生撰写中译本序言，留下了诸多缺憾。尽管如此，此书出版以后，在海峡两岸学术界甚至社会上都引起了相当大的反响，不少学者发表书评对此书进行介绍和评论。此书还被不少高等院校指定为学生必读的参考书之一。

　　因印数有限，此书第一版很快售完，我保存的一些样书也被学界友人尽索而去。江苏人民出版社于 2005 年 7 月印刷了第二版，但在市面上几乎没有见到。出版社给我的两本样书，也被友人要去。现在我手头连一本书都没有了，还不断有朋友打电话索要。我在网上二手书店查找旧书，发现复制品多，原版书非常少。可见需要此书者大有人在。

有鉴于此，社会科学文献出版社徐思彦女士主动出击，向哥伦比亚大学出版社购买了此书的版权，并督促我完成了全译本。全译本的不同之处有：

一、柯文先生拨冗撰写了中文再版序言，对他当初的工作及其与他近年来的著述之间的关系向中国读者做了说明。经过十多年的研究和思考，柯文先生对早年提出的"中国中心观"理论以及《历史三调》中的一些观点，都有了新的看法。

二、补译了 2000 年版删节的内容。

三、收录了原书的全部插图。

四、按照柯文先生和徐思彦女士的意见，把参考文献目录和注释中的外文论著恢复为原文，以方便读者查找外文文献的原始出处。

此书中译本的出版与再版，首先要感谢柯文先生对我的信任和支持，当年他对我并不了解，却把翻译重任托付于我。在中译本再版之际，他又拨冗撰写序言，并仔细核校了译文。其次要感谢雷颐先生，他一直对我赞赏有加，尽管我的水平和成绩与他的期许相距甚远。此书的翻译出版和再版，都离不开他的鼓励和鞭策。此次再版，他又惠赐序言。再次要感谢徐思彦女士，她慧眼识珠，高度认可此书的学术价值和社会意义，全力推动此书的再版，并提出了一些很好的建议。

旧版的责任编辑周文彬先生和新版的责任编辑宋荣欣女士都为此书的出版付出了心血。他们以编辑者高度的责任心，指出了译文中存在的一些问题。我在中国社会科学院近代史研究所科研处的同事杨婉蓉、柴怡赟、许欣舸、段慧君为我分担了大量的工作，使我有时间完成此书的全译本。在此一并对他们表示衷心的感谢。

翻译的最高标准为"信、达、雅",这也是每一位有责任感的翻译工作者着力追求的目标。此书虽经我反复核校,但错误恐怕在所难免,还请识者不吝赐教。

在义和团运动发生 100 周年之际,我曾写过一篇祭文,修改后附于此处,敬请读者批评。

> 四大文明,沐浴先民,唯我华夏,一脉相承。
> 炎黄二帝,为祖为宗,少皞颛顼,延续传统。
> 尧舜禹王,禅让大位,启定夏都,世系分明。
> 汤灭暴桀,商朝勃兴,甲骨占卜,金鼎传文。
> 武王克殷,建立西周,分封诸侯,仪礼严谨。
> 平王东迁,周室式微,干戈不息,礼坏乐崩。
> 春秋交替,列国竞雄,合纵连横,远交近攻。
> 诗书礼乐,百花齐放,儒墨道法,百家争鸣。
> 秦吞六国,海内一统,焚书坑儒,修筑长城。
> 风起大泽,地裂天崩,楚汉相争,霸王自刎。
> 高祖奠基,文景和亲,与民休息,仓廪丰盈。
> 汉武雄略,尊儒尚武,横扫匈奴,扬威西域。
> 新莽乱政,赤眉军兴,神庇刘秀,汉室复振。
> 桓灵昏庸,纲颓纪紊,豪强逞凶,黄巾舞空。
> 赤壁大战,火烧曹军,魏蜀东吴,天下三分。
> 史记汉书,叙写青史,诗歌辞赋,慷慨任气。
> 西晋抱残,东晋守缺,南北对峙,兵祸连结。
> 五胡南迁,种族交融,名士风流,三教隆兴。
> 文帝复汉,创设隋制,科举取士,人物殷阜。
> 炀帝淫虐,凿河开渠,穷兵黩武,变乱蜂起。

贞观之治，开元盛世，万国来朝，四海宾服。
李杜高歌，韩白吟唱，乐舞飞天，翰墨留香。
安史反叛，藩镇割据，大唐崩解，黄巢称帝。
朱温灭唐，建都汴梁，五代十国，分合无常。
黄袍加身，建立北宋，文苑茂盛，武备不振。
澶渊结盟，辽国立威，禁军屡败，西夏成名。
女真兴兵，灭辽南侵，宋兵势弱，二帝北狩。
高宗即位，偏安杭城，词家名重，理学位尊。
成吉思汗，开疆拓土，蒙古铁骑，喋血万里。
世祖建元，向慕汉法，子孙无能，大漠远遁。
太祖开山，成祖靖难，北征大漠，南探西洋。
帝王渐弱，倭寇肆虐，朋党交争，民变盈野。
努尔哈赤，雄霸辽东，天佑满洲，国号大清。
闯王破城，崇祯宾天，三桂出降，顺治入京。
扬州十日，嘉定三屠，涂炭生灵，覆灭南明。
鳌拜下狱，康熙理政，削平三藩，收复台澎。
皇子争位，雍正登基，屡兴大狱，骂名传世。
乾隆承运，宽严有度，文治武功，登峰造极。
和珅悬梁，嘉庆祭天，白莲滴血，鸦片成灾。
林清聚义，皇城斗剑，天朝运势，由盛而衰。
道光临朝，忧患丛生，虎门销烟，洋炮叩关。
南京签约，丧失利权，西风东渐，千古奇变。
咸丰缵绪，秀全揭竿，捻子成军，名臣出山。
英法联手，火烧名园，沙俄背信，鲸吞北苑。
祺祥政变，两宫垂帘，君臣同治，安内攘外。
公使驻京，洋教东传，总理外务，衙门新建。
朝野协力，兴工办厂，师夷长技，奋发图强。

北京签约，琉球泣别，中法开战，安南沦陷。

蕞尔小国，侵犯天颜，败我王师，侵占朝鲜。

马关媾和，割弃台湾，辽东半岛，金银赎还。

藩篱尽失，屏障无存，天朝体制，瓦解土崩。

德占胶澳，俄扰龙脉，瓜分之祸，迫在眼前。

公车上书，民气聚集，百日维新，光绪雄起。

风云突变，乾坤倒置，太后临朝，皇帝幽闭。

康梁渡海，六君弃市，革新举措，一旦废弃。

朝廷昏弱，草莽逞强，聚众练拳，起于山东。

金钟罩身，刀枪不入，守望相助，攻袭教众。

冲突连绵，毓贤罢官，项城接任，鲁省肃清。

移师直隶，勃然大兴，请神附体，吸引官民。

当局借重，进入京津，围攻使馆，击杀洋人。

八国联军，暴虐入侵，先占天津，后陷都城。

拳民四散，两宫西行，和约缔结，利权丧尽。

胜者为王，败者为寇，千秋功过，任人论评。

杜继东写于王府井东厂胡同 1 号

2014 年 8 月 13 日

图书在版编目（CIP）数据

历史三调：作为事件、经历和神话的义和团：典藏版/
（美）柯文（Cohen, P. A.）著；杜继东译.—北京：社会
科学文献出版社，2015.7（2024.3 重印）
ISBN 978 - 7 - 5097 - 7622 - 3

Ⅰ.①历… Ⅱ.①柯… ②杜… Ⅲ.①义和团运动 - 研究
Ⅳ.①K256.707

中国版本图书馆 CIP 数据核字（2015）第 130790 号

历史三调：作为事件、经历和神话的义和团（典藏版）

著　　者／〔美〕柯　文
译　　者／杜继东

出 版 人／冀祥德
项目统筹／宋荣欣
责任编辑／宋荣欣
责任印制／王京美

出　　版／社会科学文献出版社·历史学分社（010）59367256
　　　　　地址：北京市北三环中路甲 29 号院华龙大厦　邮编：100029
　　　　　网址：www.ssap.com.cn
发　　行／社会科学文献出版社（010）59367028
印　　装／三河市东方印刷有限公司

规　　格／开　本：889mm × 1194mm　1/32
　　　　　印　张：17.875　字　数：412 千字
版　　次／2015 年 7 月第 1 版　2024 年 3 月第 14 次印刷
书　　号／ISBN 978 - 7 - 5097 - 7622 - 3
著作权合同
登 记 号／图字 01 - 2014 - 2784 号
定　　价／89.00 元

读者服务电话：4008918866